· 马克思主义理论研究和建设工程重点教材 ·

中国近现代史纲要

（2023年版）

本书编写组

高等教育出版社·北京

·马克思主义理论研究和建设工程重点教材·

《中国近现代史纲要（2023 年版）》课题组

首席专家
欧阳淞

主要成员（以姓氏笔画为序）

仝华	朱鸿召	李蕉	李朝阳	张树军
张洪松	罗平汉	金民卿	周家彬	徐建刚
傅颐				

目　录

导　言

　　中国近现代史，是指 1840 年以来的中国历史。其中，从 1840 年鸦片战争爆发到 1949 年中华人民共和国成立前夕的历史，是中国近代史；1949 年中华人民共和国成立以来的历史，是中国现代史。

　　中国近现代史，就其主流和本质来说，是中国人民为救亡图存和实现中华民族伟大复兴而英勇奋斗、艰辛探索并不断取得伟大成就的历史。尤其是全国各族人民在中国共产党领导下，进行艰苦卓绝的斗争，经过新民主主义革命，赢得民族独立、人民解放，建立中华人民共和国的历史；经过社会主义革命、建设、改革，把极度贫穷落后的中国逐步改变成持续走向繁荣富强、充满生机活力的社会主义中国的历史。

　　中国共产党一经成立，就把实现共产主义作为党的最高理想和最终目标，义无反顾肩负起实现中华民族伟大复兴的历史使命。100 多年来，中国共产党坚持以马克思主义为指导，团结带领全国各族人民取得革命、建设、改革的伟大胜利，开创和发展了中国特色社会主义。坚持和发展中国特色社会主义，是实现中华民族伟大复兴的必由之路。坚持中国共产党的领导，是实现中华民族伟大复兴的根本保证。

一、中国近代史综述

　　中国是一个文明古国。中华民族具有五千多年连绵不断的文明历史，创造了博大精深的中华文化，为人类文明进步作出了不可磨灭的贡献。中华文明历尽沧桑始终绵延不断、传承不绝，表现出顽强的生命力。

　　当欧美一些国家从 17 世纪中叶开始确立资本主义生产方式，从 18 世纪 60 年代开始工业革命的时候，中国最后一个封建王朝——清朝的统治者却夜郎自大、自我封闭，拒绝扩大与外国交往。原来文明程度落后于中国的欧美国家，这时跑到了中国的前面。

落后就要挨打。1840 年，急于向外扩张的英国发动侵略中国的鸦片战争。中国历史的发展从此发生重大转折。

以鸦片战争为起点的中国近代史分为两个历史阶段。

从鸦片战争到五四运动前夜

鸦片战争以清政府的失败而告终。1842 年 8 月 29 日，清政府与英国签订中国近代史上第一个不平等条约——《南京条约》。从那以后，西方列强纷至沓来，逼迫清政府与之签订不平等条约。通过一系列不平等条约和其他方式，西方列强在中国攫取大量特权和利益。如：割占香港岛，破坏了中国的主权和领土完整；外国船舰可在中国领海自由航行，破坏了中国的领海主权；外国人在华不受中国法律管束，享受领事裁判权，破坏了中国的司法主权；协定关税，则破坏了中国的关税主权，等等。

鸦片战争以后，由于西方列强入侵和封建统治腐败，中国逐步成为半殖民地半封建社会，国家蒙辱、人民蒙难、文明蒙尘，中华民族遭受了前所未有的劫难。从那时起，中国社会发生两个根本变化：一是独立的中国逐步变成半殖民地的中国，二是封建的中国逐步变成半封建的中国。这种半殖民地半封建社会，是近代以来中国在外国资本–帝国主义[①]势力入侵及其与中国封建主义势力相结合条件下，逐步形成的一种从属于资本主义世界体系的畸形社会形态。从鸦片战争开始，到 1949 年中华人民共和国成立前，中国都属于半殖民地半封建社会。

半殖民地半封建社会性质，决定了近代中国社会矛盾呈现错综复杂的状况。在诸多社会矛盾中，主要矛盾是帝国主义和中华民族的矛盾、封建主义和人民大众的矛盾。上述主要矛盾贯穿中国半殖民地半封建社

---

① 资本–帝国主义，涵盖自由竞争阶段的资本主义和垄断阶段的资本主义即帝国主义。

会的始终，并对近代中国社会的发展变化起着决定性作用。近代中国革命，就是在这一主要矛盾激化基础上发生和发展起来的。

随着近代中国社会性质的改变，社会阶级关系也发生深刻变动，不仅原有的地主阶级、农民阶级发生了变化，还有工人阶级、资产阶级、小资产阶级等新的阶级产生出来。新兴的工人阶级是近代中国最革命的阶级。

在半殖民地半封建的中国，外国资本-帝国主义和本国封建主义的联合压迫，严重阻碍了中国的社会发展和进步，成为人民痛苦和民族灾难的根源。面对苦难，中国人民和中华民族奋起抗争，以百折不挠的精神，进行了一场场反帝反封建的革命斗争。近代中国人民的革命，在五四运动以前，属于旧的资产阶级民主主义革命范畴。

近代以来，世界主要资本-帝国主义国家几乎都侵略过中国，而从鸦片战争直到抗日战争以前中国的反侵略战争无不以失败而告结束。究其根本原因，正如毛泽东所说："一是社会制度腐败，二是经济技术落后。"①正因为如此，争得民族独立、人民解放，实现国家富强、人民幸福，就成为中国人民必须完成的两大历史任务；实现中华民族伟大复兴的中国梦，就成为中国人民和中华民族最伟大的梦想。在两大历史任务中，前一个任务为后一个任务扫清障碍，为实现中国梦创造必要前提。

怎样才能争得民族独立、人民解放？近代中国历史表明，必须首先进行反帝反封建的民主革命。只有通过革命赢得民族独立、人民解放，中国人民才有可能集中力量进行现代化建设，实现国家富强、人民幸福，从而使无数爱国志士和革命先驱为之献身的中华民族伟大复兴的梦想真正成为现实。为了拯救民族危亡，中国人民奋起反抗，仁人志士奔走呐喊，太平天国运动、洋务运动、戊戌变法、义和团运动接连而起，各种救国方案轮番出台，但都以失败而告终。孙中山先生领导的辛亥革命推

---

① 《毛泽东文集》第八卷，人民出版社 1999 年版，第 340 页。

翻了统治中国几千年的君主专制制度，但未能改变中国半殖民地半封建的社会性质和中国人民的悲惨命运。

事实表明，不触动封建根基的自强运动和改良主义，旧式的农民战争，资产阶级革命派领导的革命，照搬西方资本主义的其他种种方案，都不能完成中华民族救亡图存的使命和反帝反封建的任务。要解决中国发展进步问题，迫切需要新的思想引领救亡运动，迫切需要新的组织凝聚革命力量。

从五四运动到中华人民共和国成立

五四运动后，中国仍然是半殖民地半封建社会，社会主要矛盾仍然是帝国主义和中华民族的矛盾、封建主义和人民大众的矛盾。要解决这些矛盾，中国人民必须继续进行反帝反封建的革命斗争。

19世纪末20世纪初，西方列强从自由资本主义阶段进入垄断资本主义阶段即帝国主义阶段。1917年11月7日（俄历10月25日）俄国爆发的社会主义革命，开辟了人类历史的新纪元。十月革命一声炮响，给中国送来了马克思列宁主义。十月革命给世界人民解放事业开辟了广大的可能性和现实的道路。中国反帝反封建的民主革命成为世界无产阶级社会主义革命的一部分。1919年3月，列宁领导的共产国际成立。它积极帮助包括中国在内的一些国家建立共产党。五四运动后的中国历史，尤其是中国共产党创建和发展的历史，就是在上述时代条件和国际环境下展开的。

五四运动是中国新民主主义革命的伟大开端。五四运动后，中国人民的革命斗争进入新民主主义革命时期，中国工人阶级及其政党成为民主革命的领导力量。领导权的变化，是区分新旧民主主义革命的根本标志。

1921年，在中国人民和中华民族的伟大觉醒中，在马克思列宁主义同中国工人运动的紧密结合中，中国共产党应运而生。中国产生了共产党，这是开天辟地的大事变，深刻改变了近代以后中华民族发展的方向和进程，深刻改变了中国人民和中华民族的前途和命运，深刻改变了世界发展的趋势和格局。从此，中国人民就有了前进的主心骨，中国人民在精神上就由被动变为主动，中国革命的面貌就焕然一新。中国共产党一经诞生，就把为中国人民谋幸福、为中华民族谋复兴确立为自己的初心使命。从此，中国共产党团结带领中国人民进行的一切奋斗、一切牺牲、一切创造，归结起来就是一个主题：实现中华民族伟大复兴。

在 1949 年新中国成立前，中国人民继续遭受帝国主义、封建主义的压迫，后来又增加官僚资本主义的压迫。这三者，就是压在中国人民头上的"三座大山"。推翻"三座大山"，就成为新民主主义革命的主要任务。

在这个阶段，中国存在着三种主要的建国方案。第一种方案先由北洋军阀后由国民党统治集团代表，主张实行大地主大资产阶级专政，使中国社会继续走半殖民地半封建的道路。第二种方案由某些中间派别或中间人士代表，主张建立资产阶级共和国，使中国社会走上独立发展资本主义的道路。第三种方案由中国共产党代表，主张建立工人阶级领导的以工农联盟为基础的人民共和国，走经过新民主主义逐步到达社会主义和共产主义的道路。这三种方案在中国人民的实践中反复地受到检验。结果是：第一种方案被中国人民抛弃，其代表者的统治被推翻；第二种方案没有得到中国人民的赞同，其代表者的多数后来也承认这个方案在中国无法实现；只有第三种方案最终赢得中国最广大人民群众包括民族资产阶级及其政治代表在内的拥护。由此可见，中国人民接受中国共产党的领导，接受由新民主主义到社会主义的发展道路，是郑重作出的历史性选择，具有历史必然性。

革命的根本问题是政权问题。建立一个工人阶级领导的以工农联盟为基础的人民民主专政的人民共和国，这就是中国共产党领导中国人民进行新民主主义革命所要达到的基本目标。

新民主主义革命时期，中国共产党面临的主要任务是，反对帝国主义、封建主义、官僚资本主义，争取民族独立、人民解放，为实现中华民族伟大复兴创造根本社会条件。党领导人民浴血奋战、百折不挠，创造了新民主主义革命的伟大成就。经过北伐战争、土地革命战争、抗日战争、解放战争，以武装的革命反对武装的反革命，推翻帝国主义、封建主义、官僚资本主义三座大山，建立了人民当家作主的中华人民共和国，实现了民族独立、人民解放，从而为实现国家富强、人民幸福的历史任务开辟了道路。在革命斗争中，以毛泽东同志为主要代表的中国共产党人，把马克思列宁主义基本原理同中国具体实际相结合，对经过艰苦探索、付出巨大牺牲积累的一系列独创性经验作了理论概括，开辟了农村包围城市、武装夺取政权的正确革命道路，创立了毛泽东思想，为夺取新民主主义革命胜利指明了正确方向。新民主主义革命的胜利，彻底结束了旧中国半殖民地半封建社会的历史，彻底结束了极少数剥削者统治广大劳动人民的历史，彻底结束了旧中国一盘散沙的局面，彻底废除了列强强加给中国的不平等条约和帝国主义在中国的一切特权，实现了中国从几千年封建专制政治向人民民主的伟大飞跃，也极大改变了世界政治格局，鼓舞了全世界被压迫民族和被压迫人民争取解放的斗争。实践充分说明，历史和人民选择了中国共产党，没有中国共产党就没有新中国，没有中国共产党领导，民族独立、人民解放就不可能实现。中国共产党和中国人民以英勇顽强的奋斗向世界庄严宣告，中国人民站起来了，中华民族任人宰割、饱受欺凌的时代一去不复返了，中国发展从此开启了新纪元。

二、中国现代史综述

1949 年中华人民共和国成立以来的现代史，是全国各族人民在中国共产党领导下，经过艰辛探索、艰苦奋斗，为实现中华民族伟大复兴开辟新纪元的历史;是万众一心、奋发图强,与时俱进、开拓创新,探索、开创、坚持、捍卫、发展中国特色社会主义,进行经济建设、政治建设、文化建设、社会建设、生态文明建设并取得辉煌成就的历史。

中华人民共和国的成立,宣告中国人民当家作主时代的到来,中华民族以崭新的姿态屹立于世界民族之林。

中华人民共和国是工人阶级领导的以工农联盟为基础的人民民主专政的社会主义国家。这是新中国的国体。人民代表大会制度是新中国的政体。

中国共产党成为执掌全国政权的执政党,肩负着实现国家富强、人民幸福的历史任务。它运用国家政权集聚全国力量,不断解放和发展社会生产力,造福中国人民和中华民族。为了实现中华民族伟大复兴,中国共产党团结带领中国人民,创造了社会主义革命、建设、改革的伟大成就。

社会主义革命和建设时期

社会主义革命和建设时期,中国共产党面临的主要任务是,实现从新民主主义到社会主义的转变,进行社会主义革命,推进社会主义建设,为实现中华民族伟大复兴奠定根本政治前提和制度基础。

新中国成立初期,以毛泽东同志为主要代表的中国共产党人,团结带领全党全国各族人民,巩固党的执政地位,确立人民当家作主的国体和政体,捍卫新中国的独立和主权,实现祖国大陆的解放和统一,促进经济文化等各项事业恢复和发展,开始了由新民主主义向社会主义的过渡。

对于新中国来说,走向社会主义是必然选择。中国共产党制定过渡时期总路线,对农业、手工业、资本主义工商业进行社会主义改造。到1956 年,社会主义改造基本完成,社会主义基本制度在中国大地落地生根。中华人民共和国的成立,社会主义基本制度的确立,为当代中国一切发展进步奠定了根本政治前提和制度基础。

在这个时期，党领导人民自力更生、发愤图强，创造了社会主义革命和建设的伟大成就。进行社会主义革命，消灭一切剥削制度，确立社会主义基本制度，推进社会主义建设，战胜帝国主义、霸权主义的颠覆破坏和武装挑衅，实现了中华民族有史以来最为广泛而深刻的社会变革，实现了一穷二白、人口众多的东方大国大步迈进社会主义社会的伟大飞跃，为新的历史时期开创中国特色社会主义提供了宝贵经验、理论准备、物质基础。以毛泽东同志为主要代表的中国共产党人结合新的实际丰富和发展毛泽东思想，提出关于社会主义建设的一系列重要思想。毛泽东思想是马克思主义中国化时代化的第一次历史性飞跃。中国共产党和中国人民以英勇顽强的奋斗向世界庄严宣告，中国人民不但善于破坏一个旧世界、也善于建设一个新世界，只有社会主义才能救中国，只有社会主义才能发展中国。

改革开放和社会主义现代化建设新时期

以 1978 年党的十一届三中全会为标志，中国进入改革开放和社会主义现代化建设新时期。这个时期，中国共产党面临的主要任务是，继续探索中国建设社会主义的正确道路，解放和发展社会生产力，使人民摆脱贫困、尽快富裕起来，为实现中华民族伟大复兴提供充满新的活力的体制保证和快速发展的物质条件。1978 年党的十一届三中全会以后，以邓小平同志为主要代表的中国共产党人，团结带领全党全国各族人民，深刻总结新中国成立以来正反两方面经验，围绕什么是社会主义、怎样建设社会主义这一根本问题，借鉴世界社会主义历史经验，创立了邓小平理论，解放思想，实事求是，作出把党和国家工作中心转移到经济建设上来、实行改革开放的历史性决策，深刻揭示社会主义本质，确立社会主义初级阶段基本路线，明确提出走自己的路、建设中国特色社会主义，科学回答了建设中国特色社会主义的一系列基本问题，制定了到 21 世纪中叶分三步走、基本实现社会主义现代化的发展战略，成功开创了中国特色社会主义。1989 年党的十三届四中全会以后，以江泽民同志为主要代表的中国共产党人，团结带领全党全国各族人民，坚持党的基本理论、基本路线，加深了对什么是社会主义、怎样建设社会主义和建设什么样的党、怎样建设党的认识，形成了"三个代表"重要思想，在国内外形势十分复杂、世界社会主义出现严重曲折的严峻考验面前捍卫了中国特色社会主义，确立了社会主义市场经济体制的改革目标和基本框架，确立了社会主义初级阶段公有制为主体、多种所有制经济共同发展的基本经济制度和按劳分配为主体、多种分配方式并存的分配制度，开创全面改革开放新局面，推进党的建设新的伟大工程，成功把中国特色社会主义推向 21 世纪。2002 年党的十六大以后，以胡锦涛同志为主要代表的中国共产党人，团结带领全党全国各族人民，在全面建设小康社会进程中推进实践创新、理论创新、制度创新，深刻认识和回答了新形势下实现什么样的发展、怎样发展等重大问题，形成了科学发展观，抓住重要战略机遇期，聚精会神搞建设，一心一意谋发展，强调坚持以人为本、全面协调可持续发展，着力保障和改善民生，促进社会公平正义，推进党的执政能力建设和先进性建设，成功在新形势下坚持和发展了中国特色社会主义。

在这个时期，党领导人民解放思想、锐意进取，创造了改革开放和社会主义现代化建设的伟大成就。我国实现了从高度集中的计划经济体制到充满活力的社会主义市场经济体制、从封闭半封闭到全方位开放的历史性转变，实现了从生产力相对落后的状况到经济总量跃居世界第二的历史性突破，实现了人民生活从温饱不足到总体小康、奔向全面小康的历史性跨越，推进了中华民族从站起来到富起来的伟大飞跃。党从新的实践和时代特征出发坚持和发展马克思主义，科学回答了建设中国特色社会主义的发展道路、发展阶段、根本任务、发展动力、发展战略、政治保证、祖国统一、外交和国际战略、领导力量和依靠力量等一系列基本问题，形成中国特色社会主义理论体系。中国特色社会主义理论体系是马克思主义中国化时代化新的飞跃。中国共产党和中国人民以英勇顽强的奋斗向世界庄严宣告，改革开放是决定当代中国前途命运的关键一招，中国特色社会主义道路是指引中国发展繁荣的正确道路，中国大踏步赶上了时代。

中国特色社会主义新时代

2012 年党的十八大以来，中国特色社会主义进入新时代。中国共产党面临的主要任务是，实现第一个百年奋斗目标，开启实现第二个百年奋斗目标新征程，朝着实现中华民族伟大复兴的宏伟目标继续前进。以习近平同志为核心的党中央，以伟大的历史主动精神、巨大的政治勇气、强烈的责任担当，统筹国内国际两个大局，贯彻党的基本理论、基本路线、基本方略，统揽伟大斗争、伟大工程、伟大事业、伟大梦想，采取一系列战略性举措，推进一系列变革性实践，实现一系列突破性进展，取得一系列标志性成果，经受住了来自政治、经济、意识形态、自然界等方面的风险挑战考验，党和国家事业取得历史性成就、发生历史性变革，推动我国迈上全面建设社会主义现代化国家新征程。以习近平同志为主要代表的中国共产党人，坚持把马克思主义基本原理同中国具体实际相结合、同中华优秀传统文化相结合，坚持马克思列宁主义、毛泽东思想、邓小平理论、"三个代表"重要思想、科学发展观，深刻总结并充分运用党成立以来的历史经验，从新的实际出发，创立了习近平新时代中国特色社会主义思想，实现了马克思主义中国化时代化新的飞跃。

新时代十年的伟大变革，在党史、新中国史、改革开放史、社会主义发展史、中华民族发展史上具有里程碑意义，走过百年奋斗历程的中国共产党在革命性锻造中更加坚强有力，党的政治领导力、思想引领力、群众组织力、社会号召力显著增强，党同人民群众始终保持血肉联系，中国共产党在世界形势深刻变化的历史进程中始终走在时代前列，在应对国内外各种风险和考验的历史进程中始终成为全国人民的主心骨，在坚持和发展中国特色社会主义的历史进程中始终成为坚强领导核心。中国人民的前进动力更加强大、奋斗精神更加昂扬、必胜信念更加坚定，焕发出更为强烈的历史自觉和主动精神，中国共产党和中国人民正信心百倍推进中华民族从站起来、富起来到强起来的伟大飞跃。改革开放和社会主义现代化建设深入推进，书写了经济快速发展和社会长期稳定两大奇迹新篇章，我国发展具备了更为坚实的物质基础、更为完善的制度保证，实现中华民族伟大复兴进入了不可逆转的历史进程。科学社会主义在 21 世纪的中国焕发出新的蓬勃生机，中国式现代化为人类实现现代化提供了新的选择，中国共产党和中国人民为解决人类面临的共同问题提供更多更好的中国智慧、中国方案、中国力量，为人类和平与发展崇高事业作出新的更大的贡献！

新时代十年的伟大变革，是在以习近平同志为核心的党中央坚强领导下、在习近平新时代中国特色社会主义思想指引下全党全国各族人民团结奋斗取得的。党确立习近平同志党中央的核心、全党的核心地位，确立习近平新时代中国特色社会主义思想的指导地位，反映了全党全军全国各族人民共同心愿，对新时代党和国家事业发展、对推进中华民族伟大复兴历史进程具有决定性意义。

三、学习中国近现代史的目的和要求

学习的目的全在于应用。学习历史的主要目的是以史鉴今、资政育人。重视对历史的学习、研究、宣传，注意对历史经验的总结、借鉴、汲取，这是中华民族的优良传统，也是推进党和国家事业发展的现实需要。

大学生是中国特色社会主义事业的建设者和接班人，是祖国未来各条战线的生力军。为了肩负起将要担负的责任，必须了解中国的国情。

历史、现实和未来是相通的，学习中国近现代史有助于了解昨天，把握今天，更好地走向明天。

"中国近现代史纲要"是全国高等学校本科生必修的一门思想政治理论课。学习本课程的主要目的是：认识近现代中国社会发展和革命、建设、改革的历史进程及其内在规律，深刻领会历史和人民是怎样选择了马克思主义、选择了中国共产党、选择了社会主义道路、选择了改革开放，深刻领会中国共产党为什么能、马克思主义为什么行、中国特色社会主义为什么好，更加坚定地在中国共产党坚强领导下为实现中华民族伟大复兴而不懈奋斗。

具体说来，应当达到以下要求。

第一，了解外国资本－帝国主义同中国封建势力给中国人民和中华民族带来的深重苦难，了解近代以来中国人民为争取民族独立、人民解放和实现国家富强、人民幸福这两大历史任务接续奋斗的历史，懂得新民主主义革命取代旧民主主义革命、人民共和国取代资产阶级共和国的历史必然性，懂得中国共产党领导中国人民走上社会主义道路的历史必然性，深刻理解没有中国共产党就没有新中国、只有社会主义才能救中国的道理。

第二，了解近代以来中国先进分子和人民群众为救亡图存而进行艰辛探索、顽强奋斗的历程及其经验教训，认识历史和人民怎样选择了马克思主义、选择了中国共产党、选择了社会主义道路、选择了改革开放，懂得红色政权来之不易、新中国来之不易、中国特色社会主义来之不易、今天的幸福生活来之不易。

第三，了解开创和发展中国特色社会主义的伟大进程和重大意义，了解中国特色社会主义新时代的伟大变革和里程碑意义，坚定只有中国特色社会主义才能发展中国、只有坚持和发展中国特色社会主义才能实现中华民族伟大复兴的信念，增强中国特色社会主义的道路自信、理论自信、制度自信、文化自信。

第四，了解马克思主义中国化时代化的历史进程，深刻认识坚持毛泽东思想、邓小平理论、"三个代表"重要思想、科学发展观的重大意义，深刻认识全面贯彻习近平新时代中国特色社会主义思想的重大意义，自觉用中国共产党的创新理论武装头脑、指导实践。

第五，通过学习中国近现代史，树牢唯物史观，提高运用科学的历史观方法论分析问题和解决问题的能力，明确中国近现代历史的主题主线、主流本质，警惕和反对历史虚无主义。

以史为鉴，开创未来。未来属于青年，希望寄予青年。新时代的中国青年要以实现中华民族伟大复兴为己任，增强做中国人的志气、骨气、底气，不负时代，不负韶华，不负党和人民的殷切期望！

第一章　进入近代后中华民族的磨难与抗争

在西方国家工业革命发生前，中国经济、科技、文化长期走在世界的第一方阵之中。近代以后，由于西方列强的入侵，由于封建统治的腐败，中国逐渐成为半殖民地半封建社会，山河破碎，生灵涂炭，中华民族遭受了前所未有的苦难。面对苦难，中国人民没有屈服，而是挺起脊梁、奋起抗争，以百折不挠的精神，进行了一场场气壮山河的斗争，谱写了一部部可歌可泣的史诗。

第一节　鸦片战争前后的中国与世界

一、中国封建社会的衰落

我们伟大的祖国——中国，位于亚洲的东部，土地广阔，人口众多，具有悠久的文明历史，是世界上少有的历史文化从未间断、一直延续至今的国家，体现了中华民族的凝聚力和以爱国主义为核心的民族精神。中国古代物质文明和精神文明丰富多彩、灿烂辉煌。古代中国的经济发展和科学技术长期处于世界领先地位。古代中国的哲学思想博大精深，典籍文献浩如烟海，文学艺术高峰迭起。在几千年的历史中，中国产生了许多杰出的政治家、军事家、思想家、教育家、科学家、文学家和艺术家，还产生了很多民族英雄和革命领袖。中华民族是一个有着优良传统的民族，中华优秀传统文化是中华儿女共同的精神基因，也是中华民族发展壮大的强大精神力量。

约在五千年以前，在黄河流域和长江流域等地区已经出现早期文明社会的要素。四千多年前，是黄帝、炎帝、尧、舜、禹时代。公元前 21 世纪开始形成王朝国家。早期的王朝是夏、商、周。公元前 221 年，秦始皇建立了统一的多民族国家。以后历经汉、三国、晋、南北朝、隋、唐、五代、宋辽西夏金、元、明、清等朝代。两千多年来，国家的统一和各民族间经济文化的紧密联系和相互交流是中国历史的主流。中华大地上的各民族对统一的多民族国家的形成、发展都作出了贡献。

自公元前 5 世纪的战国时代到 1840 年鸦片战争，中国的封建社会前后延续了两千多年。

在中国封建社会的经济中，封建地主土地所有制经济占主导地位。封建统治阶级从皇帝、贵族、官僚到一般地主拥有最大部分土地，而占人口绝大多数的农民则只拥有很少土地。农民租种地主的土地，交纳高额的地租。

以个体家庭为单位并与家庭手工业牢固结合的小农经济是中国封建社会的基本生产结构，自给自足的自然经济占主要地位。

在中国封建社会里，地主、商人、高利贷者这三者常常是结合在一起的。封建政权还向农民征收各种苛捐杂税和摊派徭役。农民没有任何政治权利，生活极端贫困。

中国封建社会政治的基本特征是实行高度中央集权的封建君主专制制度。从秦始皇建立中央集权制的封建帝国开始，历朝统治者不断加强皇权以统治人民，并加紧对地方官员的控制和监督。

自汉武帝确立独尊儒术的政策，儒家思想开始成为中国封建社会的正统思想。儒家还与佛教、道教相互吸收、融合，共同为维护封建统治服务。封建统治者同时吸收法家思想，推行严刑峻法，实行专制统治。

中国封建社会的社会结构特点是族权和政权相结合的封建宗法等级制度。其核心是宗族家长制，突出君权、父权、夫权。

中国封建社会的经济、政治、文化、社会结构，一方面巩固和维系了中国封建社会的稳定和延续，另一方面也使其前进缓慢甚至迟滞，并造成不可克服的周期性的政治经济危机。

在中国封建社会的历史上出现过一些"盛世"，如汉代的"文景之治"，唐代的"贞观之治""开元盛世"，清代的"康乾盛世"等。这种局面通常出现在一个朝代的前中期。当时的君主吸取历史的教训，能居安思危，政治较清明，轻徭薄赋，励精图治。但是，随着政治腐败、土地兼并等日趋严重，阶级矛盾日益尖锐，社会发展逐渐陷于停滞状态，直至迫使农民不得不为求生存而举行起义。这些起义在一定程度上冲击了腐朽、黑暗的统治秩序，直接或间接地推动了社会的发展。

17世纪下半叶至18世纪，清代的康熙、雍正、乾隆年间，是中国封建社会后期的鼎盛时期，但同时也开始走向了封建社会的末世。到了鸦片战争前夜的嘉庆、道光年间，清王朝衰相尽显，潜伏着许多危机。经济上生产凋敝，土地高度集中。清代全国耕地面积约800万顷，其中各类官田约80万顷，民田中的相当部分又集中于官僚和地主之家，如乾隆年间权倾一时的大学士和珅有土地80多万亩，此外拥有大量土地的地主也不在少数。早在1656年，清政府就实行"海禁"，宣布"片帆不准下海"，虽然收复台湾后一度解除"海禁"，允许外国商人在广州、漳州、宁波、云台山（今连云港附近）等四口通商，但到乾隆二十四年（1759年）又关闭了其他各口，仅留广州一口通商。这个时期，工业革命在欧洲爆发，就经济社会发展而言，中国已经落后于西方资本主义国家。

二、世界资本主义的发展与殖民扩张

16世纪至19世纪初，中国还处于封建社会晚期的兴衰更替之时，西方资本主义已经产生、发展，西方殖民主义势力也随之向外扩张。

1640年的英国资产阶级革命标志着世界历史开始进入资本主义时代。至18世纪，继英国之后，美国、法国等先后通过资产阶级革命，建立了资产阶级政权，为资本主义的发展提供了政治上的前提和保证。

18世纪中叶至19世纪中叶，从英国开始然后迅速发展到欧美各国的工业革命，使大机器生产取代了工场手工业，资本主义经济得到迅速发展。19 世纪初，英国工业迅猛发展，伦敦成为资本主义世界的工业中心，曼彻斯特成为世界的纺织中心。英国主要工业产品的产量都十几至几十倍地增长。比如煤产量，1700 年是 260 万吨，1883 年已经增加到 3 000 万吨。生铁产量，1740 年仅为 1.7 万吨，1800 年已经增加到 19.3 万吨，1840 年更猛增到 140 万吨。美国虽然是后起的资本主义国家，到 1783 年才摆脱英国的殖民统治，但其工业也发展迅速，以纺织业的纱锭为例，1805 年仅有 4 500 锭，但仅仅十年之后的 1815 年就增加到了 15 万锭，到 1825 年更增加到 80 万锭。

殖民主义是适应西方资本主义的发展要求而产生的，它随着资本主义生产方式的演进而发展，是西方列强对亚洲、非洲、美洲、大洋洲等地区人民的剥削、掠夺和压迫、奴役。它是为资产阶级剥削国内外人民、建立资本主义的世界体系服务的。

在 19 世纪末资本主义进入帝国主义阶段后，资本输出成为殖民剥削的重要形式。殖民主义进一步发展成为由少数帝国主义强国主宰的世界体系。

资本主义的发展逐步使人类历史成为世界历史。西方资产阶级迫使一切民族采用资产阶级的生产方式，一句话，它按照自己的面貌为自己创造出一个世界。但是，西方殖民主义势力来到东方，并不是为了使东方国家成为独立的资本主义国家，而是为了把它们纳入资本主义的世界体系，成为殖民地、半殖民地，成为自己在经济上、政治上、文化上的附庸。

西方资本主义的发展及其向东方的殖民扩张，给古老的中国带来了空前严重的灾难，使中华民族面临极其深刻的生存危机。

三、鸦片战争的爆发

（一）鸦片战争

1840 年，英国发动侵略中国的鸦片战争，中国历史发展从此发生重大转折。

19 世纪前期，英国已经基本上完成工业革命，成为世界资本主义最强大的国家，建立了号称"日不落"的殖民大帝国。在亚洲，继占领印度后，中国成为它主要的侵略目标。

英国对华贸易长期处于入超状态，英国工业品遭到中国自然经济和闭关政策的顽强抵抗，销量不大，而英国商人却需要用大量银元购买中国的茶叶、生丝等商品。于是，英国殖民者以走私毒品鸦片作为牟取暴利及改变贸易逆差的手段，强迫其殖民地印度种植鸦片，再由英国东印度公司垄断收购、加工，然后走私到中国贩卖。据不完全统计，鸦片战争前 40 年间，英国运入中国的鸦片约有 40 万箱，从中国掠走了 3 亿至 4 亿银元。

1825 年和 1837 年英国发生了两次资本主义经济危机。为了摆脱危机和转移国内人民的视线，英国政府迫不及待地要发动一场侵略战争。

英国资产阶级及其政府对中国发动武装侵略蓄谋已久。1835 年，东印度公司高级职员林德赛致函英国外交大臣巴麦斯顿子爵，建议对中国发动战争，而且提出了具体的作战方案和所需的兵力及时间、路线等。在华鸦片贩子、伦敦东印度和中国协会、曼彻斯特商会和利物浦印度协会等，都曾经上书英国政府，要求动用武力打开中国市场。

英国的鸦片走私不仅造成了中国的白银大量外流和财政危机，还导致银贵钱贱，加重了劳动人民的负担，并且直接毒害了中国人的身体和精神。清政府实行禁鸦片措施，特别是钦差大臣林则徐于 1839 年 6 月在广东虎门销毁所收缴鸦片的行动，完全是维护国家利益和民族尊严的正义行动。英国政府更加紧了发动侵华战争的准备。1840 年 4 月，英国议会通过对华战争的决定。同年 6 月，英国侵华舰队 4 000 余人从印度等地陆续到达中国海面，封锁了珠江入海口和广东海面。鸦片战争正式爆发。

英军在广东海面见无隙可乘，主力即沿海岸线北上。7 月攻厦门无果，又北犯浙江，陷定海，8 月抵达天津海口。清政府一片恐慌，道光帝派琦善到天津海口与英军谈判，英军同意回广东交涉。9 月，道光帝任命琦善为钦差大臣，将林则徐撤职查办。11 月，琦善到达广州，与英军谈判，压制抗英力量，撤除防务。不料英军突然发动进攻，强占大角、沙角炮台，随即强占香港。1841 年 1 月，道光帝接到大角、沙角失陷报告，深感有失天朝威严，下令将琦善革职，同时下诏对英宣战，任命奕山为"靖逆将军"，并抽调军队 17 000 人，开赴广东与英军作战。2 月，英军猛攻虎门炮台，水师提督关天培率部顽强抵抗，因寡不敌众，关天培与守军数百人英勇战死，虎门炮台沦陷。4 月，各省军队齐集广州，但昏庸无能的奕山调度失序，又贸然夜袭英军，反被英军乘机占领广州城外的全部炮台，炮轰广州城。奕山随即求和。但是，英国政府决定扩大侵略战争。8 月，英军攻陷厦门，并接连攻陷浙江定海、镇海和宁波。10 月，道光帝又派奕经为"扬威将军"，调兵到浙江应战。奕经抵达浙江前线后，不认真筹划防务，冀图一战侥幸取胜，于 1842 年 3 月盲目向定海、镇海和宁波的英军进攻，结果失败，不敢再战。清政府不得已派耆英到浙江与英军议和。但英军对此根本不理不睬，于 5 月攻陷浙江海防重镇乍浦，6 月又集中兵力猛攻长江门户吴淞炮台，守军在江南提督陈化成的率领下，顽强抵抗，英勇杀敌。陈化成虽身负重伤，仍力战不退，英勇牺牲。8 月初，英军到达南京江面。清政府被迫接受了英国的全部要求。由此，鸦片战争以清政府的失败而告终。

　　1842 年 8 月 29 日，清政府派钦差大臣耆英、伊里布与英国签订了中国近代史上第一个不平等条约——《南京条约》。接着，1843 年 10 月，签订了中英《虎门条约》。美国、法国等西方列强趁火打劫，逼迫清政府与之签订不平等条约，如 1844 年 7 月签订的中美《望厦条约》，10 月签订的中法《黄埔条约》。通过这一系列不平等条约，英国等西方列强在中国攫取了大量侵略特权。

　　随着外国资本主义的入侵，中国的封建社会逐步变成了半殖民地半封建社会。中国人民逐渐开始了反帝反封建的资产阶级民主革命。正因为如此，鸦片战争就成为中国近代史的起点。

（二）近代中国社会的半殖民地半封建性质

从 1840 年鸦片战争开始到 1949 年中华人民共和国成立之前的近代中国，是半殖民地半封建社会。

鸦片战争前的中国社会是封建社会。鸦片战争以后，独立的中国逐步变成半殖民地的中国，封建的中国逐步变成半封建的中国。

为什么说独立的中国逐步变成了半殖民地的中国？

这是因为，鸦片战争以后，资本-帝国主义列强通过发动侵略战争，强迫中国签订一系列不平等条约，破坏中国的领土主权、领海主权、关税主权、司法主权等，并一步一步地控制中国的政治、经济、外交和军事。中国已经丧失了完全独立的地位，在相当程度上被殖民地化了。近代中国尽管在实际上已经丧失拥有完整主权的独立国的地位，但是仍然维持着独立国家和政府的名义，还有一定的主权。由于它与连名义上的独立也没有而由殖民主义宗主国直接统治的殖民地尚有区别，因此被称作半殖民地。

为什么说封建的中国逐步变成了半封建的中国？

这是因为，外国资本-帝国主义列强用武力打开中国的门户，把中国卷入世界资本主义经济体系和世界市场之中。随着外国资本主义的入侵，洋纱、洋布等商品在中国大量倾销，逐渐使中国的农业与家庭手工业分离，一方面，破坏了中国自给自足的自然经济的基础，破坏了城市的手工业和农民的家庭手工业；另一方面，则促进了中国城乡商品经济的发展，给中国资本主义的产生造成了某些客观条件。破产的农民和手工业者成了产业工人的后备军。一批官僚、买办、地主、商人投资兴办新式工业。中国出现了资本主义生产关系。中国已经不是完全的封建社会了，因此被称作半封建社会。

然而，资本-帝国主义列强并不容许中国成为独立的资本主义国家。它们利用获取的政治、经济特权，在中国倾销商品，经营轻工业和重工业，对中国的民族工业进行直接的经济压迫。中国的民族资本主义经济虽然有了某些发展，但是并没有也不可能成为中国社会经济的主要形式。而在中国的资本主义经济中，外国资本及依附于它的官僚资本居于主要和支配的地位。在中国农村中，地主剥削农民的封建生产关系，在社会经济生活中依然占着显然的优势。这样，中国的经济既不再是完全的封建经济，也不是完全的资本主义经济，而成为半殖民地半封建的经济了。

从近代中国的历史进程，可以看到中国半殖民地半封建社会有以下一些基本特征：

第一，资本−帝国主义侵略势力不但逐步操纵了中国的财政和经济命脉，而且逐步控制了中国的政治，日益成为支配中国的决定性力量。

第二，中国的封建势力日益衰败并同外国侵略势力勾结，成为资本−帝国主义压迫、奴役中国人民的社会基础和统治支柱。

第三，中国自然经济的基础虽然遭到破坏，但是封建剥削制度的根基即封建地主的土地所有制依然在广大地区内保持着，成为中国发展进步的严重障碍。

第四，中国新兴的民族资本主义经济虽然已经产生，并在政治、文化生活中起了一定的作用，但是在帝国主义和封建主义的压迫下，它的发展很缓慢，力量很软弱，而且它的大部分与外国资本−帝国主义和本国封建主义都有或多或少的联系。

第五，由于近代中国处于资本−帝国主义列强的争夺和间接统治之下，加上中国地域广大，以及在地方性的农业经济的基础上形成的地方割据势力的存在，近代中国各地区经济、政治和文化的发展是极不平衡的。后来，帝国主义列强还分别支持不同的政治势力以分裂中国，使中国处于不统一状态。

第六，在资本−帝国主义和封建主义的双重压迫下（后来还加上官僚资本主义的压迫），中国的广大人民尤其是农民日益贫困化以至大批地破产，过着饥寒交迫和毫无政治权利的生活。

（三）近代中国社会阶级关系的变动

随着近代中国从封建社会逐步演变为半殖民地半封建社会，中国社会的阶级关系也发生了深刻的变动，不仅旧的阶级发生了变化，还有新的阶级产生。

旧的封建统治阶级即地主阶级继续占有大量的土地，掌握着国家政权，对人民实行专制统治。不过，地主阶级本身也发生了某些变化。有些地主从乡村迁往城市成为城居地主。一部分地主将土地剥削获得的货币投资于资本主义工商业。有的附股外资企业，有的入股洋务企业，有的直接创办或参股民营企业，转化为资本家。大多数地主仍主要依靠地租剥削生活，一些城居地主也往往兼营土地、高利贷和工商业。

旧的被统治阶级即农民阶级，仍是近代中国社会人数最多的被剥削阶级。由于土地兼并的加剧，不少自耕农失去土地，向贫农或雇农转化。有些农民破产或失去土地后流入城市，成为产业工人的后备军，近代中国的农民由于社会地位低下，受压迫、剥削严重，生活状况极度恶化，所以具有强烈的革命要求，是中国民主革命的主力军。但是，由于其作为小生产者的阶级局限性，农民单凭自身的力量不可能求得解放，更不可能把反帝反封建斗争引向胜利。

近代中国诞生的新兴的被压迫阶级是工人阶级。它的来源主要是城乡破产失业的农民、手工业者和城市贫民。中国工人阶级最早出现于 19 世纪 40 至 50 年代外国资本主义在华企业中。因此，它是先于中国的资产阶级而产生的。19 世纪 60 年代后洋务派创办的大型军用工业和民用企业以及 70 年代以后的中国民族企业，又雇用了一批工人。早期中国工人阶级人数不多，却是中国新生产力的代表，它身受帝国主义、封建势力、资产阶级三重压迫，受剥削最深，革命性最强，而且它还有组织纪律性强、集中、团结、与广大受压迫农民有着天然联系等优点，因此是近代中国最革命的阶级。

中国资产阶级也是近代中国新产生的阶级，是在外国资本主义入侵的影响和刺激下，主要由一些买办、商人、地主、官僚投资新式企业转化而成。从 19 世纪 70 年代开始，中国民族资本兴办的新式企业逐步发展起来。

中国资产阶级的来源不同，构成比较复杂。其中有一部分是官僚买办资本家，他们是利用政治特权和与外国资本的紧密联系，在剥削劳动人民和挤压民族资本的过程中，逐渐形成和发展起来的。

中国资产阶级的另一部分是民族资本家。他们经营的企业由于原始积累不足，大多数规模小、设备落后，并受到外国资本主义和本国封建主义及官僚买办资产阶级的压迫，发展缓慢，始终未能在中国社会经济中占主要地位。民族资产阶级同外国资本主义、本国封建主义仍然有着千丝万缕的联系，在政治上表现出两面性。他们与外国资本主义和本国封建主义既有矛盾、斗争的一面，又有依赖、妥协的一面。他们在一定条件下可以参加反帝反封建的革命或者在斗争中保持中立，但是没有革命的彻底性，不可能引导中国的民主革命走向胜利。

（四）近代中国的社会主要矛盾和两大历史任务

近代中国半殖民地半封建社会的矛盾，呈现出错综复杂的状况。其中有：中华民族与资本-帝国主义的矛盾，农民阶级与地主阶级的矛盾，资产阶级与地主阶级的矛盾，无产阶级与资产阶级的矛盾，封建统治阶级内部各集团派系的矛盾，各帝国主义国家在中国争夺的矛盾，等等。在这些社会矛盾中，占支配地位的主要矛盾，是帝国主义和中华民族的矛盾，封建主义和人民大众的矛盾。这两对主要矛盾及其斗争贯穿整个中国半殖民地半封建社会的始终，并对中国近代社会的发展变化起着决定性的作用。

中国近代社会的两对主要矛盾是互相交织在一起的，而帝国主义和中华民族的矛盾，是最主要的矛盾。一般来说，当资本-帝国主义向中国发动侵略战争时，中国内部各阶级，除一些叛国分子外，能够暂时地团结起来举行民族战争去反对外国侵略。这时，民族矛盾特别尖锐，阶级矛盾暂时降到次要和服从的地位。例如，鸦片战争、第二次鸦片战争、中法战争、中日甲午战争、义和团反帝运动，都有过这种情形。而当资本-帝国主义与中国的反动统治阶级结成同盟，用战争以外的形式共同压迫中国人民，尤其是封建主义统治特别残酷的时候，中国人民往往采取国内战争的形式去反对资本-帝国主义和封建主义的同盟，而斗争的矛头主要直接地指向中国的封建政权，这时阶级矛盾就上升为主要矛盾，民族矛盾退居次要地位。例如，太平天国农民战争和辛亥革命，就是这种情况。当国内战争发展到从根本上威胁资本-帝国主义及其代理人中国封建地主阶级统治的时候，外国侵略势力甚至直接出兵，镇压中国人民，援助中国的反动派。这时，外国侵略者和国内封建统治者完全公开站在一条战线上。例如，太平天国后期，清政府向外国侵略者"借师助剿"，共同镇压太平天国农民起义，就属于这种情况。

中国近代社会的主要矛盾决定了，为了使中国在世界上站起来，为了使中国人民过上幸福、富裕的生活，就必须推翻帝国主义、封建主义联合统治的半殖民地半封建的社会制度，争得民族独立和人民解放；就必须改变中国经济技术落后的面貌，实现国家富强和人民幸福。这是近代以来中华民族面临的两大历史任务。无数的志士仁人，一代又一代的中国人，正是为此而进行了不屈不挠、英勇顽强的斗争。

第二节 西方列强对中国的侵略

一、军事侵略

资本-帝国主义列强对中国的侵略，首先和主要的是进行军事侵略。它们依仗先进的武器和军事技术，或者进行武力威胁，或者发动侵略战争，或者武装干涉中国的内政，甚至直接出兵镇压中国革命。这种军事侵略是逐步升级的，从骚扰、蚕食中国沿海、边疆，到割占中国大片领土，甚至企图瓜分中国。

发动侵略战争，屠杀中国人民　从 1840 年鸦片战争以来，资本－帝国主义列强发动了一次又一次的侵华战争。在历次侵华战争中，外国侵略者屠杀了大批中国人民。例如，1894 年 11 月，日军在甲午战争中制造了旅顺大屠杀惨案，在 4 天内连续屠杀中国居民 2 万余人。1900 年 7 月，俄国入侵中国东北时，先后制造了海兰泡惨案和江东六十四屯惨案。沙俄军警把中国人居住的村庄烧光，把数千居民枪杀，或驱入黑龙江中活活淹死。同年 8 月，八国联军侵占北京后，仅在庄王府一处，就烧死和杀死义和团团民与平民 1 700 多人。

侵占中国领土，划分势力范围　每一次战争之后，资本－帝国主义列强都迫使清政府签订不平等条约，攫取在中国的经济、政治特权，劫掠中国的财富，破坏中国的主权和领土完整。

中国近代主要不平等条约简况

1842 年，英国强迫清政府签订《南京条约》，把香港岛割让给英国。1860 年，又通过中英《北京条约》，割去香港岛对岸九龙半岛南端和昂船洲。

1849 年，葡萄牙武力强占澳门半岛（葡萄牙人在明末就已经开始用欺诈手段借居澳门）。1887 年，胁迫清政府订立《中葡和好通商条约》，允许葡萄牙"永居管理澳门"。

俄国利用英、法发动第二次鸦片战争之机，于 1858 年胁迫黑龙江将军奕山与之签订《瑷珲条约》，割去黑龙江以北 60 万平方公里领土。1860 年，通过签订中俄《北京条约》，割去乌苏里江以东 40 万平方公里领土。1864 年，强迫清政府签订《勘分西北界约记》，割去中国西北 44 万平方公里领土。1881 年，通过《改订伊犁条约》和 5 个勘界议定书，割去中国西北 7 万多平方公里领土。通过这一系列不平等条约，俄国共侵占中国领土 150 多万平方公里。

1895 年，日本强迫清政府签订《马关条约》，割去中国台湾全岛及所有附属各岛屿和澎湖列岛。

1898 年，德国强租山东的胶州湾，把山东划为其势力范围。沙俄强租辽东半岛的旅顺口、大连湾及其附近海面，以长城以北为其势力范围。英国强租山东的威海卫和香港岛对岸的九龙半岛界限街以北、深圳河以南及附近的岛屿（新界），以长江流域为其势力范围。1899 年，法国强租广东的广州湾及其附近水面，把广东、广西、云南作为其势力范围。日本也声明把福建作为其势力范围。

资本−帝国主义列强还运用武力或欺诈手段，霸占中国通商口岸内的土地，设立完全由外国直接控制和统治的租界。1845 年，英国租得上海外滩附近 837 亩土地，设立上海英租界。以后直至 1911 年，英、法、美、德、日、俄、意、比、奥等国，先后在上海、天津、汉口、广州、福州、重庆等 16 个城市，设立了 30 多个租界。租界里的一切都由外国殖民者管理，中国的法律在这里不发生效力，俨然是"国中之国"。租界成了"冒险家的乐园"和侵略中国的据点。

通过侵华战争，帝国主义列强还获得了在中国领土上驻兵的特权。1901 年《辛丑条约》规定，外国军队有权在北京使馆区和北京至大沽、山海关一线包括天津、唐山等 12 处"留兵驻守"。日俄战争后，日本从俄国手中攫得租自中国的旅顺口和大连湾、长春至旅顺口的铁路及其他有关权益，在旅顺设置"关东总督府"，并派兵驻守上述地区及"南满铁路"沿线。这支军队后来被称作"关东军"，成了日本侵略中国的突击队。

勒索赔款，抢掠财富　资本−帝国主义列强发动战争来侵略中国、屠杀中国人民，并向中国勒索巨额赔款，造成中国严重的财政危机，直接破坏和阻碍中国的经济发展。比如，在鸦片战争期间，英国侵略者就强迫清朝地方政府交纳广州赎城费 600 万元（银元）。其后，更通过《南京条约》攫取赔款 2 100 万元（银元）。第二次鸦片战争后，英、法各得赔款 800 万两白银。甲午战争后，日本通过《马关条约》强迫中国赔款 2 亿两白银，再加上"赎辽费"3 000 万两，威海卫日军"守备费"150 万两，共 2.315 亿两白银，相当于清政府三年的财政收入。日本用中国的巨额赔款，继续扩充军备，海陆军扩充费及军需工业费等费用占赔款总数的 85%，这使日本军国主义势力迅速膨胀，很快挤进了帝国主义列强的行列。而八国联军侵华战争时签订的《辛丑条约》，规定中国应支付的赔款额竟高达 4.5 亿两白银，分 39 年还清，本息合计近 10 亿两之巨。这些赔款，是帝国主义侵略者对中国实行的公开掠夺。

不仅如此，列强在侵华战争中还公开抢劫中国的财富，肆意破坏中国的文物和古迹。1860 年 10 月，英法联军进入北京城前，首先抢劫清朝皇帝的离宫圆明园内的金银珠宝、瓷器绸缎、文物古籍，拿不了的就加以毁坏，最后还放火焚烧了圆明园和附近香山、万寿山、玉泉山的殿阁建筑。参加抢劫的英国军官戈登承认："我们就这样以最野蛮的方式摧毁了世界上最宝贵的财富。"[1]

1900 年 8 月，八国联军侵占北京后，皇宫以及北海、中南海、颐和园等禁苑里的无数金银财宝、珍贵文物古籍遭到他们的肆意劫掠。日本侵略军还从户部银库掠去 300 万两库银。八国联军总司令、德国元帅瓦德西承认："所有中国此次所受毁损及抢劫之损失，其详数将永远不能查出，但为数必极重大无疑。"[2]

这些自称"西方文明传播者"的侵略者在中国的所作所为，充分地暴露了帝国主义、殖民主义势力践踏文明的野蛮本性。

二、政治控制

为了统治中国，资本－帝国主义列强在政治上采取的主要方式，是控制中国政府，操纵中国的内政、外交，把中国当权者变成自己的代理人和

---

[1]　王崇武、黎世清：《太平天国史料译丛》，神州国光社 1954 年版，第 148 页。

[2]　中国史学会主编：中国近代史资料丛刊《义和团》（三），上海人民出版社 1957 年版，第 34 页。

驯服工具。

控制中国的内政、外交　在鸦片战争时期，外国侵略者还只是通过中国内部的妥协派贵族大臣如琦善、耆英、伊里布等人，来对清政府施加压力和影响。清王朝统治集团中不少权贵大臣仍对外国侵略者抱有疑虑、恐惧乃至敌对的态度。直到第二次鸦片战争期间，英法联军采取又打又拉的手法，在强迫清政府签订《天津条约》《北京条约》的同时，表示愿意帮助清政府镇压太平天国，终于使清政府基本屈服。

《天津条约》的一项重要内容，就是允许外国公使常驻北京。当时西方列强的公使，是以战胜者的姿态进入北京的，他们不是普通的外交官，而是清政府的"太上皇"。美国公使田贝说过，他们经常教训清政府的大臣，什么事要做，什么事一定不许做。这就是说，外国公使可以在北京直接向中国政府发号施令。

1861年，在外国公使驻京前后，中国发生了一场宫廷政变。八名"赞襄政务王大臣"或被处死，或被免职治罪。慈禧太后和恭亲王奕䜣掌握政权，即"北京政变"（又称"辛酉政变"）。慈禧和奕䜣宣布八大臣的罪状第一条就是"不能尽心和议"，"以致失信于各国"[1]。而奕䜣等人正是由于在第二次鸦片战争期间与列强进行交涉并签订《北京条约》而受到侵略者的赏识。英国公使普鲁斯向该国政府报告说："在北京建立了令人满意的关系，在某种程度上（我们）已成为这个政府的顾问。"[2]

资本–帝国主义列强在中国还享有领事裁判权。1843年中英《五口通商章程》规定，在通商口岸，中国人如与英侨"遇有交涉诉讼"，英国领事有"查察""听诉"之权，英人如何科罪，由英国议定章程、法律，发给管事官照办。1844年中美《望厦条约》更扩大领事裁判权的范围，即

---

① 故宫博物院明清档案部编：《清代档案史料丛编》第一辑，中华书局1978年版，第101页。

② 严中平：《一八六一年北京政变前后中英反革命的勾结》，《历史教学》1952年4月号。

所有美国人在华之一切民事、刑事诉讼，均由美国领事等官询明办理。从此，外国人可以在中国横行不法，中国政府却无权干预。

把持中国海关，是外国侵略者控制中国政治的重要手段之一。近代中国海关的职权范围，除了征收进出口关税外，还管理港口，主办邮政，甚至涉及与外国人交涉的各种事务。中国海关的高级职员全部由外国人充任。海关总税务司俨然成了清朝中央政府的最高顾问，各通商口岸的海关税务司则成了各地地方政府的高级顾问。1859 年，海关总税务司署在上海设立，英国人李泰国成为总税务司。英国人赫德自 1863 年任总税务司开始，直到 1908 年回国，掌握中国海关大权达 40 余年之久。他曾向清政府提出《局外旁观论》，教训中国政府必须遵守不平等条约；他还帮助英国诱迫李鸿章签订《烟台条约》。

镇压中国人民的反抗　资本－帝国主义列强还勾结清政府镇压中国人民的反侵略反封建斗争。为了镇压太平天国农民起义，他们不但向清政府供应军火、船只，而且派外国军官组织并指挥"洋枪队"，甚至直接动用陆海军，对太平军作战。当中国人民掀起反对外国教会侵略的斗争，发生所谓的"教案"时，外国侵略者便指使清政府屠杀中国人民，惩办对人民镇压不力的地方官员。如 1870 年"天津教案"发生后，法、英等国军舰聚集天津海口进行军事恫吓，迫使清政府判处 20 名民众死刑，流放天津地方官吏 25 人。1899 年，义和团运动在山东兴起后，美国公使康格公开要求清政府派袁世凯去山东进行镇压。袁世凯升任山东巡抚后，立即采取血腥手段屠杀义和团。1901 年签订的《辛丑条约》中，帝国主义列强还强迫清政府作出永远禁止中国人成立或加入任何反对它们的组织的承诺，并规定清政府各级官员如对人民反抗斗争"弹压惩办"不力，"即行革职，永不叙用"[1]。

扶植、收买代理人　为了控制中国的政治，把中国政府变成自己的

---

[1]　王铁崖编:《中外旧约章汇编》第一册，生活·读书·新知三联书店1957 年版，第 1007 页。

驯服工具，资本－帝国主义列强特别注意在中国政府中扶植、收买自己的代理人。第二次鸦片战争之后，得到列强支持的奕䜣、文祥等满族贵族掌握了负责对外交涉的总理各国事务衙门。在中外勾结共同镇压太平天国的过程中，列强又扶植曾国藩、李鸿章等湘系、淮系官僚，并帮助他们购买、制造洋枪、洋炮和练兵。曾、李后来分别担任两江总督、直隶总督和南洋大臣、北洋大臣，实行对外妥协的方针。清王朝最高统治者慈禧太后在《辛丑条约》签订前夕，甚至表示要"量中华之物力，结与国之欢心"。清末，列强看中握有军权的袁世凯，支持他篡夺辛亥革命果实，建立北洋军阀政权。袁世凯死后，列强又分别扶植皖系军阀段祺瑞、直系军阀冯国璋、奉系军阀张作霖等各派系军阀首领作为自己的代理人，支持他们割据地盘和进行混战。

三、经济掠夺

资本－帝国主义列强对中国进行经济侵略的方式，除了强迫中国支付巨额的战争赔款外，主要是利用其与清政府签订的不平等条约所赋予的特权，进一步扩大对中国的商品倾销和资本输出，进行掠夺和榨取，逐步把中国卷入资本主义的世界市场。

控制中国的通商口岸　　鸦片战争前，清政府实行闭关政策，只允许外国商人在广州一地贸易，而且必须经过官方指定的公行即"十三行"进行。1842年《南京条约》规定，开放广州、厦门、福州、宁波、上海5个港口城市为通商口岸。1858年《天津条约》又规定，开放牛庄（后改营口）、登州（后改烟台）、台湾（后定为台南）、淡水、潮州（后改汕头）、琼州、汉口、九江、南京、镇江10个口岸。1860年《北京条约》又规定增加开放天津为通商口岸。陆路方面，清政府还向俄国开放伊犁、喀什噶尔等商埠。在这些通商口岸里，外国人依仗不平等条约享有种种特权，控制当地的工商、金融事业，甚至设立租界，实行殖民统治。这些通商口岸大多成了资本-帝国主义列强在中国进行经济侵略的基地。

剥夺中国的关税自主权　关税自主权是国家重要的经济主权，鸦片战争之后，中国逐步丧失了关税自主权。1842 年《南京条约》规定，英国商人进出口货物的税率，清政府均宜"秉公议定则例"。1843 年中英《五口通商章程：海关税则》，将英商进出口货物的具体税率，用中英协定形式固定下来。1844 年中美《望厦条约》和中法《黄埔条约》进一步规定，倘中国以后要变更税例，必须得到对方"议允"，正式把协定关税的条款订入条约。1858 年《天津条约》进一步规定，外国商船可以自由在各通商口岸转口，其商品不需要重新课税。洋货只需在海关交纳 2.5% 的子口税，就可以在中国内地通行无阻，不必像中国商品那样"逢关抽税，过卡抽厘"。外国廉价商品在中国市场上大量倾销，排挤中国工业品和手工业产品，并获取高额利润。从 19 世纪 50 年代起，外国人逐步控制了中国海关的行政权。中国海关不仅不能起到抵制外国商品倾销、保护民族经济的作用，反而成为外国对中国进行经济侵略和政治控制的一个重要工具。

《南京条约》关于分期交清 2 100 万元的条文

实行商品倾销和资本输出　资本-帝国主义列强凭借不平等条约所赋予的种种特权，把中国变成了它们倾销商品的市场和取得廉价原料的基地。这些都是在中国丧失了独立主权因而处于与外国不平等地位情况下进行的。中国的对外贸易，从长期出超逐渐转变为大量入超。1890 年至 1894 年，每年平均入超达到 770 余万海关两。洋货的大量倾销，使得中国民族企业的产品和传统手工业品受到排挤。直到 19 世纪末，鸦片依然占据进口货物的重要地位。

外国资产阶级还直接在中国的通商口岸开设洋行，垄断性地经营进出口贸易。到 19 世纪 90 年代，这一类洋行已达 500 多家。其中规模较大的有英国的怡和洋行、太古洋行、沙逊洋行，美国的旗昌洋行，德国的礼和洋行等。它们逐步控制了中国的进出口贸易。

资本-帝国主义列强还利用不平等条约赋予的特权，在中国自由开工厂、办银行、修铁路、开矿山等，获取超额利润，压制中国民族资本主义经济的发展。1895 年以后，由于《马关条约》规定允许外国人在中国办工厂，外国资本家纷纷涌向中国投资。1895—1900 年，列强在华设厂总数达 933 家，遍及中国各个工业部门。外国资本家经营的工厂资本雄厚、规模大、技术先进。例如，英国怡和纱厂、老公茂纱厂，德国瑞记纱厂，美国鸿源纱厂四家的资本就高达 473 万余元，超过同期华商新设纱厂资本总额将近一倍。民族资本家经营的企业，无力与之竞争。

值得注意的是，外国在中国的投资，相当部分并非由国外输入中国，而是利用战争赔款等方式掠自中国。

操纵中国的经济命脉　在半殖民地半封建社会的条件下，中国不可能在独立的基础上与外国发生经济往来。资本–帝国主义列强同中国发生经济关系，不是为了推动中国经济的发展，而是为了控制中国的经济，为自身获取最大限度的利润。

在中国的近代工业中，外国资本很快形成了垄断地位。1913 年，外国资本占机械采煤投资总额的 79.6%，占新式采铁和冶铁企业投资总额的 100%，并且控制了 41.2% 的纱锭和 49.6% 的布机，使中国民族工业难以独立发展。

资本–帝国主义列强不仅勒索中国的赔款，而且迫使中国举借外债来偿付这些赔款。中国政府举借外债，主要是以关税和盐税为担保的。这两项收入，是中国政府财政收入的重要来源。清政府的这两项税收每年为 4 000 万至 5 000 万两，大部分用于偿付外债，自己只能得到一点"关余""盐余"。外国列强直接控制了这两项税收，就等于扼住了中国财政的咽喉。

外国资本在中国设立的银行，是它们对中国进行资本输出的枢纽。外国在中国开设的第一家银行是 1845 年进入中国的英国丽如银行（又称英国东方银行）。以后陆续开办或在中国设立分行的重要外国银行，有英国麦加利银行、汇丰银行，德国德华银行，日本横滨正金银行，俄国华俄道胜银行，法国东方汇理银行，美国花旗银行等。这些银行不仅经营存款汇款业务，而且进行商业投机、工业铁路矿山投资、高利贷贷款、发行纸币、操纵汇价等。它们凭借各种特权及雄厚的金融实力，逐步控制中国的财政金融，成为列强对华经济侵略的中心。

资本－帝国主义列强还控制了中国的现代交通运输业。中国境内的铁路绝大部分由外国资本经营。1911 年，全国 9 618.1 公里铁路中，由外国控制的达 8 952.5 公里，占 93.1%；而中国自主修筑的铁路只有 665.6 公里，仅占 6.9%。资本－帝国主义列强通过对中国铁路的控制，不仅攫取巨额利润，获得铁路沿线的许多经济权益，而且还由此从政治上、军事上取得对这条铁路及其沿线地区的控制权，确立和扩大自己在中国的势力范围。与此同时，外国资本还控制了中国沿海和内河主要航道的航运业。据海关报告，在各通商口岸进出的中外轮船的总吨位中，1877 年，中国占 36.7%，外国占 63.3%；到 1907 年，中国只占 15.6%，外国占了 84.4%。1911 年长江航线轮船吨位中，外资的太古、怡和、日清三个轮船公司就占了 83.8%，而中国的轮船招商局仅占 16.2%。至于远洋航线，则几乎全部为外国轮船公司所垄断。

资本－帝国主义的经济侵略不仅阻碍中国民族工商业的发展，而且对中国的农业经济也造成严重破坏。外国商人依仗特权，低价收购中国农副产品作为其工业生产的原料，如生丝、茶叶、棉花、大豆、烟草、羊毛、皮革、猪鬃等，还通过垄断价格和工农业产品剪刀差进行不等价交换，获得超额利润。同时，他们还在国际市场上限制、打击中国传统出口农产品，使它们价格低落甚至失去销路。这一切，也加速了中国传统农业的萎缩和衰败。

总之，资本－帝国主义列强的入侵，使中国在经济上也丧失了独立性，中国被纳入资本主义的世界经济体系，成了西方大国的经济附庸。除了沿海、沿江少数城市的经济畸形繁荣以外，中国广大地区特别是农村的经济都濒临破产。外国帝国主义和中国封建主义的联合统治，导致了近代中国经济的落后和人民的贫困。

四、文化渗透

资本-帝国主义列强在对中国实行军事侵略、政治控制、经济掠夺的同时，还对中国进行文化渗透。其目的是宣扬殖民主义奴化思想，麻醉中国人民的精神，摧毁中国人的民族自尊心和自信心。

披着宗教外衣，进行侵略活动　资本-帝国主义的文化渗透活动，有许多是披着宗教外衣、在传教的名义下进行的。一部分西方传教士积极参与了对中国的侵略活动。比如，1832 年德国基督教传教士郭士立受英国东印度公司派遣，以传教为掩护，在中国沿海进行过长达几个月的间谍侦察活动，刺探搜集大量军事情报，并竭力鼓吹对中国发动武装侵略。鸦片战争期间，他不仅担任英军陆军总司令的翻译，在英军占领浙江定海县时担任"民政官"，还参与了中英《南京条约》的起草和谈判。第二次鸦片战争期间，在北京的俄国东正教传教士向俄国公使和英法联军提供了有关清军在大沽口的设防情况和详细的北京地图。在 1860 年法国强迫清政府订立中法《北京条约》时，担任翻译和文件起草的法国传教士孟振生甚至在条约的中文文本中，私自添上条约的法文原本上所没有的"并任法国传教士在各省租买土地，建造自便"[①]的字句。外国传教士由此获得了在中国各地城乡租买土地和盖房的特权，为外国教会在中国内地霸占地产、遍设教堂提供了根据。

19 世纪 60 年代后，外国传教士大批来到中国，并进入内地、边疆和少数民族地区。他们中的一些人，采用欺骗讹诈、强迫捐献、压价购买、强占垦地等手段霸占土地，建造教堂，剥削佃户，出租房产。有的还包揽词讼，包庇教徒中的不法分子，或者强迫中国教民抛弃中国传统礼俗，甚

---

① 　王铁崖编：《中外旧约章汇编》第一册，生活·读书·新知三联书店 1957 年版，第 147 页。

至公开干涉中国内政。这些传教士从事的不法活动，激起了中国人民的义愤和反抗。19世纪60年代至90年代，各地群众反对外国教会侵略的斗争此起彼伏、连绵不断，并不是偶然的。

为侵略中国制造舆论　外国教会中的某些势力还利用宣传宗教和西学的名义，为资本–帝国主义的侵略制造舆论。它们在中国所办的某些报纸、杂志，所翻译、出版的某些书刊，基本上反映了当时外国侵略者对中国的态度和要求。基督教在中国设立的最大的出版机构是广学会。英国传教士李提摩太主持广学会的指导思想是"争取中国士大夫中有势力的集团，启开皇帝和政治家们的思想"①，企图影响中国的政治方向。广学会发行的刊物《万国公报》，在介绍西方史地、政治、文化的同时，也宣扬殖民主义奴化思想。如该刊主编、美国传教士林乐知发表的《印度隶英十二益说》，竟然鼓吹英国统治印度有12条好处，主张把英国的殖民统治制度搬到中国来。广学会翻译、出版的书刊，也常常美化帝国主义的侵略。如李提摩太在他翻译的《泰西新史揽要》一书序言中说，"泰西各国素以爱民为治国之本，不得不藉兵力以定商情"，"然闭关开衅之端则在中国，故每有边警，偿银割地，天实为之"②。资本主义列强还通过兴办教育，传播其价值理念。例如，1907年美国总统西奥多·罗斯福宣布将退还部分庚子赔款，用于资助中国政府选派留学生赴美留学，史称"庚款兴学"。从1909年第一批庚款留美学生至1929年，整整持续20年之久，很多留学生成为美国思想的忠实信徒，甚至站在美国立场上为美国侵华行径做辩护。毛泽东在《"友谊"，还是侵略？》一文中指出，"庚款兴学"的实质是帝国主义的文化侵略。

帝国主义者为了制造侵略有理的舆论，还大肆宣扬"种族优劣论"。他们攻击诬蔑中华民族是愚昧落后的"劣等民族"，应该接受"优等民族"白种人的开导和奴役。19世纪末，欧美帝国主义者还炮制了所谓"黄祸

---

① 《广学会50周年纪念特刊》，第12—13页。

② 李提摩太译：《泰西新史揽要》译本序，上海书店出版社2002年版，第1页。

论"，即中国"威胁"论。1895 年，德国皇帝威廉二世甚至亲自构思了一幅《黄祸图》，让画家克纳克福斯画成油画送给俄国沙皇。西方还出现了一批关于"黄祸论"的文章和专著。有的"黄祸论"鼓吹者竟说，"一旦千百万中国人意识到自己的力量时，将给西方文明带来灾难和毁灭"[①]。他们宣扬中国等黄色人种对西方白色人种构成威胁，企图以此论证西方列强侵略压迫中国有理。但是，与他们的主观愿望相反，帝国主义的侵略激起了中国人民的反抗，刺激了中国人民的觉醒，促使中国人民投入反对帝国主义侵略的斗争。

第三节 反抗外国武装侵略的斗争

一、抵御外来侵略的斗争历程

资本-帝国主义侵略、压迫中国人民的过程，同时也是中国人民反抗它们的侵略、压迫的过程。救亡图存，成了一代又一代中国人面临的神圣使命。为了捍卫民族生存的权利，实现民族的独立和复兴，他们在长时间里进行了不屈不挠的英勇斗争。

人民群众的反侵略斗争 英国发动侵略中国的鸦片战争时，中国人民即奋起抵抗。1841 年 5 月，英军在广州郊区三元里一带的淫掠暴行，激起当地乡民的义愤，他们自发集结数万人，与英军展开激烈战斗。三元里人民的抗英斗争，是中国近代史上中国人民第一次大规模的反侵略武装斗争，显示了中国人民不甘屈服和敢于斗争的英雄气概。

太平天国农民战争后期，太平军曾多次重创英、法侵略军和外国侵略者指挥的洋枪队"常胜军""常捷军"。1862 年 5 月，太平军在江苏奉

---

① 吕浦、张振鹍等编译:《黄祸论历史资料选辑》，中国社会科学出版社1979 年版，第 189 页。

贤（今属上海市）击毙法国侵华海军司令卜罗德。6月，在青浦（今属上海市）活捉"常胜军"副统领法尔思德。9月，又在浙江慈溪击伤"常胜军"统领、美国人华尔（不久因伤重死去）。1863年1月，在绍兴打死"常捷军"统领勒伯勒东。

在外国侵略中国台湾的过程中，台湾人民也奋起反抗侵略者。1867年，美国派海军入侵台湾，副舰长马肯基率陆战队在琅峤（今恒春）登陆，高山族人民英勇抵抗，击毙马肯基，打退了美军的进犯。1874年，日本派陆军中将西乡从道率日军侵犯台湾琅峤地区，遭到高山族人民的迎头痛击。

1884年，中法战争期间，香港中国造船工人举行罢工，拒绝修理受伤的法舰，爱国商人也举行罢市，码头工人则不运送法货。

1895年《马关条约》签订后，台北人民闻讯鸣锣罢市，反对割台。台湾绅民还发布檄文，表示"愿人人战死而失台，决不愿拱手而让台"，表达了誓与台湾共存亡的决心。台湾人民与总兵刘永福所率领的黑旗军共同抗击日本侵略。吴汤兴、徐骧等指挥的台湾义军和吴彭年、杨泗洪指挥的黑旗军在新竹、彰化、嘉义、台南等地与日军激战，许多人英勇牺牲。从1895年6月至10月，台湾军民浴血奋战，抗击了日本两个近代化师团和一支海军舰队，日军死伤32 000多人。台湾军民为保卫祖国神圣领土，写下了可歌可泣的一页。此后，在日本统治台湾的半个世纪里，台湾人民反抗日本侵略者的斗争从未间断过。

1900年八国联军侵华时，义和团及部分清军在多地与之展开殊死战斗。义和团与清军还在东北抗击沙俄侵略军。

爱国官兵的反侵略斗争 在历次反抗外国侵略的战争中，爱国官兵表现了英勇顽强的战斗精神，并在一些战役中取得了胜利。1859年6月，英法联军大举进攻大沽炮台，守军沉着应战，击沉、击伤敌舰多艘。19世纪70年代，中亚浩罕汗国将领阿古柏在英、俄支持下，侵占了新疆，日本派兵企图侵占台湾。在此背景下，清政府内部出现了海防塞防之争。

左宗棠力排众议，主张海防塞防并重，坚决要求收复新疆。1876 年 3 月，左宗棠受命率兵展开收复新疆的军事行动，经过两年的浴血奋战，收复新疆，一举粉碎了分裂势力，捍卫了民族利益和民族尊严，维护了国家领土和主权的完整。中法战争期间，1884 年 8 月，法舰进犯台湾基隆，同年 10 月，又进犯淡水，都被督办台湾事务大臣刘铭传指挥守军击退。1885 年初，法舰炮轰浙江镇海炮台，也被守军击退。3 月，在中越边境镇南关（今友谊关），法军进犯，直扑关前隘长墙。年近七十的老将冯子材激励诸军抗击："法军再入关，何颜见粤民？必死拒之！"诸军响应，"士气皆奋"。法军"炮声震山谷，枪弹积阵前数寸许"，冯子材"与诸军痛击，敌稍却"。法军"越日复涌至"，冯子材"指麾诸将使屹立，遇退后者刃之。自开壁持矛大呼，率二子相荣、相华跃出搏战。诸军以子材年七十，奋身陷阵，皆感奋"①，俱随从冯子材杀出，大败法军，取得镇南关大捷。

在一些重要的战役中，爱国官兵也不屈不挠，英勇作战，以身殉国。1894 年 7 月 25 日，日本海军在丰岛海面突袭北洋舰队，挑起了甲午战争。9 月 17 日中午，发生了中日海军主力的决战，即黄海海战。北洋海军提督丁汝昌率北洋舰队主力 18 艘舰艇护航援军到朝鲜，返航途中在鸭绿江口大东沟，遇上日本联合舰队 12 艘军舰来袭。丁汝昌令旗舰"定远"号和"镇远"号两只铁甲舰居中，北洋舰队以犄角雁行阵急进迎敌。"定远"舰飞桥震裂，丁汝昌摔成重伤，仍坐在甲板上激励将士英勇杀敌。激战中，日舰"吉野"中炮，"比叡"受损，"赤城"中弹累累，其船长毙命。北洋舰队"超勇"号中弹沉没，"扬威"号受损搁浅。"致远"号受损下沉，管带邓世昌下令向"吉野"号猛撞，不幸被鱼雷击中，船体炸裂沉没，全舰 200 多名官兵壮烈牺牲。"经远"号管带林永升中炮身亡，全舰 200 多名官兵殉难。"定远"号管带刘步蟾代丁汝昌指挥，"镇远"号管带林泰曾协同作战，重炮猛轰日军旗舰"松岛"号，将该舰弹药引爆，日

---

① 《清史稿》第四十二册，中华书局 1998 年版，第 12690 页。

军死伤百余人。傍晚，日舰向西南方向退走，北洋舰队驶回旅顺。甲午海战激战 5 个小时，北洋舰队损失战舰 5 艘，伤亡官兵千余人，同时重创了日本舰队"松岛"号等 4 艘舰船，使其全部军舰受损，粉碎了日本企图"聚歼清舰于黄海"的计划。广大爱国官兵殊死奋战，用鲜血和生命谱写了一曲反侵略的战歌。

中国人民包括统治阶级中的爱国人士在反侵略斗争中表现出来的爱国主义精神，进一步铸成了中华民族的民族魂。正是由于中国人民前仆后继、英勇顽强的斗争，才使我们的国家和民族历尽劫难、屡遭侵略而不亡。那些不畏强暴、赴汤蹈火、血战疆场、宁死不屈的民族英雄，乃是中华民族的脊梁。

二、义和团运动与列强瓜分中国图谋的破产

边疆危机和瓜分危机　帝国主义侵略中国的最终目的，是要瓜分中国、灭亡中国。

19 世纪 70 至 90 年代，自由竞争的资本主义向垄断资本主义即帝国主义过渡，出现了列强争夺殖民地的狂潮，非洲基本上被瓜分完毕，亚洲也大部分被列强瓜分。中国这个还保存着名义上独立的半殖民地国家，成了尚未被瓜分的"仅有的富源"。

19 世纪 70 至 80 年代，列强从侵占中国周边邻国发展到蚕食中国边疆地区，使中国陷入"边疆危机"。英国从印度侵入西藏，又从缅甸入侵云南。法国则从越南侵犯广西。俄国从中亚入侵新疆。日本吞并琉球，侵犯中国台湾。

帝国主义列强对中国的争夺和瓜分的图谋，在 1894 年中日甲午战争爆发后达到高潮。1895 年 4 月 2 日，即《马关条约》签订前半个月，日本驻德公使青木周藏与德国外交部参事米尔堡会谈时，提出将"南满"给日本，"北满"归俄国，舟山预定给英国，而"德国完全有权在东南要

求一省"① 的瓜分方案。中日《马关条约》规定把台湾、澎湖列岛和辽东半岛割让给日本，更大大刺激了帝国主义列强瓜分中国领土的野心，并激化了列强争夺中国的矛盾。俄国认为，日本割取辽东半岛损害了俄国在中国的侵略利益，便联合法国和德国共同干涉还辽，迫使日本放弃了割占辽东半岛的要求。日本则以再向中国勒索 3 000 万两白银"赎辽费"作为补偿。俄、德、法三国又以干涉还辽"有功"为由，要求租借中国港湾作为报酬。德、俄、英、法、日等国于 1898 年至 1899 年竞相租借港湾和划分势力范围，掀起了瓜分中国的狂潮。

1900 年八国联军侵华战争期间，欧美报刊纷纷公开讨论如何瓜分中国。八国联军总司令、德国元帅瓦德西在给德皇威廉二世的奏议中认为："关于近年以来，时常讨论之'瓜分中国'一事"，现在"实为一个千载难得之实行瓜分时机"②。俄国迫不及待地出动十几万军队侵入中国东北地区。日本驻台湾总督则加紧策划派兵在厦门登陆侵占福建。连一直标榜"保全中国"的美国政府也发出准备占领中国福建三沙湾的训令。

列强瓜分中国图谋的破产　帝国主义列强并没有能够实现瓜分中国的图谋。其原因何在？

帝国主义列强之间的矛盾和互相制约，是一个重要的原因。瓦德西向德皇威廉二世报告说："英国极不愿意法国进据云南，日本占领福建。日本方面对于德国之据有山东，则认为危险万分。各国方面对于英人之垄断长江，认为势难坐视。"③俄国独占东北三省，更使英、日等国强烈不满。因

---

① 孙瑞芹译:《德国外交文件有关中国交涉史料选译》第一卷，商务印书馆 1960 年版，第 20 页。

② 中国史学会主编：中国近代史资料丛刊《义和团》(三)，上海人民出版社 1957 年版，第 84 页。

③ 中国史学会主编：中国近代史资料丛刊《义和团》(三)，上海人民出版社 1957 年版，第 85 页。

此，要实现瓜分中国，"彼此之间必将发生无限纠葛"[1]，甚至会爆发战争。正因为如此，列强经过反复争吵、协商，最后认定，还是暂缓瓜分中国，而采取保全清政府为其共同的统治工具，实行"以华治华"，对自己更为有利。

不过，帝国主义列强之间的矛盾和妥协，并非是瓜分中国的阴谋破产的根本原因，最根本的原因，是中华民族进行的不屈不挠的反侵略斗争，其中 1900 年前后兴起的义和团就是一个突出的例子。

义和团原名义和拳，起源于嘉庆年间，流行于山东、直隶、河南、山西一带。甲午战争后，义和团从秘密反清转向公开反对列强。1900 年6 月，八国联军 2 000 多人从天津乘火车向北京进犯，义和团和部分清军起而抗击。6 月 11 日，联军刚到达廊坊车站，就遭到义和团的袭击和围困。几天后，义和团和清军增援，猛攻车站，联军逃到杨村车站，又被团团围困，最后不得不狼狈逃回天津，粉碎了联军进犯北京的计划。是为廊坊大捷。

在这期间，八国联军舰队又向大沽炮台发起强攻，炮台守军英勇还击，激战 6 小时，击沉击伤联军军舰 6 艘，打死打伤联军 200 余人，但终因寡不敌众，炮台失守，守将罗荣光悲愤自尽。联军占领炮台后，扑向天津。义和团和清军一起浴血奋战，展开保卫天津之战。曹福田率义和团主力部署在老龙头火车站，17 和 18 两日，俄军连续发动挑衅，义和团合力猛攻俄军，歼敌 500 人。7 月初，张德成率义和团冲入天津租界，展开激战。清军将领聂士成也率部奋战，中弹后"破腹肠出"，仍挥军前进，后中炮壮烈牺牲。

在义和团反帝爱国运动时期，中国人民以其不畏强暴、敢与敌人血战到底的英雄气概，打击和教训了帝国主义侵略者，使他们不敢为所欲为地瓜分中国。这一点，即使帝国主义分子也是不得不承认的。瓦德西向德皇

---

[1]　中国史学会主编：中国近代史资料丛刊《义和团》（三），上海人民出版社 1957 年版，第 85 页。

威廉二世报告说："吾人对于中国群众，不能视为已成衰弱或已失德性之人。彼等在实际上，尚含有无限蓬勃生气"。"至于中国所有好战精神，尚未完全丧失，可于此次'拳民运动'中见之。"①因此，他得出结论："无论欧、美、日本各国，皆无此脑力与兵力，可以统治此天下生灵四分之一也。""故瓜分一事，实为下策。"②法国议会在辩论对华政策时，一位法国议员指出："中国地土广阔，民气坚韧。""吾故谓瓜分之说，不啻梦呓也。"③

由此可见，正是包括义和团在内的中华民族为反抗侵略所进行的前赴后继、视死如归的战斗，才粉碎了帝国主义列强瓜分和灭亡中国的图谋。

诚然，由于当时中国人民对帝国主义的认识还停留在感性的阶段，义和团运动存在着笼统的排外主义的错误；由于认识不到帝国主义联合中国封建地主阶级以压迫中国人民的实质，义和团曾经蒙受封建统治者的欺骗；由于小生产者的局限性，义和团运动中还存在着迷信、落后的倾向。但是，一个基本的历史事实不容抹杀：义和团运动在粉碎帝国主义列强瓜分中国的斗争中，发挥了重大的历史作用。孙中山后来说过，义和团"用大刀、肉体和联军相搏，虽然被联军打死了几万人，伤亡枕藉，还是前仆后继，其勇锐之气殊不可当，真是令人惊奇佩服。所以经过那次血战之后，外国人才知道中国还有民族思想，这种民族是不可消灭的"④。

---

① 中国史学会主编：中国近代史资料丛刊《义和团》（三），上海人民出版社 1957 年版，第 86—87 页。

② 中国史学会主编：中国近代史资料丛刊《义和团》（三），上海人民出版社 1957 年版，第 244 页。

③ 中国史学会主编：中国近代史资料丛刊《义和团》（四），上海人民出版社 1957 年版，第 245—246 页。

④ 《孙中山全集》第九卷，中华书局 1986 年版，第 315—316 页。

第四节　反侵略战争的失败与民族意识的觉醒

一、反侵略战争的失败及其原因

从 1840 年至 1919 年的 80 年间，中国人民对外来侵略进行了英勇顽强的反抗，这些斗争具有重大的历史作用。但是，历次的反侵略战争，都是以中国失败、中国政府被迫签订丧权辱国的条约而告结束的。其原因，从中国内部因素来分析，主要有以下两个方面：一是社会制度的腐败，二是经济技术的落后。而前者则是更根本的原因。正是社会制度的腐败，才使得经济技术落后的状况长期得不到改变。

社会制度的腐败　1840 年以后，中国封建社会逐步变成了半殖民地半封建社会。统治中国的清王朝，从皇帝到权贵，大多昏庸愚昧，不了解世界大势，不懂得御敌之策。许多官员贪污腐化，克扣军饷。不少将帅贪生怕死，临阵脱逃。他们大多害怕拥有坚船利炮的外国侵略者，甚至为了自身的私利，不惜出卖国家和民族的利益。他们尤其害怕人民群众，担心人民群众动员起来以后可能危及自身的统治，所以，常常压制与破坏人民群众和爱国官兵的反侵略斗争。在这样腐败、无能的政府领导和指挥下的战争，怎么可能不失败？

鸦片战争中，禁烟抗英有功的大臣如林则徐、邓廷桢等被革职查办，甚至发配充军；而主张对敌妥协的琦善等人反而受到重用。钦差大臣奕山到广东，竟然把人民群众诬蔑为"汉奸"，主张"防民甚于防寇"。清政府特别害怕战争持续下去，会引发农民起义，因而急于向英国侵略者谋求妥协，为此不惜割地、赔款。

在中法战争后期，1885 年 3 月，爱国将领冯子材指挥清军在中越边境前线大败法军，取得镇南关大捷和谅山大捷，使法国侵略者处于内外交困的境地，茹费理内阁还为此而垮台。可是清政府当权者却力主避战求和，接受法国条件，签订《中法新约》，并下令前线清军停战撤兵。中法战争最终以"中国不败而败，法国不胜而胜"而告结束。

中日甲午战争时，清廷为筹办慈禧太后 60 岁生日庆典，除要求各级官员报效外，还提用户部饷银和边防经费，甚至挪用海军军费。大小官员考虑的头等大事不是如何抵抗外敌，而是给皇太后送什么礼物。11 月 7 日慈禧太后寿辰，恰好是日军攻陷大连之日。慈禧太后却照样在宫中升殿受贺，大宴群臣，还让皇帝与大臣们陪坐听戏三日，不问国事。指挥战争的李鸿章为了迎合慈禧并保存自己控制的北洋海军和淮军的实力，消极避战，积极求和。清政府还下令不许接济和支援台湾军民的浴血抗战。在这种情况下，中日甲午战争最后只能以中国的失败而告终。

八国联军侵华战争开始以后，以慈禧太后为首的清政府守旧派虽然一度想利用义和团的力量与列强讨价还价及排斥异己，实际上却一直在背后牵制、破坏义和团和部分清军官兵与八国联军的战斗。八国联军侵占北京后，慈禧太后带着光绪皇帝及亲贵大臣们西逃。1900 年 9 月 7 日，她在逃亡途中发布镇压义和团的上谕，称"义和团实为肇祸之由……非痛加铲除不可"，并命令各地文武官员对义和团要"严行查办，务净根株"[①]。同时，她又派李鸿章与庆亲王奕劻向八国联军乞降求和。此后，清军便公开与八国联军勾结起来，一同屠杀、镇压义和团团民。

很明显，正是腐败的中国半殖民地半封建的社会制度，阻碍了中国人民群众的广泛动员和抵抗，这是近代中国反侵略战争屡遭失败的最重要的原因。

经济技术的落后 近代中国反侵略战争失败的另一个重要原因，是国家综合实力特别是经济技术和作战能力的落后。

19 世纪中叶，西方资本主义强国经过工业革命，经济和技术飞速发展，中国的封建统治者夜郎自大，闭关锁国，导致中国落后于时代发展步伐。封建的中国已被远远抛在后面。由于技术创新和工业制造落后于人，

---

① 故宫博物院明清档案部编：《义和团档案史料》上册，中华书局 1959 年版，第 598 页。

西方列强才得以用坚船利炮轰开了我们的国门。中国近代史上落后挨打的根子就是经济和技术落后。

以鸦片战争为例，当时，清朝常备军包括绿营与八旗兵有80万人，而当时英国全国军队不过20万人，侵华远征军最多时仅2万人。但是，双方的武器装备、军队素质、综合实力却相差悬殊。

就武器装备来看，多数清兵尚使用刀、矛、弓箭等冷兵器，火器也不过是用火绳点放的鸟枪、抬枪，炮台所用大炮有些还是明末制造的。而英军则普遍使用步枪，大炮则可打霰弹、开花弹，杀伤力强。

鸦片战争的情况是这样，其他反侵略战争也有类似的情况。

指出经济技术的落后是中国反侵略战争失败的重要原因，并不意味着经济技术落后的中国就不应当进行反侵略战争或在战争中一定打败仗。因为武器是战争的重要因素，但不是决定因素。决定因素是人不是物。而当时的中国，不仅武器装备等很落后，而且反动统治阶级实行错误的方针、政策，并压制人民群众的动员。这样，中国的反侵略战争一再遭到失败，才成为不可避免的了。

二、民族意识的觉醒

外国资本–帝国主义的侵略给中华民族带来了巨大的灾难。但是，列强发动的侵华战争以及中国反侵略战争的失败，从反面教育了中国人民，极大地促进了中国人的思考、探索和奋起。鸦片战争以后，先进的中国人开始睁眼看世界了；中日甲午战争以后，中国人民的民族意识开始普遍觉醒。

"师夷长技以制夷"的主张和早期的维新思想　受到鸦片战争失败的强烈刺激，中国官吏和知识分子中少数爱国的有识之士，开始注意了解国际形势，研究外国史地，总结失败教训，寻找救国的道路和御敌的方法。

林则徐是近代中国睁眼看世界的第一人。他被道光皇帝派到广东领

林则徐像

导查禁鸦片和进行抗英斗争时，就组织人翻译西方书刊。在广州，他主持节译了英国人慕瑞的《世界地理大全》，编成《四洲志》一书。该书叙述了世界五大洲 30 多个国家的地理、历史等情况。林则徐后来把自己收集的资料和《四洲志》书稿交给好友魏源。魏源在 1843 年 1 月编成《海国图志》，其内容除包括世界各国的历史、地理以外，还有总结鸦片战争经验教训、论述海防战略战术的《筹海篇》，翻译西人论述的《夷情备采》及西洋科技船炮图说等。在《海国图志》中，魏源提出了"师夷长技以制夷"的思想，主张学习外国先进的军事和科学技术，以期富国强兵，抵御外国侵略。

19 世纪 70 年代以后，王韬、薛福成、马建忠、郑观应等人不仅主张学习西方的科学技术，同时也要求吸纳西方的政治、经济学说。他们的共同特点，就是具有比较强烈的反对外国侵略、追求中国独立富强的爱国思想，以及具有一定程度反对封建专制的民主思想。如郑观应在所著《盛世危言》中提出大力发展民族工商业，同西方国家进行"商战"，设立议院，实行"君民共主"制度等主张。这些主张具有重要的思想启蒙的意义。

救亡图存和振兴中华　鸦片战争以后，中国还只是少数人有朦胧的民族觉醒意识。中日甲午战争以后，当中华民族面临生死存亡的关头时，中国人才开始有了普遍的民族意识的觉醒。

中国在甲午战争中的失败，对中国人的刺激极大。梁启超指出："吾国四千余年大梦之唤醒，实自甲午战败割台湾、偿二百兆以后始也。"[1] 接踵而来的瓜分狂潮，更使中华民族的各阶级、各阶层普遍产生了亡国灭种

① 梁启超:《戊戌政变记》，中华书局 1954 年版，第 1 页。

的危机感。

康有为 1898 年 4 月在保国会的演说中把这种民族意识表达得淋漓尽致。他说："吾中国四万万人，无贵无贱，当今日在覆屋之下，漏舟之中，薪火之上，如笼中之鸟，釜底之鱼，牢中之囚，为奴隶，为牛马，为犬羊，听人驱使，听人割宰，此四千年中二十朝未有之奇变。"①1895 年，严复写了《救亡决论》一文，响亮地喊出了"救亡"的口号。在甲午战争后，严复翻译了《天演论》（1898 年正式出版）。他用"物竞天择""适者生存"的社会进化论思想，为这种危机意识和民族意识提供了理论根据。他在该书按语中指出，世界上一切民族都在为生存而竞争，"进者存而传焉，不进者病而亡焉"，"负者日退，而胜者日昌"，②中华民族也不能例外。中国如果不能改革自强，就会亡国灭种。《天演论》对中国人无异是振聋发聩的警世钟。1898 年有人绘制的一幅《时局图》，更是形象地表现了当时中国面临的瓜分危局。

民族危机激发了中华民族的觉醒，增强了中华民族的凝聚力。中国自古以来的"天下兴亡，匹夫有责"的优良传统，得到了发扬和升华。救亡图存成了时代的主旋律。孙中山 1894 年 11 月在创立革命团体兴中会时就指出："方今强邻环列，虎视鹰瞵，久垂涎于中华五金之富、物产之饶。蚕食鲸吞，已效尤于接踵；瓜分豆剖，实堪虑于目前。有心人不禁大声疾呼，亟拯斯民于水火，切扶大厦之将倾。"③由此，他喊出了"振兴中华"这个时代的最强音。

中国近代史，是一部充满磨难、落后挨打的悲惨屈辱史，更是一部中华民族抵抗外来侵略、实现民族独立的伟大斗争史。近代以来，中国人民和志士仁人怀着强烈的忧患意识和变革意识，历尽千辛万苦，不怕流血牺牲，探索挽救中华民族危亡、实现民族复兴的道路。这些斗争和

① 《康有为政论集》上册，中华书局 1981 年版，第 237 页。
② 《严复集》第五册，中华书局 1986 年版，第 1351—1352 页。
③ 《孙中山全集》第一卷，中华书局 1981 年版，第 19 页。

探索，使中华民族燃起了新的希望，标志着中华民族日益觉醒。

? 学习思考

1. 为什么说鸦片战争是中国近代史的起点？

2. 资本-帝国主义的入侵给中国带来了什么？

3. 反对外国侵略的斗争具有什么意义？

4. 反侵略战争失败的根本原因和教训是什么？

📖 必读文献

1. 毛泽东：《中国革命和中国共产党》（1939 年 12 月）

这是新民主主义革命理论的代表作之一。毛泽东对中国半殖民地半封建社会性质作出了准确、科学的定义，指出："帝国主义列强侵略中国，在一方面促使中国封建社会解体，促使中国发生了资本主义因素，把一个封建社会变成了一个半封建的社会；但是在另一方面，它们又残酷地统治了中国，把一个独立的中国变成了一个半殖民地和殖民地的中国。"文章立足于对中国社会性质的界定，分析了中国革命的对象、中国革命的任务、中国革命的动力、中国革命的性质和中国革命的前途。

2. 毛泽东：《把我国建设成为社会主义的现代化强国》（一）（1963 年 9 月）

这是毛泽东在审阅《关于工业发展问题（初稿）》时加写的一段文字。在文中，毛泽东指出，从 1840 年起列强侵略我国，我国除了抗日战争外，没有一次不以失败告终。其原因主要是两个：一是社会制度腐败，二是经济技术落后。建国以后，第一个原因基本解决了，第二个原因已开始有了改变，为避免再挨打，必须在一个不太长久的时间内改变我国社会经济和技术方面的落后状态。

3. 孙中山：《檀香山兴中会章程》（节选）（1894 年 11 月 24 日）

在檀香山召开的兴中会成立大会通过了由孙中山亲自草拟的《兴中

会章程》。在章程中，孙中山喊出了"振兴中华"的口号，在兴中会会员的入会誓词里，把"驱除鞑虏，恢复中国，创立合众政府"作为全体会员必须信守不渝的目标。

4. 习近平:《实现中华民族伟大复兴是中华民族近代以来最伟大的梦想》(2012 年 11 月 29 日)

这是习近平在参观《复兴之路》展览时的讲话。讲话指出:经过鸦片战争以来一百七十多年的持续奋斗，中华民族伟大复兴展现出光明的前景。现在，我们比历史上任何时期都更接近中华民族伟大复兴的目标，比历史上任何时期都更有信心、有能力实现这个目标。

延伸阅读文献

1. 马克思:《中国革命和欧洲革命》(1853 年 6 月)

这是马克思为《纽约每日论坛报》写的有关中国问题的评论。文章以辩证唯物主义和历史唯物主义的观点分析了中国社会的特点，揭露了资本主义强国对华战争的侵略本质和血腥暴行，深切同情和高度评价了中国人民反抗列强侵略的斗争，科学评析了中国农民起义及其对欧洲革命的重要影响，预言了欧洲未来的工业危机以及政治动荡。

2. 列宁:《对华战争》(1900 年 9—10 月)

这是列宁最早论述俄中关系思想的重要著作，也是列宁谴责沙俄侵华政策的经典之作。文章指出了沙俄政府对华战争的真实目的，并分析了沙俄侵华政策给中国人民和俄国人民造成的危害影响，提出了俄国无产阶级支持中国人民反帝斗争的任务。

3. 江泽民:《高举邓小平理论伟大旗帜，把建设有中国特色社会主义事业全面推向二十一世纪——在中国共产党第十五次全国代表大会上的报告》(一)(1997 年 9 月 12 日)

这是江泽民在中国共产党第十五次全国代表大会上所作的报告，报告共分十个部分。第一部分是"世纪之交的回顾和展望"，主要是回顾从

1900 年八国联军入侵占领北京以来将近一百年的历史，指出这一个世纪里经历了辛亥革命、中华人民共和国成立和改革开放三次历史性巨变，产生了孙中山、毛泽东和邓小平三个站在时代前列的伟大人物，同时也展望了新世纪的发展目标。

第二章　不同社会力量对国家出路的早期探索

近代以后，一方面，中国的封建统治者夜郎自大、闭关锁国，导致中国被世界快速发展的浪潮甩在了后面；另一方面，西方列强凭着坚船利炮轰开了中国的大门，进行野蛮侵略。中华民族陷入内忧外患的悲惨境地，社会各阶级、各阶层都面临着"怎么办"的问题。农民阶级、地主阶级洋务派和资产阶级维新派先后从各自的立场出发，提出和尝试了各自的主张和方案，对国家出路进行探索。但是，太平天国运动、洋务运动、戊戌维新运动等都没有成功，中华民族依然处于日益深化的民族危机和社会危机之中。

第一节　太平天国运动的起落

一、太平天国农民战争

金田起义和太平天国的建立　长期以来，中国农民在封建地主的压迫、剥削下，过着极其贫困和不自由的生活。鸦片战争失败以后，为支付对列强的巨额赔款，同时也为了弥补财政亏空，清政府加重了赋税的征收科派。各级官吏在征收钱粮时往往浮收勒扣，横征暴敛，农民的负担更为沉重。

由于西方资本主义的入侵，中国的农业和家庭手工业相结合的自然经济逐渐解体。鸦片贸易在战后进一步泛滥，导致白银外流、银贵钱贱的现象更加严重，又额外增加了农民的负担。

残酷的压迫和剥削，迫使广大人民尤其是农民群众走上反抗斗争的道路。1842 年至 1850 年间，全国各族人民的反清起义在百次以上。清政府调兵镇压，但群众斗争此起彼伏，反抗的规模也越来越大。太平天国农民起义就是在这种情况下爆发的。

1843 年，洪秀全撷取原始基督教教义中反映下层民众要求的平等思想和某些宗教仪式，从农民斗争的需要出发，加以改造，创立了拜上帝教，并利用它发动和组织群众。

1851 年 1 月，洪秀全率拜上帝教教众在广西省桂平县金田村发动起义，建号太平天国。随后，太平军从广西经湖南、湖北、江西、安徽，一直打到江苏，席卷 6 省。1853 年 3 月，占领南京，定为首都，改名天京，正式宣告太平天国农民政权的建立。

太平军所进行的战争，是一次反对清政府腐朽统治和地主阶级压迫、剥削的正义战争。太平军在进军的征途中，坚决镇压和打击官僚、豪绅、地主，焚烧衙门、粮册、田契、债券，有力地冲击了封建统治秩序。太平军纪律严明，所过之处，"以攫得衣物散给贫者……谓将来概免租赋三年"①。这使太平军受到群众的欢迎和拥护。因此，太平天国起义得到了迅速的发展。

太平天国定都天京后，先后进行了北伐、西征和天京城外的破围战。到 1856 年上半年，除北伐失利外，太平军在湖北、江西、安徽和天京附近等战场都取得了重大胜利，控制了大片地区，达到了军事上的全盛时期。

《天朝田亩制度》和《资政新篇》　太平天国定都天京后，进行了一系列制度建设，并颁布了《天朝田亩制度》。

《天朝田亩制度》是最能体现太平天国社会理想和这次农民起义特色的纲领性文件。它确立了平均分配土地的方案，即根据"凡天下田，天下人同耕"的原则，将土地按亩产高低划分为 9 等，好坏搭配，按人口平

---

① 中国史学会主编：中国近代史资料丛刊《太平天国》（三），上海人民出版社、上海书店出版社 2000 年版，第 322、326 页。

均分配。凡 16 岁以上的男女，每人皆可分得一份数量相同的土地，不满 16 岁的减半。

太平天国的领导者们希望通过施行这样的方案，建立"有田同耕，有饭同食，有衣同穿，有钱同使，无处不均匀，无人不饱暖"的理想社会。所以，《天朝田亩制度》实际上是一个以解决土地问题为中心的比较完整的社会改革方案。

《天朝田亩制度》的主张，否定了封建社会的基础即封建土地所有制，体现了广大农民要求平均分配土地的强烈愿望，是对以往农民战争中"均贫富""等贵贱"和"均平""均田"思想的发展和超越，具有进步意义。不过，它并没有超出农民小生产者的狭隘眼界。它所描绘的理想天国，仍然是闭塞的自给自足的自然经济，是小农业和家庭手工业相结合的传统生活方式；同时又是一个没有商品交换的和绝对平均的社会。这种社会理想，在很大程度上具有不切实际的空想性质。实际上，《天朝田亩制度》中的平分土地方案即使在太平军占领地区也并未能付诸实行。

《资政新篇》是太平天国后期颁布的社会发展方案。1859 年，洪仁玕从香港来到天京。不久，他提出了一个统筹全局的改革方案——《资政新篇》。它的主要内容是：在政治方面，主张"禁朋党之弊"，加强中央集权，并学习西方，制定法律、制度。在经济方面，主张发展近代工矿、交通、邮政、银行等事业，奖励科技发明和机器制造，尤其是提出"准富者请人雇工"，对穷人"宜令作工，以受所值"，这就把向西方的学习，从生产力的领域扩展到生产关系的领域，即开始提倡资本主义的雇佣劳动制了。在文化方面，建议设立新闻馆以报时事，破除陈规陋俗，提倡兴办学校、医院和社会福利事业。在外交方面，主张同外国平等交往、自由通商，"与番人并雄"[①]，但严禁鸦片输入。对于外国人，强调准其为国献策，但不得毁谤国法。

---

① 参见中国史学会主编：中国近代史资料丛刊《太平天国》（二），上海人民出版社、上海书店出版社 2000 年版，第 524、536、535、538 页。

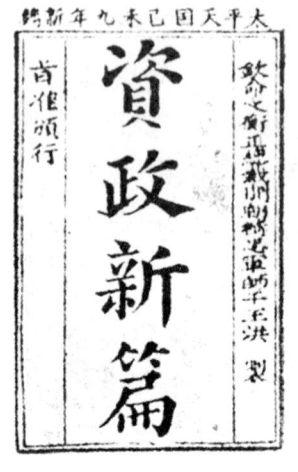

《资政新篇》书影

《资政新篇》是一个具有资本主义色彩的方案，在中国近代"向西方学习"、追求近代化的进程中，有比较重要的意义。洪秀全看到后，几乎逐条加以批示，对其中绝大部分条款表示赞同，并下令镌刻颁布。但是限于当时的历史条件，未能付诸实施。

从天京事变到太平天国败亡　太平天国起义者们想要建立一个以"天王"为首的农民政权。但是，在以小农业和家庭手工业相结合的分散的小生产的基础上，虽然可以建立暂时的劳动者政权，但它最终还是会向封建专制政权演变的。

在太平军取得重大胜利的同时，太平天国内部潜在的矛盾和弱点也日益明显地暴露出来。1856 年 9 月，发生了太平天国内部自相残杀的天京事变。东王杨秀清、北王韦昌辉先后被杀，翼王石达开率部出走。天京事变严重地削弱了太平天国的领导和军事力量，成为太平天国由盛转衰的分水岭。

为重整纲纪，挽救危局，洪秀全提拔了陈玉成、李秀成等一批具有军事才干的青年将领，1859 年又封洪仁玕为干王，总理朝政。但是，这已经无法从根本上挽回败局。洪秀全本人的保守和迷信思想也越来越严重，洪仁玕在 1861 年被剥夺了总理朝政的职权。当天京被湘军包围时，洪秀全拒绝了李秀成提出的"让城别走"另辟新根据地的建议，坚持死守天京。

1864 年 6 月，洪秀全病故。7 月，天京被湘军攻破。太平天国起义失败。

二、农民斗争的意义和局限

太平天国农民起义的历史意义　太平天国起义虽然失败了，但它具有不可磨灭的历史功绩和重大的历史意义。

太平天国起义沉重打击了封建统治阶级，强烈撼动了清政府的统治根基。这次起义历时 14 载，起义军转战 18 省，并建立了与清王朝对峙的政权。在太平天国的影响下，各地各族人民反清斗争风起云涌。如南方和东南沿海各省有天地会及其支派的起义，北方有捻军起义，西南、西北有各族人民起义。天京失陷后，太平天国余部仍坚持斗争达 4 年之久。这些斗争加速了清王朝的衰败。

太平天国起义是中国旧式农民战争的最高峰。它把千百年来农民对拥有土地的渴望在《天朝田亩制度》中比较完整地表达了出来。《资政新篇》则是中国近代历史上第一个比较系统的发展资本主义的方案，这反映了太平天国某些领导人在后期试图通过向外国学习来寻求出路的一种努力。因此，太平天国起义具有了不同于以往农民战争的新的历史特点。

太平天国起义也冲击了孔子和儒家经典的正统权威，这在一定程度上削弱了封建统治的精神支柱。

太平天国起义还有力地打击了外国侵略势力。太平天国的领袖们拒绝承认不平等条约，严禁鸦片贸易。尤其是当中外反动派勾结起来向太平军举起屠刀时，他们毫不犹豫地同英、法军队和由外国军官组织和指挥的"常胜军""常捷军"进行英勇的斗争，使侵略者"呼救无人""梦魂屡惊"。

在 19 世纪中叶的亚洲民族解放运动中，太平天国起义是时间最久、规模最大、影响最深的一次。它和其他亚洲国家的民族解放运动汇合在一起，冲击了西方殖民主义者在亚洲的统治。

太平天国农民起义失败的原因和教训　　太平天国农民起义动摇了清王朝封建统治的基础，有力地打击了西方资本主义侵略者，显示了农民阶级的反抗精神和战斗力量，然而，其失败的原因和教训也是深刻的。

农民阶级不是新的生产力和生产关系的代表，无法克服小生产者所固有的阶级局限性，缺乏科学思想理论的指导，没有先进阶级的领导，因而无法从根本上提出完整的、正确的政治纲领和社会改革方案。

太平天国后期无法制止和克服领导集团自身腐败现象的滋生，领导集团的一些人在生活上追求享乐，在政治上争权夺利。太平天国诸王在建都后不久就大兴土木，建立豪华府邸。天王洪秀全养尊处优，沉迷声色；东王杨秀清自恃功高，一切专擅；诸王与部将及广大士兵关系逐渐疏离，诸王之间更是猜忌日生，无法长期保持领导集团的团结。这些都大大削弱了太平天国的向心力和战斗力。

太平天国军事战略上出现了重大失误。比如，没有解决好与捻军这一抗清斗争主力的关系，没有同他们结成同盟，以致丢失了在北方赖以发展的良机，使北伐军艰难支撑直至失败；在天京被围困的情况下死守孤城，拒绝"让城别走"，导致太平天国的最后失败。

太平天国是以宗教来发动、组织群众的，但是，拜上帝教教义不仅不能正确指导斗争，而且给农民战争带来了危害。在太平天国后期，洪秀全甚至幻想不动刀兵而定"太平一统"，梦想以虚幻的力量代替农民起义者自身的努力。

太平天国也未能正确地对待儒学。他们开始时把儒家经书笼统地斥之为"妖书"，后来虽主张将"四书""五经"删改后加以利用，但原封不动地保留了儒学中的封建纲常伦理原则。

太平天国的领袖们不承认不平等条约，这是很正确的。但他们不能把西方国家的侵略者与人民群众区别开来，而是笼统地把信奉天父上帝的西方人都视为"洋兄弟"，这说明他们对于西方资本主义侵略者还缺乏理性的认识。

太平天国起义及其失败表明，在半殖民地半封建的中国，农民具有伟大的革命潜力，但它自身不能担负起领导反帝反封建斗争取得胜利的重任。单纯的农民战争不可能完成争取民族独立和人民解放的历史任务。

第二节　洋务运动的兴衰

一、洋务事业的兴办

洋务运动是在 19 世纪 60 年代初第二次鸦片战争结束后，在清政府镇压太平天国起义与捻军起义的过程中兴起的。

为了挽救清政府的统治危机，封建统治阶级中的部分成员如奕訢、曾国藩、李鸿章、左宗棠、张之洞等，主张引进、仿造西方的武器装备和学习西方的科学技术，创设近代企业，兴办洋务。这些官员被称为"洋务派"。

洋务派兴办洋务事业，首先是为了购买和制造洋枪洋炮以镇压农民起义，同时也有借此加强海防、边防，并乘机发展本集团的政治、经济、军事实力的意图。奕訢认为，太平天国、捻军等农民起义是"心腹之害"，俄国是"肘腋之患"，英国是"肢体之患"，所以"灭发（指太平天国）、捻（指捻军）为先，治俄次之，治英又次之"[①]。具体怎么办？奕訢提出，"探源之策，在于自强。自强之术，必先练兵"[②]。

对洋务派兴办洋务事业的指导思想最先作出比较完整表述的是冯桂芬。他在《校邠庐抗议》一书中强调，为了应对西方的挑战，中国亟须进行改革。他提出了许多关于改革吏治的建议，提出必须改革科举制度，才能向西方学得科学和技术；建议对兵工厂和造船厂的优异工匠应授予举人的功名，对那些能改进西方产品的人应授予进士的功名。他说："以中国之伦常名教为原本，辅以诸国富强之术。"[③]这个思想后来在张之洞

[①]　中国史学会主编：中国近代史资料丛刊《洋务运动》（一），上海人民出版社 1961 年版，第 6 页。

[②]　中国史学会主编：中国近代史资料丛刊《洋务运动》（三），上海人民出版社 1961 年版，第 441 页。

[③]　冯桂芬：《校邠庐抗议》，中州古籍出版社 1998 年版，第 211 页。

的《劝学篇》中被进一步概括为"中学为体，西学为用"。所谓"中体西用"，就是以中国封建伦理纲常所维护的统治秩序为主体，用西方的近代工业和技术为辅助，并以前者来支配后者。

19 世纪 60—90 年代，洋务派举办的洋务事业归纳起来有三方面：

（一）兴办近代企业

洋务派首先兴办的是军用工业，这些企业都是官办的。最早创办的是 1861 年的安庆军械所。此外，规模较大的有 5 个：1865 年，曾国藩支持、李鸿章筹办的上海江南制造总局，是当时国内最大的兵工厂；同年，李鸿章在南京设立金陵机器局；1866 年，左宗棠在福建创办的福州船政局（附设有船政学堂）是当时国内最大的造船厂；1867 年，崇厚在天津建立天津机器局；1890 年，张之洞在汉阳创办湖北枪炮厂。

江南制造总局

洋务派还兴办了一些民用企业。这些企业除少数采取官办或官商合办的方式外，多数都采取官督商办的方式。其中最重要的官督商办企业有轮船招商局、开平矿务局、天津电报局和上海机器织布局，都是李鸿章筹办或控制的。这些官督商办的民用企业，虽然受官僚的控制，发展受到很大限制，但基本上是资本主义性质的近代企业。

（二）建立新式海陆军

19 世纪 60 年代，京师和天津、上海、广州、福州等地的军队纷纷改用洋枪、洋炮，聘用外国教练。李鸿章的淮军、左宗棠的湘军也是用洋枪装备的军队。

1874 年，日本派兵侵犯中国台湾，清政府筹办海防、建设海军之议随之兴起。19 世纪 70—90 年代，分别建成福建水师、广东水师、南洋水师和北洋水师。其中北洋水师是清政府的海军主力，拥有舰艇 20 多艘，这支舰队一直归李鸿章管辖。

（三）创办新式学堂，派遣留学生

中国首批赴美留学幼童

洋务派创办的新式学堂主要有三种：一为翻译学堂，如京师同文馆，主要培养翻译人才；一为工艺学堂，培养电报、铁路、矿务、西医等专门人才；一为军事学堂，如船政学堂等，培养新式海军人才。在创办新式学堂的同时，还先后派遣赴美幼童和官费赴欧留学生 200 多人。

二、洋务运动的历史作用及失败

洋务运动的历史作用　洋务派提出"自强""求富"的主张，通过所掌握的国家权力集中力量优先发展军事工业，同时也试图"稍分洋商之利"，发展若干民用企业，在客观上对中国的早期工业和民族资本主义的发展起了某些促进作用。但是，洋务派兴办洋务新政，主要是为了维护封建统治，并不是要使中国朝着独立的资本主义方向发展。

洋务运动时期，为了培养通晓洋务的人才，开办了一批新式学堂，派出了最早的官派留学生，这是中国近代教育的开始。与此同时，还翻译了一批近代自然科学书籍，给当时的中国带来了新的知识，使人们开阔了眼界。

洋务运动时期，伴随着资本主义生产方式的出现，传统的"重本抑末"等观念受到冲击，社会风气和价值观念开始变化，工商业者的地位上升。对一部分人来说，西方的各种技术和器物不再被当作"奇技淫巧"受到排斥，而是被视为模仿、学习的对象。这一切，都有利于资本主义经济的发展，也有利于社会风气的改变。

洋务运动的失败及其原因　洋务运动历时 30 多年，虽然办起了一批企业，建立了海军，却没有使中国富强起来。甲午战争一役，洋务派经营多年的北洋海军全军覆没，标志着以"自强""求富"为目标的洋务运动的失败。洋务运动失败的原因主要是：

首先，洋务运动具有封建性。洋务运动的指导思想是"中学为体，西学为用"，企图以吸取西方近代生产技术为手段，来达到维护和巩固中国封建统治的目的，这就决定了它必然失败的命运。因为新的生产力是同封建主义的生产关系及其上层建筑不相容的，是不可能在封建主义的桎梏下充分地发展起来的。他们既要发展近代企业，却又采取垄断经营、侵吞商股等手段压制民族资本；既想培养洋务人才，又不愿改变封建科举制度。

其次，洋务运动对列强具有依赖性。洋务运动进行之时，清政府已与西方国家签订了一批不平等条约，西方列强正是依据种种特权，从政治、经济等各方面加紧对中国的侵略和控制，它们并不希望中国真正富强起来。而洋务派官员却一再主张对外"和戎"，其所兴办的企业一切仰赖外国，他们企图依赖外国来达到"自强""求富"的目的，无异于与虎谋皮。

最后，洋务企业的管理具有腐朽性。洋务派所创办的一些新式企业虽然具有一定的资本主义性质，但其管理基本上仍是封建衙门式的。洋务派所办的军事工业完全由官方控制，经营不讲效益，造出的枪炮、轮船往往质量低下。即使是官商合办和官督商办的民用企业，其管理大多也是由政府专门派员，掌握用人理财种种大权，商人没有多少发言权，还要承担企业的亏损。企业内部极其腐败，充斥着营私舞弊、贪污受贿、挥霍浪费等官场恶习。例如，福州船政局的采办系统就存在大量侵吞公款的现象。

正因为如此，洋务运动不可能为中国摆脱贫弱找到出路，也不可能避免最终失败的命运。

第三节　维新运动的兴起和夭折

一、戊戌维新运动的开展

维新派倡导救亡和变法的活动　19 世纪 90 年代以后，中国民族资本主义有了初步发展。1895—1898 年，出现了一个民族资本设厂的高潮，投资额万元以上的商办企业达 50 个，投资额 1 200 万元。新兴的民族资产阶级迫切要求挣脱外国资本主义和国内封建势力的压迫和束缚，为在中国发展资本主义开辟道路。甲午战争的惨败，造成了新的民族危机，激发了新的民族觉醒。而站在救亡图存和变法维新前列的，正是代表民族资本主义发展要求的知识分子。他们把向西方学习推进到一个新的高度，即不但要求学习西方的科学技术，而且要求学习西方资本主义的政治制度和思想文化。在内忧外患的冲击和中西文化的碰撞过程中，人们逐步形成了一个共识：要救国，只有维新，要维新，只有学外国，那时的外国只有西方资本主义国家是进步的，它们成功地建设了资产阶级的国家。日本向西方学习有成效，中国人也想向日本学。在这样的历史条件下，资产阶级的改良思想迅速传播开来，逐步形成为变法维新的思潮，并发展成一场变法维新的政治运动。

以康有为、梁启超、谭嗣同、严复等为主要代表人物的资产阶级维新派，采取了下列行动宣传维新主张，即：第一，向皇帝上书。如康有为曾多次向光绪皇帝上书，他在 1895 年曾联合在京参加会试的 1 300 多名举人共同发起"公车上书"。第二，著书立说。如康有为写了《新学伪经考》《孔子改制考》，梁启超写了《变法通议》，谭嗣同写了《仁学》，严复翻译了赫胥黎的《天

康有为（左）和梁启超

演论》等。第三，介绍外国变法的经验教训。如康有为向光绪皇帝进呈了《日本变政考》《俄彼得变政记》《波兰分灭记》等书。第四，办学会。著名的有强学会、南学会、保国会等。第五，设学堂。重要的有康有为主持的广州万木草堂、梁启超任中文总教习的长沙时务学堂等。第六，办报纸。影响最大的有梁启超任主笔的上海《时务报》、严复主办的天津《国闻报》以及湖南的《湘报》等。维新派以各种方式宣传变法主张，制造维新舆论，培养变法骨干，组织革新力量，而重点则放在争取光绪皇帝及其周围的帝党官员的支持上，希望通过他们自上而下地实行变法主张。

维新派与守旧派的论战　当时，封建守旧派和反对改变封建政治制度的洋务派，利用自己的地位和权力，对维新思想发动攻击，斥之为"异端邪说"，指责康有为、梁启超等维新派人士是"名教罪人""士林败类"。于是维新派与守旧派之间展开了一场激烈论战。论战主要围绕以下三个问题展开：

第一，要不要变法。

守旧派坚持"祖宗之法不可变"，有的人甚至主张"宁可亡国，不可变法"。而维新派则根据西方进化论的观点，认为自然界和人类社会都是不断发展变化的。他们提出，"变者，天下之公理也"[①]，"能变则全，不变则亡，全变则强，小变仍亡"[②]。只有维新变法，革除积弊，才能挽救中国所面临的危亡局面，以图求存和自强。

第二，要不要兴民权、设议院，实行君主立宪。

守旧派认为，"民权之说，无一益而有百害"，"民权之说一倡，愚民

①　中国史学会主编：中国近代史资料丛刊《戊戌变法》（三），上海人民出版社、上海书店出版社 2000 年版，第 18 页。

②　中国史学会主编：中国近代史资料丛刊《戊戌变法》（二），上海人民出版社、上海书店出版社 2000 年版，第 197 页。

必喜，乱民必作，纪纲不行，大乱四起"①。维新派则运用西方资产阶级政治学说，对封建君主专制制度作了批判。谭嗣同指出："君末也，民本也。"②严复甚至认为，国家是"民之公产"，王侯将相不过是"通国之公仆隶"，而专制帝王则是"窃国者耳"③。维新派还主张兴绅权，即首先要为正在向资产阶级转化的士绅争取政治地位；认为只有君主立宪制度才是当时中国理想的政治方案，要兴民权、设议院，实行君主立宪。

第三，要不要废八股、改科举和兴西学。

守旧派把西方近代科学技术斥为"奇技淫巧"。洋务派虽认为西方的军事和技术可以学习，但坚持封建的政治制度、科举八股，尤其三纲五常绝对不能触动。而维新派则痛斥八股取士的科举制度是统治者"牢笼天下"的愚民政策，因此要救中国必须废八股、改科举，办学堂、兴西学。严复大声疾呼："民智者，富强之原"，"欲开民智非讲西学不可"，"救亡之道在此，自强之谋亦在此"④。针对洋务派"中体西用"的口号，维新派驳斥道："未闻以牛为体，以马为用者也。"⑤因为体用是不可分的，把中学之"体"和西学之"用"凑在一起，就如同要让"牛体"产生"马用"一样荒谬。梁启超认为："变法之本，在育人才，人才之兴，在开学校，学校之立，在变科举"⑥。

维新派与守旧派的这场论战，实质上是资产阶级思想与封建主义思想在中国的第一次正面交锋。论战所涉及的领域十分广泛，进一步开阔

① 参见中国史学会主编：中国近代史资料丛刊《戊戌变法》（三），上海人民出版社、上海书店出版社 2000 年版，第 221、222 页。

② 《谭嗣同全集》下册，中华书局 1981 年版，第 339 页。

③ 参见中国史学会主编：中国近代史资料丛刊《戊戌变法》（三），上海人民出版社、上海书店出版社 2000 年版，第 81 页。

④ 参见中国史学会主编：中国近代史资料丛刊《戊戌变法》（三），上海人民出版社、上海书店出版社 2000 年版，第 56、57、70 页。

⑤ 《严复集》第三册，中华书局 1986 年版，第 558—559 页。

⑥ 梁启超：《变法通议》，见《饮冰室合集》第一册，中华书局 1989 年版，第 10 页。

了新型知识分子的眼界，解放了人们长期受到束缚的思想。通过论战，西方资产阶级社会政治学说在中国得到进一步的传播，戊戌变法运动的帷幕随之拉开。

昙花一现的百日维新　由于民族危机越来越严重，在维新派的推动和策划下，富有爱国心、想要有所作为但又无实权的年轻的光绪皇帝也希望通过变法维新来救亡图存，并从以慈禧太后为首的后党手中夺取统治大权。1898 年 6 月 11 日，他颁布了"明定国是"谕旨，宣布开始变法，并在此后的 103 天中，接连发布了一系列推行新政的政令，史称"戊戌变法"，又称"百日维新"。其内容归纳起来，包括下列数端：

政治方面：改革行政机构，裁撤闲散、重叠机构；裁汰冗员，澄清吏治，提倡廉政；提倡向皇帝上书言事；准许旗人自谋生计，取消他们享受国家供养的特权。

经济方面：保护、奖励农工商业和交通采矿业，中央设立农工商总局与铁路矿务总局，各省设立商务局；提倡开办实业，奖励发明创造；注重农业发展，提倡西法垦殖，建立新式农场；广办邮政，修筑铁路；开办商学、商报，设立商会等各类组织；改革财政，编制国家预决算。

军事方面：裁减旧式绿营兵，改练新式陆军；采用西洋兵制，练洋操，习洋枪等。

文化教育方面：创设京师大学堂，各省书院改为高等学堂，在各地设立中、小学堂；提倡西学，废除八股，改试策论，开经济特科；设立译书局，翻译外国书籍，派人出国留学；奖励新著，奖励创办报刊，准许自由组织学会。

"百日维新"期间颁布的各项政令大多是接受了维新派的建议而制定的，旨在开放一定程度的言论、出版、结社自由，使资产阶级享受一定程度的政治权利，促进资本主义工商业的发展，因此，戊戌维新是一场资产阶级性质的改良运动。但是，在光绪皇帝发布的新政诏令中，并没有采纳维新派多次提出的开国会、定宪法等政治主张。这些政令和措施并未触及封建制度的根本，所要推行的是一种十分温和的不彻底的改革方案。

维新派试图通过光绪皇帝推行的这种改革方案，遭到了封建守旧势力的激烈反对。光绪皇帝所颁布的新政命令，由于中央和地方守旧官僚们的抵制，大多未能付诸实施。聚集在慈禧太后周围的守旧势力力图对维新派进行反击和镇压。经过密谋策划，守旧势力于1898年9月21日发动政变，慈禧太后以"训政"的名义，重新独揽大权，将光绪皇帝软禁于中南海瀛台，同时下令搜捕维新人士。康有为、梁启超被迫逃亡海外。谭嗣同则拒绝了要他出走日本的劝告，坦然表示："各国变法，无不从流血而成；今日中国未闻有因变法而流血者，此国之所以不昌也。有之，请自嗣同始！"[1]9月28日，谭嗣同、刘光第、林旭、杨锐、杨深秀、康广仁6人同遭杀害，史称"戊戌六君子"。临刑前，谭嗣同悲壮地说："有心杀贼，无力回天。死得其所，快哉快哉！"[2]表现了为变法维新而献身的大无畏精神。

1898年的"百日维新"如同昙花一现，只经历了103天就夭折了。除京师大学堂（北京大学的前身）被保留下来以外，其余新政措施大都被废除，维新派人士和参与或同情变法的官员，或被囚禁，或被革职，或遭放逐。戊戌维新运动宣告失败。以慈禧太后为首的保守势力扼杀维新变法的政变，史称"戊戌政变"。

二、戊戌维新运动的意义和教训

戊戌维新运动的意义　　戊戌维新运动虽然失败了，但它在中国近代史上仍然有着重大的历史意义。

第一，戊戌维新运动是一次爱国救亡运动。维新派在民族危亡的关

---

[1]　《谭嗣同全集》下册，中华书局1981年版，第546页。

[2]　《谭嗣同全集》上册，中华书局1981年版，第287页。

键时刻，高举救亡图存的旗帜，要求通过变法，发展资本主义，使中国走上富强的道路。维新派的政治实践和思想理论，不仅贯穿着强烈的爱国主义精神，而且推动了中华民族的觉醒。

第二，戊戌维新运动是一场资产阶级性质的政治改良运动。维新派突破洋务派"中体西用"思想的局限，主张用君主立宪制取代君主专制制度。戊戌维新运动虽然未能成功地建立起资本主义的君主立宪制度，其颁布的促进民族资本主义发展的若干措施也未能生效，但在政治、经济等领域一定程度上冲击了封建制度。

第三，戊戌维新运动更是一场思想启蒙运动。维新派大力传播西方资产阶级的社会政治学说和自然科学知识，宣传自由平等、社会进化观念，批判封建君权和封建纲常伦理，从而把顽固的封建主义思想壁垒打开了一个缺口，有利于民主思想在中国的传播，有利于人们的思想解放。在维新派的推动下，"诗界革命""文体革命""小说界革命""戏剧改良""史学革命"等相继而起，形成了广泛的文化革新运动。以维新运动为起点，资产阶级新文化开始打破封建文化独占文化阵地的局面。在教育方面，维新派主张采用西方近代教育制度，兴办新式学堂，这对中国近代教育的发展起了积极的推动作用。

维新派在改革社会风习方面也提出了许多新的主张。如主张革除吸食鸦片及妇女缠足等恶俗陋习，提出"剪辫易服"的主张，倡导讲文明、重卫生等。

戊戌维新运动失败的原因和教训　戊戌维新运动的失败，主要是由于维新派自身的局限以及以慈禧太后为首的强大的守旧势力的反对。当时民族资本主义经济力量还十分微弱，民族资产阶级的社会基础相当狭窄。民族资产阶级的政治代表维新派的势力更是非常弱小，很多人自身还保留着封建士大夫的痕迹。他们既没有严密的组织，也不掌握实权和军队，更没有去发动群众。这样，他们就只能把自己实行改革的全部希望寄托在一个没有实权的光绪皇帝身上。在这样的情况下，他们又怎能不失败？

维新派本身的局限性突出地表现在以下三个方面：

首先，不敢否定封建主义。他们在政治上不敢根本否定封建君主制度，只是幻想依靠光绪皇帝"以君权雷厉风行"，通过和平、合法的手段，实现自上而下的改良，让资产阶级和开明士绅的代表参加政权，逐步实现君主立宪。在经济上，他们虽然要求发展民族资本主义，却未触及封建主义的经济基础——封建土地所有制。在思想上，他们虽然提倡学习西学，却仍要打着孔子的旗号，借古代圣贤之名"托古改制"。

其次，对帝国主义抱有幻想。他们虽然大声疾呼救亡图存，却又幻想西方列强能帮助自己变法维新。维新派尖锐地揭露了俄国侵华的事实，却幻想依靠与英、日结成同盟来抵抗俄国。有人甚至建议聘请日本前首相伊藤博文来中国任维新的顾问。英、日帝国主义虽然表面上同情维新派，但实质上只是为了乘机扩大在华侵略势力，并寻找它们在中国的代理人，同时也是为了与俄国进行争夺。因此，在戊戌政变前夕，维新派分别乞求英、美、日公使的支持，结果都落了空。

最后，惧怕人民群众。维新派的活动基本上局限于官僚士大夫和知识分子的小圈子。他们不但脱离人民群众，而且惧怕甚至仇视人民群众。康有为在每次上书中，都反复提醒光绪皇帝不要忘记人民反抗的危险，强调"即无强敌之逼，揭竿斩木，已可忧危"，如果不实行变法，下层群众将会起来造反，使皇帝及其大臣们"求为长安布衣而不可得"①。正因为没有人民力量作为后盾，所以当他们得悉守旧派要发动军事政变时，只得打算依靠掌有兵权的袁世凯，结果反被袁世凯出卖。而一旦守旧派操刀反击，维新派也就没有丝毫抵抗的能力。谭嗣同慷慨就义前的临终语"有心杀贼，无力回天"，正反映了这一点。"回天之力"存在于亿万民众之中，这是维新派的志士们所没有认识到的。

————————

① 参见中国史学会主编：中国近代史资料丛刊《戊戌变法》（二），上海人民出版社、上海书店出版社 2000 年版，第 192、190 页。

戊戌维新运动的失败表明，在半殖民地半封建的旧中国，企图通过统治者走自上而下的改良道路，是根本行不通的，必须用革命的手段，推翻帝国主义、封建主义联合统治的半殖民地半封建的社会制度。"戊戌六君子"流血的教训，促使一部分人放弃改良主张，开始走上革命的道路。孙中山领导的资产阶级民主革命日益发展起来。

❓ 学习思考

1. 如何认识太平天国农民战争的意义和失败的原因、教训？

2. 如何认识洋务运动的性质和失败的原因、教训？

3. 如何认识戊戌维新运动的意义和失败的原因、教训？

🏛 必读文献

1.《天朝田亩制度》（1853 年）

这是太平天国定都天京后，于 1853 年颁布的一个以解决土地问题为中心的全面的农民革命斗争纲领和社会改革方案，是太平天国的革命纲领，规定了太平天国的土地制度、社会组织、乡官和教育等制度。其基本内容是关于土地制度的，提出了"凡天下田，天下人同耕"的原则，决心建立"无处不均匀，无人不饱暖"的地上天国，从而根本否定了封建土地所有制。它所规定的按人口平均分配土地的方法，表达了几千年来中国农民对土地的强烈渴望。

2. 洪仁玕：《资政新篇》（1859 年）

《资政新篇》是中国近代史上最早提出的发展资本主义的比较完整的纲领，从政治、法律、经济等方面提出了建立资本主义制度的具体主张，反映了当时先进的中国人寻找真理和探索救国救民道路的迫切愿望。但限于当时的历史条件，这些主张未能付诸实施。

3. 康有为：《上清帝第二书》（1895 年 5 月）

1895 年 5 月 2 日，康有为邀集 1 300 余名举人，联名上书，向清政府提出变法的建议，是为康有为《上清帝第二书》。在《上清帝第二书》中，康有为先是向光绪皇帝分析了天下大势，痛陈了《马关条约》签订的种种不利影响，并对清政府的一些错误观念进行了批驳，并提出六种富国之法："曰钞法，曰铁路，曰机器轮舟，曰开矿，曰铸银，曰邮政"。

延伸阅读文献

1. 梁启超：《变法通议》（节选）（1896 年）

这是梁启超在戊戌变法前夕撰写的一组政论文章的结集。《变法通议》各篇在《时务报》上连载，使《时务报》在众多报刊中脱颖而出，成为当时影响最大的维新派刊物。本书从理论上深入阐述了维新变法的必要性及其作用，影响深远，是维新变法时期宣传改良思想的集大成者。

2. 严复：《原强》（1895 年 3 月）

甲午战争之后，严复在天津《直报》上发表了一系列文章，其中以《原强》影响最大。该文引述了达尔文生物进化论学说，阐述了"物竞天择，优胜劣汰"的自然选择思想，也阐述了"以自由为体，以民主为用"的思想。

第三章　辛亥革命与君主专制制度的终结

在旧式的农民战争走到尽头，不触动封建根基的"自强"运动和资产阶级改良主义屡屡碰壁之后，资产阶级革命派领导的革命运动开始走上历史舞台。中国民主革命的伟大先行者孙中山先生，发动和领导了辛亥革命，推翻了清王朝统治，结束了统治中国几千年的君主专制制度，开创了完全意义上的近代民族民主革命，极大促进了中华民族思想解放，打开了中国进步潮流的闸门，传播了民主共和理念，以巨大的震撼力和深刻的影响力推动了中国社会变革，为实现中华民族伟大复兴探索了道路。当然，由于历史进程和社会条件的制约，由于没有找到解决中国前途命运问题的正确道路和领导力量，辛亥革命没有改变旧中国半殖民地半封建的社会性质，没有改变中国人民的悲惨境遇，没有完成实现民族独立、人民解放的历史任务。

第一节　举起近代民族民主革命的旗帜

一、辛亥革命爆发的历史条件

民族危机加深，社会矛盾激化　戊戌维新运动失败后，以孙中山为代表的革命派在中国掀起了一场资产阶级革命运动。这场革命的发生，是当时民族危机加深、社会矛盾激化的结果，具有历史的必然性。它是当时中国人民争取民族独立、振兴中华深切愿望的集中反映，是当时中国人民为救亡图存而前赴后继顽强斗争的集中体现。

20 世纪初，帝国主义列强在迫使中国签订《辛丑条约》以后，加强了对清政府的政治控制，多方扩展在华经济势力。外国在华投资规模急速扩张，包括扩大设厂规模和给清政府大量高息贷款，而铁路、矿山等的利权更成为帝国主义掠夺的重要目标。1903 年至 1904 年，英国派兵侵入中国西藏地区。1904 年至 1905 年，日、俄两国为了争夺在华利益竟然在中国东北进行战争。清政府却宣称"局外中立"。经过一年多的厮杀，日本战胜俄国，俄国将所攫得的中国东北南部所有一切侵略特权"转让"给日本。中国的民族危机进一步加深了。

《辛丑条约》（节录）

为了对外支付巨额赔款，十多年间清政府的财政开支激增 4 倍之多。在清朝的最后几年里，各种旧税一次又一次被追加，种种巧立名目的新税更是层出不穷，各级官吏还要中饱私囊，致使民怨沸腾。社会矛盾进一步激化了。

正是在中外反动派的严重压迫下，20 世纪初，各阶层人民的斗争风起云涌，遍及全国。1902 年至 1911 年间，各地较大规模的民变多达 1 300 余起。其中包括各阶层人民的反洋教斗争，农民、手工业者的抗租、抗捐、抗税斗争，工人的罢工斗争，商人的罢市斗争，少数民族与会党的起事等。同时，还发生了拒俄、拒法、抵制美货等爱国运动以及收回利权运动和保路运动等。在一些运动中，资产阶级开始成为主要的角色。

这些情况说明，随着晚清政局的演变，人民群众已经不能照旧生活下去了。

清末"新政"及其破产　革命酝酿之际，正是清政府处于内外交困之时。1901 年《辛丑条约》的签订，标志着以慈禧太后为首的清政府已经彻底放弃了抵抗外国侵略者的念头，甘当"洋人的朝廷"；同时也使国人对清政府更为失望，国内要求变革的呼声日渐高涨。为了摆脱困境，清政府于 1901 年 4 月成立督办政务处，宣布实行"新政"。此后，陆续推行了一些方面的改革，包括：设立商部、学部、巡警部等中央行政机构；裁撤绿营，建立新军；颁布商法商律，奖励工商；鼓励留学，颁布新的学制，并下令从 1906 年起正式废除科举考试。迫于内外压力，清政府又于 1906 年宣布"预备仿行宪政"，并于 1908 年颁布了《钦定宪法大纲》，制定了一个仿效日本实行君主立宪的方案，但又规定了 9 年的预备立宪期限。

预备立宪并没有能够挽救清王朝，反而激化了社会矛盾，加重了危机。主要原因在于，清政府改革的根本目的是延续其反动统治。正如出洋考察政治的五大臣在回国后的奏折中所说的，立宪有三大利："皇位永固""外患渐轻""内乱可弭"[①]。这正是清政府预备立宪的目的。为了巩固皇权，清政府迟迟不答应资产阶级立宪派提出的关于立即召开国会的要求，还镇压了立宪派的国会请愿运动，同时却不断借立宪之名加强皇权。1911 年 5 月，在为形势所迫不得不成立的责任内阁里，13 名大臣中满族就有 9 人，其中皇族占 7 人，被讥为"皇族内阁"。这不仅使立宪派大失所望，也使统治集团内部因满汉矛盾和中央与地方矛盾的尖锐而分崩离析。

事实表明，清政府已陷入无法照旧统治下去的境地。正如孙中山所形容的，清政府"可以比作一座即将倒塌的房屋，整个结构已从根本上彻底地腐朽了，难道有人只要用几根小柱子斜撑住外墙就能够使那座房屋免于倾倒吗？"[②] 革命已如箭在弦上，一触即发。这一点，连有的在华外国人也觉察到了。1911 年 5 月，长沙海关税务司伟克非在信中写道："我看在不久的将来，一场革命是免不了的。"[③]

资产阶级革命派的阶级基础和骨干力量　中国的资产阶级民主革命是以孙中山为代表的资产阶级革命派首先发动的。

19 世纪末 20 世纪初，中国民族资本主义得到初步发展。据统计，

---

① 参见故宫博物院明清档案部编：《清末筹备立宪档案史料》，中华书局 1979 年版，第 174—175 页。

② 《孙中山全集》第一卷，中华书局 1981 年版，第 254 页。

③ 金冲及、龚书铎、李文海：《中国是怎样走向共和的？》，《光明日报》 2003 年 8 月 12 日。

1895 年至 1911 年间，新设立的资本额超过万元的民族资本厂矿达 800 家，资本额超过 1.6 亿元。随着民族资本主义企业数量的增多和规模的扩大，民族资产阶级及与它相联系的社会力量也有了明显的发展。民族资产阶级为了冲破帝国主义、封建主义的桎梏，发展资本主义，需要自己政治利益的代言人和经济利益的维护者。这正是资产阶级革命派形成的阶级基础。

资产阶级革命派的骨干是一批资产阶级、小资产阶级知识分子。这个知识分子群体的出现与戊戌维新运动及 20 世纪初清政府兴学堂、派留学生的措施有关。这些青年学生接触到近代西方资本主义的思想文化，其中不少人在民族危难加深、群众自发斗争高涨形势的推动下，开始摸索救国救民的新道路。当时出国留学成为一种潮流。中国留日学生最多时达近万人。有些人还远渡重洋，赴欧美留学。他们在国外更多地接触到了西方的政治思想，而且对世界大势与国内民族危机有了更敏锐的认识。这些青年知识分子，成为辛亥革命的中坚力量。

二、资产阶级革命派的活动

孙中山与资产阶级民主革命的开始　　从根本上说，近代中国的革命是被外国侵略者和本国封建统治者逼迫出来的。中国革命的许多先驱者早年也曾尝试采取和平的手段来推进中国的变革与进步。1894 年，孙中山北上京津向李鸿章上书，提出"人能尽其才，地能尽其利，物能尽其用，货能畅其流"[1] 的主张，可见，孙中山也曾寄希望于进行自上而下的改革，但是李鸿章并没有重视他的意见。孙中山在北上京津的过程中，发现清政府的腐败比他原先了解的要严重得多。这时，他"积渐而知和平之手

---

[1]　《孙中山全集》第一卷，中华书局 1981 年版，第 8 页。

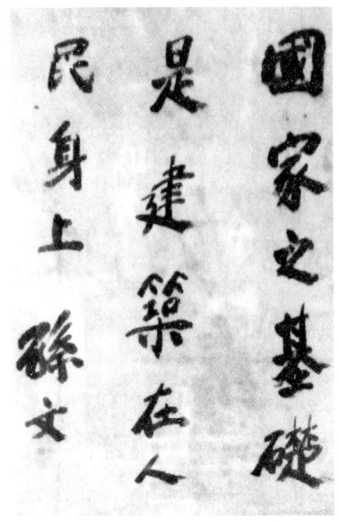

孙中山手迹

段不得不稍易以强迫"①，决心以革命的方式推翻清朝的统治。同年11月，孙中山到檀香山组建了第一个革命团体兴中会，立誓"驱除鞑虏，恢复中国，创立合众政府"，1895年策划在广州举行武装起义，失败后流亡海外，继续从事反清革命活动。1904年，孙中山发表《中国问题的真解决》一文，指出只有推翻清政府的统治，"以一个新的、开明的、进步的政府来代替旧政府"，"把过时的满清君主政体改变为'中华民国'"②，才能真正解决中国问题。这表明以孙中山为首的资产阶级革命派在踏上革命道路之时，就高举起民主革命的旗帜，并选择了以武装起义推翻清王朝统治的斗争方式。这也是中国资产阶级革命派与改良派的根本不同之处。

资产阶级革命派的宣传与组织工作　历史进入20世纪，随着一批新兴知识分子的产生，各种宣传革命的书籍报刊纷纷涌现，民主革命思想得到广泛传播。

1903年，章炳麟发表《驳康有为论革命书》，反对康有为的保皇观点，歌颂革命为"启迪民智，除旧布新"的良药，强调中国人民完全有能力建立民主共和制度。年仅18岁的留日学生邹容写了《革命军》，以"革命军中马前卒"的名义，热情讴歌革命，号召人民推翻清朝统治，建立"中华共和国"。留日学生陈天华写了《警世钟》《猛回头》两本小册子，痛陈帝国主义侵略给中国带来的深重灾难，揭露清政府已经成了帝国主义统治中国的工具，号召人民奋起革命，"改条约，复税权，完全独

---

① 《孙中山全集》第一卷，中华书局1981年版，第52页。

② 参见《孙中山全集》第一卷，中华书局1981年版，第254页。

立；雪仇耻，驱外族，复我冠裳"，推翻清政府这个"洋人的朝廷"。

在资产阶级革命思想的传播过程中，资产阶级革命团体也在各地次第成立。从 1904 年开始，出现了十多个革命团体，其中重要的有华兴会、科学补习所、光复会、岳王会等。这些革命团体的成立为革命思想的传播和革命运动的发展提供了不可缺少的组织力量。

1905 年 8 月 20 日，孙中山和黄兴、宋教仁等人以兴中会和华兴会为基础，在日本东京成立中国同盟会，孙中山被公举为总理，黄兴被任命为执行部庶务，实际主持会内日常工作。同盟会以《民报》为机关报，并确定了革命纲领。这是近代中国第一个领导资产阶级革命的全国性政党。1905—1907 年加入的会员，出身可考者有 379 人，其中留学生和学生 354 人，官吏和有功名知识分子 10 人，教员、医生 8 人，商人 6 人，贫农 1 人，即 98% 以上都是中小资产阶级及其知识分子。同盟会的成立，标志着中国资产阶级民主革命进入了一个新的阶段。

三、三民主义的提出

同盟会的政治纲领是"驱除鞑虏，恢复中华，创立民国，平均地权"。1905 年 11 月，在同盟会机关报《民报》发刊词中，孙中山将同盟会的纲领概括为三大主义，即民族主义、民权主义、民生主义，后被称为三民主义。

民族主义　民族主义包括"驱除鞑虏，恢复中华"两项内容。一是要以革命手段推翻清朝政府，改变它一贯推行的民族歧视和民族压迫政策；二是建立中华民族"独立的国家"。孙中山指出，民族主义不是简单的排满，不是针对一切满人，而是要"将满洲政府所有压制人民之手段、专制不平之政治、暴虐残忍之刑罚、勒派加抽之苛捐与及满洲政府所纵容之虎狼官吏，一切扫除"①，也就是要结束清政府的专制统治及其媚外政策。

但是，同盟会纲领中的民族主义没有从正面鲜明地提出反对帝国主义的主张。当时的革命派对于帝国主义的本质认识不清，害怕帝国主义干涉，甚至幻想以承认不平等条约"继续有效"为条件来换取列强对自己的支持。同时，他们也没有明确地把汉族军阀、官僚、地主作为革命对象，从而给了这部分人后来从内部和外部破坏革命以可乘之机。

民权主义　民权主义的内容是"创立民国"，即推翻封建君主专制制度，建立资产阶级民主共和国。这就是孙中山所说的政治革命。

政治革命的目的是建立民国。《军政府宣言》指出："凡为国民皆平等以有参政权。大总统由国民公举。议会以国民公举之议员构成之。制定中华民国宪法，人人共守。敢有帝制自为者，天下共击之！"②孙中山强调，政治革命应当与民族革命并行。民族革命是扫除"现在的恶劣政治"，而政治革命则是扫除"恶劣政治的根本"③，从而把斗争矛头直接指向集国内民族压迫与封建专制统治于一身的清政府。

不过，民权主义虽然强调了要建立民主共和国，却忽略了广大劳动群众在国家中的地位，因而难以使人民的民主权利得到真正的保证。

民生主义　民生主义在当时指的是"平均地权"，也就是孙中山所说的社会革命。孙中山主张核定全国土地的地价，其现有之地价，仍属原主；革命后的增价，则归国家，为国民共享。国家还可按原定地价收买地主的土地。他认为，西方资本主义发展中的诸多社会问题，其根源在于未能解决土地问题，因此他试图探讨一种一劳永逸的办法，既使中国富强，又避免产生贫富悬殊的现象，避免社会危机。为此，他希望"举

---

① 《孙中山全集》第一卷，中华书局1981年版，第310页。
② 《孙中山全集》第一卷，中华书局1981年版，第297页。
③ 参见《孙中山全集》第一卷，中华书局1981年版，第325页。

政治革命、社会革命毕其功于一役"①。

但是，孙中山的"平均地权"的主张，没有正面触及封建土地所有制，不能满足广大农民的土地要求，在革命中难以成为发动广大工农群众的理论武器。

孙中山的三民主义学说，初步描绘出中国还不曾有过的资产阶级共和国方案，是一个比较完整而明确的资产阶级民主革命纲领。它的提出，对推动革命的发展产生了重大而积极的影响。

四、关于革命与改良的辩论

在资产阶级民主革命思潮广泛传播、革命形势日益成熟的时候，康有为、梁启超等人坚持走改良道路，反对用革命手段推翻清朝统治。1905 年至 1907 年间，围绕中国究竟是采用革命手段还是改良方式这个问题，革命派与改良派分别以《民报》《新民丛报》为主要舆论阵地，展开了一场大论战。投入这场论战的还有其他十几种报刊。

要不要以革命手段推翻清王朝　这是双方论战的焦点。改良派认为，革命会引起下层社会暴乱，招致外国的干涉、瓜分，使中国"流血成河""亡国灭种"，所以要爱国就不能革命，只能改良、立宪。

革命派针锋相对地指出，清政府是帝国主义的"鹰犬"，因此爱国必须革命。只有通过革命，才能"免瓜分之祸"，获得民族独立和社会进步。

革命派还进一步驳斥了改良派认为因革命要"杀人流血""破坏一切"而不可革命的说法。他们指出：

第一，进行革命，固然会有牺牲，但是，不进行革命，而容忍清王朝在中国的统治，中国人民将长期地遭受难堪的痛苦和作出更大的

---

① 《孙中山全集》第一卷，中华书局 1981 年版，第 289 页。

牺牲。"革命不免于杀人流血固矣，然不革命则杀人流血之祸，可以免乎？"[1]"无革命，则亦无平和，腐败而已，苦痛而已。"[2]由于害怕流血牺牲就否定革命，"是何异见将溃之疽而戒毋施刀圭"[3]？革命虽不免流血，但可"救世救人"，是疗治社会的捷径。

第二，人们在革命过程中所付出的努力，乃至作出的牺牲，是以换取历史的进步作为补偿的。孙中山说，"革命的目的，是为众生谋幸福"，"革命之破坏与革命之建设必相辅而行，犹人之两足、鸟之双翼也"[4]。这就是说，革命本身正是为了建设，破坏与建设是革命的两个方面。

要不要推翻帝制，实行共和　改良派认为，中国"国民恶劣""智力低下"，没有实行民主共和政治的能力，如果实行，非亡国不可。因此，只能实行君主立宪，这才是中国政治的现实出路。

革命派针锋相对地指出，不是"国民恶劣"，而是"政府恶劣"。民主共和是大势所趋，人心所向。拯救中国与建设中国都必须取法乎上，直接推行民主制度，而不能以国民素质低劣为借口，搞君主立宪甚或开明专制。只有"兴民权改民主"，才是中国的唯一出路。中国国民自有颠覆专制制度、建立民主共和的能力。

要不要进行社会革命　改良派反对土地国有，反对平均地权。他们认为中国社会经济组织优良，土地问题不是中国最重要的问题，不存在社会革命的可能。社会革命只会导致中国的大动乱。他们还攻击主张平均地权是煽动乞丐流氓，主张土地国有是危害国本，并表示在这个问题上"宁死不让"。

---

[1]　张枬、王忍之编：《辛亥革命前十年间时论选集》第二卷上册，生活·读书·新知三联书店1963年版，第532页。

[2]　中国科学院历史研究所第三所影印：《民报》（一）合订本第1—7号，科学出版社1957年版，第53页。

[3]　张枬、王忍之编：《辛亥革命前十年间时论选集》第二卷上册，生活·读书·新知三联书店1963年版，第129页。

[4]　参见《孙中山选集》上册，人民出版社2011年版，第92、176页。

　　革命派强调，当时的中国存在着严重的"地主强权""地权失平"的现象。必须通过平均地权以实现土地国有，在进行政治革命的同时实现社会革命，才能避免贫富不均等社会问题的出现。

　　这场论战具有重大的意义。通过这场论战，划清了革命与改良的界限，传播了民主革命思想，促进了革命形势的发展。对于这场论战，《新民丛报》在 1907 年也不得不承认："数年以来，革命论盛行于国中，今则得法理论、政治论以为之羽翼，其旗帜益鲜明，其壁垒益森严，其势力益磅礴而郁积，下至贩夫走卒，莫不口谈革命，而身行破坏"，立宪党人则"气为所慑，而口为所箝"①。

　　但这场论战也暴露了革命派在思想理论方面的弱点。比如，他们主张推翻清政府，但对"革命是否会招致帝国主义干涉"的问题不敢作出理直气壮的正面回答，只是希望通过"有秩序的革命"来避免动乱和帝国主义的干涉。他们所说的"国民"，主要还是指资产阶级及其知识分子，而不是广大的劳动群众。他们对封建地主土地所有制是否应该改革的问题也是语焉不详，并且反对贫苦农民"夺富人之田为己有"②。这些理论和认识的局限不可避免地会影响辛亥革命的进程和结局。

第二节　辛亥革命与中华民国的建立

一、辛亥革命的爆发与清王朝覆灭

　　武装起义与保路风潮　孙中山领导的同盟会不仅提出了革命纲领，而且进行实际的革命活动，先后发动了多次武装起义。这些起义虽然相

---

① 转引自胡绳：《从鸦片战争到五四运动》（下），人民出版社 2010 年版，第 649 页。

② 《孙中山全集》第一卷，中华书局 1981 年版，第 328—329 页。

继失败，但是产生了广泛的影响。其中影响最大的是 1911 年 4 月 27 日举行的广州起义。是日，黄兴率敢死队 120 余人在广州举行起义，大部在激战中牺牲。其中 72 位烈士的遗骸被葬于黄花岗，故是役史称"黄花岗起义"。

1911 年 5 月，清政府宣布"铁路干线收归国有"，并与四国银行团订立粤汉、川汉铁路借款合同，借"国有"名义把铁路利权出卖给帝国主义，同时借此"劫夺"商股。这激起了湖北、湖南、广东、四川四省的保路风潮，其中以四川为最烈。清政府在铁路利权问题上采取的政策，进一步激起了民众的愤慨和反抗，加速了革命的爆发。立宪派本来主张把保路运动限制在"文明争路"的范围之内，但署理四川总督赵尔丰竟下令军警向手无寸铁的请愿群众开枪，造成"成都血案"。广大群众忍无可忍，在同盟会会员的参与下，掀起了全川的武装暴动。

武昌首义与各地响应　由于革命形势已经成熟，湖北新军中的共进会和文学社两个革命团体决定联合行动，在武昌举行武装起义。1911 年 10 月 10 日晚，驻武昌的新军工程第八营的革命党人打响了起义的第一枪，他们打死镇压革命的军官，冲向楚望台军械所夺取弹药，一举占领楚望台，随即向湖广总督衙门发起攻击。起义军血战通宵，最终占领武昌，取得首义的胜利，3 天之内光复武汉三镇，成立湖北军政府。

武昌起义掀起了辛亥革命的高潮，打开了清王朝统治的缺口。大江南北、长城内外，到处燃起革命的烈火。在一个月内，就有 13 个省以及上海和许多州县宣布起义，脱离清政府的统治。腐朽的清王朝迅速土崩瓦解。1912 年 2 月 12 日，清帝被迫退位。在中国延续了两千多年的封建君主专制制度终于覆灭。

武昌起义后各地光复情况表

在武昌起义和各省政权更迭的过程中，资产阶级革命派既表现出了革命性和勇敢精神，又暴露出了软弱性和妥协态度。在一些地方，开始是由革命派发动新军或会党举行武装起义、宣布"独立"的。可是当反动势力反扑时，他们却不敢发动群众保卫已经夺得的政权，致使政权落到了立宪派或旧官僚、旧军官的手里。例如，湖北革命党人起义后，认为非找一个有地位的人物出来主持政务不可，于是把原清军协统（旅长）黎元洪硬拉出来当了都督。结果，黎元洪与立宪派结合起来把持了湖北军政府的大权。又如，湖南革命党人起义夺取政权后，最初由革命派焦达峰、陈作新任正、副都督。部分立宪派与旧军官发动政变，将焦、陈杀害，推立宪派首领谭延闿为都督。在一些省份，旧官僚和立宪派实际上改头换面地维持着旧政权。有的地方虽是革命党人掌权，但这些人很快蜕变为新军阀、新官僚。这就意味着，革命是很快地发展了，但它的基础并不牢固，在它的内部和外部都潜伏着深刻的危机。

二、中华民国的建立

中华民国临时政府宣告成立　　1911 年底，孙中山从海外回到上海。"独立"各省的代表在南京选举孙中山为临时大总统。1912 年 1 月 1 日，孙中山在南京宣誓就职，改国号为中华民国，定 1912 年为民国元年，并成立中华民国临时政府。

南京临时政府是一个资产阶级共和国性质的革命政权。资产阶级革命派在这个政权中占有领导和主体的地位。除孙中山作为临时大总统拥有统治全国和统率海、陆军之权外，陆军、外交等重要部的总长和所有各部的次长全由革命党人担任。在作为国家立法机关的临时参议院中，同盟会会员也占多数。南京临时政府制定的各项政策措施，集中代表和反映了中国民族资产阶级的愿望和利益，在相当程度上也符合广大中国人民的利益。例如：扫除种种封建弊端，保护人权；鼓励发展资本主义工商业，提倡兴办工厂、矿山、银行、垦殖事业等；宣布禁止刑讯，保护华侨、禁止贩卖华工，禁止买卖人口、废除奴婢，禁止种植和吸食鸦片等；宣布改革文化教育制度，否定忠君尊孔教育，废止小学读经，禁用清政府学部颁行的各种教科书等。

南京临时政府也有它的局限性。例如，在南京临时政府的《告友邦书》中，就试图用承认清政府与列强所订的一切不平等条约和清政府所欠的一切外债，来换取列强承认中华民国。南京临时政府也没有提出任何可以满足农民土地要求的政策和措施，反而以保护私有财产为借口，去维护封建土地制度以及官僚、地主所占有的土地和财产。

《中华民国临时约法》 1912年3月，临时参议院颁布《中华民国临时约法》（以下简称《临时约法》）。这是中国历史上第一部具有资产阶级共和国宪法性质的法典。

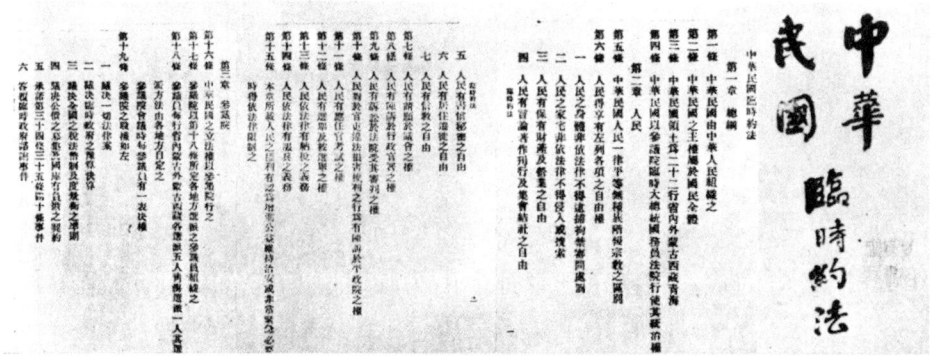

《中华民国临时约法》

《临时约法》规定，"中华民国之主权属于国民全体"，而"以参议院、临时大总统、国务员、法院行使其统治权"。

《临时约法》规定，参议院行使立法权，参议员由各省选派。临时大总统代表临时政府总揽政务。国务总理及各部总长称国务员，辅佐临时大总统负其责任。法院行使司法权。参议院有权弹劾大总统和国务员。

《临时约法》还规定，中华民国国民一律平等，享有人身、财产、集会、结社、出版、言论等自由，享有请愿、陈诉、考试、选举与被选举等民主权利。

这样，《临时约法》就以根本大法的形式废除了两千多年来的封建君主专制制度，确认了资产阶级共和国的政治制度。毛泽东说："民国元年的《中华民国临时约法》，在那个时期是一个比较好的东西；当然，是不完全的、有缺点的，是资产阶级性的，但它带有革命性、民主性。"[1]

辛亥革命的历史意义　　辛亥革命是资产阶级领导的以反对封建君主专制制度、建立资产阶级共和国为目的的革命，是一次比较完全意义上的资产阶级民主革命。正如毛泽东指出的："中国反帝反封建的资产阶级民主革命，正规地说起来，是从孙中山先生开始的"[2]。

在近代历史上，辛亥革命是中国人民为救亡图存、振兴中华而奋起革命的一座里程碑，它使中国发生了历史性的巨变，具有伟大的历史意义。

第一，辛亥革命推翻了封建势力的政治代表、帝国主义在中国的代理人清王朝的统治，沉重打击了中外反动势力，使中国反动统治者在政治上乱了阵脚。在这以后，帝国主义和封建势力在中国再也不能建立起比较稳定的统治，从而为中国人民斗争的发展开辟了道路。

第二，辛亥革命结束了中国延续两千多年的封建君主专制制度，建立了中国历史上第一个资产阶级共和政府，使民主共和的观念开始深入人心，并在中国形成了"敢有帝制自为者，天下共击之"的民主主义观念。正因为如此，当袁世凯、张勋先后复辟帝制时，均受到了社会舆论的强烈谴责和人民群众的坚决反抗。

第三，辛亥革命推动了中国人民的思想解放。自古以来，皇帝被看作至高无上、神圣不可侵犯的绝对权威，如今连皇帝都可以被打倒，那么还有什么陈腐的东西不可以被怀疑、不可以被抛弃？辛亥革命激发了人民的爱国热情和民族觉醒，打开了禁锢思想进步的闸门。

第四，辛亥革命推动了中国的社会变革，促使中国的社会经济、思想习惯和社会风俗等方面发生了新的积极变化。南京临时政府成立后，以

---

[1]　《毛泽东文集》第六卷，人民出版社1999年版，第325—326页。
[2]　《毛泽东选集》第二卷，人民出版社1991年版，第563页。

振兴实业为目标，设立实业部，先后颁布了一系列有利于工商业发展的政策和措施，以推动民族资本主义经济的发展，使随后的几年成了资本主义发展的"黄金时代"。革命政府还提倡社会新风，扫除旧时代的"风俗之害"。如：以公元纪年，改用公历；下级官吏见上级官吏不再行跪拜礼；男子以"先生""君"的互称取代"老爷"等称呼；男子剪辫、女子放足之风迅速席卷全国等。这些变化不仅改变了社会风气，也有助于人们的精神解放。

第五，辛亥革命不仅在一定程度上打击了帝国主义的侵略势力，而且推动了亚洲各国民族解放运动的高涨。

第三节　北洋军阀统治与旧民主主义革命的失败

一、封建军阀专制统治的形成

袁世凯窃国，辛亥革命流产　辛亥革命取得了巨大的成功，但仍以失败而告终。南京临时政府只存在了三个月便夭折了。北洋军阀首领袁世凯在帝国主义和国内反动势力以及附从革命的旧官僚、立宪派的共同支持下，窃夺了辛亥革命的果实。

武昌起义后，袁世凯以武力压迫革命派，并命其党羽联名通电，宣称"若国民会议竟议决采用共和政体，吾人惟当奋力战斗，至死不承认此政体"[①]。帝国主义列强调动军舰在长江游弋，为袁世凯助威，并攻击孙中山"缺乏管理国家的经验"。在革命高潮中附从革命的立宪派、旧官僚等则从内部施加压力，大造大总统职位"非袁莫属"的舆论。一些革命党人甚至也主张只要袁世凯能逼清帝退位，就应该让他当大总统。

---

① 章开沅、林增平主编：《辛亥革命史》下册，人民出版社1981年版，第333页。

在这种情况下，孙中山不得不表示只要清帝退位、袁世凯宣布拥护共和，就可以把临时大总统的职位让给他。袁世凯在得到这些许诺后，即加紧"逼宫"。1912年2月12日，清帝退位。第二天，袁世凯致电临时政府，宣布"共和为最良国体"。同日，孙中山向参议院提出辞职咨文，但附以南京为首都、总统在南京就职、遵守约法三个条件，力图以此制约袁世凯。袁世凯不肯离开其北京老巢，指使部下在北京发动"兵变"，西方列强也调兵进京配合，以迫使革命派让步。革命派再次妥协。3月10日，袁世凯在北京就任临时大总统。4月1日，孙中山正式卸去临时大总统职务。随后，临时参议院议决将临时政府迁往北京。

北洋军阀的专制统治　袁世凯窃夺辛亥革命的果实之后，建立了代表大地主和买办资产阶级利益的北洋军阀反动政权。

首先，在政治上，北洋政府实行军阀官僚的专制统治。以袁世凯为首的封建军阀大力扩充军队，建立特务、警察系统。他们制定《暂行新刑律》《戒严法》等一系列反动法令，剥夺《临时约法》赋予人民的言论、出版、集会、结社等各种政治权利，任意逮捕、杀害革命党人和无辜民众。

当时的中国，从形式上看，有了约法，有了国会，有了众多的公开活动的政党，似乎有点像民主共和国的样子了。实际上，全部政权都操纵在以袁世凯为首的北洋军阀手里，他们对资产阶级民主制度是不能容忍的。1912年8月，宋教仁在征得孙中山、黄兴的同意后，以同盟会为基础联合其他几个政党，组成国民党。国民党在随后的第一届国会选举中获得了多数席位。国民党领袖宋教仁希望由此组织以他为首的责任内阁，在中国推行资产阶级议会民主制度。1913年3月，袁世凯纵容心腹收买刺客暗杀了宋教仁。7月至9月，又以武力镇压了南方七省国民党人的"二次革命"。同年10月，在总统选举中，袁世凯指使军警、流氓包围国会，强迫议员投票选举他为正式大总统。接着，他又撕下"拥护共和"的假面具，攻击国会是"暴民专制"，妨碍国家统一，于1913年11月下令解散国民党，收缴国民党议员的国会证书、徽章，使国会不足法定人数，无法开会。1914 年 1 月，他又停止参议院、众议院两院议员的职务，遣散议员。5 月，袁世凯公然撕毁《临时约法》，炮制了一个《中华民国约法》，用总统制取代内阁制。不久，他又通过修改《总统选举法》，使大总统不仅可以无限期连任，而且可以推荐继承人。这样，袁世凯不仅可以终身独揽政权，而且还可以将其传子传孙。至此，中华民国只剩下一块空招牌了。

军阀们为了实行专制统治，不惜投靠帝国主义。袁世凯统治时期，出卖路权、矿权，大肆借款，并签订众多不平等条约。袁世凯未经国会同意，与列强签订"善后大借款"合同，用盐税作抵押，使列强实现了控制和监督中国财政的愿望。1915 年 5 月，为了让日本支持复辟帝制，他竟然基本接受日本提出的严重损害中国权益的"二十一条"要求。皖系军阀段祺瑞控制北京政府时，也投靠日本，向日本借款扩充自己的势力，准备武力统一中国。这些借款以东北金矿、森林，东北、山东铁路，国家烟酒专卖利润等为担保，便利了日本进一步掠夺中国的矿产资源和其他原料。

为了达到专制独裁的目的，袁世凯公然进行帝制复辟活动。1915 年 12 月 12 日，袁世凯发表接受帝位申令。第二天，在中南海居仁堂接受百官朝贺。31 日，下令以 1916 年为"中华帝国洪宪元年"，准备在元旦举行登基大典。帝制复辟活动遭到举国反对，袁世凯从 1 月 1 日到 3 月 23 日只当了 83 天皇帝就被迫取消帝制和洪宪年号。1917 年 6 月，前清官僚张勋率"辫子军"北上，拥废帝溥仪复辟。这一次复辟的时间更短，仅 12 天就在全国人民的声讨中失败了。

其次，在经济上，北洋政府竭力维护帝国主义、地主阶级和买办资产阶级的利益。军阀、官僚本身就是大地主，他们还以各种手段兼并土地。袁世凯在河南安阳等县占有的土地就有 4 万多亩，奉系军阀张作霖在东北占地 150 万亩。许多自耕农和半自耕农陷入破产和丧失土地的境地，变成佃农和雇农。北洋政府还通过"清丈地亩"、征收各种苛捐杂税等手段，对农民进行敲骨吸髓的压榨。

军阀与官僚还借助于政治势力，组成官僚买办资本集团，操纵、垄断财政金融和工业、运输业。如以梁士诒为首的交通系集团，控制了铁路和交通银行。交通银行具有代理国库、发行纸币的特权，为北洋政府经理外债、内债和税收，还直接控制了一些工矿企业。

最后，在文化思想方面，尊孔复古思潮猖獗一时。1913 年 6 月，袁世凯向全国发布《通令尊崇孔圣文》。不久，又命令全国恢复祀孔、祭孔典礼，恢复跪拜礼节，中、小学恢复尊孔读经。一些清朝遗老遗少、保守分子纷纷组织尊孔复古团体，发行尊孔刊物。他们攻击民主共和，宣传封建伦常，甚至要求将孔教定为"国教"。一些帝国主义分子也鼓吹孔教是"中国独一无二之根本"，只有尊孔才能避免"人人之心皆为革命所颠倒"①。

袁世凯当权时，北洋政府统治下的中国在形式上是统一的。在 1916 年袁称帝败亡之后，连这种形式上的统一也维持不住了，中国陷入了军阀割据的局面。这种局面的形成有其深刻的原因：一方面是由于中国主要是地方性的农业经济而没有形成统一的资本主义市场，另一方面是由于帝国主义国家在中国采取划分势力范围的分裂剥削政策。这些割据称雄的各派系军阀之间，或者为了争夺中央政权，或者为了保持与扩大自己的地盘，进行连年不断的纷争，引发多次的战乱。军阀的专制统治和割据、纷争乃至混战，给人民带来无穷灾难，使经济遭到极大破坏。

总之，北洋政府从政治上、经济上和文化思想上对辛亥革命进行了全面的反攻倒算。中国重新落入了黑暗的深渊。孙中山本人沉痛地说过，当时中国"政治上、社会上种种黑暗腐败比前清更甚，人民困苦日甚一日"②。资产阶级革命派在中国建立一个独立、民主的资产阶级共和国的梦

①　参见章开沅、林增平主编：《辛亥革命史》下册，人民出版社 1981 年版，第 479—480 页。

②　《孙中山全集》第九卷，中华书局 1986 年版，第 99 页。

想破灭了。

二、旧民主主义革命的失败

挽救共和的努力及其受挫　　辛亥革命失败后，中国资产阶级革命派内部也发生了分化。

一些革命党人以为，推翻封建帝制、建成共和政体，革命大功告成，从而丧失了革命意志。他们中有的人热衷于追逐个人的官职和利禄，甚至投靠军阀，迅速蜕化为新的官僚、政客；还有的人意志消沉，隐遁山林，或者移居海外，以逃避国内的政治斗争。

孙中山也一度受到袁世凯的欺骗，表示"十年不预政治"，以修铁路、发展实业为己任。1913年宋教仁被刺后，他开始看清袁世凯的真面目，毅然发动武装反袁的"二次革命"。由于北洋军阀在军事上占绝对优势，而国民党方面缺乏兵力和财力，内部意见又不一致，结果只坚持了两个月就失败了。

1914年，孙中山在日本组织中华革命党，坚持反袁武装斗争。由于中华革命党提不出能够动员群众的革命纲领，入党者又必须宣誓绝对服从孙中山个人，带有强烈的宗派性，严重脱离群众，因而参加的人数很少，社会影响不大。

1915年12月25日，即袁世凯准备"登基"前一周，蔡锷等在云南组织"护国军"，宣布"独立"，很快形成席卷半个中国的护国运动。次年3月，袁世凯在全国人民的反对声中被迫取消帝制，不久忧惧而死。

皖系军阀头子段祺瑞掌握北洋政府后，变本加厉地推行独裁卖国的反动统治，拒绝恢复《临时约法》和国会。在这种局面下，孙中山举起了"护法"的旗帜。但"护法"的口号在群众中缺少号召力。由于孙中山既没有足够的实力，也不掌握军队，遂不得不依靠与皖系军阀有矛盾的西南军阀。而西南军阀则企图利用孙中山的声望对抗北洋军阀，扩大自己的实力。1917 年 9 月，在广州成立以孙中山为大元帅的护法军政府，并出师北伐。不久，西南军阀与直系军阀勾结，擅自实行停战，并且排挤孙中山，改组军政府。1918 年 5 月 21 日，孙中山愤然离开广州去上海。护法运动的失败，使他认识到"南与北如一丘之貉"，想依靠南方军阀来反对北洋军阀，是行不通的。

1919 年 10 月，孙中山将中华革命党改组为中国国民党。

孙中山具有顽强的革命精神，他首先喊出"振兴中华"的口号，不断摸索救国救民的道路，并始终坚持奋斗，不愧是中国民主革命伟大的先行者。他在领导人民推翻帝制、建立共和国的斗争中建立了历史功勋，是 20 世纪初期推动中国发生历史性巨变的主要代表。

但是，孙中山并没有找到中国的真正出路。中国的旧民主主义革命已经陷入绝境，中国民族资产阶级再也不能领导中国革命前进了。

辛亥革命失败的原因和教训　毛泽东指出，辛亥革命"有它胜利的地方，也有它失败的地方。你们看，辛亥革命把皇帝赶跑，这不是胜利了吗？说它失败，是说辛亥革命只把一个皇帝赶跑，中国仍旧在帝国主义和封建主义的压迫之下，反帝反封建的革命任务并没有完成"①。

辛亥革命为什么会失败？

从根本上说，是因为在帝国主义时代，在半殖民地半封建的中国，资本主义的建国方案是行不通的。尽管当时先进的中国人真诚地希望把中国建设成为资产阶级共和国，但是，帝国主义决不容许中国建立一个独立、富强的资产阶级共和国，从而使自己失去中国这个占世界人口四分之一的剥削、奴役的对象。因此，它们用政治、外交、军事、经济、财政等各种手段来破坏、干涉中国革命，扶植并支持它们的代理人袁世凯夺取政权。帝国主义与以袁世凯为代表的大地主大买办势力以及旧官僚、立宪派一起勾结起来，从外部和内部绞杀了这场革命。

---

① 《毛泽东选集》第二卷，人民出版社 1991 年版，第 564 页。

　　毛泽东说过，正是"帝国主义的侵略打破了中国人学西方的迷梦。很奇怪，为什么先生老是侵略学生呢？中国人向西方学得很不少，但是行不通，理想总是不能实现。多次奋斗，包括辛亥革命那样全国规模的运动，都失败了"[①]。这个历史教训是很深刻的。

　　这场革命之所以失败，从主观方面来说，在于它的领导者资产阶级革命派本身存在着许多弱点和错误。主要是：

　　第一，没有提出彻底的反帝反封建的革命纲领。他们没有明确提出反帝的口号，甚至幻想以妥协退让来换取帝国主义对中国革命的承认和支持。他们只强调反满和建立共和政体，并没有认识到必须反对整个封建统治阶级，致使一些汉族旧官僚、旧军官也混入革命的营垒。受当时政治局势的左右和妥协退让思想的支配，革命党人最后甚至还把政权拱手让给了袁世凯。后来，孙中山在回顾辛亥革命的历程并总结有关教训时说过："曾几何时，已为情势所迫，不得已而与反革命的专制阶级谋妥协。此种妥协，实间接与帝国主义相调和。遂为革命第一次失败之根源。"[②]

　　第二，不能充分发动和依靠人民群众。由于中国民族资产阶级同封建势力有千丝万缕的联系，因而不敢依靠反封建的主力军农民群众。在革命的过程中，资产阶级革命派虽然也曾经联合新军（多数是穿起军装的农民和学生）和会党（以游民和破产农民为主体的秘密结社），从而在一定程度上动员了群众的力量，但在清政府被推翻之后，他们并没有进一步去领导农民进行反封建的斗争。正因为中国民主革命的主力军农民没有被动员起来，这个革命的根基就显得相当单薄。正如毛泽东所说，国民革命需要一个大的农村变动。辛亥革命没有这个变动，所以失败了。

　　第三，不能建立坚强的革命政党，作为团结一切革命力量的强有力

---

①　《毛泽东选集》第四卷，人民出版社 1991 年版，第 1470 页。

②　《孙中山全集》第九卷，中华书局 1986 年版，第 114 页。

的核心。同盟会内部的组织比较松懈，派系纷杂，缺乏一个统一和稳定的领导核心。甚至有人主张"革命军起，革命党消"。有的还另建党派，自立山头。孙中山指出：辛亥革命之所以失败，"非袁氏兵力之强，实同党人心之涣"[①]。

资产阶级革命派的这些弱点、错误，根源于中国民族资产阶级的软弱性和妥协性。正因为如此，辛亥革命仅仅赶跑了一个皇帝，却没有能够改变封建主义和军阀官僚政治的统治基础，无法完成反帝反封建的任务。辛亥革命的失败表明，资产阶级共和国的方案没有能够救中国，先进的中国人需要进行新的探索，为中国谋求新的出路。

尽管辛亥革命最终失败了，但是，以孙中山为代表的中国民主革命的先驱者的业绩和不屈不挠的奋斗精神，永远是中国近代革命史上光辉的一页，永远是中华民族伟大复兴征程上一座巍然屹立的里程碑。对于他们的缺点，要从历史条件出发加以说明，使人理解，不可以苛求前人。

经过辛亥革命，民主共和的思想从此流传广远，人们对革命的继续追求也绵延不绝。接受过这场革命洗礼的中国先进分子和中国人民继续顽强探索中华民族复兴的道路。辛亥革命之后十年，中国共产党宣告成立。中国共产党人继承和发展了孙中山的革命事业，并把它推进到了新的阶段。

❓ 学习思考

1. 革命派在与改良派论战中是如何论述革命的必要性、正义性、进步性的？

2. 为什么说孙中山领导的辛亥革命引起了近代中国的历史性巨大变化？

3. 辛亥革命为什么会失败？它的失败说明了什么？

---

① 《孙中山选集》上册，人民出版社 2011 年版，第 114 页。

必读文献

1. 孙中山：《〈民报〉发刊词》（1905 年 10 月 20 日）

《民报》是中国同盟会的机关报，是当时革命派影响最大的刊物。《〈民报〉发刊词》是孙中山以本人名义在《民报》上发表的最有影响的文章，第一次正式提出了民族主义、民权主义、民生主义。

2. 毛泽东：《纪念孙中山先生》（1956 年 11 月 12 日）

本文是毛泽东为纪念孙中山先生诞辰 90 周年所写，刊载于《人民日报》。毛泽东在文中认为孙中山是"伟大的革命先行者""伟大的民主革命导师"，确立了中国共产党与孙中山在为振兴中华而奋斗这一历史接力运动中的传承关系，要求共产党人始终高举孙中山的旗帜。

3. 习近平：《在纪念孙中山先生诞辰 150 周年大会上的讲话》（2016 年 11 月 11 日）

这篇重要讲话深切缅怀了孙中山先生为民族独立、社会进步、人民幸福而不懈奋斗的光辉一生，同时也深刻阐明全体中华儿女共同致力实现中华民族伟大复兴中国梦的历史使命，引发海内外强烈反响。

4. 习近平：《在纪念辛亥革命 110 周年大会上的讲话》（2021 年 10 月 9 日）

这篇重要讲话高度评价了辛亥革命的历史功绩和重大意义，回顾总结了中国共产党继承孙中山先生革命事业，团结带领人民不懈奋斗的光辉历程，深刻阐述了辛亥革命的历史启示。

延伸阅读文献

1. 列宁：《中国的民主主义与民粹主义》（1912 年 7 月）

这是列宁对时任中华民国临时大总统的孙中山及其所代表阶层的观点的解析和评论。列宁称赞孙中山的纲领字里行间都充满了战斗的、真诚的民主主义，对孙中山的革命行动给予高度评价，同时也指出其空想的民粹主义、经济理论和土地纲领的本质缺陷，预言中国无产阶级将日益成长起来。

2.《〈民报〉与〈新民丛报〉辩驳之纲领》（1906 年 4 月 28 日）

这是革命派与改良派进行辩论的纲领。在《新民丛报》将改良派的《开明专制论》等文章合刊为《中国存亡一大问题》后，《民报》决定从第四期起，对改良派的观点展开分类辩驳。《民报》所列纲领分为 12 类，包括共和与专制、是否实行国民革命以及是否实行种族革命等。

3.《中华民国临时约法》（1912 年 3 月）

这是中国历史上第一部资产阶级宪法，在近代史上具有重大意义。内容涉及国家制度和主权、人民的权利和义务、国家的政治体制，以及规定约法具有宪法性质。《临时约法》以根本大法的形式废除了封建君主专制制度，确认了资产阶级共和国政治制度。但《临时约法》同时具有一定的局限性。

第四章　中国共产党成立和中国革命新局面

1917 年列宁领导的俄国十月革命取得胜利，社会主义从理论变为现实，打破了资本主义一统天下的世界格局。十月革命一声炮响，给中国送来了马克思列宁主义，给苦苦探寻救亡图存出路的中国人民指明了前进方向、提供了全新选择。在中国人民和中华民族的伟大觉醒中，在马克思列宁主义同中国工人运动的紧密结合中，中国共产党应运而生。

第一节　新文化运动和五四运动

一、新文化运动与思想解放的潮流

新文化运动的兴起及其意义　1915 年新文化运动的兴起，具有重要历史意义。

近代以来，为挽救国家危亡，中国先进分子曾历尽千辛万苦，向西方国家寻找真理。但是，中国人学习西方的努力在实践中却一再碰壁。辛亥革命的失败和北洋军阀统治的建立，更使人们陷入深深的绝望、苦闷和彷徨中。

一些先进的中国知识分子认为，以往少数先觉者的救国斗争之所以成效甚少，是因为中国国民对之"若观对岸之火，熟视而无所容心"[1]。因此，"欲图根本之救亡"[2]，必须改造中国的国民性。他们决心发动一场新

---

① 《陈独秀文集》第一卷，人民出版社 2013 年版，第 135 页。
② 《陈独秀文集》第一卷，人民出版社 2013 年版，第 163 页。

的启蒙运动，使人们从封建思想的束缚中解放出来。这个运动后来被称为新文化运动。

新文化运动是从 1915 年 9 月陈独秀在上海创办《青年杂志》（后改名《新青年》）开始的。1917 年 1 月，蔡元培出任北京大学校长。他聘请陈独秀为北大文科学长，《新青年》编辑部也随之迁至北京。李大钊、鲁迅、胡适等加入编辑部并成为主要撰稿人。《新青年》杂志和北京大学成为新文化运动的主要阵地。

新文化运动的基本口号是拥护"德先生"（Democracy）和"赛先生"（Science），即提倡民主和科学。民主，既是指资产阶级民主主义制度，也是指资产阶级民主主义思想。科学，则有广狭二义："狭义的是指自然科学"，"广义是指社会科学"[①]。

新文化运动的倡导者以进化论观点和个性解放思想为主要武器，猛烈抨击以孔子为代表的"往圣先贤"，大力提倡新道德、反对旧道德，提倡新文学、反对旧文学，包括提倡白话文、反对文言文。通过批判孔学，动摇了封建正统思想的统治地位，在中国社会掀起一股思想解放的潮流。

新文化运动的倡导者提倡民主、反对专制，提倡科学、反对迷信盲从，是切中时弊的。事实上，当封建主义还在政治和社会生活中占据支配地位时，对资产阶级民主主义的提倡，客观上仍然具有振聋发聩的作用。

陈独秀：《〈新青年〉罪案之答辩书》

新文化运动在社会上掀起的思想解放潮流，冲决了禁锢人们思想的闸门。而这个闸门一被打开，各种新思想的涌流就不仅不可避免，而且是无法遏止的了。

五四以前新文化运动的局限　　五四以前的新文化运动也存在一些局限。

第一，新文化运动的倡导者批判孔学，是为了给中国发展资本主义扫清障碍。但是，由于资产阶级共和国的方案在中国行不通，所以从根

---

① 《陈独秀文集》第二卷，人民出版社 2013 年版，第 1 页。

本上说，提倡资产阶级民主主义，并不能为人们提供一种有效的思想武器去认识中国，去对中国社会进行改造。

第二，新文化运动的倡导者把改造国民性置于优先地位。但是，离开改造产生封建思想的社会环境的革命实践，仅仅依靠少数人的呐喊，依靠有限的宣传手段，要根本改造由这种社会环境所产生的思想、所造成的国民性，是不可能的。

第三，那时的许多领导人物，还没有马克思主义的批判精神，他们使用的方法，一般还是资产阶级的方法。他们中有的人看问题很片面，坏就是绝对的坏，好就是绝对的好。这种形式主义看问题的方法，影响了运动后来的发展。

事实上，在当时的先进分子中，有的人在宣传西方资产阶级民主主义时，就已开始对它有所怀疑和保留了。李大钊在 1916 年即指出："代议政治虽今犹在试验之中，其良其否，难以确知，其存其易，亦未可测。"[1]

后来，新文化运动的发展分成了两个潮流：一部分人（如李大钊等）继承了它的民主和科学精神，并在马克思主义的基础上加以改造；另一部分人（如胡适等）则沿着资产阶级道路继续走了下去。

二、十月革命与马克思主义在中国的初步传播

十月革命对中国先进分子的影响　1917 年俄国爆发的十月社会主义革命，是一个具有划时代意义的世界性的历史事件。它昭示人们，资本主义制度并不是永恒的，无产阶级和其他劳动群众一旦觉醒起来、组织起来，完全可以依靠自身的力量创造出维护绝大多数人利益的崭新社会制度。十月革命发生在中国学习西方的努力遭到失败、中国先进分子陷于苦闷和彷徨时，它使中国人看到了民族解放的新希望。

---

[1] 《李大钊全集》第一卷，人民出版社 2013 年版，第 281 页。

十月革命是怎样推动中国先进分子把目光从西方转向东方,从资产阶级民主主义转向社会主义的呢?

第一,十月革命发生在其国情与中国相同(封建压迫严重)或近似(经济文化落后)的俄国,因而对中国先进分子具有特殊吸引力。青年毛泽东说,"我看俄国式的革命,是无可如何的山穷水尽诸路皆走不通了的一个变计"①,"只此方法较之别的改造方法所含可能的性质为多"②。

第二,十月革命诞生的社会主义俄国号召反对帝国主义,并以新的平等的态度对待中国,有力推动了社会主义思想在中国的传播。特别是1919年苏维埃俄国第一次对华宣言声明放弃沙俄在中国攫取的一切特权,更引起人们很大的震动。

第三,十月革命中俄国工人、农民和士兵群众的广泛发动并由此赢得胜利的事实,给予中国先进分子新的革命方法的启示,推动他们去研究这个革命所遵循的主义。

这样,在十月革命后、五四运动前后的中国思想界,就产生了一批赞成俄国十月社会主义革命、具有初步共产主义思想的知识分子。社会主义开始在中国形成一股有相当影响的思想潮流。

不过,最初,人们对社会主义还只是一种朦胧的向往。当时,无政府主义、工团主义、基尔特(行会)社会主义、社会民主主义以及新村主义、泛劳动主义等,各种社会主义流派的观点在各种报刊上纷然杂陈。在各种社会主义思想中,无政府主义占优势。中国先进分子是经过反复比较才选择了马克思主义的。

李大钊率先在中国举起马克思主义旗帜　在中国大地上率先举起马克思主义旗帜的,是李大钊。李大钊是从爱国的立场出发,从民主主义者转变为共产主义者的。从1918年7月起,他先后发表《法俄革命之比较

---

①　中共中央文献研究室编:《毛泽东书信选集》,中央文献出版社2003年版,第4页。

②　《毛泽东文集》第一卷,人民出版社1993年版,第1页。

李大钊:《我的马克思主义观》(节选)

观》《庶民的胜利》《Bolshevism 的胜利》等文章，热情讴歌十月革命的胜利，指出十月革命是"二十世纪中世界革命的先声"①，确信"将来的环球，必是赤旗的世界"②。五四运动后，他更加致力于马克思主义的宣传。1919 年 9 月、11 月，李大钊发表《我的马克思主义观》一文，比较系统地介绍了马克思主义理论，在当时思想界产生重大影响，标志着马克思主义在中国进入比较系统的传播阶段。

三、五四运动：新民主主义革命的开端

五四运动的爆发 1919 年爆发的五四运动，是中国近代史上一个划时代的事件。

这个运动是在新的时代条件和社会历史条件下发生的。

首先，是新的社会力量的成长、壮大。在第一次世界大战期间，中国的资本主义经济得到迅速发展。中国资产阶级和工人阶级也进一步成长起来。五四运动前夕，中国产业工人已达 200 万人左右。这样，五四运动就获得了比以往革命斗争更加广泛的群众基础。

其次，是新文化运动掀起的思想解放的潮流。受其影响的年轻一代知识界，尤其是那些具有初步共产主义思想的知识分子，为五四运动准备了最初的群众队伍和骨干力量。

最后，是俄国十月革命对中国的影响。毛泽东指出，俄罗斯以民众大联合打倒贵族、驱逐富人的事实，使全世界为之震动。革命浪潮风起云涌，"异军特起，更有中华长城渤海之间，发生了'五四'运动"③。

---

① 《李大钊全集》第二卷，人民出版社 2013 年版，第 359 页。

② 《李大钊全集》第二卷，人民出版社 2013 年版，第 367 页。

③ 中共中央文献研究室、中共湖南省委《毛泽东早期文稿》编辑组编:《毛泽东早期文稿》，湖南人民出版社 2008 年版，第 356 页。

五四运动的直接导火线，是巴黎和会上中国外交的失败。

在 1919 年 1 月起召开的巴黎和会上，中国政府代表提出废除外国在华势力范围、撤退外国在华驻军等七项希望和取消日本强加的"二十一条"及换文的陈述书，遭到拒绝。这个由几个西方列强把持的会议，竟规定德国应将在中国山东获得的一切特权转交给日本，而北洋政府居然准备在这一和约上签字。消息传到国内，激起了各阶层人民的强烈愤怒。

五四运动开始时，英勇地出现在斗争前面的是学生。1919 年 5 月 4 日，北京大学等北京十几所学校的学生三千余人冲破反动军警的阻拦，在天安门前集会。学界的宣言呼吁："中国的土地可以征服而不可以断送！中国的人民可以杀戮而不可以低头！国亡了！同胞起来呀！"[1] 他们提出"外争主权、内除国贼""取消二十一条""还我青岛"等口号，随后举行示威游行。震惊中外的五四运动爆发。

学生的爱国行动遭到北洋政府的严厉镇压。在此关口，中国工人阶级开始以独立的姿态登上政治舞台。从 6 月 5 日起，上海六七万工人为声援学生先后举行罢工。工人罢工推动了商人罢市、学生罢课。随后，这场反帝爱国运动扩展到了 20 多个省区、100 多个城市。

这时，五四运动突破了知识分子的狭小范围，成为有工人阶级、小资产阶级和民族资产阶级参加的全国规模的革命运动。斗争的主力由学生转向了工人，运动的中心由北京转到了上海。迫于人民群众的压力，北洋政府不得不释放被捕学生，罢免亲日派官僚曹汝霖、章宗祥、陆宗舆。6 月 28 日，中国政府代表没有出席巴黎和约签字仪式。五四运动的直接斗争目标得以实现。

五四运动的历史特点和意义　　由于五四运动是在新的社会历史条件下发生的，它具有以辛亥革命为代表的旧民主主义革命所不具备的历史特点，具有伟大意义。

---

[1] 《北京学界全体宣言》，《晨报》1919 年 5 月 5 日。

就特点看：五四运动是一场以先进青年知识分子为先锋、广大人民群众参加的彻底反帝反封建的伟大爱国革命运动，是一场中国人民为拯救民族危亡、捍卫民族尊严、凝聚民族力量而掀起的伟大社会革命运动，是一场传播新思想新文化新知识的伟大思想启蒙运动和新文化运动，以磅礴之力鼓动了中国人民和中华民族实现民族复兴的志向和信心。

就意义看：第一，五四运动是中国旧民主主义革命走向新民主主义革命的转折点，在近代以来中华民族追求民族独立和发展进步的历史进程中具有里程碑意义。即它以彻底反帝反封建的革命性、追求救国强国真理的进步性、各族各界群众积极参与的广泛性，推动了中国社会进步，促进了马克思主义在中国的传播，促进了马克思主义同中国工人运动的结合，为中国共产党的成立做了思想上干部上的准备，为新的革命力量、革命文化、革命斗争登上历史舞台创造了条件。因此，五四运动成为中国新民主主义革命的开端。第二，五四运动以全民族的力量高举起爱国主义的伟大旗帜，孕育了以爱国、进步、民主、科学为主要内容的伟大五四精神，其核心是爱国主义。五四运动中，面对国家和民族生死存亡，一批爱国青年挺身而出，全国民众奋起抗争，奏响了浩气长存的爱国主义壮歌。第三，五四运动以全民族的行动激发了追求真理、追求进步的伟大觉醒。它改变了以往只有觉悟的革命者而缺少觉醒的人民大众的斗争状况，实现了中国人民和中华民族自鸦片战争以来的第一次全面觉醒。经过五四运动的洗礼，越来越多中国先进分子集合在马克思主义旗帜下。第四，五四运动以全民族的搏击培育了永久奋斗的伟大传统。在五四运动中，"中国青年发现了自己的力量，中国人民和中华民族发现了自己的力量。中国人民和中华民族从斗争实践中懂得，中国社会发展，中华民族振兴，中国人民幸福，必须依靠自己的英勇奋斗来实现，没有人会恩赐给我们一个光明的中国"①。五四运动

---

① 习近平：《在纪念五四运动100周年大会上的讲话》，人民出版社2019年版，第4页。

"也标志着中国青年成为推动中国社会变革的急先锋"①。

第二节　马克思主义广泛传播与中国共产党诞生

一、中国早期马克思主义思想运动

早期马克思主义者的队伍　　五四运动后，社会主义思潮在中国蓬勃兴起，马克思主义开始在知识界广泛传播。

在李大钊等的影响和当时形势的推动下，一批爱国的进步青年，尤其是具有初步共产主义思想的知识分子，经过各自的摸索，逐步划清了资产阶级民主主义和无产阶级社会主义、科学社会主义和其他社会主义流派的界限，走上了马克思主义的道路。

中国早期信仰马克思主义的人物，主要有三种类型：

首先是新文化运动的精神领袖，主要代表人物是李大钊、陈独秀。

在中国早期的马克思主义思想运动中，李大钊起着主要作用。1919年，他将《新青年》第六卷第五号编为"马克思主义研究"专号，帮助北京《晨报》副刊开辟了"马克思研究专栏"。

新文化运动的思想领袖陈独秀，这时也站在了马克思主义的立场上。他在五四运动后宣称，我们不应当再走"欧、美、日本底（的）错路"②，明确宣布用革命的手段建设劳动阶级的国家。

其次是五四爱国运动的左翼骨干，主要代表为毛泽东等。

毛泽东是湖南学生运动的领导人之一。他说："我第二次到北京期间，读了许多关于俄国情况的书。我热心地搜寻那时候能找到的为数不多的

---

① 习近平：《在庆祝中国共产主义青年团成立 100 周年大会上的讲话》，人民出版社 2022 年版，第 2 页。

② 《陈独秀文集》第二卷，人民出版社 2013 年版，第 82 页。

用中文写的共产主义书籍。有三本书特别深地铭刻在我的心中，建立起我对马克思主义的信仰。"[1] 这三本书是:《共产党宣言》（马克思、恩格斯著）、《阶级争斗》（考茨基著）和《社会主义史》（柯卡普著）。

广东的杨匏安早年留学日本，受到社会主义思潮的影响。1919 年 11 月—12 月，他发表《马克思主义（MARXISM）（一称科学的社会主义)》[2] 一文，对马克思主义的基本内容，包括唯物史观、剩余价值理论和阶级斗争学说等，作了比较确切的阐述。

湖南的蔡和森于五四运动后赴法勤工俭学。他在 1920 年 8 月致信毛泽东:"我近对各种主义综合审缔，觉社会主义真为改造现世界对症之方，中国也不能外此。"[3] 他"猛看猛译"马克思主义书籍，供自己和他人阅读，成为中国留法学生中的马克思主义者。

天津学生领袖周恩来说，自己到欧洲以后，"对于一切主义开始推求比较"，到 1921 年秋，终于"定妥了我的目标"即共产主义。他表示，"我认的主义一定是不变了，并且很坚决地要为他宣传奔走"[4]。

最后是一部分原中国同盟会会员、辛亥革命时期的活动家，其代表为董必武等。

董必武回忆说，过去和孙中山一起搞革命，"革命发展了，孙中山掌握不住，结果叫别人搞去了。于是我们就开始研究俄国的方式"[5]。吴玉章、林伯渠等也有类似的思想经历。

---

① 埃德加·斯诺:《西行漫记》，董乐山译，生活·读书·新知三联书店 1979 年版，第 131 页。

② 中共中央党史和文献研究院、中央档案馆编:《中国共产党重要文献汇编》第一卷（一九二一年七月——一九二一年十二月），人民出版社 2022 年版，第 149 页。

③ 《蔡和森文集》上册，人民出版社 2013 年版，第 56 页。

④ 中共中央文献研究室编:《周恩来书信选集》，中央文献出版社 1988 年版，第 46 页。

⑤ 中共中央党史研究室、中央档案馆编:《中国共产党第一次全国代表大会档案文献选编》，中共党史出版社 2015 年版，第 121 页。

中国早期马克思主义者的队伍中，李大钊、陈独秀属于先驱者和擎旗人，毛泽东等五四运动的左翼骨干则是其主体部分。

早期马克思主义思想运动的特点　　早期马克思主义思想运动具有以下特点：

第一，重视对马克思主义基本理论的学习，明确地同第二国际的社会民主主义划清界限。

在当时的国际共产主义运动中，存在着马克思主义与社会民主主义、修正主义的严重对立。中国先进分子对社会民主主义、修正主义采取了明确的批判态度。毛泽东说，"社会民主主义，借议会为改造工具，但事实上议会的立法总是保护有产阶级的"[①]。

这说明，中国早期马克思主义思想运动一开始就坚持了马克思主义的革命原则和正确方向。

第二，注意从中国的实际出发，学习、运用马克思主义。

中国先进分子一旦学得马克思主义，就主张运用它去研究和解决中国面临的实际问题。1919 年 8 月，李大钊在《再论问题与主义》一文中指出，"一个社会主义者，为使他的主义在世界上发生一些影响，必须要研究怎么可以把他的理想尽量应用于环绕着他的实境"[②]。在该文中，李大钊还针对胡适提出的"多研究些问题，少谈些'主义'"的主张，强调社会问题"必须有一个根本解决，才有把一个一个的具体问题都解决了的希望"[③]。在《我的马克思主义观》一文中，他一方面肯定这个理论"为世界改造原动的学说"，具有普遍意义；另一方面又指出，"马氏的学说，实在是一个时代的产物"，我们不可以不考虑我们的环境，"就那样整个拿来，应用于我们生存的社会"[④]。

---

① 《毛泽东文集》第一卷，人民出版社 1993 年版，第 2 页。
② 《李大钊全集》第三卷，人民出版社 2013 年版，第 51 页。
③ 《李大钊全集》第三卷，人民出版社 2013 年版，第 55 页。
④ 《李大钊全集》第三卷，人民出版社 2013 年版，第 23 页。

这说明，中国早期马克思主义者已在实际上初步形成了马克思主义应当与中国具体实际相结合的思想。

第三，开始提出知识分子应当同劳动群众相结合的思想。

李大钊指出，"我们很盼望知识阶级作民众的先驱，民众作知识阶级的后盾"①。他主张知识分子"向农村去"②，到民间去。正是在他的指引下，北京大学的邓中夏等开始到工人中去进行活动。

尽管当时到工人中去的知识分子为数不多，但这毕竟是一个重要开端，它预示着先进知识分子应当遵循的新方向和应当走的新道路。

新文化运动的发展　五四以前的新文化运动主要是资产阶级民主主义的新文化反对封建主义的旧文化的斗争，五四以后的新文化运动则发展到了一个新阶段，马克思主义开始逐步在思想文化领域中发挥指导作用。这主要是指：

第一，中国先进分子在接受马克思主义之后，并没有抛弃而是继承了五四运动的民主和科学的精神，并赋予它们新的含义，使它们在更高层次上得到了发扬。民主不再指狭隘的资产阶级民主，而是指多数人的民主、以劳动群众为主体的民主。科学，除自然科学外，就对社会的研究来说，主要是指马克思主义的科学世界观和社会革命论。

第二，马克思主义的传播，并没有中断或取消五四运动以前开始的反封建的思想启蒙工作，而是克服了以往启蒙者的弱点，有力推动了反封建的启蒙运动。中国的先进分子以唯物史观为武器，从反对封建思想入手，进而提出必须反对产生封建思想的社会制度；把反封建思想斗争的立足点，从争取个人的个性解放，扩展到争取人民群众的社会解放的高度；把反封建的斗争方式，从少数人进行的思想批判，逐步发展为人民群众的革命实践。

---

① 《李大钊全集》第三卷，人民出版社 2013 年版，第 221 页。
② 《李大钊全集》第二卷，人民出版社 2013 年版，第 426 页。

中国先进分子选择了马克思主义，这是具有伟大历史意义的事件。毛泽东指出："自从中国人学会了马克思列宁主义以后，中国人在精神上就由被动转入主动。从这时起，近代世界历史上那种看不起中国人，看不起中国文化的时代应当完结了。"①

二、马克思主义与中国工人运动的结合

中国共产党的早期组织　随着中国工人阶级开始作为独立的政治力量登上历史舞台和马克思主义在中国的逐步传播，建立一个以马克思主义为指导的工人阶级政党的任务被提上了日程。

最早酝酿在中国建立共产党的是陈独秀和李大钊。他们逐步认识到，要用马克思主义改造中国，就必须建立一个无产阶级政党，使其充当革命的组织者和领导者。1920年2月，为躲避反动军阀政府的迫害，陈独秀从北京秘密转移到上海。在护送陈独秀离京途中，李大钊和他商讨了在中国建立共产党组织的问题。

同年3月，李大钊在北京大学组织成立马克思学说研究会。这是中国最早学习和研究马克思主义的团体，也为建党作了重要准备。4月，俄共（布）远东局派维经斯基来华。他先后在北京、上海会见李大钊、陈独秀等，这对中国共产党的创建起了一定的促进作用。

中国工人阶级政党最早的组织，是在中国工人阶级最密集的中心城市上海建立的。1920年5月，陈独秀发起组织马克思主义研究会，探讨社会主义学说和中国社会改造问题。8月，共产党早期组织在上海《新青年》编辑部成立，陈独秀任书记。11月，共产党早期组织拟定了《中国共产党宣言》。在上海成立的共产党早期组织，实际上是中国共产党的发起组织，是各地共产主义者进行建党活动的联络中心。

---

① 《毛泽东选集》第四卷，人民出版社1991年版，第1516页。

同年 10 月，李大钊等在北京成立共产党早期组织；11 月，将其定名为中国共产党北京支部，李大钊任书记。1920 年秋至 1921 年春，董必武、陈潭秋、包惠僧等在武汉，毛泽东、何叔衡等在长沙，王尽美、邓恩铭等在济南，谭平山、谭植棠等在广州，都成立了共产党早期组织。在日本、法国成立了由留学生和华侨中先进分子组成的共产党早期组织。

表 4-1　中国共产党早期组织名录（58 人）[①]

姓名	所属地方党组织	姓名	所属地方党组织
陈独秀	上海共产党早期组织	林伯渠	上海共产党早期组织
李汉俊	上海共产党早期组织	沈雁冰	上海共产党早期组织
李　达	上海共产党早期组织	沈泽民	上海共产党早期组织
陈望道	上海共产党早期组织	杨明斋	上海共产党早期组织
沈玄庐	上海共产党早期组织	俞秀松	上海共产党早期组织
邵力子	上海共产党早期组织	李启汉	上海共产党早期组织
袁振英	上海共产党早期组织	李　中	上海共产党早期组织
李大钊	北京共产党早期组织	郑凯卿	武汉共产党早期组织
张国焘	北京共产党早期组织	赵子俊	武汉共产党早期组织
邓中夏	北京共产党早期组织	毛泽东	长沙共产党早期组织
高君宇	北京共产党早期组织	何叔衡	长沙共产党早期组织
何孟雄	北京共产党早期组织	彭　璜	长沙共产党早期组织
罗章龙	北京共产党早期组织	贺民范	长沙共产党早期组织
刘仁静	北京共产党早期组织	易礼容	长沙共产党早期组织
范鸿劼	北京共产党早期组织	陈子博	长沙共产党早期组织
缪伯英	北京共产党早期组织	谭平山	广州共产党早期组织
张太雷	北京共产党早期组织	陈公博	广州共产党早期组织

[①]　关于中国共产党早期组织的人数，长期有不同说法，本名录采纳 58 人之说。

续表

姓名	所属地方党组织	姓名	所属地方党组织
李梅羹	北京共产党早期组织	谭植棠	广州共产党早期组织
朱务善	北京共产党早期组织	李　季	广州共产党早期组织
宋　介	北京共产党早期组织	王尽美	济南共产党早期组织
江　浩	北京共产党早期组织	邓恩铭	济南共产党早期组织
吴雨铭	北京共产党早期组织	王翔千	济南共产党早期组织
陈德荣	北京共产党早期组织	张申府	旅法中共早期组织
董必武	武汉共产党早期组织	周恩来	旅法中共早期组织
陈潭秋	武汉共产党早期组织	刘清扬	旅法中共早期组织
包惠僧	武汉共产党早期组织	赵世炎	旅法中共早期组织
刘伯垂	武汉共产党早期组织	陈公培	旅法中共早期组织
张国恩	武汉共产党早期组织	施存统	旅日中共早期组织
赵子健	武汉共产党早期组织	周佛海	旅日中共早期组织

资料来源：中共中央党史研究室：《中国共产党的九十年（新民主主义革命时期）》，中共党史出版社、党建读物出版社 2016 年版，第 29—30 页。

中国共产党早期组织的活动　　中国共产党早期组织成立后，着重进行了以下几方面的工作：

第一，研究和宣传马克思主义，研究中国实际问题。

共产党早期组织的成员着重从马克思、恩格斯的原著来学习马克思主义，同时也开始学习列宁的著作。他们在《新青年》杂志（时为上海党的早期组织的机关刊物）、《共产党》（月刊）以及《民国日报》等报刊上发表文章，宣传马克思主义和俄国革命的经验。

上海、北京的共产党早期组织还积极进行马克思主义著作的译介工作。1920 年 8 月，陈望道翻译的《共产党宣言》中文全译本公开出版。这是马克思主义在中国传播史上的一件大事，在建党的思想理论准备中，起了十分重要的作用。此前，为翻译这本书，陈望道秘密回到浙江义乌家中。他在潜心翻译时，把粽子蘸着墨汁吃掉却浑然不觉，还说："真理的味道非常甜"①。这彰显了中国共产主义者对马克思主义救国真理的渴求、对共产主义理想的坚定信念。

为扩大马克思主义思想阵地，共产党早期组织成员同反马克思主义的思想流派进行了斗争。

1920 年底，张东荪、梁启超挑起关于社会主义的论战。他们口头上声称"资本主义必倒而社会主义必兴"②，同时却强调中国产业落后，"真的劳农革命决不会发生"③，因此也不具备成立工人阶级政党的条件。他们认为，中国的主要问题是穷，解决的办法是依靠"绅商阶级"来振兴实业，发展资本主义。

共产党早期组织成员同样主张振兴实业，但他们指出从当时的国际环境和国内社会情况来说，在中国独立发展资本主义是不可能的。他们从一开始就强调资本主义道路在中国走不通，中国的出路只能是社会主义，主张中国必须建立工人阶级政党来领导中国人民进行革命，这是完全正确的。

共产党早期组织成员还同黄凌霜、区声白等无政府主义者进行了论战。

无政府主义从极端个人主义出发，鼓吹个人的绝对自由，反对一切权威、一切国家包括无产阶级专政的国家，反对任何组织纪律，主张绝对平均主义等。

针对这种错误思潮，马克思主义者指出，必须用革命手段夺取政权，

①　本书编写组：《中国共产党简史》，人民出版社、中共党史出版社 2021 年版，第 13 页。

②　《一个申说》，《改造》第 3 卷第 6 号，1921 年 2 月 15 日，第 55 页。

③　东荪：《现在与将来》，《改造》第 3 卷第 4 号，1920 年 12 月 15 日，第 29 页。

建立无产阶级专政，才能保护劳动者的利益，最终消灭阶级和阶级差别，从而使国家消亡；主张个人绝对自由，会使得工人阶级不能集中为强大的力量，从而有利于资产阶级瓦解工人运动；在社会生产力高度发达之前，如果实行各尽所能、各取所需的原则，"社会的经济的秩序就要弄糟了"①。

同反马克思主义思潮进行的斗争，帮助一批倾向社会主义的进步分子划清了社会主义同资本主义的界限，科学社会主义同资产阶级、小资产阶级社会主义流派的界限，推动他们走上了马克思主义的道路。

第二，到工人中去进行宣传和组织工作。

共产党早期组织成员认识到，组织共产党，"离开工业界不行"②。为了能在工人群众中有效地开展工作，一些先进知识分子穿起工人的服装，学习工人的语言，从事工人的劳动，力求与工人打成一片。如上海党的早期组织成员俞秀松改名换服，到厚生铁工厂做工。马克思主义思想运动成为知识分子与工人群众相结合的运动。

各地共产党早期组织创办了一批专门供工人阅读的进行马克思主义启蒙教育的刊物。如上海有《劳动界》，北京有《劳动音》和《工人月刊》，济南有《济南劳动月刊》等。同时，还创办了各种形式的工人学校，其中影响最大的，是邓中夏在北京长辛店、李启汉在沪西小沙渡分别开办的劳动补习学校。

1920 年 11 月，共产党早期组织领导的第一个工会——上海机器工会宣告成立。1921 年五一国际劳动节，长辛店成立工人俱乐部（工会）。武汉、长沙、广州、济南等地的工人也相继成立工会。工会开始发动工人开展罢工斗争。工人的觉悟程度和组织程度在斗争中进一步提高。

第三，进行关于建党问题的讨论和实际组织工作。

①　中共中央文献研究室、中央档案馆编:《建党以来重要文献选编（一九二一——一九四九）》第一册，中央文献出版社 2011 年版，第 495 页。

②　《蔡和森文集》上册，人民出版社 2013 年版，第 59 页。

1920 年 8 月，留法勤工俭学的蔡和森在给毛泽东的信中提出："我以为先要组织党——共产党。因为他是革命运动的发动者、宣传者、先锋队、作战部。"[①] 党必须"注重'无产阶级专政'与'国际色彩'两点"；必须坚持"以唯物史观为人生哲学社会哲学的出发点"；必须严密党的组织和纪律，"严格的物色确实党员"[②] 等。这些意见得到毛泽东的赞同。

在共产党早期组织领导下，1920 年 8 月，上海社会主义青年团成立。随后，北京、广州、长沙、武昌等地也成立了团组织。各地团组织通过引导青年学习马克思主义，参加实际斗争，为党造就了一批后备力量。

共产党早期组织进行的这些活动，促进了马克思列宁主义的传播及其与中国工人运动的结合。在中国创建共产党的条件基本具备了。

三、中国共产党第一次全国代表大会的召开与中国共产党的成立

中国共产党第一次全国代表大会   中国共产党第一次全国代表大会于 1921 年 7 月 23 日在上海法租界望志路 106 号（今兴业路 76 号）开幕。

参加大会的代表，代表全国 50 多名党员。他们是：李达、李汉俊（上海），张国焘、刘仁静（北京），毛泽东、何叔衡（长沙），董必武、陈潭秋（武汉），王尽美、邓恩铭（济南），陈公博（广州），周佛海（旅日）；包惠僧受陈独秀派遣，出席了会议。出席会议的还有共产国际代表马林和尼克尔斯基。陈独秀、李大钊因分别在广州和北京事务繁忙未出席会议。

由于会场受到暗探注意和法租界巡捕房搜查，最后一天的会议转移到嘉兴南湖的游船上举行。这条游船后来被称为"红船"。

中共一大确定党的名称为"中国共产党"。大会通过了中国共产党第一个纲领，明确"革命军队必须与无产阶级一起推翻资本家阶级的政

---

① 《蔡和森文集》上册，人民出版社 2013 年版，第 57 页。
② 《蔡和森文集》上册，人民出版社 2013 年版，第 58、67、75 页。

上海中共一大会址和嘉兴南湖红船

权"，"承认无产阶级专政，直到阶级斗争结束"，"消灭资本家私有制"，①
以及联合第三国际。中国共产党一经成立，就旗帜鲜明地把社会主义和
共产主义规定为自己的奋斗目标，坚持用革命的手段实现这个目标。

大会在讨论实际工作计划时，决定首先集中精力组织工人。

中共一大决定设立中央局作为中央的临时领导机构，选举产生了以
陈独秀为书记的中央局。

中共一大宣告中国共产党正式成立。

中国共产党的成立，是近现代中国历史发展的必然产物，是中国人
民在救亡图存斗争中顽强求索的必然产物，是实现中华民族伟大复兴的
必然产物。中国共产党作为中国最先进的阶级——工人阶级的政党，不
仅代表着工人阶级的利益，而且代表着整个中华民族和中国最广大人民
的利益。它从一开始就坚持以马克思主义为行动指南，把为中国人民谋
幸福、为中华民族谋复兴确立为自己的初心使命。

中国共产党成立的历史特点　　中国共产党是在特定的社会历史条件
下成立的。一方面，它成立于俄国十月革命取得胜利，第二国际社会民
主主义、修正主义破产之后。它所接受的，是具有完整的科学世界观和
社会革命论的马克思主义。另一方面，它是在半殖民地半封建中国的工
人运动基础上产生的。中国工人阶级身受帝国主义、本国资产阶级和封

① 中共中央文献研究室、中央档案馆编：《建党以来重要文献选编（一九二一——
一九四九）》第一册，中央文献出版社 2011 年版，第 1 页。

建势力的三重压迫，具有坚强的革命性。所以，中国共产党一开始就是一个以马克思列宁主义理论为基础的党，是一个区别于第二国际旧式社会改良党的新型工人阶级革命政党。

中国共产党成立的历史意义　中国共产党的成立，是中华民族发展史上一个开天辟地的大事变，具有伟大而深远的意义。

近代以后中国人民的反帝反封建斗争之所以屡遭挫折和失败，最重要的原因就是没有先进的坚强的政党作为凝聚力量的领导核心。中国共产党的诞生，从根本上改变了这种局面。

中国共产党一经成立，就把实现共产主义作为党的最高理想和最终目标，义无反顾肩负起实现中华民族伟大复兴的历史使命。中国人民由此踏上了争取民族独立、人民解放的光明道路，开启了实现国家富强、人民幸福的历史征程。

中国共产党的先驱们创建了中国共产党，形成了坚持真理、坚守理想，践行初心、担当使命，不怕牺牲、英勇斗争，对党忠诚、不负人民的伟大建党精神，这是中国共产党的精神之源。正是对这一精神的坚守与践行、光大与发扬，构建起中国共产党人的精神谱系，激励中国共产党和中国人民创造了人间奇迹。

中国共产党的成立，深刻改变了近代以后中华民族发展的方向和进程，深刻改变了中国人民和中华民族的前途和命运，深刻改变了世界发展的趋势和格局。

第三节　中国革命的新局面

一、民主革命纲领的制定和工农运动的发动

民主革命纲领的制定　中国共产党一经成立，中国革命就展现了新

的面貌。中共二大第一次提出了反帝反封建的民主革命纲领，为中国人民指出了明确的斗争目标。刚刚成立的中国共产党，最重要的任务是学习运用科学理论来观察和分析中国面对的实际问题。1922年7月在上海举行的中国共产党第二次全国代表大会，通过对中国社会经济政治状况的分析，揭示出中国社会的半殖民地半封建性质，指出党的最高纲领是实现社会主义、共产主义。但党在现阶段的纲领，即最低纲领是：打倒军阀；推翻国际帝国主义的压迫；统一中国为真正民主共和国。大会指出，为实现反帝反军阀的革命目标，必须联合全国一切革命党派，联合资产阶级民主派，组成"民主主义的联合战线"[①]。

《萍乡安源路矿工人罢工宣言》

　　工农运动的发动　在中国共产党的领导、组织和推动下，从1922年1月香港海员罢工到1923年2月京汉铁路工人罢工，掀起了中国工人运动的第一个高潮。在13个月中，全国发生了包括安源路矿工人罢工、开滦五矿工人罢工等在内的大小罢工100余次，参加者在30万人以上。

　　通过领导工人斗争，中国共产党密切了同工人阶级的联系，党的自身建设也得到加强。在工人斗争中涌现出的一批优秀人物，如苏兆征、史文彬、项英、邓培、王荷波等先后加入党组织，后来成为重要领导骨干。1924年上半年，650名党员中，工人党员占到40%。次年1月，占到50%以上。

　　在集中力量领导工人运动的同时，中国共产党也开始从事发动农民的工作。1921年9月，浙江萧山县衙前村成立了中国第一个农民协会，开展反抗地主压迫的斗争。1922年6月，彭湃来到家乡广东海丰县赤山约，经过艰苦的工作，成立了农会。次年元旦，召开海丰全县农民代表大会，海丰总农会宣告成立，全县范围的农民运动轰轰烈烈地开展起来。这种新式的农民运动，在中国共产党成立前是不曾有的。

---

① 中共中央文献研究室、中央档案馆编:《建党以来重要文献选编（一九二一——一九四九）》第一册，中央文献出版社2011年版，第133页。

青年运动和妇女运动的开展　这一时期，中国共产党领导的青年运动和妇女运动也得以初步开展。1921 年 6 月至 7 月，张太雷作为正在筹建的中国共产党的代表，出席了在莫斯科召开的共产主义国际第三次代表大会和青年国际第二次代表大会。此后，他根据青年国际的指示和中共中央局决定，负责对已停止活动的社会主义青年团组织进行恢复和整顿。1922 年 5 月，上海、北京等 17 个地方建立了社会主义青年团组织，团员总数约 5 000 人。1922 年 5 月 5 日至 10 日，青年团第一次全国代表大会在广州召开，中国社会主义青年团宣告成立。1921 年 8 月，中国共产党帮助在上海颇有影响的中华女界联合会进行改组，作为党的临时中央妇女机构。同年 11 月，中共中央局发出《关于建立与发展党团工会组织及宣传工作等》的通告，要求各地区切实注意"青年团"及"女界联合会"的工作。① 为培养妇女运动的骨干，1922 年，上海党组织以中华女界联合会名义开办上海平民女校。广大妇女争取自身解放的觉悟明显提高，成为反对帝国主义、反对封建主义斗争的一支重要力量。

二、国共合作和大革命的进行

国共合作的形成　1923 年 2 月 7 日，京汉铁路罢工遭到反动军阀血腥镇压，造成二七惨案。此后，中国工人运动暂时转入低潮。中国共产党从中看到，这时的中国革命力量远不如帝国主义和封建势力强大。所以二七惨案后，中国共产党决定采取更为积极的步骤，联合孙中山领导的中国国民党。

此时的孙中山因依靠军阀打军阀屡遭挫折，陷于苦闷。他看到中国共产党领导工人运动所产生的影响，认识到中国共产党是一支新兴的、

---

① 中共中央党史和文献研究院、中央档案馆编:《中国共产党重要文献汇编》第一卷（一九二一年七月——一九二一年十二月），人民出版社 2022 年版，第 82—83 页。

生机勃勃的革命力量，愿意与中国共产党合作。1922 年 8 月，中共中央一些领导人在杭州开会，讨论国共合作问题。1923 年 1 月，共产国际执委会作出《关于中国共产党与国民党的关系问题的决议》，对国共合作起了推动作用。

1923 年 6 月在广州举行的中国共产党第三次全国代表大会，正确估计了孙中山的革命立场和国民党进行改革的可能性，决定共产党员以个人身份加入国民党，以实现国共合作。明确规定共产党员加入国民党时，党必须在政治上、思想上、组织上保持自己的独立性。

中共三大后，国共合作步伐大大加快。国民党改组很快进入实行阶段。1924 年 1 月，中国国民党第一次全国代表大会由孙中山主持在广州举行。大会审议通过的《中国国民党第一次全国代表大会宣言》，对三民主义作出新的解释，即"新三民主义"。其在民族主义中突出了反对帝国主义的内容；在民权主义中强调民主权利应"为一般平民所共有"；把民生主义概括为"平均地权"和"节制资本"两大原则（后来又提出"耕者有其田"①的主张）。新三民主义的政纲同中国共产党在民主革命阶段的纲领基本一致，因而有了国共合作的政治基础。

国民党一大确认了共产党员以个人身份加入国民党的原则。大会选举出中国国民党中央执行委员会，共产党员李大钊、谭平山、毛泽东等10 人当选为中央执行委员或候补执行委员，约占委员总数的 1/4。会后，在国民党中央党部担任重要职务的共产党员有：组织部部长谭平山、农民部部长林伯渠、宣传部代理部长毛泽东等。

国民党一大事实上确认了联俄、联共、扶助农工的三大革命政策，标志着第一次国共合作正式形成。

大革命的准备与进行　国共合作实现后，以广州为中心，汇集全国革命力量，很快开创了反对帝国主义和封建军阀的革命新局面。

---

① 《孙中山全集》第九卷，中华书局 2011 年版，第 120 页。

1924 年，工人运动开始复兴。1925 年 5 月在广州举行的第二次全国劳动大会上，中华全国总工会成立。农民运动也逐步发展。广东各县农民纷纷建立农民协会，组织自卫军，同土豪劣绅和贪官污吏进行斗争。从 1924 年 7 月起，在广州开办六届农民运动讲习所，先后由共产党人彭湃、毛泽东等主持，培养了一批农民运动骨干。学生运动和妇女运动也得到发展。

为造就革命武装的骨干力量，在共产党人建议下，国民党一大决定

黄埔军校

创办一所陆军军官学校（即黄埔军校）。黄埔军校于 1924 年 5 月开学。中国共产党从各地选派大批党团员和革命青年到黄埔军校学习，第一期学生中，共产党员和青年团员有 56 人，占学生总数的 1/10。

为加强对日益高涨的革命运动的领导，1925 年 1 月，中国共产党第四次全国代表大会在上海举行。其重大历史功绩是：提出了无产阶级在民主革命中的领导权问题，提出了工农联盟问题，对民主革命的内容作了更加完整的规定。这是对中国革命问题认识的重大进展。

在日益高涨的革命形势下，中国共产党还进行了创建直接领导的革命武装的尝试。1926 年初，建立了由共产党员叶挺指挥的国民革命军第四军独立团。

这一时期，北方地区的革命运动也迅速发展起来。李大钊和北方党组织进行了争取冯玉祥及其国民军的工作，开展了争取关税自主运动等。

1925 年 5 月，英、日等国军警在上海制造枪杀中国民众的五卅惨案，导致五卅运动爆发。以此为起点，掀起了全国范围的大革命高潮。同年 6 月开始的省港大罢工，前后坚持了 16 个月之久，是中国工人运动史上持续时间最长的一次政治大罢工。10 多万集中在广州的有组织的罢工工人，成为广州革命政府的有力支柱。

在革命蓬勃发展的有利形势下，国共两党合作进行了讨伐广东境内军阀买办势力的广东战争，统一并巩固了广东革命根据地。1925 年 7 月 1 日，国民政府在广州建立。随后，将黄埔军校校军和驻广东的粤军、湘军、滇军先后改编为国民革命军 6 个军，共 8.5 万人。

当时，北洋军阀统治着全国大部分地区。直系军阀吴佩孚控制着湖南、湖北、河南三省和直隶（河北）保定一带，约有兵力 20 万人；由直系分立出来的孙传芳盘踞在江苏、浙江、安徽、江西、福建五省，约有兵力 20 万人；奉系军阀张作霖控制着东北三省、热河、察哈尔、京津地区和山东，有兵力 30 多万人。他们与南方的国民政府相对立，同时彼此之间不断地明争暗斗。

1926 年 7 月，以推翻北洋军阀统治为目标的北伐战争开始。国民革命军在工农群众的支援下，采取各个击破的战略，至同年 11 月，基本摧毁了北洋军阀吴佩孚、孙传芳的主力，革命势力发展到长江流域和黄河流域的大部分地区。"打倒列强，除军阀"的歌声响彻大江南北。随着北伐的胜利进军，中国历史上空前广大的人民解放运动得以形成。以湖南为中心，广大农村掀起了大革命的风暴；工人运动迅速走向高涨；国民政府进行了收回汉口、九江英租界的斗争；上海工人举行了三次武装起义。帝国主义、封建主义的统治受到严重打击。

1924 年至 1927 年中国反帝反封建的革命，比以往任何一次革命，包括辛亥革命和五四运动，群众的动员程度更为广泛，斗争的规模更加宏伟，革命的社会内涵更为深刻，因此被称作大革命。

大革命中的中国共产党　　大革命是在国共合作的条件下进行的，没有国共合作，不会在短时间内掀起这样一场革命。在这场革命中，中国共产党起着独特的、不可替代的作用。没有中国共产党，不会有这场大革命。这是因为：

大革命是在反对帝国主义、反对军阀的政治口号下进行的。而提出这个口号的，正是中国共产党。

大革命是在以国共合作为基础的统一战线的组织形式下进行的。而中国共产党正是国共合作的倡导者和统一战线的组织者。

大革命是近代中国历史上空前广泛而深刻的群众运动。而中国共产党正是人民群众的主要发动者和组织者。

大革命的主要斗争形式是革命战争。共产党人不仅帮助和推动了国民革命军的建立，而且在军队中进行了卓有成效的政治工作，积极提高国民革命军的素质，增强它的凝聚力和战斗力；共产党员在战斗中更是身先士卒，起着先锋作用和表率作用。由共产党直接领导的第四军独立团，是一个突出的例证。独立团在北伐中战功卓著，使第四军赢得了"铁军"的称号。此外，共产党人还建立了一定数量的工农武装（工人纠察队、农民自卫军等），配合正规军作战，而上海工人的起义武装更是充当了解放上海的主力。

三、大革命的失败及其教训

大革命的失败　在大革命初期和中期，中国共产党的路线基本是正确的，党员群众和党的干部积极性非常高，因此获得巨大胜利。北洋军阀势力的迅速崩溃，使帝国主义列强感到震惊。它们在中国集结兵力、制造事端，企图以武力相威胁，阻挡中国革命前进的步伐；同时开始对当时任国民革命军总司令的蒋介石进行拉拢。

在此之前，1925年3月12日，孙中山在北京病逝。国共两党组织各界人民举行哀悼活动，广泛传播孙中山的革命精神，形成一次规模巨大的革命宣传活动。

但是，孙中山病逝后，原先就坚持反共立场的国民党右派重新活跃起来，国民党内部左右两派进一步分化，国共合作建立的统一战线面临复杂局面。1926年3月，蒋介石制造中山舰事件，打击共产党和工农革命力量；5月，在国民党二届二中全会上提出所谓《整理党务决议案》，更加公开地实行反共步骤。

随着北伐的胜利进军，蒋介石的反共活动日益公开化。面对革命阵营随时可能发生破裂的严重局面，1926 年 12 月 13 日，中共中央在汉口召开特别会议。但这次会议并没有解决党在迫在眉睫的危局中如何生存并坚持斗争的问题，反而决定了右倾机会主义的错误方针，并逐步在实际工作中加以贯彻，造成了严重的消极后果。

1927 年 3 月国民革命军占领南京后，游弋在长江江面的英、美军舰借口保护侨民，猛烈炮轰南京，使中国军民遭到重大伤亡。南京事件加速了蒋介石同帝国主义势力勾结的步伐。

在大革命紧急关头，1927 年 4 月 27 日至 5 月 9 日，中国共产党第五次全国代表大会在武汉举行。党的五大提出争取无产阶级对革命的领导权，建立革命民主政权和实行土地革命等一些正确的原则，但对无产阶级如何争取革命领导权、如何领导农民实行土地革命，特别是如何建立党领导的革命武装等问题，没有提出有效的具体措施，难以承担起挽救革命的任务。

4 月 12 日，蒋介石在上海发动反共政变，以"清党"为名，在东南各省大规模捕杀共产党员和革命群众。7 月 15 日，时任武汉国民政府主席的汪精卫在武汉召开"分共"会议，并在其辖区内对共产党员和革命群众实行搜捕和屠杀。国共合作全面破裂，大革命最终失败。

大革命失败的教训　大革命的失败，从客观方面讲，是由于反革命力量强大，资产阶级发生严重动摇，蒋介石集团、汪精卫集团先后叛变革命。从主观方面说，是由于这时的中国共产党还处在幼年时期，缺乏应对复杂环境的政治经验，缺乏对中国社会和中国革命基本问题的深刻认识，还不善于将马克思列宁主义基本原理同中国革命的具体实际结合起来；是由于党内以陈独秀为代表的右倾思想发展为右倾机会主义错误并在党的领导机关中占了统治地位，党和人民不能组织有效抵抗，致使大革命在强大的敌人突然袭击下遭到惨重失败。

大革命从兴起到失败的经验教训表明，中国共产党能否将马克思主义基本原理同中国革命的具体实际紧密结合，对中国革命至关重要。1922

年 7 月，中共二大决定加入共产国际，作为共产国际的一个支部，直接受共产国际的领导。共产国际及其在中国的代表虽然对这次大革命起了积极作用，所出的主意有些是正确的，但由于并不真正了解中国的情况，也出了一些错误主意。幼年的中国共产党还难以摆脱共产国际那些错误的指导思想，这对大革命后期右倾机会主义错误在中共中央领导机关中占据统治地位有直接影响。

大革命从兴起到失败的经验教训表明，中国共产党不但要建立革命的统一战线，而且要始终保持自身的独立性，实行"又团结又斗争"的方针，争取无产阶级在革命中的领导权。同时，根据中国当时的国情，要取得革命胜利，必须坚持武装斗争，组建由党直接统率和指挥的军队；必须解决农民的土地问题，以充分发动农民参加革命，扩大革命力量；党必须加强自身建设，加强党的民主集中制，既要发展党的组织和注重党员数量，更要巩固党的组织和注重党员质量。只有正确认识和解决这些问题，党才能领导中国革命事业走向成功。

《中国共产党为蒋介石屠杀革命民众宣言》

大革命虽然失败了，但它的历史意义仍然是不可磨灭的。正是在这个时期，中国共产党人进行了轰轰烈烈的革命工作，领导了全国反帝反封建的伟大斗争，在中国革命史上写下了光荣的一页，同时开始探索马克思主义中国化的途径，初步提出了新民主主义革命的基本思想，并从大革命的失败中汲取深刻历史教训，开始懂得进行土地革命和掌握革命武装的重要性。

正是由于经历了这场大革命，中国人民的觉悟程度和组织程度有了明显提高，中国共产党开始掌握了一部分革命武装。所有这些，为把中国革命推进到一个新的阶段——土地革命战争阶段准备了必要的条件。

❓ 学习思考

1. 中国的先进分子为什么和怎样选择了马克思主义？

2. 为什么说中国共产党的成立是"开天辟地的大事变"？

3. 什么是中国共产党人的初心使命？为什么必须"不忘初心、牢记使命"？

4. 中国共产党成立后，中国革命呈现了哪些新面貌？

必读文献

1. 李大钊：《我的马克思主义观》（上篇）（1919 年 9 月）

《我的马克思主义观》系李大钊为纪念马克思诞辰 101 周年（1919 年 5 月 5 日）而写，分上篇和下篇。上篇为全文的第 1—7 节，发表于《新青年》第 6 卷第 5 号，论述了马克思的唯物史观及其阶级竞争说，对我们学习和树立唯物史观有重要指导意义。

2.《中国共产党第一个纲领》（1921 年 7 月）

《中国共产党第一个纲领》是中共一大通过的最重要的文件。这一文献对我们正确认识初创时的中国共产党及其基本政治主张有重要意义。

3. 习近平：《在庆祝中国共产党成立 100 周年大会上的讲话》（2021 年 7 月 1 日）

这篇重要讲话立足中国共产党百年华诞的重大时刻和"两个一百年"历史交汇的关键节点，回望光辉历史、擘画光明未来，是一篇马克思主义纲领性文献，是新时代中国共产党人"不忘初心、牢记使命"的政治宣言，是我们党团结带领人民以史为鉴、开创未来的行动指南。

延伸阅读文献

1. 陈独秀：《敬告青年》（1915 年 9 月）

在《敬告青年》一文中，陈独秀提出了"科学之兴，其功不在人权说下，若舟车之有两轮焉"，国人欲脱蒙昧时代，"当以科学与人权并重"的思想。该文的发表，是新文化运动兴起的标志。

2.《中国共产党第二次全国代表大会宣言》（1922 年 7 月）

《中国共产党第二次全国代表大会宣言》，是中共二大通过的重要文件之一。宣言不仅明确表述了党的最高纲领，而且第一次提出了党的民主革命纲领："消除内乱，打倒军阀，建设国内和平；推翻国际帝国主义的压迫，达到中华民族完全独立。"

3.《中国国民党第一次全国代表大会宣言》（1924 年 1 月 23 日）

《中国国民党第一次全国代表大会宣言》由孙中山提交代表大会审查讨论，于 1 月 23 日表决通过。在宣言第二部分"国民党之主义"中，孙中山系统阐述了新三民主义。该文对我们了解和认识第一次国共合作有重要意义。

第五章　中国革命的新道路

　　1924 年至 1927 年，国共合作掀起大革命的高潮，帝国主义、封建主义的统治受到沉重打击。然而，由于国民党蒋介石集团和汪精卫集团相继叛变，大革命惨遭失败。面对反动派的血腥屠杀，中国共产党和中国人民并没有被吓倒，被征服，被杀绝，他们从地下爬起来，揩干净身上的血迹，掩埋好同伴的尸首，又继续战斗了。中国革命由此进入土地革命战争时期，中国共产党人经过艰难探索，开辟了中国革命的新道路。

第一节　中国共产党对革命新道路的探索

一、国民党在全国统治的建立及其性质

　　国民党在全国统治的建立　1927 年七一五反革命政变后，南京和武汉两个"国民政府"经过一段时间相互争斗，达成妥协，实现了宁汉合流。在此基础上，1928 年 2 月，南京国民政府改组，武汉国民政府不复存在。其后，国民党政府的军队继续北伐，于 6 月进驻北京、天津一带。奉系首领张作霖在退回关外途中，被日本人预埋的炸药炸死。其子张学良于同年 12 月 29 日从东北发出通告，宣布"遵守三民主义，服从国民政府，改易旗帜"[①]。北洋军阀不再作为独立的政治力量继续存在。这样，国民党就在全国范围内建立了自己的统治。

　　一党专政的军事独裁统治　1927 年大革命失败后，国民党已经不再

---

① 《张学良文集》（一），新华出版社 1992 年版，第 150 页。

是工人、农民、城市小资产阶级和民族资产阶级的革命联盟，而是变成了一个由代表地主阶级、买办性的大资产阶级利益的反动集团所控制的政党，其所建立的南京国民政府同北洋军阀的统治没有本质的区别。但是，由于国民党曾经是旧民主主义革命的一面旗帜和大革命时期统一战线的组织形式，帝国主义列强一度对它作出过一两项表面上的让步（如承认中国关税自主、允诺取消领事裁判权），一时使人认为它仍在维护民族权利；由于它在形式上暂时统一了中国，因此，这个政权曾经在一个时期内，使一些人尤其是民族工商业者产生过幻想，以为中国可能由此走上独立发展资本主义的道路。

在 1928 年至 1929 年间，中国民族工业有过短暂的繁荣。1928 年注册厂家有 250 户，资本额达 1.178 4 亿元。商业、交通运输业、服务业以至文化教育事业等也在这段时间内有所发展。然而，在 1927 年反革命政变时附和过蒋介石的民族资产阶级，并没有成为中国的统治阶级，民族工商业也没有得到自由发展。不久后，这个阶级中的一部分人因为自己的利益，开始逐步形成蒋介石政权下的在野反对派。他们对这个政权表示不满，但又反对无产阶级领导的人民革命。

国民党所实行的是代表地主阶级、买办性大资产阶级利益的一党专政和军事独裁统治。1928 年 10 月，国民党中央常务委员会通过《训政纲领》，规定"由中国国民党全国代表大会代表国民大会领导国民，行使政权"；其全国代表大会闭会时，"以政权付托中国国民党中央执行委员会执行之"；"指导监督国民政府重大国务之施行，由中国国民党中央执行委员会政治会议行之"。[1] 这样，北洋政府时期还在形式上存在的议会制度也被彻底废除了。

国民党政府是怎样实行一党专政的军事独裁统治的呢？

首先，为了镇压人民和消灭异己力量，国民党建立了庞大的军队和

---

[1]　中国第二历史档案馆编：《中国国民党中央执行委员会常务委员会会议录》（六），影印本，广西师范大学出版社 2000 年版，第 220—221 页。

全国性特务系统。据 1929 年 3 月的官方材料，"全国军额达二百余万"[1]；国民党建立的庞大特务系统，主要任务就是反对共产党，破坏革命运动，绑架或暗杀革命者和异己分子。

"中统""军统"

1935 年 11 月，平津十校学生自治会发表宣言揭露：国民党在南京"奠都以来，青年之遭杀戮者，报纸记载至三十万人之多，而失踪监禁者更不可胜计。杀之不快，更施以活埋；禁之不足，复加以毒刑。地狱现形，人间何世？"[2] 总之，广大人民被置于国民党武装和特务系统的严密控制和监视之下。

其次，为了控制人民，禁止革命活动，国民党大力推行保甲制度，规定十户为甲，十甲为保，分设甲长、保长。保甲内各户要互相监视、互相告发，"共具联保连坐切结"[3]，并从事"碉楼堡塞或其他工事之筹设"[4] 和交通干线之"保护"等；国民党政府的征税、摊派等，许多也通过保甲来进行。自 1934 年 12 月起，保甲制度在全国普遍推行，广大人民被禁锢在保甲制度之内。

最后，为了控制舆论，剥夺人民的言论和出版自由，国民党还厉行文化专制主义。大批进步书刊被查禁，许多进步作家被监视、拘捕乃至杀害。

国民党政府主要是通过这些方法来维护帝国主义、封建主义、官僚资本主义的利益，巩固自身统治的。

正因为如此，中国人民要争得民族独立和自身解放，就必须同国民

---

[1]　中国第二历史档案馆、海峡两岸出版交流中心编：《中国国民党历次全国代表大会暨中央全会文献汇编》第四册，九州出版社 2012 年版，第 253 页。

[2]　中国社会科学院现代史研究室编：《西安事变资料》第一辑，人民出版社 1980 年版，第 82 页。

[3]　中国第二历史档案馆编：《中华民国史档案资料汇编》第五辑第一编政治（一），江苏古籍出版社 1994 年版，第 122 页。

[4]　中国第二历史档案馆编：《中华民国史档案资料汇编》第五辑第一编政治（一），江苏古籍出版社 1994 年版，第 121 页。

党的反动统治作坚决的斗争。

二、土地革命战争的兴起

大革命失败后的艰难环境　在国民党统治下，中国社会的半殖民地半封建性质没有改变。全国陷入一片白色恐怖之中，年轻的中国共产党面临着成立后从未遇到过的严峻考验。

中国共产党及其领导的革命运动遭到严酷镇压。共产党被宣布为"非法"，加入共产党成为最大的"犯罪"，共产党的组织不断遭到破坏，党的活动被迫转入地下，许多共产党员和党的领导干部被捕、被杀。据中共六大时的不完全统计：从 1927 年 3 月到 1928 年上半年，被杀害的共产党员和革命群众达 31 万多人，其中共产党员 2.6 万人。汪寿华、萧楚女、熊雄、陈延年、赵世炎、夏明翰、郭亮、罗亦农、向警予、陈乔年、周文雍等党的重要活动家和领导人英勇牺牲。据 1927 年 11 月统计，全党党员人数由 1927 年 5 月中共五大时的 57 967 人锐减到 1 万余人。革命的工会、农民协会等也到处被查禁或解散，工农运动走向低落。反革命力量大大超过了有组织的革命力量。

面对极端的白色恐怖，中国共产党人毅然举起独立领导武装斗争和土地革命的旗帜，带领人民群众同国民党反动统治进行英勇的抗争。1928年 3 月被捕的湖北省委常委夏明翰，身陷牢狱仍坚贞不屈，在给妻子的家书中写下"坚持革命继吾志，誓将真理传人寰"的豪言壮语。他的"砍头不要紧，只要主义真"的就义诗，表达了共产党员的信念之光不灭。一些追求进步、向往真理的人士，在革命的危急时刻加入了共产党的队伍。年逾半百的教育家徐特立，文学家郭沫若，在国民革命军中担任高中级领导职务的贺龙、叶剑英、彭德怀等，都在这时加入了中国共产党。在黑暗的中国，共产党独立高举起革命旗帜。

中国共产党
人英勇就义
的故事

怎样坚持革命，革命应当走什么道路？对此，中国共产党人开始了艰难的探索。

开展武装反抗国民党反动统治的斗争　在革命的危急关头，1927年7月中旬，中共中央政治局临时常委会决定了三件大事：将党所掌握和影响的部队向南昌集中，准备起义；组织湘、鄂、赣、粤四省的农民发动秋收起义；召集中央紧急会议，讨论和决定大革命失败后的新方针。同年8月7日，中共中央在汉口秘密召开紧急会议（即八七会议），会议确定了土地革命和武装起义的方针。这是一个正确的方针，是党在付出血的代价后换得的正确结论。出席这次会议的毛泽东在发言中突出地强调："以后要非常注意军事。须知政权是由枪杆子中取得的。"[1] 会议还提出了"找着新的道路"[2] 的任务。

八七会议给正处在思想混乱和组织涣散中的中国共产党指明了新的出路，这是由大革命失败到土地革命战争兴起的历史性转变。

1927年8月1日，在以周恩来为书记的前敌委员会领导下，贺龙、叶挺、朱德、刘伯承等率领共产党掌握和影响的军队2万多人，在南昌打响了武装反抗国民党反动派的第一枪。这是中国共产党独立领导革命战争、创建人民军队和武装夺取政权的开端。9月9日，毛泽东等领导的湘赣边界秋收起义爆发。起义军公开打出了"工农革命军"的旗帜，在攻打中心城市长沙受挫后，毛泽东果断改变计划，决定向敌人控制比较薄弱的农村转移。9月29日，毛泽东领导起义军在江西永新县三湾村进行了著名的三湾改编，从组织上确立了党对军队的领导。三湾改编是建设无产阶级领导的新型人民军队的重要开端。10月7日，起义部队抵达江西省宁冈县茅坪，开始了创建井冈山农村革命根据地的斗争。从进攻大城市转到向农村进军，这是中国人民革命史上具有决定意义的新起点。12

<hr>

[1]　《毛泽东文集》第一卷，人民出版社1993年版，第47页。

[2]　中央档案馆编：《中共中央文件选集》第三册，中共中央党校出版社1989年版，第290页。

月 11 日，中共广东省委书记张太雷和叶挺、叶剑英等领导了广州起义，对国民党的屠杀政策发动了又一次英勇反击。但实践再一次证明：面对国民党新军阀在中心城市拥有强大武装的形势，想通过城市武装起义或攻占大城市来夺取革命胜利是不可能的。

从 1927 年大革命失败到 1928 年初，中国共产党还先后在海陆丰、琼崖、鄂豫边、赣西南、赣东北、湘南、湘鄂西、闽西、陕西等地区领导了近百次武装起义。一些起义部队在数省边界地区的偏僻山村坚持下来，开展游击战争。中国革命由此发展到了一个新的阶段，即土地革命战争时期。

蒋介石是靠国共合作、北伐战争上台的。但是，他上台后反而把人民推入了十年内战的血海。他的屠杀政策教育了中国共产党人和革命人民，促使其拿起武器进行战斗。中国共产党为了坚持反帝反封建的事业而领导人民进行土地革命战争，这是必要的、正义的、进步的。

三、农村包围城市、武装夺取政权道路的开辟

对中国革命新道路的探索　为了坚持中国革命，在当时的条件下，必须进行武装斗争。但是，武装斗争的主攻方向究竟应当指向城市，还是指向农村？对此，只有遵循马克思列宁主义与中国实际相结合的原则，依靠实践经验的积累，才能予以回答。

从国际共产主义运动的历史看，无论中外，都找不到农村包围城市的经验。革命工作应当以城市为中心，这是一个时期内全党的共识。然而，党在各地以占领中心城市为目标的起义很快都失败了。这些起义失败后保留下来的部队，大都经过摸索，逐步转移到了远离国民党统治中心的农村区域，在那里发动农民群众、开展游击战争、进行土地革命和创建工农政权。

大革命失败后，集中体现中国革命正确方向的是毛泽东、朱德领导

的井冈山革命根据地的斗争。

毛泽东率领起义军到井冈山后，全力进行湘赣边界党、军队和政权的建设。1927年11月，成立边界第一个红色政权——茶陵县工农兵政府。1928年2月中旬，打破江西国民党军队对井冈山地区的进攻。至此，井冈山根据地初步建立起来。

1928年4月下旬，朱德、陈毅率领南昌起义保留下来的部队和湘南起义农军陆续转移到井冈山地区，与毛泽东领导的部队会师，成立工农革命军第四军（后改称"工农红军第四军"），朱德任军长，毛泽东任党代表和军委书记。从此，他们领导的军队被称为"朱毛红军"。

井冈山根据地的建立，点燃了工农武装割据的星星之火，为中国革命开辟出了农村包围城市、武装夺取政权这样一条前人没有走过的正确道路。大革命失败后，中国共产党人正是沿着这条独特的道路，引导中国革命走向复兴并逐步赢得胜利的。

农村包围城市、武装夺取政权的道路，是在党领导人民艰苦奋斗中开辟出来的。1928年6月在苏联举行的中国共产党第六次全国代表大会，在继续把城市工作的复兴视为革命高潮到来的决定条件的同时，肯定了农村根据地和红军是决定革命新高潮的更大的发展基础和重要力量；确定以争取群众作为党的首要任务，把"左"倾作为主要危险来反对。这是党的工作方针的一次重要转变。1929年9月，中共中央给红四军前委的指示信指出：先有农村红军，后有城市政权，这是中国革命的特征，这是中国经济基础的产物。

在中国革命新道路开辟过程中，毛泽东作出了卓越贡献，提出了农村包围城市、武装夺取政权的思想。

毛泽东不仅在实践中首先把武装斗争的立足点放在农村，领导开创井冈山根据地，创造性地解决了为坚持和发展农村根据地所必须解决的一系列根本问题，而且从理论上逐步对中国革命道路问题作出明确说明。1928年10月和11月，毛泽东写了《中国的红色政权为什么能够存在？》

毛泽东:《星星之火，可以燎原》

和《井冈山的斗争》两篇文章，明确指出以农业为主要经济的中国革命，以军事发展暴动，是一种特征；深刻论证了红色政权能够长期存在并发展的主客观条件，提出了工农武装割据的思想。1930 年 1 月，毛泽东在《星星之火，可以燎原》一文中进一步指出：红军、游击队和红色区域的建立和发展，是半殖民地中国在无产阶级领导之下的农民斗争的最高形式和半殖民地农民斗争发展的必然结果，并且无疑义地是促进全国革命高潮的最重要因素。同年 5 月，毛泽东在《反对本本主义》一文中，提出“没有调查，没有发言权”[1] 和“中国革命斗争的胜利要靠中国同志了解中国情况”[2] 的重要思想，表现了毛泽东开辟新道路、创造新理论的革命首创精神。

1929 年 12 月，红四军党的第九次代表大会（古田会议）在福建上杭县古田村召开。大会根据中央九月来信精神，通过了毛泽东起草的古田会议决议，其中最重要的是关于纠正党内错误思想的决议案，确立了思想建党、政治建军原则；阐述了加强党的思想建设的极端重要性，指明党内各种非无产阶级思想的表现、来源及纠正办法；规定红军是一个执行革命的政治任务的武装集团，必须绝对服从共产党的领导，必须全心全意为党的纲领、路线和政策而奋斗；提出红军必须担负打仗、筹款和做群众工作的任务，必须加强政治工作。

古田会议决议是中国共产党和红军建设的纲领性文献，是党和人民军队建设史上的重要里程碑。古田会议确立了马克思主义建党建军原则，创造性地解决了在农村环境中、在党组织和军队以农民为主要成分的条件下，如何保持党的无产阶级先锋队性质和建设党领导的新型人民军队的重大问题。

①　《毛泽东选集》第一卷，人民出版社 1991 年版，第 109 页。

②　《毛泽东选集》第一卷，人民出版社 1991 年版，第 115 页。

党对军队的绝对领导，是人民军队永远不变的军魂，是人民军队完全区别于一切旧军队的政治特质和根本优势，对中国革命新道路的开辟和坚持具有重要意义。

随着革命新道路的开辟，中国革命开始走向复兴。到 1930 年夏，共产党领导人民群众建立了大小十几块农村根据地，红军发展到约 7 万人，连同地方武装共约 10 万人。重要的根据地有赣南、闽西、湘鄂西、鄂豫皖、闽浙赣、湘鄂赣、湘赣、广西的左右江、广东的东江和琼崖等。红军游击战争实际上已经成为中国革命的主要形式，农村根据地成为积蓄和锻炼革命力量的主要战略阵地。

反"围剿"战争与土地革命　红军和根据地的存在和发展，使国民党统治当局感到震惊和恐慌。从 1930 年 10 月起，蒋介石集重兵向南方各根据地的红军发动大规模"围剿"。从 1930 年 10 月到 1931 年 7 月，红一方面军在毛泽东、朱德等指挥下，贯彻积极防御的方针，实行"诱敌深入""避敌主力、打其虚弱"等一整套行之有效的战术，连续粉碎了国民党军队的三次"围剿"。1933 年 3 月，取得了第四次反"围剿"战争的胜利。鄂豫皖、湘鄂西等根据地的反"围剿"战争也取得重大胜利。

红军反"围剿"战争的胜利和革命根据地的发展，与土地革命的开展密切相关。1931 年 2 月，毛泽东总结根据地土地革命的经验，要求各地各级工农民主政府发布公告，明确规定农民已经分得的田归农民个人私有，可以自主租借买卖，别人不得侵犯。毛泽东和邓子恢等一起制定了土地革命中的阶级路线和土地分配方法：坚定地依靠贫农、雇农，联合中农，限制富农，保护中小工商业者，消灭地主阶级；以乡为单位，按人口平分土地，在原耕地的基础上，实行抽多补少、抽肥补瘦。

在中国共产党的土地革命路线指引下，根据地开展了热火朝天的"打土豪，分田地"的斗争，充分调动了广大农民发展生产和参军参战的积极性。在大革命失败、白色恐怖极其严重的条件下，中国革命之所以能够得到坚持和发展，根本原因就在于中国共产党紧紧地依靠农民，领导农民进行了土地制度的革命。

在根据地军民进行反"围剿"作战的同时，国民党统治区的共产党人和进步文化界人士还在文化战线上开展了反"围剿"斗争，形成了声势浩大的左翼文化运动。左翼文化工作者的一大批优秀文学艺术作品（包括小说、戏剧、电影、音乐等）和社会科学论著及译作，对传播进步思想、推动抗日救亡运动起到了重要作用。鲁迅的杂文，瞿秋白的评论，茅盾的小说《子夜》，聂耳作曲、田汉作词的《义勇军进行曲》，邹韬奋主办的《生活周刊》，等等，都在群众中产生了广泛而深刻的影响。

第二节　中国革命在曲折中前进

一、土地革命战争的发展及其挫折

农村革命根据地的建设　红一方面军第一、二、三次反"围剿"作战的胜利，使赣南、闽西根据地连成一片，形成拥有 21 座县城、250 万人口、5 万平方公里土地的中央革命根据地。与此同时，鄂豫皖、湘鄂西、湘赣、湘鄂赣等根据地也都得到了发展。

1931 年 11 月，中华苏维埃第一次全国代表大会在江西瑞金召开。大会通过了《中华苏维埃共和国宪法大纲》以及土地法令、劳动法等，选举产生了中华苏维埃共和国中央执行委员会，成立了中华苏维埃共和国临时中央政府，毛泽东当选为主席。

中华苏维埃共和国是中国历史上第一个全国性的工农民主政权，是中国共产党在局部地区执政的重要尝试，扩大了党和红色政权的影响，一定程度上加强了对处于被分割状态的各根据地的中枢指挥作用，推动了各根据地的政权、经济、文化教育和党的自身建设，开创了土地革命战争新局面。

中华苏维埃共和国实行工农兵代表大会制度，各级苏维埃政府广泛吸收工农群众代表参加政权管理，行使当家作主的权利。苏维埃政府注重廉政建设，严惩腐败分子，成为中国历史上从未有过的真正廉洁的政府。苏维埃政府重视司法建设，临时中央政府先后颁布 120 多部法律、法令，初步建立起具有鲜明阶级性和时代特征的法律体系。在苏维埃政府领导下，根据地军民积极进行经济建设，努力打破敌人的经济封锁。苏维埃政府注重发展文化教育事业，工农群众开始获得享受文化教育的权利。在领导根据地建设中，党的建设也得到加强，"苏区干部好作风，自带干粮去办公；日着草鞋干革命，夜走山路访贫农"等民歌广泛传唱。

革命根据地生机勃勃的景象，同国民党统治区民不聊生的悲惨景象形成鲜明对照。根据地成为新民主主义共和国的雏形，使身陷苦难深渊的中国人民看到了光明和希望。

土地革命战争的严重挫折　中国革命的复兴和发展并不是一帆风顺的。从 1927 年 7 月大革命失败到 1935 年 1 月遵义会议召开前，"左"倾错误先后三次在党中央领导机关取得了统治地位，尤其是以王明为代表的"左"倾教条主义错误，使中国革命遭受严重挫折。

1931 年 1 月，在共产国际执行委员会远东局书记米夫的直接干预下，中共扩大的六届四中全会在上海召开。缺乏实际斗争经验的王明不仅被补选为中央委员，而且成为中央政治局委员，以王明为代表的"左"倾教条主义在党内开始长达 4 年的错误领导。会后，国民党统治区内党的工作出现一系列非常情况，党组织遭到严重破坏。在上海的中央委员和政治局委员都已不到半数，根据共产国际执行委员会远东局提议，1931 年 9 月成立临时中央政治局（临时中央），由博古（秦邦宪）负总的责任。

在 20 世纪 30 年代前期、中期，中国共产党内屡次出现严重的"左"倾错误，其原因是多方面的。除了八七会议后党内一直存在着浓厚的"左"倾情绪始终没有得到认真清理、共产国际对中国革命的错误指导外，主要在于党的马克思主义理论准备不足，缺乏实践经验，对中国的历史状况和社会状况、中国革命的特点、中国革命的规律不甚了解，不善于把马克思列宁主义与中国实际全面地、正确地结合起来。

对于王明等人的"左"倾错误，毛泽东等进行了坚决抵制和斗争。在中共中央主持工人运动工作的刘少奇也多次提出过反对冒险主义的主张。但是，王明等人破坏党的民主集中制、压制党内民主，大搞宗派主义，对坚持正确意见的或不对他们随声附和的同志，进行"残酷斗争""无情打击"[1]。在 1931 年 11 月召开的中央苏区第一次党代表大会（即赣南会议）上，毛泽东的正确主张被指责为"狭隘的经验论"[2]"富农路线""极严重的一贯的右倾机会主义错误"[3]。会议根据中共临时中央政治局的指示，设立中央革命军事委员会，取消红一方面军总司令和总政治委员、总前敌委员会书记的名义，这就剥夺了毛泽东对中央根据地红军的领导权。1932 年 10 月，中共苏区中央局全体会议（宁都会议）对毛泽东和他在红军中实行的战略战术原则进行错误的批评和指责。中共临时中央决定毛泽东回后方主持临时中央政府工作。1933 年初，由于白区党的工作遭到严重破坏，临时中央政治局无法在上海立足，被迫迁到中央根据地。为全面推行"左"倾教条主义的方针、政策，他们在福建开展了反对"罗明路线"的斗争，接着又在江西开展反对邓（小平）、毛（泽覃）、谢（唯俊）、古（柏）的斗争，其矛头实际上都是对着毛泽东的正确主张的。

王明等人的"左"倾教条主义错误，对中国革命造成了极其严重的危害。这次错误使红军和根据地损失了 90%，国民党统治区党的力量几乎损失了 100%。其最大的恶果，就是使红军在第五次反"围剿"作战中遭到失败，不得不退出南方根据地实行战略转移——长征。

---

①　《毛泽东选集》第三卷，人民出版社 1991 年版，第 835 页。

②　中央档案馆编:《中共中央文件选集》第七册，中共中央党校出版社 1991 年版，第 475 页。

③　《毛泽东选集》第三卷，人民出版社 1991 年版，第 967 页。

在中央红军（红一方面军）主力战略转移前，1934 年 7 月，党中央就派出寻淮洲、粟裕等领导的红七军团与方志敏领导的红十军合组为红十军团，作为抗日先遣队北上抗日。同年 11 月，中共中央又指示程子华、吴焕先、徐海东等率领红二十五军组成中国工农红军北上抗日第二先遣队。

中央红军主力开始长征后，项英、陈毅等率领中央根据地留下的部分红军在南方坚持了艰苦卓绝的三年游击战争。

二、遵义会议实现伟大历史转折

红军开始长征　　历史经验表明：革命政党和革命人民，总是要反复地经过正反两方面的教育，经过比较和对照，才能锻炼得成熟起来，才有赢得胜利的保证。

1934 年 9 月上旬，国民党军队加紧对中央革命根据地腹地发动进攻，红军已无在原地扭转战局的可能。10 月，中共中央、中革军委率中央红军主力等 8.6 万余人踏上战略转移的漫漫征程，开始了世界历史上前所未有的壮举。

1935 年 3 月、4 月，红四方面军从川陕根据地出发长征。同年 11 月，红二、六军团（后组成红二方面军）从湘鄂川黔根据地出发长征。

长征初期，原来推行"左"倾错误路线的中央领导人，在实行突围和战略转移时，又犯了退却中的逃跑主义错误。在强渡湘江后，中央红军从长征出发时的 8.6 万人锐减到 3 万多人。严酷的事实教育了广大共产党员和红军指战员，促使他们对"左"倾错误领导产生了怀疑和不满。

遵义会议实现伟大历史转折　　湘江战役后，党内对中央红军的前进方向，一直进行着激烈的争论。1934 年 12 月，中央政治局在贵州黎平举行会议，根据毛泽东的建议，通过决议，放弃到湘西北同红二、六军团会合的计划，改向贵州北部进军。

遵义会议会址

　　1935 年 1 月 7 日，红军攻克黔北重镇遵义。1 月 15 日至 17 日，中共中央在此召开政治局扩大会议，即遵义会议。会议集中解决了当时具有决定意义的军事和组织问题。会议增选毛泽东为中央政治局常委，委托张闻天起草《中央关于反对敌人五次"围剿"的总结的决议》。会后不久，在向云南扎西地区进军途中，中央政治局常委决定由张闻天代替博古负总的责任，毛泽东为周恩来在军事指挥上的帮助者，后成立由毛泽东、周恩来、王稼祥组成的三人小组，负责全军的军事行动。

　　遵义会议是党的历史上一个生死攸关的转折点。这次会议事实上确立了毛泽东在党中央和红军的领导地位，开始确立以毛泽东为主要代表的马克思主义正确路线在党中央的领导地位，开始形成以毛泽东同志为核心的第一代中央领导集体，在最危急关头挽救了党、挽救了红军、挽救了中国革命。遵义会议的鲜明特点是坚持真理、修正错误，确立党中央的正确领导，创造性地制定和实施符合中国革命特点的战略策略。遵义会议开启了中国共产党独立自主解决中国革命实际问题的新阶段。

三、红军长征胜利和迎接全民族抗战

红军长征的胜利及其意义　遵义会议后，在毛泽东等的指挥下，党和红军从危难中走出。从此，中国革命朝着胜利的方向前进。

遵义会议后，中央红军采取灵活机动的战略战术，四渡赤水河，巧渡金沙江，摆脱了数十万国民党军队的围追堵截，赢得了战争的主动权。随后，强渡大渡河，飞夺泸定桥，翻越人迹罕至、终年积雪的夹金山。1935 年 6 月中央红军抵达四川懋功（今小金）地区，与红四方面军会师。之后，党同张国焘的分裂主义进行了坚决斗争。为了贯彻北上方针，红军经过茫茫草地，历尽艰险。随后党中央决定将北上红军改称陕甘支队，先行北上，这支红军于 10 月 19 日到达陕北吴起镇；11 月初，在甘泉地区同在陕甘根据地的红十五军团会合，中国共产党所领导的革命力量有了新的落脚点和战略基地。至此，中央红军主力行程二万五千里、纵横 11 个省的长征胜利结束。1936 年 10 月 9 日，红四方面军指挥部到达甘肃会宁，同红一方面军会合。22 日，红二方面军指挥部到达甘肃隆德将台堡（今属宁夏），同红一方面军会合。至此，三大主力红军的长征胜利结束。

中国工农红军长征是一次理想信念的伟大远征，是一次检验真理的伟大远征，是一次唤醒民众的伟大远征，是一次开创新局的伟大远征。

长征的胜利，极大地促进了党在政治上和思想上的成熟。中国共产党进一步认识到，只有把马克思主义基本原理同中国革命具体实际结合起来，独立自主解决中国革命的重大问题，才能把革命事业引向胜利。

长征的胜利，是中国革命转危为安的关键。毛泽东曾形象地指出："长征是历史纪录上的第一次，长征是宣言书，长征是宣传队，长征是播种机。"[1]

---

[1]　《毛泽东选集》第一卷，人民出版社 1991 年版，第 149—150 页。

长征宣告了国民党反动派消灭中国共产党和红军的图谋彻底失败，宣告了中国共产党和红军肩负着民族希望胜利实现了北上抗日的战略转移，实现了中国共产党和中国革命事业从挫折走向胜利的伟大转折，开启了中国共产党为实现民族独立、人民解放而斗争的新的伟大进军。

长征铸就了伟大的长征精神，这就是：把全国人民和中华民族的根本利益看得高于一切，坚定革命的理想和信念，坚信正义事业必然胜利的精神；为了救国救民，不怕任何艰难险阻，不惜付出一切牺牲的精神；坚持独立自主、实事求是，一切从实际出发的精神；顾全大局、严守纪律、紧密团结的精神；紧紧依靠人民群众，同人民群众生死相依、患难与共、艰苦奋斗的精神。长征精神为中国革命不断从胜利走向胜利提供了强大精神动力。

长征一结束，中国革命的新局面就开始了。

总结历史经验，迎接全民族抗战　红军长征到达陕北后，为端正思想路线、纠正错误，毛泽东、党中央用很大精力总结历史经验，加强共产党自身的思想理论建设。

1935 年 12 月，毛泽东作《论反对日本帝国主义的策略》的报告，阐明党的抗日民族统一战线的新政策，系统说明了党的政治策略上的诸问题。1936 年 12 月，他写了《中国革命战争的战略问题》，总结土地革命战争中党内在军事问题上的争论，系统说明了有关中国革命战争战略方面的诸问题。1937 年夏，他在抗日军政大学讲授《实践论》《矛盾论》，从马克思主义认识论的高度，总结中国共产党的历史经验，揭露和批评党内的主观主义尤其是教条主义错误，深入论证马克思列宁主义基本原理同中国具体实际相结合的原则，科学阐明了党的马克思主义思想路线。

毛泽东谈为写《中国革命战争的战略问题》读过的书

以毛泽东为主要代表的党中央所进行的理论工作，对党的政治路线、军事路线和思想路线作了系统阐述，在理论上武装了全党，为即将到来的全民族抗日战争从思想上、政治上和组织上奠定了坚实基础。

 学习思考

1. 以毛泽东为主要代表的中国共产党人是如何探索和开辟中国革命新道路的？

2. 中国革命新道路"新"在哪里？

3. 怎样认识长征的意义？如何继承和发扬长征精神？

4. 土地革命战争时期，中国共产党是如何总结历史经验、加强党的思想理论建设的？

必读文献

1. 毛泽东：《反对本本主义》（1930 年 5 月）

《反对本本主义》是毛泽东在土地革命战争时期为反对当时红军中的教条主义思想而写的重要著作。毛泽东在这篇著作中首次提出"没有调查，没有发言权"和"从斗争中创造新局面的思想路线"，提出"中国革命斗争的胜利要靠中国同志了解中国情况"的重要思想。这篇文献初步形成了毛泽东思想活的灵魂的三个基本点，即实事求是、群众路线、独立自主。

2. 毛泽东：《中国革命战争的战略问题》（一）（1936 年 12 月）

《中国革命战争的战略问题》是毛泽东为总结第二次国内革命战争的经验所写的重要著作，共五部分。第一部分为"如何研究战争"，其中心内容是讨论如何认识战争规律及中国革命战争规律问题。这些内容构成了毛泽东军事思想的重要组成部分，丰富和发展了马克思主义关于革命战争的理论。

3. 毛泽东：《论新阶段》（七，13）（1938 年 10 月）

《论新阶段》是毛泽东在抗日战争即将由防御阶段转入相持阶段的关键时刻所著的重要文献。毛泽东在第七部分第 13 点中指出，"没有抽象的马克思主义，只有具体的马克思主义"。"马克思主义的中国化，使之在其每一表现中带着中国的特性，即是说，按照中国的特点去应用它，成为全党亟待了解并亟须解决的问题。"在此，毛泽东首次提出了"马克思主义的中国化"的重要命题。这篇报告也成为指导中国共产党在抗战新阶段团结全国各族人民艰苦奋斗，直至夺取抗日战争伟大胜利的纲领性文献。

4. 习近平:《在纪念红军长征胜利 80 周年大会上的讲话》(2016 年 10月 21 日)

这篇重要讲话回顾了 80 年前红军长征这一革命壮举、壮丽史诗和巍峨丰碑，总结了长征的伟大意义和深刻精神内涵，提出了弘扬伟大长征精神、走好今天的长征路的六方面要求。

5. 习近平:《在庆祝中国人民解放军建军 90 周年大会上的讲话》(2017 年 8 月 1 日)

这篇重要讲话回顾了 90 年来中国共产党领导人民军队从小到大、从弱到强、从胜利走向胜利的光辉历程，赞扬了人民军队为中国人民求解放、求幸福，为中华民族谋独立、谋复兴建立的伟大历史功勋，阐述了人民军队发展壮大、克敌制胜的传家法宝和力量所在，提出了推进强军事业、把人民军队建设成为世界一流军队必须牢牢把握的根本要求。

📑 延伸阅读文献

《关于若干历史问题的决议》(1945 年 4 月 20 日)

《关于若干历史问题的决议》是 1945 年 4 月 20 日在中国共产党第六届中央委员会扩大的第七次全体会议上原则通过的。这是中国共产党成立以来第一次以文件的形式对若干重大历史问题作出结论的重要历史文献，也是延安整风运动的重大成果。决议总结了建党以来的历史经验，全面阐述了历次"左"倾错误，高度评价了毛泽东运用马克思列宁主义基本原理解决中国革命问题的杰出贡献及其在全党领导地位的重大意义，为党的七大的召开创造了良好的思想条件。

第六章　中华民族的抗日战争

20 世纪 30 年代，日本和德国、意大利分别在世界的东方和西方形成战争策源地。日本军国主义势力为实现征服中国、称霸亚洲和世界的目的，悍然发动企图灭亡中国的侵略战争，中华民族到了最危险的时刻。中华儿女同仇敌忾，进行了长达 14 年艰苦卓绝的抗日战争，打败了穷凶极恶的日本军国主义侵略者，取得了中国人民抗日战争的伟大胜利。

第一节　日本发动企图灭亡中国的侵略战争

一、日本灭亡中国的计划及其实施

日本侵华的战略方针　明治维新后，日本开始走上资本主义道路，逐渐发展为军国主义国家。第一次世界大战后，日本军国主义势力进一步控制本国政权，对内镇压人民，对外侵略扩张。

1927 年，日本首相田中义一主持召开"东方会议"，宣示了《对华政策纲要》，企图把"满蒙"从中国本土彻底分割出去，并决心为之诉诸武力。日本军国主义势力主张："惟欲征服支那，必先征服满蒙；如欲征服世界，必先征服支那。"[①]1929 年 10 月，由美国开始的经济危机席卷资本主义世界。为摆脱危机，日本军国主义者加紧实施既定的侵华政策。

从九一八事变到七七事变　1931 年 9 月 18 日深夜，日本关东军炸毁"南满铁路"沈阳北郊柳条湖附近的一段路轨，反诬中国军队所为，当即

[①]　《中国抗日战争史》编写组：《中国抗日战争史》，人民出版社 2011 年版，第 31 页。

鲁迅对"攘
外必先安
内"的揭露

炮轰东北军驻地北大营，接着向沈阳城等地发动进攻。这就是九一八事变。日本变中国为其独占殖民地的侵略战争由此开始。至 1932 年 2 月，中国东北全境沦陷。

国民党政府对日本的侵略采取妥协退让方针。1931 年 7 月，蒋介石即已提出"攘外必先安内"的方针。九一八事变后，国民党政府电告东北军："日本此举不过寻常寻衅性质，为免除事件扩大起见，绝对抱不抵抗主义。"[1]国民党政府将其军队主力用于"剿共"，对日本一再妥协退让。国际联盟和英、美等国采取对日姑息、纵容政策。这使得日本对中国的侵略计划步步得逞。

1935 年，日本在华北制造一系列事端，中国在河北、察哈尔两省的主权大部丧失，华北成为日军可以自由出入的"真空地带"。接着，日本策动华北五省（河北、察哈尔、绥远、山西、山东）两市（北平、天津）"防共自治运动"，制造傀儡政权。这就是华北事变。

日本加紧发动全面侵华战争的部署。1936 年 8 月，法西斯军人控制的广田弘毅内阁制定了"南攻南洋群岛、北攻西伯利亚""先打中国"的侵略计划。11 月，日本同德国签订《反共产国际协定》，欧亚两个法西斯国家打着"反共"旗号结成反动同盟。

1937 年 7 月 7 日，卢沟桥事变（即七七事变）发生。当夜，日军在卢沟桥以北举行军事演习，借口一名士兵失踪，要求进入宛平县城搜查，遭拒绝后即开炮轰城，向中国驻军进攻。日本全面侵华战争由此开始。

二、日本帝国主义的残暴统治

日本侵略者在其占领区实行残暴的殖民统治，对抗日民主根据地则

---

[1]　秦孝仪主编：《中华民国重要史料初编——对日抗战时期》绪编（一），"中国国民党中央委员会党史委员会"编印 1981 年版，第 259 页。

疯狂摧残，犯下了空前严重的罪行，给中华民族造成了极为深重的灾难。

日本侵华战犯供认虐杀残害中国人民暴行

首先，制造惨绝人寰的大屠杀，残害中国人民。1937年12月，日军占领南京后，展开烧、杀、淫、掠"大竞赛"。中国平民和被俘士兵被集体射杀、火焚、活埋及用其他方法处死者达30万人以上，无数妇女遭到蹂躏残害，无数儿童死于非命，1/3建筑遭到毁坏，大量财物遭到掠夺。"南京大屠杀"是骇人听闻的反人类罪行。日军在其他许多地方制造的惨案不计其数，并炮制无人区；对抗日根据地发动毁灭性的"扫荡""清乡"，实行"三光"政策。据不完全统计，在晋冀鲁豫等7个根据地，中国军民被杀戮318万人，被焚房屋1 952万间。日军悍然实行细菌战、化学战，对中国军民实行惨无人道的活体试验。日军731部队等将带有病毒的投掷器投放到中国许多地区，造成大量中国平民死亡。日军还掳掠和残害中国劳工，成批的劳工被折磨致死，形成许许多多"万人坑"。日本侵略者还强迫中国等国妇女充当日军性奴隶，形成了丑陋的"慰安妇"制度。

其次，疯狂掠夺中国的资源和财富。日本侵略者控制了东北的经济命脉，肆意掠夺矿产资源；除直接夺取和通过伪政权间接搜刮外，还以低廉价格强制"收购"粮食等农产品，以支持其长期战争。

最后，强制推行奴化教育，肆意摧残中国文化。日本侵略者企图以此达到泯灭中国民众的民族意识和反抗精神、维护其殖民统治的目的。

日本侵略者在中国犯下的罪行罄竹难书。据不完全统计，战争期间，中国军民伤亡人数超过3 500万；按1937年的比价，中国直接经济损失1 000多亿美元，间接经济损失5 000多亿美元。

第二节　中国人民奋起抗击日本侵略者

一、中国共产党举起武装抗日的旗帜

面对日本的野蛮侵略，中国人民奋起抵抗，进行了长达 14 年艰苦卓绝的抗日战争。中国人民在白山黑水间的奋起抵抗，成为中国人民抗日战争的起点，同时揭开了世界反法西斯战争的序幕。

在民族危亡的严重关头，中国共产党率先举起武装抗日旗帜，与国民党当局的不抵抗主义形成鲜明对照。1931 年 9 月 20 日，中共中央发表宣言，响亮提出："反对日本帝国主义强占东三省！"[1] 中共中央发布一系列文告，号召全国工农武装起来，进行民族自卫战争。1932 年 4 月 15 日，中华苏维埃共和国临时中央政府宣布对日作战。

中国共产党不仅积极参加和推动各地抗日救亡运动，而且直接领导了东北人民的抗日武装斗争，中共中央先后派周保中、赵一曼等到东北，加强中共满洲省委及各级地方党组织的领导力量。中共满洲省委和各地党组织派出大批党员、干部到抗日义勇军中工作。1933 年初，中国共产党领导的抗日游击队先后在东北各地崛起。1934 年，各抗日游击队先后改编为东北人民革命军；1936 年 2 月后，陆续改建为东北抗日联军。东北抗日联军同日军进行了艰苦卓绝的斗争，沉重打击了侵略者。

二、抗日救亡运动的兴起

九一八事变后，抗日救亡运动在全国兴起。中国共产党及其领导的工农红军和广大工人、农民是抗日救亡运动的中坚力量。北平、南京、上海等地学生举行罢课、示威等活动，并到南京请愿，要求蒋介石出兵东

---

[1]　中共中央文献研究室、中央档案馆编：《建党以来重要文献选编（一九二一——一九四九）》第八册，中央文献出版社 2011 年版，第 549 页。

北，收复失地。民族资产阶级及其政治代表也要求国民党当局变更"剿共"政策，"全国一致对外"。

马占山率部
鏖战江桥

国民党军队中的部分爱国官兵自发进行了抗战，中国共产党人开始同他们合作抗日。

在东北，中共满洲省委同以原东北军为主体的抗日义勇军进行合作。其领导人之一李杜后来加入中国共产党。1932 年一·二八事变后，国民党第十九路军奋起抗日，中共中央号召各界民众支援。

1933 年 5 月，原西北军将领冯玉祥成立察哈尔民众抗日同盟军，并谋求同共产党合作。在该军中工作的共产党员约 300 人。其北路军前敌总指挥吉鸿昌不久加入中国共产党（1934 年被国民党当局杀害）。同年 11 月，第十九路军将领蔡廷锴、蒋光鼐以及国民党内爱国人士李济深、陈铭枢等发动反蒋抗日的福建事变。此前，其代表同红军代表签署了《反日反蒋的初步协定》。

1934 年 4 月，由中国共产党提出，宋庆龄、何香凝、李杜等 1 779 人领衔，以"中国民族武装自卫委员会筹备委员会"名义，发表《中国人民对日作战的基本纲领》，在该纲领上签字的群众达几十万人。

三、抗日民族统一战线的建立与全民族抗战的开始

一二·九运动与中共的抗日民族统一战线新政策　华北事变后，中日民族矛盾进一步激化。在中国共产党救亡图存、全民抗战的号召和地下党组织领导下，1935 年 12 月 9 日，北平学生举行声势浩大的抗日游行，喊出"反对华北自治""打倒日本帝国主义""停止内战，一致对外"等口号，遭到国民党军警镇压。12 月 16 日，北平学生和市民 1 万多人召开市民大会，会后举行了更大规模的示威游行。由此开始的一二·九运动迅速波及全国。它促进了中华民族觉醒，标志着中国人民抗日救亡运动新高潮的到来。

中国共产党及时提出了抗日民族统一战线的新政策。1935年8月1日，中共驻共产国际代表团草拟《中国苏维埃政府、中国共产党中央为抗日救国告全体同胞书》（八一宣言），不久公开发表。宣言主张停止内战，组织国防政府和抗日联军，对日作战。12月，中共中央在陕北瓦窑堡召开政治局扩大会议，提出党的基本策略任务是建立广泛的抗日民族统一战线，批评了党内长期存在的"左"倾冒险主义、关门主义错误倾向。中国共产党在新的历史时期即将到来时掌握了政治主动权。

1936年5月，在共产党人积极参与下，宋庆龄等爱国民主人士发起成立全国各界救国联合会。中国共产党对驻扎在西北地区以张学良为首的东北军和以杨虎城为首的第十七路军的统战工作取得突破。

日本对华北的侵略，进一步威胁到美、英等国在华利益和国民党当局的统治地位。蒋介石的对日态度及内外政策发生了某些变化，并着手整军备战。他还开始试探"政治解决"共产党和红军问题，国共两党就合作抗日进行初步磋商。1936年5月，毛泽东、朱德联名发布《停战议和一致抗日通电》，放弃反蒋口号。9月1日，中共中央明确提出党的总方针是"逼蒋抗日"。

西安事变及其和平解决 蒋介石"攘外必先安内"的方针并没有根本改变。1936年12月初，他到达西安，逼张学良、杨虎城"剿共"。张、杨在向蒋介石要求抗日遭拒后，于12日凌晨毅然实行"兵谏"，扣留蒋介石，并通电全国，提出停止内战、一致抗日等八项主张。这就是西安事变。党中央派周恩来于17日到达西安。在弄清情况后，党中央以中华民族团结抗日大局为重，独立自主确定了用和平方式解决西安事变的方针。周恩来与张、杨共同努力，经过谈判，迫使蒋介石作出"停止剿共，联红抗日"的承诺。西安事变的和平解决成为时局转换的枢纽，十年内战局面基本结束，国内和平初步实现。

为促进国共两党合作，1937年2月，中共中央致电国民党五届三中全会，提出停止内战等五项要求。如果国民党将这五项要求定为国策，共产党愿意实行包括停止武力推翻国民党政府的方针在内的四项保证。上述主张在全国引起巨大反响，也得到国民党内抗日派的赞同。国民党五届三中全会表示同意国共两党进行谈判，并在会议文件上第一次写上了"抗日"字样。

国共两党实行第二次合作成为不可抗拒的历史潮流。

国共合作，共赴国难　卢沟桥事变爆发后，当地中国驻军奋起抵抗。中国由此进入全民族抗战阶段，并开辟了世界反法西斯战争的东方主战场。

事变发生的第二天，中国共产党通电全国，号召全中国同胞团结起来，筑成抗日民族统一战线的坚固长城。

8月25日，中共中央革命军事委员会发布命令，宣布红军改名为国民革命军第八路军（简称八路军）。朱德任总指挥，彭德怀任副总指挥，全军约4.6万人。9月，陕甘宁根据地改称陕甘宁边区，仍是中共中央所在地。接着，南方八省的红军游击队（琼崖红军游击队除外），改编为国民革命军陆军新编第四军（简称新四军）。叶挺任军长，项英任副军长，全军1.03万余人。

为促进国共两党合作抗日，7月15日，中共代表周恩来等将《中共中央为公布国共合作宣言》交给蒋介石。9月22日，国民党中央通讯社发表中共中央的宣言；23日，蒋介石发表实际上承认共产党合法地位的谈话。以国共两党第二次合作为基础的抗日民族统一战线正式形成。

中国共产党领导开辟的敌后战场和国民党指挥的正面战场协力合作，形成了共同抗击日本侵略者的战略局面。

全民族同仇敌忾，奋起抗战　抗日战争是中华民族全民族的反侵略战争，是正义战争。

中华儿女为民族独立和自由不惜抛头颅、洒热血。华北农村一位名叫邓玉芬的妇女，把丈夫和5个孩子送上前线，他们全部战死沙场。工人、农民、知识分子和其他爱国人士积极投入抗日洪流。民族工商业者

英雄母亲
邓玉芬为抗
战把5个儿
子送上前线

踊跃为前线捐赠钱物，一些人还不避艰险，把工厂迁往大后方。中华民族革命同盟、国家社会党、中国青年党、中华职业教育社、乡村建设派等，一致拥护国共两党合作抗日。少数民族群众也积极参加抗日战争，如马本斋领导的冀中回民支队就进行了大小战斗870多次。许多台湾同胞回到祖国大陆，组织各种抗日团体和抗日武装。港澳同胞和海外华侨也以各种方式参加抗日活动，以陈嘉庚为主席的华侨筹赈祖国难民总会，分支机构遍及东南亚。日本侵略者突然发现，它面对的是原来没有预计到的整个中华民族组成的抗日民族统一战线。正如毛泽东所言："日本敢于欺负我们，主要的原因在于中国民众的无组织状态。克服了这一缺点，就把日本侵略者置于我们数万万站起来了的人民之前，使它像一匹野牛冲入火阵，我们一声唤也要把它吓一大跳，这匹野牛就非烧死不可。"①

第三节　抗日战争的正面战场

一、战略防御阶段的正面战场

爱国官兵英勇抗战与国民党的片面抗战路线　从卢沟桥事变到1938年10月广州、武汉失守，中国抗战处于战略防御阶段。

在战略防御阶段，日本侵略者以国民党军队为主要作战对象。以国民党军队为主体的正面战场担负了抗击日军战略进攻的主要任务，组织了淞沪、忻口、徐州、武汉会战等一系列大战役。1938年3月，李宗仁等部在台儿庄战役中取得大捷。

_____

① 《毛泽东选集》第二卷，人民出版社1991年版，第511—512页。

　　国民党军队的爱国将士表现了空前的民族义愤和抗战热情。在北平南苑的战斗中，第二十九军副军长佟麟阁、第一三二师师长赵登禹先后阵亡。在淞沪会战中，第八十八师五二四团团附谢晋元率孤军据守四行仓库，被上海市民誉为"八百壮士"。

　　这一时期，国民党政府对日作战比较努力，其政策重点放在抗日上。但是，正面战场除台儿庄战役取得大捷外，其他战役几乎都以退却、失败而结束。造成这种状况的客观原因，是日军在力量对比上占很大优势，主观原因则是国民党战略指导方针的失误。蒋介石集团在决心抗战的同时，却又害怕群众的广泛动员可能危及自身统治，因而实行片面抗战路线，即不敢放手发动和武装民众，将希望单纯寄托在政府和正规军的抵抗上；在战略战术上，进行单纯的阵地防御战。这使得大多数作战未能给敌人以更大消耗，并导致中国在短时间内丧失大片国土。

　　国民参政会的成立及工厂、学校内迁　在抗战初期，国民政府实行过若干有利于抗战的政策。1938 年初，国民政府改组军事委员会，下设政治部，聘请周恩来任副部长。同年 6 月，国民参政会成立。它虽不是真正的民意机关，但其成立还是为各党派、各界人士提供了一个可以公开发表政见的讲坛。

　　为适应战争需要，东部沿海地区一批重要工厂企业迁移到内地。北京大学、清华大学、南开大学迁往昆明，合并组建为国立西南联合大学。一些大学、中学、专科学校迁往西南西北一些地方，广大师生克服巨大困难为民族独立和复兴坚持教学科研。

抗日战争时期高校的内迁

二、战略相持阶段的正面战场

　　国民党抗战日趋消极　抗日战争进入相持阶段后，日本对国民党政府采取以政治诱降为主、军事打击为辅的方针。国民党在重申坚持持久抗战的同时，其对内对外政策发生重大变化。1939 年 1 月，国民党五届五中全会把对付共产党作为重要议题，确定"防共""限共""溶共"的方针。会后，国民党当局陆续制定和秘密颁发《防制异党活动办法》等一系列反共文件。蒋介石还将"抗战到底"解释为"恢复卢沟桥事变以前的状态"。这标志着国民党政府逐步转变为消极抗战。

日军在对国民党进行政治诱降的同时，为巩固占领区，继续对国民党军队发动过若干次进攻性打击。国民党军队也进行过几次较大战役，大体上保住了西南、西北大后方地区。1939 年 12 月，国民党军队攻克昆仑关，消灭日军 4 000 余人。1940 年 5 月，在枣宜会战中，第三十三集团军总司令张自忠殉国。但此时期国民党对抗战在全局上渐趋消极，基本上实行保守的收缩战略，以保存实力；同时又抽出相当多的兵力用来限制、打击共产党及其领导的人民军队，制造了多次反共"摩擦"事件。

1941 年 12 月，日军发动太平洋战争后，美国提议设立中国战区。为配合英、美打击日军，国民政府命令各战区发起攻击。在 1942 年的第三次长沙会战中，日军死伤 5 万余人。同年 2 月，国民政府军事委员会命令中国远征军进入缅甸对日作战。陆军第二〇〇师师长戴安澜在缅北殉国。

豫湘桂大溃败　在世界反法西斯战争胜利发展、抗日敌后战场开始局部反攻的有利条件下，国民党军队的战斗力却日益下降。在 1944 年 4 月至 1945 年 1 月的豫湘桂战役中，国民党军队大溃败，丢失拥有 146 座大小城市、6 000 多万人口的 20 多万平方公里的国土。

《大公报》对豫湘桂大溃败的抨击

在战略相持阶段，国民党统治集团在口头上宣称要发展经济，而在实际上却扩张官僚资本、垄断经济命脉；在口头上宣称"民主"，而在实际上却压制人民民主运动。豫湘桂大溃败成为大后方人心变动的重要转折点。国民党统治区民生凋敝、民怨沸腾、民变蜂起，国民党统治陷入深刻危机。

第四节　抗日战争的中流砥柱

一、全面抗战路线和持久战的战略总方针

全面的全民族抗战路线　与国民党的片面抗战路线不同，中国共产党实行全面抗战路线，即人民战争路线。两条不同抗战路线的存在，是中国一切问题的关键。

1937 年 8 月，中国共产党在陕北洛川召开政治局扩大会议，制定了抗日救国十大纲领，强调要打倒日本帝国主义，关键在于使已经发动的抗战成为全面的全民族抗战。为此，必须实行全国军事总动员、全国人民总动员；必须改革政治机构，给人民以充分的抗日民主权利，并适当改善工农大众生活。会议强调，必须坚持统一战线中无产阶级的领导权，在敌人后方放手发动独立自主的山地游击战争，在国民党统治区放手发动抗日群众运动。

持久战的战略总方针　1938 年 5 月至 6 月间，毛泽东发表《论持久战》的讲演，总结全民族抗战 10 个月来的经验，批驳了"亡国论""速胜论"等错误观点，系统地阐明了持久战方针。

毛泽东指出，中日战争是半殖民地半封建的中国和帝国主义的日本之间在 20 世纪 30 年代进行的一个决死的战争。一方面，日本是强国，中国是弱国，强国弱国的对比，决定了抗日战争只能是持久战。另一方面，日本是小国，发动的是退步的、野蛮的侵略战争，在国际上失道寡助；而中国是大国，进行的是进步的、正义的反侵略战争，在国际上得道多助。中国已经有了代表中华民族和中国人民根本利益的、在政治上成熟的中国共产党及其领导的抗日根据地和人民军队。因此，最后胜利又将是属于中国的。

毛泽东强调，"兵民是胜利之本"[①]。战胜日本的侵略，必须进行人民

---

① 《毛泽东选集》第二卷，人民出版社 1991 年版，第 509 页。

战争。

毛泽东科学预见了抗日战争的发展进程，即抗日战争将经过战略防御、战略相持、战略反攻三阶段。战略相持阶段是最关键阶段，只要坚持持久抗战、坚持抗日民族统一战线，中国将在这个阶段获得转弱为强的力量。

《论持久战》系统阐明了抗日战争的发展规律和坚持抗战、争取抗战胜利必须实行的战略总方针，是中国共产党领导抗日战争的纲领性文献，对全国抗战的战略指导产生了积极影响。

表 6-1　全民族抗战时期中国共产党领导的人民军队主要战绩统计（1937.9—1945.10）

类别		日军	伪军	合计
消灭日、伪军	毙伤（人）	520 463	490 130	1 010 593
	俘虏（人）	6 213	512 933	519 146
	投降反正（人）	746	183 632	184 378
	小计（人）	527 422	1 186 695	1 714 117
主要缴获	长短枪（支）	682 831		
	轻重机枪（挺）	11 895		
	各种口径炮（门）	1 852		
作战总次数（次）		125 165		

资料来源：中共中央党史研究室：《中国共产党的九十年（新民主主义革命时期）》，中共党史出版社、党建读物出版社 2016 年版，第 263—264 页。

与此同时，毛泽东还写了《抗日游击战争的战略问题》，特别强调了抗日战争全过程中游击战争的重要战略地位。

二、敌后战场的开辟与游击战争的发展

敌后战场的开辟和发展　为贯彻执行全面抗战路线，中国共产党作出了开辟敌后战场的战略决策。

八路军刚开赴前线时，主要是直接在战役上配合国民党军队作战。1937 年 9 月，八路军第一一五师主力在晋东北平型关附近伏击日军，歼敌 1 000 余人，击毁汽车 100 多辆，取得全民族抗战以来中国军队主动寻歼敌人

八路军一一五师在平型关伏击日军

的第一次重大胜利，打破了日军不可战胜的神话。

接着，八路军三个师又配合国民党军队进行忻口战役，相继取得雁门关伏击战、夜袭阳明堡日军机场等胜利。

1937 年 11 月太原失守后，八路军在敌后实施战略展开，发动独立自主的敌后游击战争，先后开辟晋察冀、晋西北、晋冀豫、山东和大青山等抗日根据地。在华北，以国民党为主体的正规战争结束，以共产党为主体的游击战争上升到主要地位。新四军则挺进长江南北，创建华中抗日根据地。

到 1938 年 10 月，八路军和新四军同日、伪军作战 1 600 多次，毙伤、俘敌 5.4 万人。到 1940 年底，人民抗日武装部队发展到 50 万人，在华北、华中、华南创建了 16 块根据地。1944 年春季，敌后战场人民军队转入攻势作战，抗击着全部侵华日军的 64%。中国共产党把工作重点放在敌后农村，就是在新的抗日民族解放战争条件下，继续走农村包围城市、武装夺取政权的道路。

在艰苦的敌后抗战中，涌现出无数可歌可泣的英雄事迹。东北抗联 8 名女战士陷入敌人包围后，投入乌斯浑河，英勇殉国。在冀西狼牙山地区，八路军 5 名战士为掩护党政机关和群众，主动把日、伪军吸引到自己身边。在打完全部子弹后，他们毅然砸枪跳崖，被誉为"狼牙山五壮士"。新四军"刘老庄连"全部壮烈牺牲。东北抗日联军第一路军总司令

兼政治委员杨靖宇、东北抗联第二路军副总指挥赵尚志、八路军副参谋长左权、新四军第四师师长彭雪枫等身先士卒，在作战中以身殉国。

游击战争的战略地位和作用　在全民族抗战中，游击战被提到战略地位，具有全局性意义。

在战略防御阶段，从全局看，国民党正面战场的正规战是主要的，敌后游击战是辅助的。但是，游击战在敌后的广泛开展和敌后抗日根据地的开辟，迫使敌人不得不把用于进攻的兵力抽调回来保守其占领区，从而对阻止日军进攻、减轻正面战场压力、使战争转入相持阶段起了关键性作用。

在战略相持阶段，敌后游击战争成为主要的抗日作战方式。日军逐步将主要兵力用于打击敌后战场的人民军队，以保持和巩固其占领地。1939年至1940年，仅华北地区的日军出动千人以上对敌后抗日根据地的大"扫荡"就有109次，使用总兵力50万人以上。为打击日本侵略者，人民军队在有利条件下也进行过运动战。如1940年8月至翌年1月，八路军总部在华北发动了一次大规模的对日军的进攻，陆续参战部队达105个团20余万人，史称百团大战。但是，人民军队在大部分时间里所进行的主要是游击战。削弱敌人、壮大自己，逐步改变敌强我弱态势，为实行战略反攻准备条件，这个任务主要是由人民军队进行的游击战来完成的。

在1945年8月反攻阶段到来前夕，人民军队发展到120万人、民兵为220万人，根据地达19块。

在全民族抗战过程中，中国共产党发挥了中流砥柱作用，领导全国人民，指挥八路军、新四军和华南抗日武装等全国各地的革命抗日武装力量，对敌作战12.5万余次，消灭日、伪军171.4万余人，其中日军52.7万余人，为坚持抗战、夺取抗战最后胜利作出了彪炳史册的贡献。

三、坚持抗战、团结、进步的方针

统一战线中的独立自主原则　抗日民族统一战线是以国共合作为基

础的。由于国共两党代表不同的阶级利益，参加抗战的目的不尽相同，实行的抗战路线不同，统一战线内部不可避免地存在着矛盾和斗争。

全民族抗战伊始，中共中央就提出必须在统一战线中坚持独立自主原则。为此，共产党必须保持在思想上、政治上和组织上的独立性，放手发动群众，壮大人民力量；必须坚持对人民军队的绝对领导，冲破国民党的限制和束缚，努力发展人民武装和抗日根据地；必须对国民党采取又团结又斗争、以斗争求团结的方针。这样做的目的，就是力争中国共产党对抗日战争的领导权，使自己成为团结全民族抗战的中坚力量。这是把抗日战争引向胜利的中心一环。

坚持抗战、团结、进步，反对妥协、分裂、倒退　抗日战争相持阶段到来后，由于以蒋介石为代表的国民党亲英美派开始推行消极抗日、积极反共的政策，团结抗战的局面逐步发生严重危机，出现了中途妥协和内部分裂两大危险。针对这种情况，1939 年 7 月，中国共产党明确提出"坚持抗战到底——反对中途妥协""巩固国内团结——反对内部分裂""力求全国进步——反对向后倒退"[1]三大口号，坚决揭露打击汪精卫集团的叛国投降活动，继续争取同蒋介石集团合作抗日。

1939 年冬至 1940 年春，国民党顽固派发动第一次反共高潮，人民军队给予坚决还击。1941 年 1 月，国民党顽固派发动第二次反共高潮，在皖南以 8 万余兵力包围袭击新四军军部及所属部队 9 000 多人（除约 2 000 人突围外，一部分被打散，大部牺牲或被俘）。蒋介石竟诬称新四军"叛变"，宣布取消其番号。对于国民党当局的倒行逆施，中国共产党以抗日大局为重，在军事上严守自卫，在政治上坚决反击，赢得了国内外舆论的同情和支持。1943 年春，国民党顽固派策划发动第三次反共高潮，由于中国共产党及时进行揭露和斗争而被制止。

巩固抗日民族统一战线的策略总方针　为了抗日民族统一战线的坚

─────────────

[1]　中共中央文献研究室、中央档案馆编:《建党以来重要文献选编（一九二一——一九四九）》第十六册，中央文献出版社 2011 年版，第 440 页。

持、扩大和巩固，中国共产党总结反"摩擦"斗争的经验，制定了"发展进步势力、争取中间势力、孤立顽固势力"的策略总方针。进步势力主要是指工人、农民和城市小资产阶级，他们是统一战线的基础，抗日战争的主要依靠力量。中间势力主要是指民族资产阶级、开明绅士和地方实力派。顽固势力是指大地主大资产阶级的抗日派，即以蒋介石集团为代表的国民党亲英美派。中国共产党对顽固派贯彻又联合又斗争的政策。在同顽固派作斗争时，坚持有理、有利、有节的原则。

上述原则和方针的提出和贯彻实施，对坚持全民族抗战到底具有十分重大的意义。

四、抗日民主根据地的建设

抗日民主根据地是认真贯彻和实现全面抗战路线、争取胜利的坚强阵地。1941年5月中共中央批准颁布的《陕甘宁边区施政纲领》，全面体现了中国共产党关于根据地建设的基本方针。

"三三制"的民主政权建设   加强政权建设，是抗日根据地建设的首要的、根本的任务。根据地政权是共产党领导的抗日民族统一战线性质的政权，在工作人员分配上实行"三三制"原则，即共产党员、党外进步人士和中间派各占1/3。这样做，可以容纳各方面的代表，团结一切赞成抗日又赞成民主的各阶级、阶层。

抗日民主政权普遍采取民主集中制，各级抗日民主政权机构的领导人都经过人民选举产生。抗日民主政权努力发扬政治民主，保障人民民主自由权利；实行各民族平等团结、共同抗日的基本政策，在少数民族聚居地区试行民族区域自治。

毛泽东在回答中国共产党能否跳出"其兴也浡焉，其亡也忽焉"的治乱兴衰历史周期率问题时说："我们已经找到新路，我们能跳出这周期率。这条新路，就是民主。只有让人民来监督政府，政府才不敢松懈。只有人人起来负责，才不会人亡政息。"[1]

减租减息，发展生产　抗日民主政权十分重视根据地的经济建设。停止实行没收地主土地的政策，普遍实行减租减息政策，以减轻农民所受的封建剥削，提高他们的抗日和生产的积极性；同时实行交租交息，以利于联合地主阶级抗日。抗日民主政权发动农民组织劳动互助，动员农民开荒地、修水利，帮助农民改良耕作技术，推广优良品种。

为克服根据地面临的严重困难局面，毛泽东提出了"发展经济，保障供给"的经济工作和财政工作总方针，发出了"自己动手，丰衣足食"的号召，领导根据地军民开展了大生产运动。八路军第三五九旅艰苦奋斗，使荒凉的南泥湾变成了"陕北江南"。

同时，抗日民主政权还厉行精兵简政等。经过一系列努力，根据地军民终于战胜了困难，为坚持抗战、争取胜利奠定了物质基础。

大生产运动

文化建设与干部教育　全民族抗战开始后，延安成为革命者向往的"圣地"。很多热血青年"打断骨头连着筋，扒了皮肉还有心，只要还有一口气，爬也要爬到延安城"[2]。中共中央及时作出大量吸收知识分子的决定，把发展抗日的革命文化运动提上重要议事日程，中国人民抗日军事政治大学、鲁迅艺术学院、马列学院等一批干部学校和专门学校创办起来。各根据地还创办大批中小学和开展冬学运动。哲学社会科学和自然科学研究也得到重视，1940 年创办了延安自然科学院。

抗日根据地政治民主、政府廉洁、民族团结、经济发展，同国民党统治区的政治专制、吏治腐败形成鲜明对照。"延安作风"和"西安作

---

① 中共中央文献研究室编：《毛泽东年谱（一八九三—一九四九）修订本》（中卷），中央文献出版社 2013 年版，第 611 页。

② 习近平：《论中国共产党历史》，中央文献出版社 2021 年版，第 98 页。

风"的巨大反差让民主人士感叹，"中国的希望在延安"①。当时美国驻华使馆的人员在写给美国国务院的报告中也承认："共产党的政府和军队，是中国近代史上第一次受到有积极的广大人民支持的政府和军队。"② "中国的命运不是蒋的命运，而是他们的命运。"③

五、大后方的抗日民主运动和进步文化工作

抗日民主运动的开展　抗战时期，中国共产党在国民党统治区开展了促进团结抗日等大量卓有成效的工作。1939 年 1 月后，由中共中央南方局具体领导对国民党统治区的工作。

全民族抗战开始后，各界人士要求国民党实行抗战民主。1939 年 10 月，国民参政会中一些党派的代表发起宪政座谈会，批评国民党一党专政，宪政运动在国民党统治区普遍开展起来。

抗日战争期间中国共产党在国民党统治区的工作

1944 年 9 月，中共参政员林伯渠在国民参政会上正式提出立即结束国民党一党统治、建立各抗日党派民主联合政府的主张，得到各界热烈响应。但是，蒋介石公开反对召开各党派会议、成立民主联合政府。1945 年 5 月，国民党第六次全国代表大会制定了抢夺人民抗战胜利果实、准备发动内战的反动方针。

中共南方局还直接对大后方的工商界人士做了大量工作。周恩来当时说：1944 年，不仅小资产阶级，连民族资产阶级也靠拢了我们。

抗战文化工作的开展　全民族抗战开始后，在中国共产党推动和影

---

① 中共厦门市委党史研究室编：《华侨领袖陈嘉庚》，中央文献出版社 2001 年版，第 16 页。

② 世界知识出版社编：《中美关系资料汇编》第一辑，世界知识出版社 1957 年版，第 590 页。

③ 世界知识出版社编：《中美关系资料汇编》第一辑，世界知识出版社 1957 年版，第 596 页。

响下，文化界各抗敌协会相继成立，成为文化界广泛的抗日民族统一战线建立的重要标志。

1938 年初，周恩来担任国民政府军事委员会政治部副部长后，掌管宣传工作的政治部第三厅在周恩来、郭沫若的参与和领导下，汇聚了一大批文化界爱国人士，成为扩大统一战线、推动抗日文化工作的重要阵地。

武汉失守前后，一大批文化界人士迁移到重庆和桂林、昆明等地。中共中央南方局设立了文化工作委员会，具体领导大后方的进步文化工作。

中国共产党的《新华日报》《群众》周刊在国民党统治区公开发行，及时宣传党的主张，鼓舞和激励群众的抗战热情。

六、中国共产党的自身建设

"马克思主义的中国化"命题的提出　1938 年 9 月至 11 月，中国共产党在延安召开了扩大的六届六中全会。此前，1937 年 11 月，王明从苏联回国。他根据共产国际和苏联领导人关于中国抗战应该依靠国民党的指示精神，主张"一切经过统一战线""一切服从抗日"，把共产党和人民军队的活动限制在国民党允许的范围内，对洛川会议以来党在统一战线问题上的许多正确观点和政策提出批评。这些错误观点受到毛泽东等中央领导人的坚决抵制。1938 年 8 月，中共驻共产国际代表王稼祥回国，传达共产国际指示：中共中央的政治路线是正确的，中共中央要以毛泽东为首来解决统一领导的问题。

在六届六中全会上，毛泽东明确提出"马克思主义的中国化"命题。他强调："马克思主义的中国化，使之在其每一表现中带着中国的特性，即是说，按照中国的特点去应用它，成为全党亟待了解并亟须解决的问题。"[1] 为了推进马克思主义中国化的事业，他向全党提出了普遍地深入地

---

[1]　中共中央文献研究室、中央档案馆编：《建党以来重要文献选编（一九二一——一九四九）》第十五册，中央文献出版社 2011 年版，第 651 页。

学习马克思列宁主义的理论，学习我们的历史遗产并给以批判的总结和调查研究当前运动的特点及其规律性的任务。

中共六届六中全会是一次具有重大历史意义的会议。毛泽东后来指出："六中全会是决定中国之命运的。"[1] 全会基本纠正了王明的右倾错误，进一步巩固了毛泽东在全党的领导地位，统一了全党的思想和步调，推动了各项工作迅速发展。

1943 年，针对国民党借共产国际宣告解散而鼓吹"共产主义不适合中国国情"、要求解散中国共产党等论调，中共中央进行有力批驳，指出中国共产党人把中华民族"一切优秀传统看成和自己血肉相连的东西，而且将继续加以发扬光大"，使马克思列宁主义"更进一步地和中国革命实践、中国历史、中国文化深相结合起来"[2]。

新民主主义理论的系统阐明　为了将丰富的中国革命实际经验马克思主义化，以更好地指导抗日战争和中国革命，1939 年、1940 年之交，毛泽东撰写了《〈共产党人〉发刊词》《中国革命和中国共产党》《新民主主义论》等一批重要理论著作。

毛泽东揭示了中国半殖民地半封建社会的性质和主要特征，明确了近代中国社会的主要矛盾和中国革命发生及发展的原因，阐明了中国共产党领导的整个中国革命运动，包括民主主义革命和社会主义革命两个阶段。而五四运动以后的中国民主革命，已经是无产阶级领导的人民大众的反帝反封建的新民主主义革命。

毛泽东还阐明了中国共产党在新民主主义革命阶段的基本纲领。即：政治上，推翻帝国主义和封建主义的压迫，建立一个以无产阶级为领导的、以工农联盟为基础的各革命阶级联合专政的新民主主义共和国；政体是民主集中制的人民代表大会制度。经济上，没收操纵国计民生的大银

---

[1]　《毛泽东文集》第三卷，人民出版社 1996 年版，第 425 页。

[2]　中共中央文献研究室、中央档案馆编：《建党以来重要文献选编（一九二一——一九四九）》第二十册，中央文献出版社 2011 年版，第 318—319 页。

行、大工业、大商业归新民主主义国家所有，建立国营经济；没收地主阶级土地归农民所有，并引导个体农民发展合作经济；允许民族资本主义经济的发展和富农经济的存在。文化上，废除封建买办文化，发展无产阶级领导的人民大众的反帝反封建的中华民族的新文化，即民族的科学的大众的文化。

毛泽东总结中国共产党成立以来的历史经验，指出统一战线、武装斗争、党的建设，是中国共产党在中国革命中战胜敌人的三个主要法宝。

新民主主义理论是马克思主义中国化的重大理论成果。它的提出和系统阐明，标志着毛泽东思想得到多方面展开而趋于成熟。这个理论从思想上武装了中国共产党人，使他们极大地增强了参加和领导抗日战争以及整个新民主主义革命的自觉性。

整风运动和《关于若干历史问题的决议》 遵义会议以来，党的路线已走上马克思主义的正确轨道，但对曾经给党的事业造成严重危害的主观主义、教条主义还没有来得及从思想上进行认真清理。这就有必要集中开展一场普遍的马克思主义思想教育运动，总结和吸取经验教训，以提高广大党员的思想理论水平，增强党的凝聚力和战斗力。为此，中国共产党在全党范围内开展了一场整风运动。

1941 年 5 月，毛泽东作了《改造我们的学习》的报告。整风运动首先在党的高级干部中进行。1942 年 2 月，毛泽东先后作了《整顿党的作风》和《反对党八股》的讲演，整风运动在全党范围普遍展开。全党普遍整风的内容是反对主观主义、宗派主义、党八股以树立马克思主义的作风。反对主观主义以整顿学风，是整风运动最主要的任务。要克服主观主义，必须以科学的态度对待马克思主义，发扬理论联系实际的马克思主义的学风，一切从实际出发，实事求是。反对宗派主义以整顿党风，反对党八股以整顿文风，也是整风运动的重要任务。

在整风运动中，全党党员，特别是党的高级干部，认真学习马克思主义著作和党的整风运动文献，联系党的历史，联系个人的思想实际和工作实际，开展批评与自我批评，端正了思想路线，增强了运用马克思主义的立场、观点、方法解决中国革命实际问题的自觉性和能力。

在整风运动中，党中央于 1942 年 5 月召开延安文艺座谈会。毛泽东在讲话中强调："为什么人的问题，是一个根本的问题，原则的问题。"① "我们的文学艺术都是为人民大众的，首先是为工农兵的"②。在毛泽东延安文艺座谈会讲话精神指引下，广大文艺工作者创作了一大批反映现实生活的为群众喜闻乐见的优秀作品。

在深入总结历史经验的基础上，1944 年 5 月 21 日至 1945 年 4 月 20 日，中共扩大的六届七中全会在延安召开。会议原则通过了《关于若干历史问题的决议》，对建党以后特别是党的六届四中全会至遵义会议前这一段党的历史及其经验教训进行了总结，对党的若干重大历史问题作出结论。《决议》使全党特别是党的高级干部对中国革命基本问题的认识达到了一致，增强了全党团结，为党的七大胜利召开创造了充分条件，有力促进了中国革命事业发展。至此，整风运动胜利结束。

整风运动是一次深刻的马克思主义思想教育运动，也是一场思想解放运动。它坚持马克思主义同中国实际相结合的正确方向，使实事求是的思想路线在全党范围确立起来。

中共七大和毛泽东思想指导地位的确立   1945 年 4 月 23 日至 6 月 11 日，中国共产党第七次全国代表大会在延安举行。中共七大制定了党的政治路线，即"放手发动群众，壮大人民力量，在我党的领导下，打败日本侵略者，解放全国人民，建立一个新民主主义的中国"③。

中共七大制定了新民主主义国家在政治、经济、文化方面的纲领，提出实现中国工业化的宏伟任务，并在中国共产党的文件上首次明确提出："中国一切政党的政策及其实践在中国人民中所表现的作用的好坏、

---

① 《毛泽东选集》第三卷，人民出版社 1991 年版，第 857 页。
② 《毛泽东选集》第三卷，人民出版社 1991 年版，第 863 页。
③ 《毛泽东选集》第三卷，人民出版社 1991 年版，第 1101 页。

大小，归根到底，看它对于中国人民的生产力的发展是否有帮助及其帮助之大小，看它是束缚生产力的，还是解放生产力的。"①

中共七大把党在长期奋斗中形成的优良作风概括为三大作风，即理论和实践相结合的作风、和人民群众紧密联系在一起的作风、自我批评的作风。

毛泽东在大会预备会上强调看齐意识。他说："我们要向中央基准看齐，向大会基准看齐。看齐是原则，有偏差是实际生活，有了偏差，就喊看齐。"②

中共七大将以毛泽东为主要代表的中国共产党人把马克思列宁主义基本原理同中国具体实际相结合所创造的理论成果，正式命名为毛泽东思想，并规定为党的一切工作的指针。把毛泽东思想确立为党的指导思想并写入党章，是中共七大的历史性贡献。

中共七大在党的历史上具有重要里程碑意义，标志着党在政治上思想上组织上走向成熟。它为建立新民主主义的新中国制定了正确路线方针政策，确立了毛泽东在党中央和全党的领导核心地位、毛泽东思想在全党的指导地位，形成了一支高举毛泽东旗帜的久经考验的政治家集团。七大以"团结的大会，胜利的大会"载入党的史册，并为党后来不断从胜利走向胜利指明了正确方向、开辟了正确道路。

同年 6 月 19 日召开的中共七届一中全会，选举产生了中央政治局，选举毛泽东、朱德、刘少奇、周恩来、任弼时为中央书记处书记，毛泽东为中央委员会主席、中央政治局主席、中央书记处主席。

在延安时期，中国共产党形成了以坚定正确的政治方向、解放思想实事求是的思想路线、全心全意为人民服务的根本宗旨、自力更生艰苦奋斗的创业精神为主要内容的延安精神，这是党的宝贵精神财富。

---

① 《毛泽东选集》第三卷，人民出版社 1991 年版，第 1079 页。
② 《毛泽东文集》第三卷，人民出版社 1996 年版，第 298 页。

第五节 抗日战争的胜利及其意义

一、抗日战争的胜利

解放区战场的全面反攻 1945年上半年，世界反法西斯战争进入最后阶段。4月，包括解放区代表董必武在内的中国代表团出席了联合国制宪会议，中国成为联合国的创始国和联合国安理会常任理事国之一。

7月26日，中、美、英三国发表波茨坦公告，敦促日本投降。8月9日，苏联红军进入中国东北，同中国军民一道对日作战。同日，毛泽东发表《对日寇的最后一战》的声明。随后，朱德总司令发布七道全面反攻命令。抗日战争进入全面反攻阶段。

这时，国民党军队主要集中在西南、西北地区，而日军在华北、华中和华南占领的大部分城镇、交通要道都处在共产党领导的敌后军民包围中。各根据地军民向日、伪军发起猛烈的全面反攻，很快解放大片国土。

台湾光复

日本投降和台湾光复 8月15日，日本天皇裕仁发布《终战诏书》，日本无条件投降。9月2日，日本代表在投降书上签字。侵华日军128万人向中国投降。至此，中国抗日战争胜利结束，世界反法西斯战争也胜利结束。9月3日成为中国人民抗日战争胜利纪念日。

10月25日，中国政府在台湾举行受降仪式。被日本占领50年之久的台湾以及澎湖列岛，重归中国主权管辖①。这是抗日战争取得完全胜利的重要标志。

① 中共中央党史和文献研究院:《中国共产党的一百年（新民主主义革命时期）》，中共党史出版社2022年版，第258页。

二、中国人民抗日战争在世界反法西斯战争中的地位

世界反法西斯战争的东方主战场　中国人民抗日战争从一开始就具有拯救人类文明、保卫世界和平的重大意义，是世界反法西斯战争的重要组成部分，中国战场是世界反法西斯战争的东方主战场。

中国抗战在 1931 年九一八事变后即已开始。从 1937 年中国全民族抗战开始到 1939 年 9 月大战在欧洲爆发之前，当英、美、法实行绥靖政策的时候，中国人民孤军奋战，英勇抗击了百万日军的进攻。中国的抗战牵制和削弱了日本的力量，使之不敢贸然北进，从而使苏联得以集中兵力对付德国，避免东西两面作战；同时也推迟了日本发动太平洋战争的时间，并使之在发动和进行战争时由于兵力不足而不能全力南进，从而减轻了美、英军队所受压力。

中国坚持持久抗战，抗击和牵制着日本陆军主力，并为同盟国军队实施战略反攻创造了有利条件。美国总统罗斯福说："假如没有中国，假如中国被打坍了，你想一想有多少师团的日本兵可以因此调到其他方面来作战？"[①]苏联元帅崔可夫说："甚至在我们最艰苦的战争年代里，日本也没有进攻苏联，却把中国淹没在血泊中，稍微尊重客观事实的人都不能不考虑到这一明显而无可争辩的事实。"[②]

中国作为亚洲太平洋地区盟军对日作战的重要后方基地，还为盟国提供了大量战略物资和军事情报。

总之，中国是世界参加反法西斯战争的五个大国之一。中国人民的抗日战争开展时间最早、持续时间最长。中国是在亚洲大陆上反对日本侵略者的主要国家。在太平洋战争爆发前，中国抗击日本陆军的 80% 左右；在太平洋战争爆发后，仍抗击日本陆军的半数以上。14 年中，中国

[①]　伊利奥·罗斯福：《罗斯福见闻秘录》，李嘉译，新群出版社 1949 年版，第 49 页。

[②]　崔可夫：《在华使命》，万成才译，新华出版社 1980 年版，第 38 页。

军民共歼灭日军 150 余万人。中国人民为了自己的解放，为了帮助各同盟国，付出了巨大牺牲，作出了伟大贡献。

表 6-2　中国战场 1937—1945 年抗击日军陆军兵力情况

时间	日军陆军师团总数	日军在中国师团数				日军在东南亚及南太平洋师团数	
		关内	东北	合计	百分比	数量	百分比
1937 年冬	24	16	5	21	88%	—	—
1938 年冬	34	24	8	32	94%	—	—
1939 年冬	41	25	9	34	83%	—	—
1940 年冬	49	27	11	38	78%	—	—
1941 年 12 月初	51	22	13	35	69%	10	20%
1942 年冬	58	23	14	37	64%	15	26%
1943 年冬	70	23	15	38	54%	23	33%
1944 年冬	99	25	10	35	35%	38	38%
1945 年 8 月	168	26	31	57	34%	44	26%

资料来源：刘庭华：《中国抗日战争与第二次世界大战统计》，解放军出版社 2012 年版，第 176 页。

世界反法西斯力量对中国的援助　中国的抗日战争得到了世界上所有爱好和平与正义的国家和人民、国际组织及各种反法西斯力量的同情和支持。

苏联是最早为中国抗战提供援助的国家。1937 年 8 月，中国同苏联签订互不侵犯条约。苏联政府向中国提供大量物资援助，2 000 多名苏联飞行员参加了援华志愿飞行队，飞行大队长库里申科等 200 多人牺牲在中国战场。抗战后期，苏联红军开赴中国东北，加速了彻底打败日本侵略者的进程。

日本发动侵华战争后，美国一度奉行绥靖政策。抗日战争进入相持阶段后，美国采取两面政策，一方面向中国提供援助，另一方面又向日本大量出口战略物资。太平洋战争爆发前后，美国采取了支持中国、联合中国共同抗日的政策。美国陆军航空队退役军官陈纳德还曾组建美国援华志愿航空队，冒险开辟驼峰航线。

英、法等国也向中国提供了经济援助或开展军事合作。朝鲜、越南、加拿大、印度、新西兰、波兰、丹麦以及德国、奥地利、罗马尼亚、保加利亚、日本等国的反法西斯战士直接投身中国抗战。加拿大医生白求恩、印度医生柯棣华不远万里来华救死扶伤，法国医生贝熙叶开辟运输药品的自行车"驼峰航线"，德国的拉贝、丹麦的辛德贝格在南京大屠杀中千方百计保护中国难民，英国的林迈可、国际主义战士汉斯·希伯等记者积极报道和宣传中国抗战壮举。

三、抗日战争胜利的原因和意义

抗日战争胜利的原因 中国人民抗日战争的胜利，是近代以来中国人民反抗外敌入侵第一次取得完全胜利的民族解放斗争。其原因在于：

第一，以爱国主义为核心的民族精神是中国人民抗日战争胜利的决定因素。近代以来，中国人民为争取民族独立和解放进行的一系列抗争，是中华民族觉醒和民族精神升华的历史进程，这在抗日战争时期达到全新高度。中华儿女众志成城、共御外侮，谱写了伟大的爱国主义篇章。

第二，中国共产党的中流砥柱作用是中国人民抗日战争胜利的关键。中国共产党自成立之日起就把实现中华民族伟大复兴作为自己的历史使命。在日本帝国主义加紧侵略我国、民族危机空前严重的关头，党率先高举武装抗日旗帜，广泛开展抗日救亡运动，促成西安事变和平解决，对推动国共再次合作、团结抗日起了重大历史作用。七七事变后，党实行正确的抗日民族统一战线政策，坚持全面抗战路线，提出和实施持久战的战略总

何为"中流砥柱"

方针和一整套人民战争的战略战术，开辟广大敌后战场和抗日根据地，领导八路军、新四军、东北抗日联军和其他人民抗日武装英勇作战，成为全民族抗战的中流砥柱，直到取得中国人民抗日战争最后胜利。

第三，全民族抗战是中国人民抗日战争胜利的重要法宝。中国共产党坚持动员人民、依靠人民，推动形成了全民族抗战的历史洪流。全体中华儿女万众一心，各党派、各民族、各阶级、各阶层、各团体同仇敌忾，敌后战场和正面战场协力合作。中国人民抗日战争胜利是全体中华儿女勠力同心、以弱胜强的雄浑史诗，显示了中国人民和中华儿女坚不可摧的磅礴力量。

第四，中国人民抗日战争的胜利，同世界所有爱好和平和正义的国家和人民、国际组织以及各种反法西斯力量的同情和支持也是分不开的。

抗日战争胜利的意义　中国人民抗日战争是 20 世纪中国和人类历史上的重大事件。这一伟大胜利，是中华民族从近代以来陷入深重危机走向伟大复兴的历史转折点。

中国人民抗日战争的胜利，彻底粉碎了日本军国主义殖民奴役中国的图谋，有力捍卫了国家主权和领土完整，彻底洗刷了近代以来抗击外来侵略屡战屡败的民族耻辱。

中国人民抗日战争的胜利，促进了中华民族的大团结，形成了伟大的抗战精神。中国人民向世界展示了天下兴亡、匹夫有责的爱国情怀，视死如归、宁死不屈的民族气节，不畏强暴、血战到底的英雄气概，百折不挠、坚忍不拔的必胜信念。伟大抗战精神是中国人民弥足珍贵的精神财富。

中国人民抗日战争的胜利，对世界各国夺取反法西斯战争的胜利，维护世界和平产生了巨大影响。中国人民为最终战胜法西斯势力作出了历史性贡献，国际地位显著提高，中国成为联合国安理会五个常任理事国之一。中国人民赢得了世界爱好和平人民的尊敬，中华民族赢得了崇高的民族声誉。

中国人民抗日战争的胜利，坚定了中国人民追求民族独立、自由、解放的意志，开启了古老中国凤凰涅槃、浴火重生的历史新征程，为中国共产党团结带领全国人民继续奋斗，赢得新民主主义革命胜利，奠定了重要基础。

 学习思考

1. 为什么说中国的抗日战争是神圣的民族解放战争？

2. 为什么说中国共产党是中国人民抗日战争的中流砥柱？

3. 怎样评价国民党政府在抗日战争中执行的路线和正面战场的地位与作用？

4. 如何理解中国人民抗日战争胜利对实现中华民族伟大复兴的意义？

 必读文献

1. 毛泽东：《论持久战》（第 111—118 节）（1938 年 5 月）

《论持久战》为毛泽东 1938 年 5 月 26 日至 6 月 3 日在延安抗日战争研究会所作讲演。其中第 111—118 节，主题为兵民是胜利之本。毛泽东指出，战争的伟力之最深厚的根源，存在于民众之中。只有动员全军全民起来奋斗，才是发起抗日民族统一战线的根本目的，抗日战争也才能取得胜利。本文对我们理解如何赢得抗日战争胜利有重要意义。

2. 毛泽东：《论联合政府》（三）（1945 年 4 月 24 日）

《论联合政府》为毛泽东在中共七大所作的书面政治报告。报告第三部分的主题是抗日战争中的两条路线。毛泽东指出，国共两党两条不同抗战路线的存在，是一切中国问题的关键所在，人民战争路线是胜利的路线；强调要团结全国人民，避免黑暗的中国之命运，全力争取光明的中国之命运，将中国建设成为一个独立、自由、民主、统一和富强的新国家。本文对我们正确认识国共两党两条不同的抗战路线及战后时局有重要意义。

3. 习近平：《在纪念中国人民抗日战争暨世界反法西斯战争胜利 75 周

年座谈会上的讲话》（2020 年 9 月 3 日）

2020 年 9 月 3 日，纪念中国人民抗日战争暨世界反法西斯战争胜利 75 周年座谈会在人民大会堂举行，习近平总书记发表了这一重要讲话。学习本文有助于我们深入理解抗日战争胜利的原因、意义及弘扬伟大的抗战精神等。

 延伸阅读文献

《中共中央关于目前形势与党的任务的决定》（1937 年 8 月 25 日）

《中共中央关于目前形势与党的任务的决定》，是中共中央在陕北洛川召开的政治局扩大会议通过的重要文献。《决定》强调，抗战阶段的最中心任务是：动员一切力量争取抗战的最后胜利，要求全党为贯彻《中国共产党抗日救国十大纲领》而奋斗。本文对我们正确认识中国共产党在抗日战争中的路线、方针和政策有重要意义。

第七章　为建立新中国而奋斗

抗日战争胜利后，在中国人民面前摆着两条路，光明的路和黑暗的路。存在着两个中国之命运：一个是独立、自由、民主、统一、富强的中国，即光明的新中国；一个是半殖民地半封建的、分裂的、贫弱的中国，即黑暗的旧中国。中国共产党领导人民推翻国民党反动统治，取得新民主主义革命的胜利，建立了中华人民共和国，实现了民族独立和人民解放。

第一节　从争取和平民主到击退国民党的军事进攻

一、中国共产党争取和平民主的斗争

战后国际国内政治形势　抗日战争胜利后，中国广大人民热切希望实现和平、民主，为建设新中国而奋斗。

战后的政治形势，总的说来，对中国人民实现建设新中国的目标是有利的。在国际上，社会主义国家、民族解放运动力量有了新发展，帝国主义势力遭到削弱，已经难以集中力量干涉中国革命。在国内，中国人民的觉悟程度和组织程度空前提高，人民军队发展到约 132 万人，解放区人口近 1 亿。经过整风学习，中国共产党达到了高度团结统一。中国人民克服一切困难，实现其基本历史要求的时机已经到来。

但是，通向新中国的道路仍然是崎岖、曲折的。

国民党统治集团作为大地主、大资产阶级的政治代表，其根本目标是使战后的中国维持蒋介石的独裁统治，继续走半殖民地半封建社会的老路。

由于中国共产党及其领导的人民革命力量的存在和发展是它实现上述目标的主要障碍，还在抗战中期、后期，蒋介石就开始采取避战观战以便保存实力、准备发动反共内战的方针。抗战刚胜利，中国就面临着内战危险。

以武力消灭共产党及其领导的人民军队和解放区政权，是蒋介石集团的既定方针。由于全国人民强烈要求和平、反对内战，由于国民党军队大部分远在西南、西北后方，要把它们运往内战前线、完成内战部署需要相当的时间，由于国际上苏联、美国等都表示希望中国能够实行和平建国，因此，蒋介石在积极准备内战的同时，又表示愿意与中共进行和平谈判。其目的，一是以此敷衍国内外舆论，掩盖其正在进行的内战准备；二是诱使中共交出人民军队和解放区政权，以期不战而控制全中国；三是如果谈判不成，即放手发动内战，并把战争责任转嫁给中国共产党。

国民党的反共方针得到了美国政府的支持。第二次世界大战结束后，美国依仗强大的经济和军事实力，积极向外扩张，企图建立自己在世界上的统治地位。控制中国是美国全球战略的重要组成部分。正如后来美国国家安全委员会的一份报告中所说，他们当时在中国所追求的长远目标是推动建立一个稳定、统一的亲美政府，而短期目标首先是"阻止共产党完全控制中国"。美国采取的措施是：一方面，要求国民党政府实行某种程度的改革，包括搞一点形式上的民主，争取中间派的同情和支持，诱使或迫使共产党交出军队，实现中国在国民党领导下的"统一"；另一方面，在经济、政治、军备等方面大力援助国民党政府，帮助国民党军队运兵抢占战略要点。

中国共产党争取和平民主的方针　为建立新中国而奋斗，这是中国人民的根本利益之所在。但是怎样去实现这个目标呢？中国共产党曾经希望通过和平途径对中国进行政治社会的改革，进行经济建设，逐步向新中国这个目标迈进。因为，中国人民在经历了长期战争后，有和平建国的强烈要求，中国共产党应当充分考虑人民群众的这种愿望。同时，由于人民力量强大，加上其他条件，中国共产党估计，造成国共两党合作（加上民主同盟等）、和平发展新阶段的可能性是存在的。中国共产党应当努力争取中国出现这种局面。

基于对和平的真诚愿望和对局势的清醒认识，中共中央认为，同国民党进行和平谈判是必要的；即使是暂时的和平局面，也应该积极争取。1945 年 8 月 23 日，中共中央政治局召开扩大会议，提出今后对国民党的方针是"蒋反我亦反，蒋停我亦停"[①]，以斗争达到团结，迫使国民党在一定程度上接受人民的要求，以推进国内和平等目标的实现。8 月 24 日，毛泽东根据时局变化进一步指出，抗战结束，和平建设阶段开始。中央正考虑同国民党进行谈判，避免内战，实现和平建国。8 月 25 日，中共中央发表《对目前时局的宣言》，明确提出和平、民主、团结的口号。

重庆谈判和政治协商会议　　8 月 14 日、20 日、23 日，蒋介石三次电邀毛泽东到重庆"共定大计"。为了争取和平民主，毛泽东不顾个人安危，于 8 月 28 日偕周恩来、王若飞赴重庆与国民党当局进行谈判。这一行动，充分体现了中国共产党谋求和平的真诚愿望。10 月 10 日，双方签署《政府与中共代表会谈纪要》，即"双十协定"，确认和平建国的基本方针，同意"长期合作，坚决避免内战"。

1946 年 1 月 10 日，国共双方下达停战令。同一天，政治协商会议在重庆开幕，出席会议的有国民党、共产党、民主同盟、青年党和无党派人士代表共 38 人。以周恩来为首的中共代表团与民主同盟等民主党派和无党派人士的代表密切合作，同国民党当局认真协商，推动政协会议达成政府组织案、国民大会案、和平建国纲领、军事问题案、宪法草案案五项协议。

政治协商会议的代表构成

政协会议协议，还不是新民主主义性质的，但它有利于冲破蒋介石的独裁统治和实行民主政治，有利于和平建国，因而在相当程度上有利于人民。在一个时期内，是否忠实履行政协协议，成了人们衡量政治是非的重要尺度。

---

① 《毛泽东选集》第四卷，人民出版社 1991 年版，第 1127 页。

维护和破坏政协协议的较量　中国共产党是准备严格履行政协协议的。政协会议闭幕的第二天，中共中央发出党内指示，要求全党准备为坚决实现政协协议而奋斗。同时提出，必须提高警惕，注意"阵地的保持与继续取得"[①]，做好进行自卫战争的准备，而"练兵、减租与生产是目前解放区三件中心工作"[②]。

国民党政权所代表的是大地主、大资产阶级的利益，其统治的社会基础极其狭隘，这决定了它既不能容忍、又经受不住任何的民主改革。后来艾奇逊在其回忆录中也承认，国民党存在着维护特殊利益的集团，它"愈来愈流露这样一种信念：追求统一和民主的中国，意味着他们将丧失一切"[③]。正因为如此，国民党统治集团从来没有准备去履行政协协议。在同年3月召开的国民党六届二中全会上，蒋介石命令他的追随者对政协协议"就其荦荦大端，妥筹补救"[④]。

国民党统治集团的方针是，先接收关内，控制华东、华北，而后进兵关外，以便独占东北。所以，它计划先在关内大打，而后在关外大打。待它认为相应的准备已经完成时，就全面彻底撕毁政协协议，悍然发动全国规模的内战。

中国共产党争取和平民主的努力，尽管最终未能阻止全面内战的爆发，但是，它使得各界群众增进了对中国共产党的了解，懂得了什么人应当对这场战争承担责任。这在政治上是一个重大胜利。中共代表团在返回延安时，代表团成员李维汉在当天的日记中写道："国共谈判破裂了，

---

① 中央档案馆编：《中共中央文件选集》第十六册，中共中央党校出版社1992年版，第66页。

② 中央档案馆编：《中共中央文件选集》第十六册，中共中央党校出版社1992年版，第65页。

③ 转引自中共中央党史研究室：《中国共产党的九十年（新民主主义革命时期）》，中共党史出版社、党建读物出版社2016年版，第277页。

④ 转引自中共中央党史研究室：《中国共产党的九十年（新民主主义革命时期）》，中共党史出版社、党建读物出版社2016年版，第278页。

但我党满载人心归去"[1]。这是完全符合事实的。同时，经过努力，中国人民毕竟争得了近一年的和平暂息时期。这也为巩固和扩大解放区、做好进行自卫战的准备，提供了有利条件。

二、国民党发动全面内战和解放区军民的坚决反击

全面内战爆发　1946 年 6 月 26 日，国民党军以进攻中原解放区为起点，挑起了全面内战。同年 10 月 11 日，国民党军占领华北解放区重镇张家口。蒋介石于当天宣布 11 月 12 日召开由国民党一手包办的"国民大会"。1947 年 3 月，国民党当局限期令中共驻南京、上海、重庆三地代表及工作人员全部撤退。至此，一切和平谈判之门都被国民党关闭，国共关系彻底破裂。

全面内战爆发时，中国共产党面临的形势极为严峻。当时，国民党政府拥有军队总兵力约 430 万人，控制着全国 76% 的面积、3.39 亿人口、几乎所有的大城市和绝大部分铁路交通线；它不仅接收了 100 余万日军和数十万伪军的装备，而且美国还为它训练和装备了 50 万军队。人民解放军的总兵力只有约 127 万人，装备基本上是缴自日、伪军的步兵武器；解放区的人口约 1.36 亿，土地面积只占全国的 24%，而且是被分割、包围的，在物质上得不到任何外援。正是凭着军力和经济力的优势，蒋介石声称，这场战争"一定能速战速决"。

以革命战争反对反革命战争　中国共产党清醒估计国内外形势，坚决认定，我们必须打败蒋介石，而且能够打败他。毛泽东指出：我们必须打败蒋介石，是因为蒋介石发动的战争，是一个在美帝国主义指挥之下的反对中国民族独立和中国人民解放的反革命的战争。我们能够打败蒋介石，是

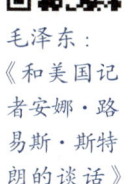

毛泽东：《和美国记者安娜·路易斯·斯特朗的谈话》（节选）

---

① 李维汉：《回忆与研究》（下），中共党史出版社 2013 年版，第 652 页。

因为蒋介石军事力量的优势和美国的援助，只是临时起作用的因素；而蒋介石发动的战争的反人民性质，人心的向背，则是经常起作用的因素，在这方面，我们占着优势。人民解放军的战争所具有的爱国的正义的革命的性质，必然要获得全国人民的拥护。这就是战胜蒋介石的政治基础。

为打退国民党对解放区的军事进攻，中共中央指出，在政治上，必须和人民群众亲密合作，必须争取一切可以争取的人，在党的领导下建立最广泛的人民民主统一战线；在军事上，必须采取集中优势兵力、各个歼灭敌人的作战原则。

1946 年 6 月至 1947 年 6 月，人民军队处于战略防御阶段。战争主要在解放区进行。

1946 年 6 月至 10 月，国民党军侵占解放区城市 153 座；解放军则收复城市 48 座、歼敌 29.8 万人。从 1946 年 11 月至 1947 年 2 月，国民党军侵占解放区城市 87 座；解放军则收复和解放城市 87 座、歼敌 41 万人。国民党军被迫放弃对解放区的全面进攻，而改为对陕北、山东两解放区的重点进攻。

1947 年 3 月至 6 月，解放军经过内线作战，努力打退国民党军的重点进攻，并在东北、热河、冀东、豫南等地开始局部反攻。解放区虽仍有 95 座城市被敌侵占，但解放军同时收复和解放了 153 座城市，并歼敌 40 余万人。

战局的发展，从根本上粉碎了国民党统治集团的速战速决计划，并使他们陷入人民战争的汪洋大海之中，难以逃脱遭遇灭顶之灾的命运。

第二节　全国解放战争的发展和第二条战线的形成

一、解放战争的胜利发展

人民解放军转入战略进攻　经过一年作战，战争形势发生重大变化。

1947 年 7 月，国民党军队总兵力由 430 万人下降为 373 万人，其中正规军由 200 万人下降为 150 万人。人民解放军总兵力则由 127 万人增加为 195 万人，其中正规军近 100 万人，武器装备也得到很大改善。中共中央当机立断，决定不等完全粉碎敌人的战略进攻，立刻转入全国性反攻，以主力打到外线去，将战争引向国民党统治区域。

1947 年 6 月底，根据中共中央的决策和部署，刘伯承、邓小平率领的晋冀鲁豫野战军主力，实施中央突破，千里跃进大别山。随后，陈毅、粟裕指挥的华东野战军主力为东路，挺进苏鲁豫皖地区。陈赓、谢富治指挥的晋冀鲁豫野战军一部为西路，挺进豫西。三路大军相互策应，机动歼敌。它们调动和吸引国民党军南线全部兵力 160 多个旅中约 90 个旅于自己周围，迫使国民党军处于被动地位。人民解放战争战略进攻的序幕由此揭开。

仍在内线作战的人民解放军，包括彭德怀率领的西北野战军，谭震林、许世友率领的华东野战军山东兵团，聂荣臻率领的晋察冀野战军，徐向前率领的晋冀鲁豫野战军太岳兵团等，也在同时加紧发起攻击，渐次转入反攻。同年夏季，林彪、罗荣桓率领的东北民主联军发动反攻，从根本上改变了东北战局。

各个战场的攻势作战，构成了人民解放军全国规模的战略进攻总形势。

提出"打倒蒋介石，解放全中国"的口号　1947 年 10 月 10 日，中国人民解放军总部发表宣言，提出"打倒蒋介石，解放全中国"的口号，极大鼓舞了解放军全体指战员和全国人民的斗志。

同年 12 月，中共中央在陕北米脂县杨家沟召开会议，制定了夺取全国胜利的行动纲领。毛泽东指出，中国革命已经发展到了一个历史的转折点。这是蒋介石 20 年反革命统治由发展到消灭的转折点，这是 100 多年来帝国主义在中国的统治由发展到消灭的转折点。随后，他进一步要求全党同志，必须牢牢掌握党的总路线，即无产阶级领导的，人民大

毛泽东：《目前形势和我们的任务》（节选）

众的，反对帝国主义、封建主义和官僚资本主义的新民主主义革命的总路线；必须十分注意政策和策略，注意按照实际情况决定工作方针，善于把党的政策变成群众的行动；必须维护党的集中统一的领导，加强组织性纪律性，以便把人民解放战争胜利地向前推进。

二、解放区的土地改革运动与农民的广泛发动

从"五四指示"到《中国土地法大纲》 在解放战争胜利发展的同时，解放区开展了轰轰烈烈的土地改革运动。毛泽东指出："如果我们能够普遍地彻底地解决土地问题，我们就获得了足以战胜一切敌人的最基本的条件。"[①]

1946 年 5 月 4 日，中共中央发布《关于土地问题的指示》（五四指示）。1947 年下半年，解放区 2/3 的地方已基本实现"耕者有其田"，但还有 1/3 的地方没有进行土地制度改革；已进行土改的地方，有的也不够彻底。为推动解放区土改运动进一步发展，1947 年 7 月至 9 月，中国共产党在西柏坡召开全国土地会议，制定和通过了《中国土地法大纲》，明确规定"废除封建性及半封建性剥削的土地制度，实行耕者有其田的土地制度"[②]。《中国土地法大纲》是一个彻底反封建的土地革命纲领，它指引着在封建制度压迫下的亿万农民群众，将自己的力量汇入民主革命的洪流。

土地改革运动的热潮 全国土地会议后，解放区广大农村迅速掀起土地制度改革运动的热潮。尽管在土改运动广泛发动后，一度发生过侵犯部分中农利益、侵犯某些民族工商业等的"左"的错误，但中共中央一经发现，便立即采取坚决措施加以纠正，使运动迅速走上健康发展的轨道。

经过土改运动，到 1948 年秋，1 亿人口的解放区消灭了封建生产关

---

① 《毛泽东选集》第四卷，人民出版社 1991 年版，第 1252 页。

② 中央档案馆编：《中共中央文件选集》第十六册，中共中央党校出版社 1992 年版，第 547 页。

系。广大农民的政治觉悟和组织程度空前提高，大批青壮年农民踊跃参加人民军队，各地农民不仅将粮食、被服等送上前线，而且成立运输队、担架队、破路队等随军组织，担负战争勤务。他们还广泛建立和发展民兵组织，配合解放军作战。人民解放战争获得源源不断的人力、物力支援。

中国共产党开展"耕者有其田"的土地改革运动

　　土地制度改革，是中国共产党领导广大农民从根本上摧毁封建制度根基的社会大变革。它使占中国人口绝大多数的农民进一步认识到，中国共产党是他们自身利益的坚决维护者，因而自觉地在党的周围团结起来。这就为打败蒋介石、建立新中国奠定了深厚的群众基础。

三、第二条战线的形成和发展

　　国民党统治区的政治经济危机　在国民党统治区，以学生运动为先导的人民民主运动也迅速发展起来，成为配合人民解放战争的第二条战线。

　　国民党政府由于其专制独裁统治和官员们的贪污腐败、大发国难财，抗战后期在大后方便已严重丧失人心。在抗战胜利时曾经对它抱有很大期望的原沦陷区人民，也很快对它感到极度失望。一个重要原因，就是国民党政府派出的官员到原沦陷区接收时，把接收变成"劫收"。连一名国民党接收官员也向蒋介石进言，"像这样下去，我们虽已收复了国土，但我们将丧失了民心"，其结果将使政府"基础动摇，在一片胜利声中早已埋下了一颗失败的定时炸弹"[①]。

[①]　转引自中共中央党史研究室：《中国共产党的九十年（新民主主义革命时期）》，中共党史出版社、党建读物出版社2016年版，第288页。

国民党政府
滥发法币

国民党之所以迅速失去民心，主要是由于它违背全国人民迫切要求休养生息、和平建国的意愿，执行反人民的内战政策。为了筹措内战经费，国民党政府除了对人民征收苛重的捐税外，更无限制地发行纸币。1948 年 8 月，法币发行额已比 1937 年全民族抗战前增发 47 万多倍，而物价暴涨了 725 万多倍。这种恶性通货膨胀，实际上是对国统区人民的普遍掠夺。官僚资本极度膨胀，工农业生产严重萎缩，大批民族工商业濒于倒闭，城市失业人数陡增，广大农村饿殍遍地。国民党统治区陷入严重经济危机。全国各阶层人民在饥饿和死亡线上挣扎，不得不团结起来，同蒋介石反动政府作你死我活的斗争。

学生运动的高涨　针对国民党当局积极从事内战的准备，1945 年底，昆明学生发动了以"反对内战，争取自由"为主要口号的一二·一运动。这个运动扩展到了许多城市。

全面内战爆发半年后，1946 年 12 月 30 日，为抗议驻华美军强暴北京大学先修班一女学生，北平学生高喊"抗议美军暴行！""美军退出中国！"的口号，举行示威游行。抗议驻华美军暴行的运动（史称"抗暴运动"或"一二三〇运动"）由此掀起。截至 1947 年 1 月 10 日，抗暴斗争扩展到 14 个省 26 个城市，参加罢课、游行等的学生总数达 50 万人。

1947 年 5 月 20 日，南京、北平等地爆发了反饥饿、反内战运动（史称"五二〇运动"）。随后，这个运动迅速扩大到上海、杭州、武汉、广州等 60 多个大中城市，学生罢课、游行同工人罢工、教员罢教等各阶层人民的斗争汇合到了一起。

随着解放战争的胜利推进，国民党统治区的人民民主运动有了新发展。广大学生越来越把中国的希望寄托于人民解放战争的胜利，因而不再提"反内战"的口号，而是在"反迫害"的旗帜下展开斗争。

1948 年，美国对日政策发生逆转，开始由促使日本非军事化和整肃右翼，转向扶持日本，重新武装日本，打击左派势力，以期使日本成为美国在亚洲的依靠重点。爱国学生提出"反美扶日"[①]"挽救新民族危机"的口号。6 月 5 日，上海学生举行反美扶日大游行。随后，这个运动很快扩展到全国。

人民民主运动的发展　学生运动是整个人民民主运动的一部分。学生运动的高涨，不可避免地要促进整个人民民主运动的高涨。

在全面内战爆发前，1946 年 6 月 23 日，上海人民团体联合会派出请愿团去南京向国民党当局呼吁和平。请愿团到达南京下关时遭到当局指使的大批暴徒围殴达 5 个小时，团长马叙伦和代表雷洁琼等多人受伤。

1947 年间，全国 20 多个大中城市中，先后有 120 万工人举行罢工。5 月到 6 月，饥饿的城市居民"抢米"风潮席卷包括江苏、浙江、安徽、四川等省的 40 多个大小城镇。在农村，农民不断掀起反抗国民党当局抓丁、征粮、征税的浪潮。1947 年 1 月，民变地区扩展到 300 多个县。中共地方组织还在广东（含海南岛）、湖北、安徽、福建、江西等一些地方的农村中，恢复和发展人民武装，进行武装斗争，建立游击根据地。

台湾、新疆、内蒙古等地人民革命运动也有新的发展。

中国各民主党派和无党派民主人士在人民民主运动中发挥了积极作用。

这些事实表明，不仅在军事战线上，而且在政治战线上，国民党政府都打了败仗。这个政府已经处在全民的包围中。

第三节　中国共产党与民主党派的团结合作

一、各民主党派的历史发展

中国的民主党派，少数成立于大革命时期和土地革命战争时期，多

---

① 反对美国政府扶植日本军国主义势力。

数成立于抗日战争和全国解放战争时期。主要是：

中国国民党革命委员会（简称"民革"）。1947年秋，三民主义同志联合会、中国国民党民主促进会及其他国民党民主派酝酿成立联合组织，宋庆龄表示支持。同年11月，中国国民党民主派和其他爱国民主人士第一次联合会议在香港召开。1948年1月1日，会议宣布中国国民党革命委员会正式成立。民革中央推举宋庆龄为名誉主席，李济深为主席。

中国民主同盟（简称"民盟"）。1941年3月，中国民主政团同盟在重庆诞生。黄炎培被推选为中央常务委员会主席。不久，改由张澜任主席。民盟由6个组织联合组成。它们是：救国会、中华民族解放行动委员会（亦称"第三党"，后改称"中国农工民主党"）、中华职业教育社、乡村建设协会以及青年党和国家社会党（后改称"民主社会党"）。为便于更多的民主人士以个人身份加入，中国民主政团同盟于1944年9月更名为中国民主同盟。

中国民主建国会（简称"民建"）。1945年12月，由爱国的民族工商业者和与其有联系的知识分子发起在重庆成立。黄炎培、胡厥文等当选为常务理事。

中国民主促进会（简称"民进"）。1945年12月，中国民主促进会在上海宣告成立。组成人员一部分是马叙伦所联系的文化、教育、出版工作者，另一部分是王绍鏊所联系的部分上海工商界爱国人士。会务由马叙伦负责。

中国农工民主党（简称"农工党"）。1928年，谭平山、章伯钧等酝酿成立中华革命党，并开始发展成员，开展活动。1930年8月，召开第一次全国干部会议，宣告成立中国国民党临时行动委员会，邓演达当选为总干事（后被国民党当局杀害）。1935年11月，改称中华民族解放行动委员会（亦称"第三党"）。1947年2月，改称中国农工民主党。章伯钧任主席。

中国致公党。1925年10月，五洲洪门恳亲大会在美国旧金山召开，成立致公党总部。1947 年 5 月，中国致公党在香港召开第三次代表大会，选举李济深为主席（对外未公开），陈其尤为副主席。

九三学社。1944 年底以来，重庆科技界、文化界、教育界的一些高级知识分子经常在一起举行座谈会（一度称"民主科学座谈会"）。1945 年 9 月 3 日，座谈会改名为九三学社。1946 年 5 月 4 日，九三学社在重庆宣告正式成立。许德珩等当选为理事。

台湾民主自治同盟（简称"台盟"）。二二八起义失败后，为团结台湾各界人士坚持斗争，1947 年 8 月，谢雪红等在香港酝酿成立政治组织。11 月，台湾民主自治同盟正式成立。

中国各民主党派形成时的社会基础，主要是民族资产阶级、城市小资产阶级以及同这些阶级相联系的知识分子和其他爱国分子。它们所联系和代表的是这些阶级、阶层的人们在反帝爱国和争取民主的共同要求基础上的联合，是阶级联盟性质的政党。在它们的成员和领导骨干中，还有一定数量的革命知识分子和少数共产党人。

八个民主党派排序的由来

在中国的政治生活中，各民主党派和无党派民主人士是一支重要的力量。

二、中国共产党与民主党派的合作

抗日战争胜利后民主党派的政治态度　　抗日战争胜利后，民主党派在中国政治舞台上比较活跃。中国各民主党派的政纲不尽相同，但都主张爱国、反对卖国，主张民主、反对独裁。在这些方面，同中国共产党的新民主主义革命政纲基本上一致。因此，它们大多从成立时起，就同中国共产党建立了不同程度的合作关系，并在斗争实践中逐步发展了这种关系。

在战后进行国共谈判和召开政协会议时，民主党派作为"第三方面"，主要是同共产党一起，反对国民党的内战、独裁政策，为和平民主而奔走呼号，为政协会议的成功作出了贡献，并为维护政协协议进行过不懈努力。在国民党当局撕毁政协协议、发动全面内战时，尽管参加民盟的青年党、民主社会党跟随国民党跑了，但民盟和其他民主党派的大多数人，在拒绝参加国民党一手包办的伪"国民大会"和虚假的"多党政府"以及反对国民党炮制的伪"宪法"等一系列重大问题上，是同共产党站在一起的。他们还积极参加和支持国民党统治区的爱国民主运动，在第二条战线斗争中尽了一份力量。

毛泽东在重庆谈判期间积极做民主党派的工作

中国共产党对民主党派的政策　中国共产党对各民主党派采取了积极争取和团结的政策。无论是在举行国共谈判、召开政协会议期间，还是在解放战争进行过程中，中国共产党都及时向各民主党派通报情况，认真听取他们的意见，并就一些重大问题同他们进行协商，以便采取一致行动。中国共产党一贯鼓励和支持各民主党派反对国民党独裁统治的斗争，同时，又十分注意尊重和维护其应有的政治地位及合理的利益；对他们的某些不妥当意见，则善意地提出批评，诚恳地帮助其进步。中共领导人毛泽东、周恩来等还同民主党派领导人和无党派民主人士代表建立了良好的个人关系，直接对他们开展工作。所有这些，都收到了积极效果。

同中国共产党合作奋斗，并在实践中不断进步，是各民主党派在这个时期表现的主要方面。中国共产党与民主党派的团结合作，对中国人民解放事业的发展起到了积极作用。

三、中国共产党领导的多党合作和政治协商格局的形成

第三条道路的幻灭　抗日战争胜利后，某些民主党派的领导人曾经鼓吹"中间路线"，企图在国共对立的纲领之外寻找第三条道路。他们主张：在政治上，"必须实现英美式的民主政治"，但不准地主官僚资本家操纵；在经济上，"应当实行改良的资本主义"，但不容官僚买办资本横

行。实行的方法，则是走和平改良的道路。他们所提倡的，是资产阶级共和国的方案，他们所主张的，实质上是旧民主主义的道路。

但是，中国在战后面临的是两种命运、两个前途的尖锐斗争。客观形势决定了中国没有走中间路线的余地。持有中间路线想法的人们一接触到实际斗争，尤其是内战重起，就使他们只能在靠近共产党或靠近国民党中选择道路，而不能有其他道路。如前所述，青年党、民主社会党跟随国民党走了，民盟的大多数则是靠近共产党以至接受共产党的领导。

国民党当局不仅极度仇视共产党，而且对民主党派、民主人士也充满敌意。尽管民盟等一向主张"以民主的方式争取民主，以合法的行动争取合法的地位"[1]，国民党当局还是不断以暴力对他们施行迫害。继李公朴、闻一多在昆明遭暗杀后，杜斌丞在西安被杀害。民盟地方组织的许多成员被逮捕、绑架、杀害，其所办的多家报社被捣毁或遭袭击。1947 年 5 月，国民党公然诬蔑民主同盟、民主促进会等"受中共之命，而准备甘为中共之新的暴乱工具"[2]。10 月，国民党当局宣布民盟"为非法团体"，明令对该组织及其成员的一切活动"严加取缔"。11 月 6 日，民盟总部被迫在上海发表公告，宣布总部即日解散。蒋介石不允许民盟这样的组织存在，这就使在蒋介石统治下进行任何和平运动、合法运动、改良运动的最后幻想归于破灭。

观点辨析：为什么第三条道路在中国行不通

1948 年 1 月，民盟领导人沈钧儒等在香港召开民盟一届三中全会，宣布不接受解散民盟的任何决定，并恢复民盟总部。会议明确宣告，民盟"决不能够在是非曲直之间有中立的态度"，指出独立的中间路线不符合中国的现实环境，是"行不通"[3]的。民盟必须

---

① 转引自中共中央党史研究室：《中国共产党的九十年（新民主主义革命时期）》，中共党史出版社、党建读物出版社 2016 年版，第 313 页。

② 转引自中共中央党史研究室：《中国共产党的九十年（新民主主义革命时期）》，中共党史出版社、党建读物出版社 2016 年版，第 313 页。

③ 转引自中共中央党史研究室：《中国共产党的九十年（新民主主义革命时期）》，中共党史出版社、党建读物出版社 2016 年版，第 313 页。

站在人民的、民主的、革命的立场，为彻底推翻国民党统治集团、消灭封建土地所有制、驱逐美帝国主义出中国、实现人民的民主而奋斗，表示今后要与中国共产党携手合作。与此同时，中国国民党革命委员会也公开表示承认中国共产党的领导地位，其他民主党派也明确表示参加新民主主义革命的立场。

中共中央发布纪念"五一"节口号

1948 年 4 月 30 日，中共中央在纪念五一国际劳动节的口号中提出："各民主党派、各人民团体、各社会贤达迅速召开政治协商会议，讨论并实现召集人民代表大会，成立民主联合政府。"① 这个号召得到各民主党派和社会各界的热烈响应，揭开了中国共产党同各党派、各团体、各族各界人士协商建国的序幕，奠定了中国共产党领导的多党合作和政治协商制度的基础。按照中共中央的部署，1948 年 8 月至翌年 9 月，中共中央香港分局和香港工委组织护送民主人士北上达 20 多次。其中包括沈钧儒、李济深、张澜、黄炎培、章伯钧等 350 多人，加上党内干部共 1 000 多人，辗转到达北平，为新政协会议的召开提供了重要保证。

多党合作和政治协商格局的形成　1949 年 1 月 22 日，李济深、沈钧儒等民主党派的领导人和著名的无党派民主人士 55 人联合发表《对时局的意见》，一致认定中共提出的关于召开政治协商会议、成立联合政府的主张"符合于全国人民大众的要求"，恳切表示"愿在中共领导下，献其绵薄，共策进行，以期中国人民民主革命之迅速成功，独立、自由、和平、幸福的新中国之早日实现"②。这个政治声明表明，中国各民主党派和无党派民主人士公开自愿接受中国共产党的领导，决心走人民革命的道路，拥护建立人民民主的新中国。

① 中共中央文献研究室、中央档案馆编：《建党以来重要文献选编（一九二一—一九四九）》第二十五册，中央文献出版社 2011 年版，第 283—284 页。
② 政协全国委员会文史资料研究委员会编：《五星红旗从这里升起——中国人民政治协商会议诞生记事暨资料选编》，文史资料出版社 1984 年版，第 216 页。

同年春，毛泽东在同有关人士谈话时提出，民主党派应"积极参政，共同建设新中国"[1]。这标志着民主党派地位的根本变化，即它们不再是旧中国反动政权下的在野党，而将在中国共产党领导下，共同担负起管理国家和建设新中国的历史重任。中国共产党领导的多党合作政治格局，正是在这个基础上形成的。

历史经验表明，资产阶级共和国的方案在中国是行不通的。中国共产党领导的多党合作和政治协商制度，符合中国历史发展的规律和中国人民的根本利益，也符合各民主党派和无党派民主人士的意愿。

第四节　建立人民民主专政的新中国

一、南京国民党政权的覆灭

辽沈、淮海、平津三大战役　1948 年秋，人民解放战争进入夺取全国胜利的决定性阶段。

这时，人民解放军已由战争开始时的 127 万人发展到 280 万人，解放区面积达到 235.5 万平方公里，拥有 1.68 亿人口，并且基本完成了土地制度改革，广大农民的革命和生产积极性空前高涨，解放军的后方进一步巩固。与此相反，国民党军队则由 430 万人下降为 365 万人，其中可用于第一线的兵力仅 174 万人，而且士气低落，战斗力不强；由于遭到各阶层人民的强烈反对，国民党处境十分孤立。它在军事上不得不放弃"全面防御"而实行"重点防御"。国民党政权濒临崩溃。人民解放军同国民党军队进行战略决战的时机已经成熟。

在毛泽东和中共中央军委的领导和指挥下，在人民群众的热烈支援下，

---

[1]　中共中央文献研究室编：《毛泽东传（1893—1949）》，中央文献出版社 2004 年版，第 971 页。

中国人民解放军先后发动了辽沈、淮海、平津三大战役。

辽沈战役自 1948 年 9 月 12 日开始至 11 月 2 日结束，历时 52 天。东北野战军主力 70 万人在林彪、罗荣桓领导下，共歼敌 47.2 万人。淮海战役自 1948 年 11 月 6 日开始至 1949 年 1 月 10 日结束，历时 66 天。华东野战军、中原野战军以及地方武装共 60 万人，在由刘伯承、陈毅、邓小平、粟裕、谭震林组成的总前委（邓小平为书记）领导下，歼敌 55.5 万人。平津战役自 1948 年 11 月 29 日开始至 1949 年 1 月 31 日结束，历时 64 天。入关作战的东北野战军、华北解放军主力与地方武装共 100 万人，在由林彪、罗荣桓、聂荣臻组成的平津前线总前委领导下，歼灭和改编国民党军队 52 万余人。

三大战役历时 4 个月零 19 天，共歼灭国民党军队有生力量 154 万余人，加上 1948 年 7 月至 1949 年 1 月期间在济南战役和其他战役中的损失，国民党军队共丧失兵力 230 余万人。国民党赖以维持其反动统治的主要军事力量基本上被摧毁。

三大战役，无论是战争的规模还是取得的成果，在中国战争史上都是空前的，在世界战争史上也是罕见的。这是人民战争的胜利，是毛泽东军事思想的胜利。

人民解放军向全国进军   1949 年元旦，蒋介石发表"求和"声明，企图借"和平谈判"之机争取喘息时间，布置长江防线，以便卷土重来。

上海解放后解放军战士席地而睡

1 月 14 日，毛泽东以中共中央主席的名义发表关于时局的声明，严正指出，为了迅速结束战争，实现真正的和平，减少人民的痛苦，中国共产党愿意在惩办战争罪犯、废除伪宪法和伪法统、改编一切反动军队等八项条件的基础上，同南京国民党政府及国民党地方政府和军事集团进行和平谈判。谈判从 4 月 1 日开始。由于国民党政府拒绝在《国内和平协定》上签字，4 月 21 日，毛泽东、朱德发布《向全国进军的命令》。人民解放军第二、第三野战军在东起江阴、西至湖口，长达 1 000 多里的战线上强渡长江天险，一举摧毁国民党苦心经营了 3 个半月的长江防线。4 月 23 日，人民解放军占领南京，宣告延续 22 年之久的国民党反动统治覆灭。随后，解放军继续分路向中南、西北、西南各省胜利大进军，分别以战斗方式或和平方式迅速解决残余敌人，解放广大国土。国民党蒋介石集团被人民赶出中国大陆，逃往中国台湾省。

二、人民政协与《共同纲领》

为新中国绘制蓝图　　随着解放战争的胜利发展，建立新中国的任务被提上日程。

在 1948 年 9 月召开的中共中央政治局会议上，毛泽东论述了即将成立的新中国的国体和政体，即国家政权的阶级性和构成形式。他说："我们政权的阶级性是这样：无产阶级领导的，以工农联盟为基础，但不是仅仅工农，还有资产阶级民主分子参加的人民民主专政。"[1] 我们 "不必搞资产阶级的议会制和三权鼎立等"，这套东西 "袁世凯、曹锟都搞过，已经臭了"，我们应当 "建立民主集中制的各级人民代表会议制度"[2]。

1949 年 3 月召开的中共七届二中全会，规定了党在全国胜利后在政治、经济、外交方面应当采取的基本政策，指出了中国由农业国转变为工业国、由新民主主义社会转变为社会主义社会的发展方向。在这次会议上，毛泽东告诫全党，夺取全国胜利，这只是万里长征走完了第一步，

---

[1]　《毛泽东文集》第五卷，人民出版社 1996 年版，第 135 页。
[2]　参见《毛泽东文集》第五卷，人民出版社 1996 年版，第 136 页。

中国的革命是伟大的，但革命以后的路更长，工作更伟大，更艰苦。据此，他提出了"两个务必"的思想，即"务必使同志们继续地保持谦虚、谨慎、不骄、不躁的作风，务必使同志们继续地保持艰苦奋斗的作风"①。毛泽东还指出，在胜利面前，必须警惕资产阶级"糖衣炮弹"的攻击。全会还根据毛泽东的提议，做出不给党的领导者祝寿，不送礼，少敬酒，少拍掌，不用党的领导者的名字作地名、街名和企业的名字，不要把中国同志和马克思、恩格斯、列宁、斯大林并列等有关规定。

3月23日上午，中共中央离开西柏坡向北平进发。临行前，毛泽东把进北平比作"进京赶考"，说"我们决不当李自成，我们都希望考个好成绩"②。3月25日，毛泽东等中央领导人与中央机关、人民解放军总部进驻北平香山，标志着中国革命重心从农村转向城市。

为了向全国人民公开阐明中国共产党在建立新中国问题上的主张，1949年6月30日，毛泽东发表《论人民民主专政》一文，明确指出，人民民主专政需要工人阶级的领导。人民民主专政的基础是工人阶级、农民阶级和城市小资产阶级的联盟，而主要是工人和农民的联盟。进行中国的人民革命和发展中国的经济，需要团结民族资产阶级，但它不能充当革命的领导者，也不应当在国家政权中占主要的地位。

中共七届二中全会的决议和毛泽东的《论人民民主专政》，构成了《中国人民政治协商会议共同纲领》的基础。

在筹建新中国的过程中，毛泽东、中共中央还进一步确认，中国同苏联国情不同，不宜实行联邦制。单一制的国家结构形式符合中国的实际情况，在统一的国家内实行民族区域自治，更有利于实现民族平等原则。1949年9月7日，周恩来向政协代表报告时指出：今天帝国主义想分裂我们的西藏、台湾甚至新疆。在这种情况下，"我们国家的名称，叫

---

① 《毛泽东选集》第四卷，人民出版社1991年版，第1438—1439页。

② 薄一波：《若干重大决策与事件的回顾（修订本）》上卷，人民出版社1997年版，第160—161页。

中华人民共和国，而不叫联邦"①。"我们虽然不是联邦，但却主张民族区域自治，行使民族自治的权力"②。

人民政协会议的召开　完成创建新中国的任务，是由中国人民政治协商会议第一届全体会议来承担的。

1949年9月21日，中国人民政治协商会议第一届全体会议在北平隆重开幕，代表总数共662人，出席会议的代表635人③。毛泽东在开幕词中向全世界豪迈地宣告："我们的工作将写在人类的历史上，它将表明：占人类总数四分之一的中国人从此站立起来了。"④

人民政协是中国共产党领导的以工农联盟为基础的人民民主统一战线的组织形式。参加政协的有中国共产党、各民主党派、无党派人士、各人民团体、人民解放军、各地区、各民族以及海外华侨代表。会议通过《中国人民政治协商会议组织法》，选出政协第一届全国委员会。10月9日，毛泽东当选政协全国委员会主席。

会议通过了《中国人民政治协商会议共同纲领》。这个《共同纲领》成为中国人民的大宪章，在一个时期内起着新中国临时宪法的作用。

《共同纲领》
的主要内容

会议通过了《中华人民共和国中央人民政府组织法》，一致选举毛泽东为中央人民政府主席，朱德、刘少奇、宋庆龄、李济深、张澜、高岗为副主席，陈毅等56人为中央人民政府委员会委员。随后，中央人民政府委员会任命周恩来为政务院总理兼外交部部长。

会议通过北平为中华人民共和国首都，将北平改名为北京；决定采用公元纪年；以《义勇军进行曲》为代国歌；国旗为五星红旗，象征全

① 中共中央文献研究室编：《周恩来统一战线文选》，人民出版社1984年版，第140页。
② 中共中央文献研究室编：《周恩来统一战线文选》，人民出版社1984年版，第140页。
③ 参见《中国人民政协开幕》，《人民日报》1949年9月22日。
④ 《毛泽东文集》第五卷，人民出版社1996年版，第343页。

国人民在共产党领导下的大团结。

人民政协会议的召开，标志着中国的新型政党制度——中国共产党领导的多党合作和政治协商制度的确立。

三、中国革命胜利的原因、意义和基本经验

中国革命胜利的原因　随着国民党反动统治的覆灭和中华人民共和国的成立，中国新民主主义革命赢得了基本的胜利。

中国革命的发生和胜利不是偶然的，而是有着深刻的社会根源和雄厚的群众基础。

由于帝国主义、封建主义、官僚资本主义的残酷压迫，中国人民走上了反帝反封建反官僚资本主义斗争的伟大道路。

工人、农民、城市小资产阶级群众是民主革命的主要力量。在他们中间，涌现出了无数无畏的英雄和不屈的战士。随着斗争的发展，民族资产阶级也逐步向共产党靠拢，这种现象曾经被人称作"开万国未有之奇"。没有广大人民和各界人士的广泛参加和大力支持，中国革命的胜利是不可能的。

中国革命之所以能够走上胜利发展的道路，从根本上说，是由于有了中国共产党的领导。

中国共产党从诞生之日起，就把为中国人民谋幸福、为中华民族谋复兴确立为自己的初心使命。这个初心使命是激励中国共产党人不断前进的根本动力。中国共产党为中国人民指明了斗争的目标，在长期斗争的实践中找到了使革命走向胜利的道路，并且把被人视为"一盘散沙"的中国人民团结和凝聚成万众一心的不可战胜的力量。没有共产党就没有新中国，这是中国人民依据近代中国革命的历史经验得出的科学结论。

为了实现初心使命，中国共产党进行了前赴后继的不懈奋斗，作出了巨大的牺牲。中国共产党在 1921 年创建至 1949 年中华人民共和国成立

这 28 年的时间里，为中国人民的解放事业献出了无数的优秀战士。它的许多卓越领导人，如李大钊、瞿秋白、蔡和森、向警予、邓中夏、苏兆征、彭湃、陈延年、陈乔年、恽代英、赵世炎、张太雷等，许多杰出的将领，如方志敏、刘志丹、谢子长、黄公略、许继慎、蔡申熙、韦拔群、赵博生、董振堂、段德昌、杨靖宇、赵尚志、左权、叶挺、彭雪枫、罗炳辉等，都在这场斗争中英勇地献出了自己的生命。中国新民主主义革命的胜利，是千千万万先烈和全党同志、全国各族人民长期牺牲奋斗的结果。

中国革命之所以能够赢得胜利，同国际无产阶级和人民群众的支持也是分不开的。

中国革命胜利的意义　　中国革命的胜利，结束了 100 多年来中华民族遭受资本–帝国主义侵略和中国各族人民遭受资本–帝国主义同封建统治阶级联合压迫与剥削的历史，结束了国家战乱频仍、四分五裂的局面，实现了中国人民梦寐以求的民族独立和人民解放。

中国革命的胜利，从根本上改变了中国社会的发展方向，为实现由新民主主义到社会主义的转变和建立社会主义制度、进行社会主义现代化建设，扫清了主要障碍，创造了政治前提；为实现国家富强和人民幸福，实现中华民族伟大复兴，开辟了广阔道路。

中国革命的胜利，是继俄国十月社会主义革命和世界反法西斯战争胜利后世界历史中最重大的事件。它在一个人口占全人类近 1/4 的大国里，冲破帝国主义的东方战线，极大改变了世界的政治格局，壮大了世界和平、民主和社会主义的力量，鼓舞了世界被压迫民族和被压迫人民争取解放的斗争，受到世界人民的欢迎和支持。

中国人民革命的胜利，是在马克思列宁主义的指导下取得的。中国共产党创造性地运用马克思列宁主义的基本原理，把它同中国革命具体实际结合起来，形成了伟大的毛泽东思想，找到了夺取中国革命胜利的正确道路。这对马克思列宁主义的发展是一个重大贡献。

中国革命胜利的基本经验　中国反帝反封建的革命，经历了资产阶级及其政党领导的旧民主主义革命和无产阶级及其政党领导的新民主主义革命两个阶段。近代中国的历史经验表明，没有无产阶级及其政党——中国共产党的坚强领导，中国人民革命的胜利是不可能的。

中国共产党之所以能够把革命引向胜利，一条重要的经验就是，必须坚持把马克思列宁主义基本原理同中国具体实际结合起来，必须不断推进马克思主义中国化的事业。正是在中国化的马克思主义理论——毛泽东思想指引下，中国共产党制定了正确的纲领和路线方针政策，找到了适合本国国情的革命道路。

中国共产党在领导人民革命的过程中，积累了丰富的经验，锻造出了有效的克敌制胜的武器。毛泽东指出："统一战线，武装斗争，党的建设，是中国共产党在中国革命中战胜敌人的三个法宝，三个主要的法宝。"①

中国共产党正是遵循毛泽东建党学说，在长期的斗争实践中，把自己锻炼成了一个有纪律的、有马克思列宁主义的理论武装的、采取自我批评方法的、联系人民群众的党，成为掌握统一战线和武装斗争这两个武器以实行对敌冲锋陷阵的英勇战士，成为全国各族人民拥戴的领导核心。

革命的根本问题是国家政权问题。毛泽东在回顾中国共产党走过的历史道路时指出：总结我们的经验，集中到一点，就是工人阶级（经过共产党）领导的以工农联盟为基础的人民民主专政。这个专政必须和国际革命力量团结一致。

中国人民革命的胜利和人民民主专政的新中国的创建，彻底改变了近代以后100多年中国积贫积弱、中国人民受人欺凌的悲惨命运，为实现中华民族伟大复兴创造了根本社会条件。

---

① 《毛泽东选集》第二卷，人民出版社1991年版，第606页。

❓ 学习思考

1. 抗日战争胜利后，国民党政府为什么会陷入全民的包围中并迅速走向崩溃？

2. 如何认识民主党派的历史作用？中国共产党领导的多党合作和政治协商格局是怎样形成的？

3. 为什么说"没有共产党，就没有新中国"？中国共产党领导中国革命取得胜利的基本经验是什么？

必读文献

1. 毛泽东：《论人民民主专政》（1949 年 6 月 30 日）

《论人民民主专政》是毛泽东在中国新民主主义革命取得决定性胜利、全国性政权即将建立的时刻，为纪念中国共产党成立 28 周年而撰写的文章。文章论述了即将成立的中华人民共和国的国家性质，各阶级在国家中的地位及其相互关系，国家对内、对外政策等，奠定了新中国国家政权的理论基础和一定发展阶段上的政策基础，为即将成立的新中国作了政治理论准备。

2.《中国人民政治协商会议共同纲领》（1949 年 9 月 29 日）

中国人民政治协商会议第一届全体会议审议通过的《中国人民政治协商会议共同纲领》，共八章六十条。它肯定了人民革命的胜利成果，宣告了封建主义和官僚资本主义在中国统治的结束和人民民主共和国的建立，规定了新中国的国体和政体，我国的政权组织形式和新中国的各项基本政策以及公民的基本权利、义务等，在一个时期内起着临时宪法的作用。

3. 习近平：《在中央政协工作会议暨庆祝中国人民政治协商会议成立 70 周年大会上的讲话》（2019 年 9 月 20 日）

这篇重要讲话站在党和国家事业发展全局的高度，深情回顾了人民政协发展历程，高度评价人民政协重要贡献，全面总结党的十八大以来对人民政协工作提出的一系列新要求，深刻阐述了新时代人民政协工作的使命任务、总体要求、着力重点，为新时代人民政协事业发展指明了前进方向。

延伸阅读文献

1.《中国土地法大纲》（1947 年 9 月 13 日）

《中国土地法大纲》由中国共产党全国土地会议通过，共十六条。1947 年 10 月 10 日颁布实施。其主要内容是，规定了彻底废除解放区封建性及半封建性剥削的土地制度，实行耕者有其田的土地制度。它的颁布实施，使解放区无地和少地农民分得了土地，从而调动了农民革命和生产的积极性，促进了农村社会生产力的发展，对解放战争的胜利起了至关重要的作用。

2.《中国民主同盟一届三中全会宣言》（1948 年 1 月 19 日）

《中国民主同盟一届三中全会宣言》分析了国内外形势，提出了中国民主同盟对时局的态度和主张，表明要建立一个和平民主廉洁有效能的新政权，彻底实行土地改革；坚决反对美国目前的对华政策及行动；充分肯定中国共产党为民主事业而奋斗的历史；倡导要与中国共产党携手合作。这一宣言的发表，开启了民盟与共产党团结奋斗的历史征程。

第八章　中华人民共和国的成立与中国社会主义建设道路的探索

1949 年 10 月 1 日，中华人民共和国成立。中国共产党团结带领中国人民在完成民主革命遗留任务和恢复国民经济的基础上，进行社会主义革命，确立社会主义基本制度，推进社会主义建设，战胜帝国主义、霸权主义的颠覆破坏和武装挑衅，实现了中华民族有史以来最为广泛而深刻的社会变革，实现了一穷二白、人口众多的东方大国大步迈进社会主义社会的伟大飞跃，为实现中华民族伟大复兴奠定了根本政治前提和制度基础。

第一节　中华人民共和国的成立和新生人民政权的巩固

一、中国人民站立起来了

新中国的成立　1949 年 10 月 1 日下午，首都北京 30 万军民在天安门广场隆重举行开国大典。中央人民政府主席毛泽东庄严宣告："中华人民共和国中央人民政府今天成立了。"他升起中华人民共和国国旗——五星红旗，宣读《中华人民共和国中央人民政府公告》，宣布"本政府为代表中华人民共和国全国人民的唯一合法政府"。54 门礼炮齐鸣 28 响，象征中国共产党领导人民奋斗 28 年的历程。随后举行阅兵仪式和群众游行庆祝活动。参加开国大典的北京军民高举红旗，挥舞彩球，纵情欢呼新中国新政权的诞生。全国已经解放的各大中城市都举行了热烈的庆祝活动。10 月 1 日这一天，成为中华人民共和国国庆日。

开国大典之前，毛泽东主持召开中央人民政府委员会第一次会议。会议一致决议接受《中国人民政治协商会议共同纲领》为中央人民政府施政纲领，任命周恩来为中央人民政府政务院总理兼外交部部长，毛泽东为人民革命军事委员会主席，朱德为人民解放军总司令。

新民主主义革命的胜利，中华人民共和国的成立，彻底结束了旧中国半殖民地半封建社会的历史，彻底结束了极少数剥削者统治广大劳动人民的历史，彻底结束了旧中国一盘散沙的局面，彻底废除了列强强加给中国的不平等条约和帝国主义在中国的一切特权，实现了中国从几千年封建专制政治向人民民主的伟大飞跃，实现了中国高度统一和各民族空前团结。中国人从此站立起来了！中国人民从此把命运牢牢掌握在自己手中，成为国家、社会和自己命运的主人！中华民族发展进步从此开启了新纪元！

中华人民共和国的成立，是具有世界意义的大胜利，是马克思列宁主义在中国的胜利，是马克思列宁主义基本原理同中国革命具体实际相结合的思想——毛泽东思想的胜利。这个胜利，使马克思列宁主义、毛泽东思想在中国人民中获得很高的威信，被接受为人民共和国各项事业的指导思想，在世界范围内扩大了影响。

二、捍卫巩固新政权的斗争

新中国成立初期面临的考验　新中国成立伊始，面临许多严重困难和紧迫问题。这对于刚刚执掌全国政权的中国共产党来说，是新的严峻考验。

第一，能不能保卫住革命胜利成果，巩固新生人民政权。当时，解放全中国的任务还没有完成；国民党从大陆撤退时遗留下的100余万军队、200多万土匪及60多万特务分子还有待肃清；在广大城乡，反动会道门和传统黑恶势力还危害着人民的生命财产安全；在广大的新解放区尚未完成土地改革。

第二，能不能战胜严重经济困难，迅速恢复和发展国民经济。当时中国经济不仅远远落后于欧美发达国家，就是与亚洲许多国家相比也有一定差距。1949年，人均国民收入只有27美元，相当于亚洲国家平均值的2/3。新中国从旧中国接收过来的是一副烂摊子。许多工厂倒闭，大批工人失业，通货膨胀，物价飞涨，人民生活遇到极大困难。同历史上的最高水平相比，1949年，工业总产值减少一半，粮食产量减少约1/4。

第三，能不能巩固民族独立，维护国家主权和安全。新中国的诞生，打破了帝国主义在东方划定的势力范围，这是以美国为首的西方资本主义阵营不愿意看到的。它们企图通过实行强硬的对华政策，即政治孤立、经济封锁、军事包围的政策，从根本上搞垮新中国。

第四，能不能经受住全国执政的新考验，继续保持优良传统和作风。新中国成立后，中国共产党成为在全国范围执掌政权的党，党的工作重心从农村转向城市，广大干部和党员面临执政的考验、接管城市的考验和生活环境变化的考验。诚如毛泽东在中共七届二中全会上指出："敌人的武力是不能征服我们的，这点已经得到证明了。资产阶级的捧场则可能征服我们队伍中的意志薄弱者。""我们必须预防这种情况。"[①]

总之，新中国已经成立，但新生人民政权能不能站得住脚，中国共产党能不能建设好国家，国内外都在等待着这个回答。

面对新中国成立初期种种困难和严峻考验，中国共产党和人民政府采取一系列积极稳健的政策措施，有条不紊地领导全国各族人民进行捍卫巩固新政权、建设新中国的伟大斗争。

完成民主革命的遗留任务　在追剿残余敌人、基本完成祖国大陆统一任务的基础上，摧毁旧政权，普遍召开地方各级各界人民代表会议，人民开始行使当家作主的民主权利。继续进行废除封建土地制度的改革，

---

① 《毛泽东选集》第四卷，人民出版社1991年版，第1438页。

四川省合川县南津乡农民焚烧地主的土地契约书，庆祝土改胜利

先后使 3 亿多无地少地的农民（包括老解放区农民在内）无偿地获得了约 7 亿亩土地和大量其他生产资料，占中国绝大多数人口的农民群众获得了翻身解放。制定《中华人民共和国婚姻法》，废除封建婚姻制度，使广大妇女获得婚姻自由的权利。开展大规模的镇压反革命运动，基本肃清了国民党遗留在大陆的反动势力。长期危害人民生命财产安全的 200 多万土匪，仅在两年多的时间内就被肃清。旧社会留下的污泥浊水受到有力的荡涤，健康文明的社会新风尚开始树立，人民的精神面貌焕然一新。

巩固民族独立，维护国家主权和安全　新中国废除了帝国主义国家依据不平等条约在中国享有的一切特权；收回了外国列强在中国的兵营，驻扎在中国领土上的一切外国军队被迫撤走；收回了海关治权，中国人民重新掌握了国门的钥匙。这些都从根本上改变了旧中国"跪倒在地上办外交"的局面。基于第二次世界大战后形成的两极格局、两大阵营、两种社会制度相互对抗的局面，以毛泽东为主要代表的中国共产党人提出了"另起炉灶""打扫干净屋子再请客""一边倒"的外交方针。新中国同苏联订立了《中苏友好同盟互助条约》和有关协定。

解放台湾，统一中国，一直在中共中央领导人的考虑之中，党中央为之作了一系列准备。1950 年 5 月，人民解放军攻占海南岛，解放台湾的准备工作进一步加紧进行。6 月 25 日，朝鲜内战爆发。美国政府从其全球战略和冷战思维出发，作出武装干涉朝鲜内战的决定，并派遣第七舰队侵入台湾海峡，公然干涉中国内政。美军飞机从 8 月下旬起不断入侵中国领空，多次轰炸中国东北边境地区，给人民生命财产造成严重损失。这不仅严重侵犯了中国的主权和领土完整，威胁了新中国的安全，而且阻挠了中国的统一大业。党中央在全面分析国际国内形势、权衡各种利弊之后，作出了"支援朝鲜人民，推迟解放台湾"的战略决策，同时决定首先在外交方面开展反对美国侵占台湾的斗争。毛泽东、周恩来等发表讲话或声明，谴责美国的侵略行径，宣示中国人民为解放台湾而奋斗到底的决心。8 月下旬，周恩来多次致电联合国安理会及联合国秘书长，揭露美国的侵略政策，对美国侵占我国领土台湾、美国空军侵犯我国领空提出控诉。11 月，中国代表出席联合国安理会对中国提出的制止美国侵略中国案的讨论会并发言，"充分表达了中国政府和人民对于台湾问题和朝鲜问题的正义立场，在联合国安理会第一次把不可一世的美帝国主义置于被告席上"[1]。由于朝鲜战争爆发，国际形势发生变化，台湾问题被搁置下来。

抗美援朝，保家卫国　1950 年 10 月初，美国不顾中国政府一再警告，操纵联合国安理会通过决议，组成以美国军队为主，英、法等 15 个国家有少量部队参加的"联合国军"，扩大侵朝战争，悍然越过朝鲜南北分界的北纬 38 度线（通称三八线），把战火烧到中朝边境。危急关头，朝鲜劳动党和政府请求中国出兵支援。世界上经济实力最雄厚、军事力量最强大的美帝国主义的战争挑衅，对于成立仅一年、百废待兴的新中国，是一个巨大的挑战。中共中央政治局多次召开会议，全面估量国内外形势，既清醒地看到面临的困难，又深入地分析出兵作战的必要和可能，毅然作出派遣中国人民志愿军入朝作战，抗美援朝、保家卫国的历史性决策。

10 月 8 日，毛泽东发布命令，组建以彭德怀为司令员兼政治委员的中国人民志愿军。19 日，志愿军雄赳赳、气昂昂跨过鸭绿江。这是以正义之师行正义之举。

抗美援朝战争，是在交战双方力量极其悬殊条件下进行的一场现代

---

[1]　中共中央党史研究室：《中国共产党历史》第二卷（1949—1978）上册，中共党史出版社 2011 年版，第 69 页。

化战争。当时，中美两国国力相差巨大。在这样极为艰难的情况下，中国人民志愿军同朝鲜军民密切配合，首战两水洞、激战云山城、会战清川江、鏖战长津湖等，连续进行 5 次战役，此后又构筑起铜墙铁壁般的纵深防御阵地，实施多次进攻战役，粉碎"绞杀战"、抵御"细菌战"、血战上甘岭，创造了威武雄壮的战争伟业。经过艰苦卓绝的战斗，中朝军队战胜武装到牙齿的强敌，打破了美军不可战胜的神话，迫使不可一世的侵略者于 1953 年 7 月 27 日在停战协定上签字。抗美援朝战争打出了国威军威，打出了中国人民的精气神，捍卫了新中国安全，彰显了新中国大国地位，它以伟大胜利宣告："西方侵略者几百年来只要在东方一个海岸上架起几尊大炮就可霸占一个国家的时代是一去不复返了！""一个觉醒了的、敢于为祖国光荣、独立和安全而奋起战斗的民族是不可战胜的。"[①] 新中国在错综复杂的国内国际环境中站稳了脚跟。

在抗美援朝战争中，英雄的中国人民志愿军始终发扬祖国和人民利益高于一切、为了祖国和民族的尊严而奋不顾身的爱国主义精神，英勇顽强、舍生忘死的革命英雄主义精神，不畏艰难困苦、始终保持高昂士气的革命乐观主义精神，为完成祖国和人民赋予的使命、慷慨奉献自己一切的革命忠诚精神，为了人类和平与正义事业而奋斗的国际主义精神，锻造了伟大抗美援朝精神。毛泽东的长子毛岸英第一批入朝参战，英勇牺牲在朝鲜战场。志愿军将士面对强大而凶狠的作战对手，身处恶劣而残酷的战场环境，抛头颅、洒热血，以"钢少气多"力克"钢多气少"。他们中涌现出 30 多万名英雄功臣和近 6 000 个功臣集体，有毅然抱起炸药包与敌人同归于尽的杨根思，有用胸膛堵住枪眼为战友冲锋开道的黄继光，有烈火烧身却岿然不动直至壮烈牺牲的邱少云，有跃入冰河以生命换得朝鲜少年安然无恙的罗盛教……他们用生命谱写了惊天地、泣鬼神的雄壮史诗，被祖国人民称为"最可爱的人"。

---

① 中共中央文献研究室编：《建国以来重要文献选编》第四册，中央文献出版社 2011 年版，第 327 页。

开始掌握历史主动的中国人民，是中国人民志愿军的坚强后盾。全国各地开展波澜壮阔的抗美援朝运动，成千上万的中华儿女报名参加志愿军，全国上下发起增加生产、厉行节约、爱国丰产等运动，社会各界踊跃捐款累计可购买战斗机 3 710 架。其中豫剧演员常香玉用剧社巡回演出募集的资金捐献"香玉剧社号"战斗机一架。所有这些，都为战争胜利提供了强有力的物质保障和精神力量。

抗美援朝战争的伟大胜利，是中国人民站起来后屹立于世界东方的宣言书，是中华民族走向伟大复兴的重要里程碑。经此一战，中国人民真正扬眉吐气，极大促进了国防和军队现代化，有力推动了世界和平与人类进步事业。这一战，拼来了山河无恙、家国安宁，人民军队战斗力威震世界，让全世界对中国刮目相看，充分展示了中国人民不畏强暴的钢铁意志、万众一心的顽强品格、敢打必胜的血性铁骨、维护世界和平的坚定决心，再次证明正义必定战胜强权，和平发展是不可阻挡的历史潮流。

恢复国民经济，为社会主义改造创造条件　没收官僚资本归人民的国家所有，是新民主主义革命的三大经济纲领之一，也是《共同纲领》规定的一项历史任务。解放战争时期，随着对大中城市的接管，没收官僚资本的工作已经开始。新中国成立后，这项工作在全国范围内展开。到 1950 年初，人民政府共接管官僚资本的工矿企业 2 800 余家，金融企业 2 400 余家。官僚资本被没收接管后，迅速在企业内部开展民主改革和生产改革，确立起社会主义性质的国营经济在国民经济中的领导地位，使人民政权拥有了相当重要的经济基础。成功组织了同投机资本作斗争的"银元之战"和"米棉之战"，实现了全国财政经济工作的统一管理和统一领导。到 1950 年 3 月，物价基本稳定，从而治愈了旧中国无法医治的顽症，结束了人民过了几十年的因物价飞涨而带来的痛苦生活，使国家和国营经济掌握了市场的主导权；初步建立起集中统一的国家财政管理体制，

"银元之战"和"米棉之战"

以利于统一调度全国的财力、物力，集中力量办大事。到 1952 年底，国民经济得到全面恢复和初步发展。当年工农业总产值超过 1936 年（国民党统治时期最高水平）20%，工农业主要产品的年产量均超过国民党统治时期最高水平。同 1949 年相比，全国职工工资平均提高 70%，农民收入增长 30% 以上。

新中国在利用资本主义工商业的过程中，已经开始对它进行适当限制，并把其中的大部分引上了初级形式的国家资本主义道路。1952 年，私营工业产值的 56% 已属于加工、订货、统购、包销部分。私营经济中不利于国计民生的部分被削弱以至淘汰。资本主义金融业在此时完成了社会主义改造。私营经济在数量上明显上升，但在国民经济中的比重却下降了。

随着农业生产的恢复和初步发展，土改后的农村出现了一些新情况新问题。一方面广大农民在分得土地和其他生产资料后，努力发展生产，经济地位普遍有所上升，很大一部分原来的贫农、雇农上升为新中农。另一方面农村阶层中新的分化开始出现，有重新导致两极分化的危险。鉴于此，中国共产党十分重视在农村开展各种形式的互助合作，推进农村生产力进一步发展。1952 年，全国已有 40% 的农户参加了互助组，少数农户还参加了半社会主义或社会主义性质的农业生产合作社。

实践表明，这一时期国营经济的建立、对私营经济的改造以及农村互助合作组织的发展，都为后来系统的社会主义改造奠定了基础。

教育科学文化卫生事业除旧布新　随着国民经济恢复和经济建设的开展，思想文化、科技教育和社会民生等各方面建设都出现新气象新面貌。

在宣传思想工作方面，党和政府掌握舆论工具，确立马克思主义在全国的指导地位。作为舆论宣传、大众传播重要工具的报纸、刊物、电台、通讯社等文化事业，完全置于党和国家的统一领导之下。1951 年 5 月，中国共产党第一次全国宣传工作会议提出："用马列主义的思想原则在全国范围内和全体规模上教育人民，是我们党的一项最基本的政治任务。"[①]1951 年至 1953 年出版《毛泽东选集》第一、二、三卷（第四卷于 1960 年出版）。1955 年开始翻译出版《列宁全集》，1956 年开始翻译出版《马克思恩格斯全集》。

《毛泽东选集》第一卷出版

在教育改革与发展方面，党和政府有步骤地对旧有教育文化事业进行改革，除了实行国家对学校的领导，废除反动政治教育，使马列主义教育进入学校外，还着手解决教育向广大工农群众打开大门的问题，确定了"教育必须为生产建设服务，为工农服务，学校向工农开门"的教育方针。为了发展和改革高等教育，1951 年底至 1953 年，教育部对全国高等学校进行院系调整，大幅度扩大招生，以适应工业化建设对专业人才的急迫需要。

在科学技术工作方面，党和政府十分重视科学技术在建设事业中的作用。新中国成立之初就成立了中国科学院。中央要求，以中国科学院作为全国科学研究的中心，指导建立地方科研机构，同时发展高等学校和产业部门的科研机构，逐步形成比较完整的科研体系。到 1955 年底，全国科学技术人员已达 40 余万人，专业科研机构超过 800 个。

在医疗卫生工作方面，党和政府提出了卫生工作要"面向工农兵""预防为主"和"团结中西医"的方针。在农村、城市街区和工矿企业，普遍建立起基层卫生组织以及各种专业防疫机构和队伍。同时，在全国开展大规模的爱国卫生运动，使城乡落后的卫生面貌大为改观。

在知识分子工作方面，党十分重视对知识分子的团结、教育和改造。1951 年 9 月，北京大学 12 位著名教授响应党的号召，发起北大教员政治学习运动，京、津高校随即开展了比较集中的思想改造学习运动。同年 9 月 29 日，周恩来向北京、天津高校教师学习会的教师作《关于知识分子的改造问题》的报告，勉励一切有爱国思想的知识分子努力站到人民

① 中共中央文献研究室编：《建国以来重要文献选编》第二册，中央文献出版社 2011 年版，第 263 页。

的立场，站到工人阶级的立场。后来，学习运动逐渐扩展到整个知识界。大多数知识分子通过学习毛泽东著作，联系思想和工作实际进行批评与自我批评，通过肃清封建买办思想影响，批判资产阶级和小资产阶级思想，掌握了马克思主义基础知识，从而由民族的、爱国的立场前进到人民的立场，满腔热情地投身到新中国的建设事业中。

加强中国共产党的自身建设　新中国成立后，中国共产党高度重视执政条件下党组织的自身建设。1949年11月9日，中共中央作出《关于在中央人民政府内组织中国共产党党委会的决定》和《关于在中央人民政府内建立中国共产党党组的决定》。同日，中共中央决定成立中央及各级党的纪律检查委员会，朱德兼任中央纪律检查委员会书记。1950年和1951年全党范围内开展整风、整党运动，批判居功自傲等错误思想，进行共产党员必备的八项条件教育，在此基础上发展了一批新党员。1951年底到1952年，开展了反贪污、反浪费、反官僚主义的"三反"运动，处决了大贪污犯刘青山、张子善。"三反"运动中发现，党政机关内部的贪污行为往往是与不法商人勾结而来的。1952年上半年，开展了反对行贿、反对偷税漏税、反对盗窃国家财产、反对偷工减料、反对盗窃经济情报的"五反"运动。1954年2月，党的七届四中全会通过《关于增强党的团结的决议》。1955年3月，党的全国代表会议决定成立党的中央和地方各级监察委员会，选举产生了中央监察委员会。[①]这些举措对于在执政条件下继续保持共产党人的革命精神和优良作风，密切党和人民群众的联系、增强党的团结，起到了重要的作用。

新中国成立初期所进行的上述工作及其成就有力证明：中国共产党和人民政府是能够经受住执政的考验的。广大劳动人民真诚地拥护中国共产党和人民政府的领导。一些曾经对新中国、新政权、新道路抱有某

---

① 1955年，党的全国代表会议通过了《关于成立党的中央和地方监察委员会的决定》。董必武任中央监察委员会书记。原有的中央及地方各级党的纪律检查委员会撤销。

种疑惑、持观望态度的人开始相信，跟着中国共产党走，这是一条通向中华民族伟大复兴的康庄大道。这些成就的取得，为领导人民进行有计划的经济建设和有系统的社会主义改造创造了重要条件。

第二节　党在过渡时期的总路线及其实施

一、党提出过渡时期总路线

过渡时期总路线的内容　在中国实现社会主义，这是中国共产党自创立时就确定的奋斗目标，并且从来没有动摇过。新中国成立之初，中共中央根据当时的具体情况，决定在民主革命遗留任务彻底完成、国民经济基本恢复之前，先不急于明确提出向社会主义过渡的任务。至于中国到底什么时候过渡到社会主义，当时的设想大致是：经过一段相当长的时间（估计至少要 10 年，多则 15 年或 20 年），工业发展了，国营经济壮大了，就可以采取"严重的社会主义的步骤"，一举实行资本主义工商业的国有化和个体农业的集体化。

随着民主革命遗留任务的彻底完成和国内阶级关系、主要矛盾的变化，国民经济的恢复、初步发展和中国社会经济成分的变化，中共中央对向社会主义过渡步骤的认识也发生了变化。1952 年 9 月 24 日，毛泽东在中共中央书记处会议上提出，我们要在"十年到十五年基本上完成社会主义，不是十年以后才过渡到社会主义"。刘少奇、周恩来等也都论述过"从现在逐步过渡到社会主义去"的设想。

中共中央在 1952 年底开始酝酿并于 1953 年正式提出党在过渡时期的总路线，明确规定："从中华人民共和国成立，到社会主义改造基本完成，这是一个过渡时期。党在这个过渡时期的总路线和总任务，是要在一个相当长的时期内，逐步实现国家的社会主义工业化，并逐步实现国家对农业、对手工业和对资本主义工商业的社会主义改造。"①这条总路线的主要内容概括为"一化三改"，又称"一体两翼"。"一化"是"主体"，"三改"是"两翼"，两者相辅相成、相互促进。过渡时期总路线体现了社会主义工业化和社会主义改造的紧密结合，体现了解放生产力与发展生产力、变革生产关系与发展生产力的有机统一。

过渡时期总路线反映了历史的必然性　过渡时期总路线的制定，是党依据新中国成立后的经济、政治条件的新变化作出的重大决策，是党的总路线、总任务及发展战略上的重大转变，是符合新中国社会发展的实际和规律的。

社会主义工业化是国家独立富强的首要条件。实现国家现代化，是近代以来无数仁人志士孜孜以求的理想，也是中国共产党领导人民实现国家独立富强的必由之路。1952 年国民经济恢复工作完成时，中国现代工业在工农业总产值中的比重只有43.1%，重工业在工业总产值中的比重只有35.5%。1954 年，毛泽东有一段令人印象深刻的描述："现在我们能造什么？能造桌子椅子，能造茶碗茶壶，能种粮食，还能磨成面粉，还能造纸，但是，一辆汽车、一架飞机、一辆坦克、一辆拖拉机都不能造。"②要改变落后面貌，巩固国家政权，就必须通过社会主义道路实现国家工业化。

资本主义经济力量弱小，发展困难，不可能成为中国工业起飞的基础。中国的民族资本主要是商业资本和金融资本，工业资本只占 1/5。民族资本主义工业主要是轻纺工业和食品工业，缺少重工业的基础。这些工业企业大多规模小，技术设备落后，劳动生产率很低。为了改变这种情况，就必须在这些企业中改善经营管理，提高产品的质量，并且按照国家需要增加生产，培养技术人才，积累资金。而要如此，就必须对这

---

① 《毛泽东文集》第六卷，人民出版社 1999 年版，第 316 页。
② 《毛泽东文集》第六卷，人民出版社 1999 年版，第 329 页。

些企业逐步实行社会主义改造。

对个体农业进行社会主义改造，是保证工业发展、实现国家工业化的一个必要条件。土地改革后，农业生产摆脱了封建生产关系的束缚，一个时期有过较大发展；但这种发展又受到土地私有基础上的个体经营限制。只有引导个体农民组织起来走合作化的道路，农业生产力才能得到发展，农村也才能够为工业化提供必要的商品粮食、轻工业原料、工业品市场和积累工业发展的资金等条件。

《为动员一切力量把我国建设成为一个伟大的社会主义国家而斗争——关于党在过渡时期总路线的学习和宣传提纲》（节选）

当时的国际环境也促使中国选择社会主义。新中国成立后，中国不但不可能从资本主义大国得到什么援助，而且连进行普通的贸易和交往都很困难。当时只有社会主义国家和第二次世界大战后为争取民族独立而斗争的国家同情中国，只有苏联能够援助中国。这也是促使中国共产党提出开始向社会主义逐步过渡的一个因素。

过渡时期总路线提出后，在全党全国人民中进行了广泛深入的学习、宣传和教育，在党内迅速统一了认识，也得到全国人民的拥护，成为团结和动员全国人民为建设一个伟大的社会主义国家而奋斗的新纲领。全党全国人民把自己的注意力转移到社会主义工业化的任务上来，迎接和投入新中国大规模、有计划的经济建设的高潮。

二、社会主义工业化的起步

制定"一五"计划　　制定一部切实可行的发展国民经济的中期计划，是完成过渡时期总路线规定的工业化主体任务的重要步骤。为准备进行有计划的经济建设，我国从 1951 年着手编制第一个五年计划。1955 年 7 月召开的一届全国人大二次会议通过了这个计划。

"一五"计划确定的经济建设指导方针，突出了集中主要力量发展重工业，建立国家工业化和国防现代化的初步基础的核心要点，同时要求相应地发展交通运输业、轻工业、农业和商业，相应地培养建设人才，保证国民经济中社会主义成分的比重稳步增长，保证在发展生产的基础上逐步提高人民的物质生活和文化生活的水平，等等。

"一五"计划在编制和实施过程中，较好地处理了我国经济建设中的几个重大关系：集中主要力量发展重工业，同时不放松农业、轻工业，对国民经济各部门统筹兼顾、全面安排；科学进行工业布局，改变我国工业大多集中在沿海地区的不合理状况；根据我国国力，积极稳妥确定工业、农业生产年均增长速度；把发展生产同改善人民生活恰当地结合起来；既要争取外援，同时又强调自力更生，国家建设应以国内力量为主。这些对于后来我国经济建设具有长远的指导意义。

鞍钢王崇伦发明"万能工具胎"

　　实施"一五"计划　从 1953 年开始，经济建设工作有计划地在全国展开。全国城乡迅速形成参加和支援国家工业化建设的氛围。对工业化的憧憬，激发出工人、农民、知识分子从未有过的劳动热情。工业建设战线喜报频传。以苏联援助的 156 项工程为中心的工业建设，使我国的工业生产能力和技术水平前进了一大步。1953 年 12 月，鞍山钢铁公司的三大工程——大型轧钢厂、无缝钢管厂、七号炼铁炉举行开工生产典礼。包头、武汉的大型钢铁企业先后开始施工。一大批旧中国没有的基础工业部门一个个建立起来，一大批工矿企业在内地兴办。旧中国重工业过分落后的面貌和不合理布局大大改观。这一时期工业生产取得的成就，远远超过了旧中国的一百年。新中国迅速从废墟上站起，为我国建立独立完整的工业体系奠定了基础，为社会主义建设积累了宝贵经验。

三、改造个体农业和手工业

　　农业合作化任务的提出　农业的社会主义改造，实际上在过渡时期总路线提出前就已启动。1951 年 12 月，中共中央印发的《关于农业生产互助合作的决议（草案）》指出，中国农民在土改基础上所发扬起来的生产积极性，集中地表现在两种积极性上，即个体经济的积极性和劳动互助的积极性。党不能忽视和粗暴地挫伤农民个体经济的积极性，但是要"按照自愿和互利的原则，发展农民劳动互助的积极性"。过渡时期总路线公布之后，1953 年 12 月，党中央通过《关于发展农业生产合作社的决议》，指导农业互助合作运动稳步前进。农业合作化的步骤，就是经过简单的共同劳动的临时互助组，到在共同劳动的基础上实行某些分工分业而有某些少量公共财产的常年互助组，再到实行土地入股、统一经营而有较多公共财产的农业生产合作社，最后实行完全的社会主义的集体农民公有制的更高级的农业生产合作社。这种由具有社会主义萌芽到具有更多社会主义因素到完全的社会主义的合作化的发展道路，就是中国共产党所指出的对农业逐步实现社会主义改造的道路。

农业合作化基本完成　在农业合作化运动过程中，党和政府按照农民自愿的原则，采取说服、示范和国家援助的方法使农民自愿联合起来。1953 年 9 月以后，进入以发展农业生产合作社为主的阶段。同年 10 月，中共中央作出关于对粮食实行统购统销的决定，接着实行油料的统购和食油的统销。1954 年又实行棉花的统购和棉布的统购统销。主要农产品的统购统销，加快了农业社会主义改造的步伐。在 1955 年 7 月后，农业合作化形成高潮。1956 年底，农业合作化基本完成。加入合作社的农户占全国农户总数的 96.3%，其中参加高级社的农户达到 87.8%。

农业合作化期间，农业生产力不断发展，全国农业总产值平均每年递增 4.8%。中国农村完成了从几千年的分散个体劳动向集体所有、集体经营的历史性转变。但由于在全国实现高级形式的合作化的速度过快，执行过程中出现了偏差，遗留了一些问题。

手工业合作化的实现　在推进手工业合作化的过程中，中国共产党采取的是积极引导、稳步前进的方针。手工业合作化的组织形式，是由手工业生产合作小组、手工业供销合作社到手工业生产合作社，步骤是从供销入手，由小到大，由低到高，逐步实行社会主义改造和生产改造。农业合作化的迅猛发展，也极大地加快了手工业合作化的步伐。1955 年底，党和国家提出要在两年内基本完成手工业合作化。实际上，由于改变了过去按行业分期、分批、分片改造的办法，而采取手工业全行业一起合作化的办法，到 1956 年底，参加合作社的手工业人员已占全体手工业人员的 91.7%。手工业的合作化也基本完成了。

四、改造资本主义工商业

经过国家资本主义走向社会主义　对资本主义工商业进行社会主义改造，就是要把民族资本主义工商业改造成为社会主义性质的企业，并对民族资产阶级实行赎买政策。采取这样的政策，既可以在一定时期利用资本主义工商业的积极作用，又有利于争取民族资产阶级及其知识分子，减少他们接受社会主义改造的阻力。国家资本主义是改造资本主义工商业和逐步完成向社会主义过渡的必经之路。国家资本主义经济是在人民政府管理之下的，用各种形式与国营社会主义经济联系着的，并受工人监督的资本主义经济。

在 1953 年底以前，着重发展以加工订货、经销代销为主的初级形式国家资本主义，这是国家与私人工商业的外部联系与合作。国家通过各种合同，在原料供应、产品的生产计划、销售及价格上控制资本主义工商业。资本主义工商业企业的性质不变，企业内部的劳资矛盾依然存在，但在企业利润分配上实行"四马分肥"，即所得税占 30%，工人福利占 15%，企业公积金占 30%，资方股息红利占 25%，资本家对工人的剥削有所减轻。

1954 年 1 月，中央人民政府财政经济委员会提出《关于有步骤地将有十个工人以上的资本主义工业基本上改造成为公私合营企业的意见》，高级形式的国家资本主义发展起来。开始时，主要是个别企业的公私合营。这是社会主义经济与资本主义经济在企业内部的联系与合作，利润分配仍实行"四马分肥"的原则。企业收益大部分归国家和工人，资本家所得不足 1/4。这种企业已经具有不同程度的社会主义性质。1955 年，合营工业的产值占到全部私营工业产值（包括已合营的在内）的 49.6%。

1956 年上海某绸布商店接受公私合营

这一年，北京、上海、天津的一些行业先后实行全行业公私合营。这时，国家对资本家原有的生产资料进行清理估价，以核实私股股额；在合营期间，每年发给资本家 5% 的股息，这就叫定股定息。全行业公私合营以后，这些企业基本上已经是社会主义性质的经济，除资本家领取定息外，同国营企业已经没有原则上的区别。1956 年 1 月，北京市首先在全市范围内完成全行业公私合营。到这年年底，全国私营工业户的 99%、私营商业户的 82.2% 都走上了全行业公私合营的道路。

和平赎买政策的实现　对资产阶级实行赎买，是马克思、恩格斯提出的设想。十月革命后，列宁打算在俄国对"文明的资本家"采取这种做法，但俄国资产阶级不接受。中国共产党把这种设想付诸实施并取得成功，继续发挥了私营工商业在扩大生产、搞活流通、维持就业、增加税收等方面的积极作用。党争取到大多数民族资本家，对社会主义改造起了有益的配合作用，把他们改造成为自食其力的劳动者。这是中国共产党的一个独创性经验，丰富和发展了马克思主义的科学社会主义理论。

按照 1956 年全行业公私合营时核定的私股股额，总数为 24.186 4 亿元人民币。在赎买政策的实施过程中，资本家先后共获得人民币 32.5 亿元，超过其原来所有的资产总额。资本家的所得包括：1949 年至 1955 年的利润 13 亿元，1955 年至 1968 年的定息 11 亿元，高薪 8.5 亿元。

在实行全行业公私合营的时候，国家为资本家安排了工作，许多人担任了一定的领导职务。这既有利于发挥他们在经营管理方面的特长，又可以为使他们成为自食其力的劳动者创造条件。国家还安排他们进行学习和组织他们到各地参观访问，帮助他们了解国内外形势，更好地掌握自己的命运。许多原工商业者提高了觉悟，拥护共产党的领导和社会主义制度，为国家建设事业作出了贡献。

历史证明，过渡时期总路线是完全正确的。在社会主义改造过程中，中国共产党创造了一系列适合中国特点的由初级到高级逐步过渡的形式，使个体农民、手工业者和私营工商业者能够循序渐进地改变旧的生产方式。但在改造的后期存在要求过急、工作过粗、改变过快，以及在生产资料所有制形式和经济成分上过于简单划一等缺点。尽管如此，社会主义改造作为一场前所未有的深刻的社会变革，是在保证经济发展、社会稳定和得到人民群众拥护的情况下完成的，其成就是伟大的，影响是深远的。

第三节　初步确立社会主义基本制度

一、建立社会主义经济制度

随着社会主义改造的完成，以生产资料公有制、按劳分配和计划经济体制为特征的社会主义经济制度建立起来，这是中国进入社会主义社会最主要的标志。

1952 年，各种经济成分在国民收入中所占的比重分别是：国营经济 19.1%，合作社经济 1.5%，公私合营经济 0.7%，个体经济 71.8%，资本主义经济 6.9%。个体经济和资本主义经济合计为 78.7%，占到国民收入的绝大部分。到 1956 年，各种经济成分占国民收入的比重分别是：国营经济 32.2%，合作社经济 53.4%，公私合营经济 7.3%，个体经济 7.1%，资本主义经济接近于零。这就是说，社会主义性质的国营经济、合作社经济和基本上属于社会主义性质的公私合营经济合计为 92.9%，占到了国民收入的绝大多数。这标志着生产资料公有制占绝对优势的社会主义经济制度在中国建立起来。

各尽所能、按劳分配是社会主义的原则。1956 年 6 月，国务院通过《关于工资改革的决定》《关于工资改革中若干具体问题的通知》《关于工资改革方案实施程序的通知》等文件，提出实行统一的工资政策，建立起比较统一的合理的工资制度，并根据技术、行业、职务、地区等要素确定工资标准。同年 9 月，中共中央、国务院出台的《关于加强农业生产合作社的生产领导和组织建设的指示》提出，在农业生产合作社的分配工作中，必须坚持按劳取酬、多劳多得和男女同工同酬的原则。

新中国成立后，我国逐步形成了高度集中的计划经济体制。在当时选择这样的经济体制，既遵循了马克思主义理论的内在要求，又充分考虑了当时的国内外形势。从 1949 年到 1954 年，我国先后成立了中央财政经济委员会、国家计划委员会、编制五年计划纲要草案的工作小组等。1950 年 3 月，政务院颁布《关于统一国家财政经济工作的决定》。同年 8 月，中央召开了第一次全国计划工作会议。1954 年通过的宪法第十五条规定："国家用经济计划指导国民经济的发展和改造，使生产力不断提高，以改进人民的物质生活和文化生活，巩固国家的独立和安全。"[1] 这表明，计划经济体制已成为我国法定的经济体制。

社会主义改造的基本完成，使人民民主政权获得了自己的牢固的经济基础。这是人民民主政权得以长期坚持、巩固和发展的重要条件。社

---

[1]　中共中央文献研究室编：《建国以来重要文献选编》第五册，中央文献出版社 2011 年版，第 453 页。

会主义的最大优越性，是能够集中力量办大事。如果离开了占主体地位的生产资料公有制经济，国家不掌握主要的经济命脉，没有可供调动的战略物资和其他物质条件，是不可能做到这一点的。还应当看到，只有坚持公有制的主体地位，走共同富裕的道路，中国的经济才能得到持续发展，社会政治局面才能保持稳定，广大群众才能安居乐业、过上幸福富裕的生活。

二、确立社会主义政治制度

在有系统地推进社会主义改造的同时，人民民主政治建设也在有步骤地向前推进。

《选举法》的制定和人大代表的选举

1954 年 9 月，中华人民共和国第一届全国人民代表大会第一次会议在北京召开。大会讨论并通过了《中华人民共和国宪法》。这是一部社会主义类型的宪法，体现了人民民主原则和社会主义原则。宪法明确规定："中华人民共和国是工人阶级领导的、以工农联盟为基础的人民民主国家。""中华人民共和国的一切权力属于人民。人民行使权力的机关是全国人民代表大会和地方各级人民代表大会。""全国人民代表大会、地方各级人民代表大会和其他国家机关，一律实行民主集中制。"① 宪法还确立了国家体制的格局：全国人民代表大会是最高国家权力机关；国务院即中央人民政府，是最高国家行政机关。大会选举毛泽东为中华人民共和国主席，朱德为副主席；选举刘少奇为全国人民代表大会常务委员会委员长，宋庆龄等 13 人为副委员长；决定周恩来为国务院总理。

中国共产党领导的多党合作和政治协商制度是我国的一项基本政治

---

① 中共中央文献研究室编：《建国以来重要文献选编》第五册，中央文献出版社 2011 年版，第 450—451 页。

制度，是从中国土壤中生长出来的新型政党制度。在一届全国人大一次会议召开以后，中国人民政治协商会议不再代行全国人民代表大会的职权。1954 年 12 月，中国人民政治协商会议第二届全国委员会第一次会议在北京举行，会议推举毛泽东为全国政协名誉主席，选举周恩来为政协第二届全国委员会主席。大会通过的《中国人民政治协商会议章程》明确规定，人民政协"作为团结全国各民族、各民主阶级、各民主党派、各人民团体、国外华侨和其他爱国民主人士的人民民主统一战线的组织，仍然需要存在"[1]。从此，中国人民政治协商会议成为中国人民爱国统一战线的组织，是中国共产党领导的多党合作和政治协商的重要机构，是我国政治生活中发扬社会主义民主的重要形式。

民族区域自治制度是我国一项基本政治制度，是中国特色解决民族问题的正确道路的重要内容，是中国共产党根据中国历史和现实的特点，运用马克思主义民族理论解决中国民族问题的一项重大创造。1949 年 9 月，《中国人民政治协商会议共同纲领》确定实行民族区域自治制度。1952 年 8 月，中央人民政府公布施行《中华人民共和国民族区域自治实施纲要》。1954 年宪法将民族自治地方规范为自治区、自治州、自治县三级，县以下的少数民族聚居区设民族乡。继内蒙古自治区成立（1947 年 5 月）之后，新疆维吾尔自治区（1955 年 10 月）、广西壮族自治区（1958 年 3 月）、宁夏回族自治区（1958 年 10 月）和西藏自治区（1965 年 9 月）先后成立。这表明，新中国能够用彻底的民主主义和民族平等的精神来解决民族问题，建立各民族之间的真正团结合作。各民族都必须加强和巩固祖国的统一，必须紧密地团结在一起，为建设祖国而共同努力。同时，国家又必须保证各少数民族在聚居的地方行使其自治权，帮助每一个民族走上社会主义道路，使其在经济上、文化上都得到迅速发展。

---

[1]　中共中央文献研究室编：《建国以来重要文献选编》第五册，中央文献出版社 2011 年版，第 607 页。

党积极探索和建立了新的基层社会管理体系。新中国成立伊始，农村保甲制度取缔后，许多农民自发组建了农民协会。随着互助合作的开展，农民协会逐渐被互助组、合作社这一农村新的组织形式代替。为了统一和规范城市居民组织，1954年12月，一届全国人大常委会第四次会议通过了《城市居民委员会组织条例》，以国家法律的形式确认了城市居民委员会的名称、性质、主要任务和组织结构，促进了居民委员会在全国范围内统一规范的建立和发展。

人民代表大会的根本政治制度、中国共产党领导的多党合作和政治协商制度、民族区域自治制度等基本政治制度的建立，构成了我国社会主义的政治制度体系，为我国社会主义经济基础和相应的经济制度的确立，提供了政治保障。

三、社会主义基本制度确立的伟大意义

实现中华民族伟大复兴，必须建立符合中国实际的先进社会制度。中华人民共和国成立、社会主义制度的建立，是中华民族有史以来最为广泛而深刻的社会变革，为当代中国一切发展进步奠定了根本政治前提和制度基础，为中国发展富强、中国人民生活富裕奠定了坚实基础，实现了中华民族由不断衰落到根本扭转命运、持续走向繁荣富强的伟大飞跃。

社会主义基本制度的确立极大地提高了工人阶级和广大劳动人民的积极性、创造性，为社会生产力的大发展开辟了广阔道路。农业和手工业由个体所有制变为社会主义的集体所有制，私营工商业由资本主义所有制变为社会主义所有制，这就使社会生产力从旧的生产关系的束缚中解放出来，巩固和扩大了人民民主专政政权的经济基础。生产资料所有制适应了社会化大生产的客观需要，社会主义制度集中力量办大事的独特优势得以充分发挥，国家大规模工业化建设顺利开启，为在社会主义

条件下取得比资本主义更快的现代化发展速度、更高的劳动生产率铺平了道路，极大地促进了我国社会生产力的发展。

社会主义基本制度的确立为当代中国的一切发展进步提供了根本政治保障。中国共产党是全国各族人民的领导核心，是领导中国社会主义事业的核心力量。人民代表大会制度是实现社会主义民主的基本形式，充分体现了一切权力属于人民的原则，是人民管理国家的最好组织形式。中华人民共和国宪法，不仅巩固了中国人民革命胜利的历史成果和新中国成立以来政治上、经济上的新胜利，而且把实际生活中已经发生的重大社会变革用法律的形式肯定下来，反映了过渡时期国家发展的根本要求和全国人民通过实践形成的建立社会主义社会的共同意愿。这是中国走向社会主义民主和法制建设的一个良好开端。中国共产党领导的多党合作和政治协商制度，是马克思主义政党理论和统一战线学说与中国实际相结合的产物，有利于坚持和改善中国共产党的领导，又能充分吸纳各方面的意见，集中全国人民的意志和力量，实现广泛民主和集中领导的统一、充满活力和富有效率的统一。民族区域自治制度是我国一项基本民族政策，有利于保证国家的统一和民族自治权利。

社会主义基本制度的确立为社会主义先进文化的发展指明了前进方向。党领导了对旧有学校教育和文化事业的有步骤的改革，团结和争取一切爱国的知识分子为人民服务。广大人民群众逐渐树立起走社会主义道路的意识，爱国主义、集体主义等观念越来越深入人心。社会主义新型的社会关系及与之相适应的社会道德规范正在形成。以马克思主义为核心的社会主义主流意识形态地位稳步提升，占据优势和主导地位，确保了党和国家事业沿着社会主义方向胜利前进。

社会主义制度的确立，标志着中国这个占世界 1/4 人口的东方大国进入了社会主义社会。此后，党面临的根本任务，就是领导全国各族人民在不断完善社会主义制度基础上，充分发挥社会主义制度的优越性，大力发展社会生产力，为实现国家富强、人民幸福的历史任务而奋斗。

第四节　全面建设社会主义的良好开端

一、探索适合中国国情的社会主义建设道路

提出马克思主义同中国实际"第二次结合"　1956 年生产资料所有制改造完成，标志着社会主义基本制度在中国确立，中国开始进入全面建设社会主义的历史阶段。在中国这样一个人口众多、经济文化落后、发展极不平衡的国家，怎样建设社会主义，怎样巩固和发展社会主义，并没有现成的道路可循，党领导人民在实践中进行了艰辛探索。

新中国成立初期，因为没有经验，在经济建设上只得学习甚至照搬苏联的做法。经过执行"一五"计划的实践，中国共产党和人民政府已经积累了进行建设的初步经验。1956 年 2 月召开的苏共二十大，进一步暴露了苏联在社会主义建设中存在的缺点和错误。在这种情况下，中国共产党人决心以苏为鉴，探索一条适合中国情况的社会主义建设道路。

毛泽东谈马克思主义与中国具体实际"第二次结合"

探索中国的社会主义建设道路，必须把马克思列宁主义基本原理同中国具体实际相结合。1956 年 4 月初，毛泽东明确提出："最重要的是要独立思考，把马列主义的基本原理同中国革命和建设的具体实际相结合。民主革命时期，我们吃了大亏之后才成功地实现了这种结合，取得了新民主主义革命的胜利。现在是社会主义革命和建设时期，我们要进行第二次结合，找出在中国怎样建设社会主义的道路。"[1] 他在修改中共中央向八大提交的政治报告时明确指出："我国是一个东方国家，又是一个大国。因此，我国不但在民主革命过程中有自己的许多特点，在社会主义改造和社会主义建设的过程中也带有自己的许多特点，而且在将来建成社会

---

[1]　中共中央文献研究室编：《毛泽东年谱（一九四九—一九七六）》第二卷，中央文献出版社 2013 年版，第 557 页。

主义社会以后还会继续存在自己的许多特点。"①

　　毛泽东提出的马克思主义基本原理同中国具体实际"第二次结合"的任务，为探索适合中国情况的社会主义建设道路，提供了基本的指导原则。

　　毛泽东阐述十大关系　从 1956 年初开始，以毛泽东同志为主要代表的中国共产党人，对适合中国国情的社会主义建设道路进行积极探索，并取得重要成果。为准备召开中共八大和迎接大规模经济建设，从 1955 年底到 1956 年春，毛泽东等中央领导人进行了大量周密而系统的调查研究。1956 年 2 月至 4 月间，毛泽东先后听取国务院工业、农业、运输业、商业、财政、计划等 35 个部委的工作汇报。这是新中国成立以来中共中央领导集体对经济工作开展的一次广泛而深入的调查研究。在此基础上，毛泽东逐渐形成《论十大关系》的基本思路。4 月 25 日，他在中央政治局扩大会议上作《论十大关系》的讲话，5 月 2 日又向最高国务会议作了报告。报告提出"一定要努力把党内党外、国内国外的一切积极的因素，直接的、间接的积极因素，全部调动起来，把我国建设成为一个强大的社会主义国家"②的基本方针。围绕这个方针，报告总结我国社会主义建设的初步经验，并借鉴苏联建设的经验教训，论述了十个问题即十大关系。

　　《论十大关系》前五条主要讨论经济问题，从经济工作的各个方面来调动各种积极因素。前三条讲重工业和轻工业、农业的关系，沿海工业和内地工业的关系，经济建设和国防建设的关系。报告强调今后要更多地注意发展农业、轻工业，更多地利用和发展沿海工业，尽量降低军政费用的比重，多搞经济建设。这里涉及的实际上是开辟一条与苏联有所不同的中国工业化道路。第四、第五条讲国家、生产单位和生产者个人

① 　中共中央文献研究室编：《毛泽东年谱（一九四九—一九七六）》第二卷，中央文献出版社 2013 年版，第 603 页。

② 　《毛泽东文集》第七卷，人民出版社 1999 年版，第 44 页。

的关系，中央和地方的关系，并开始涉及经济体制的改革，提出要充分调动各方面的积极性，在巩固中央统一领导的前提下扩大地方权力。

《论十大关系》后五条主要讨论政治关系，讲汉族和少数民族的关系、党和非党的关系、革命和反革命的关系、是非关系、中国和外国的关系，这些都属于政治生活和思想文化生活中调动各种积极因素的问题。报告提出，在共产党和民主党派的关系上实行"长期共存，互相监督"的方针，确认中国共产党领导的统一战线和多党合作要继续存在、发挥作用。在中国和外国的关系上，要学习资本主义国家先进的科学技术和企业管理方法中合乎科学的方面，但也要抵制和批判资产阶级的一切腐败制度和思想作风。

《论十大关系》是以毛泽东为主要代表的中国共产党人开始探索适合中国国情的社会主义建设道路的标志，它在新的历史条件下从经济方面和政治方面提出了新的指导方针，为中共八大的召开作了理论准备。后来，毛泽东回顾说，前几年照抄外国的经验，"从一九五六年提出十大关系起，开始找到自己的一条适合中国的路线"[1]。

提出一系列新方针　1956 年 1 月，中共中央召开关于知识分子问题会议，动员全党和全国人民特别是广大知识分子"向现代科学进军"。周恩来代表中央作报告，充分肯定知识分子在社会主义建设中的地位和作用，宣布他们的绝大部分"已经是工人阶级的一部分"[2]。世界科学技术在近二三十年中有了特别大的进步，我们必须急起直追，迎头赶上。毛泽东在会上提出，要进行技术革命、文化革命，革技术落后的命，革愚蠢无知的命，号召全党努力学习科学知识，同党外知识分子团结一致，为迅速赶上世界科学先进水平而奋斗[3]。举国上下，无不振奋。会后，国

①　中共中央文献研究室编:《建国以来重要文献选编》第十三册，中央文献出版社 2011 年版，第 369 页。

②　《建国以来周恩来文稿》第十三册，中央文献出版社 2018 年版，第 19 页。

③　参见《建国以来毛泽东文稿》第六册，中央文献出版社 1992 年版，第 12 页。

务院成立科学规划委员会，举全国之力，编制《1956—1967 年科学技术发展远景规划纲要》。这个规划以追赶世界先进科技为目标，按照"以任务为经，以学科为纬，以任务带学科"的原则，从 13 个方面提出 57 项重要科学技术任务和 616 个中心问题。该纲要的实施，填补了我国科学技术领域的诸多空白，奠定了中国在自然科学和工程技术方面的重要基础。

与此同时，党中央确定"百花齐放、百家争鸣"作为发展科学文化事业的指导方针。1956 年 4 月，中央政治局扩大会议讨论《论十大关系》时，提出要把政治思想问题与学术性质、艺术性质、技术性质的问题区分开来，推进文学艺术和思想文化事业发展。5 月 2 日，毛泽东在最高国务会议上说："在艺术方面的百花齐放的方针，学术方面的百家争鸣的方针，是有必要的。"现在春天来了，一百种花都让它开放，不要只让几种花开放，还有几种花不让它开放。这就叫百花齐放。百家争鸣，是说春秋战国时代，两千年以前那个时候，有许多学派，诸子百家，大家自由争论。现在我们也需要这个。"在中华人民共和国宪法范围之内，各种学术思想，正确的、错误的，让他们去说，不去干涉他们。"[①] 5 月 26 日，在中南海怀仁堂召开的知识界会议上，中央宣传部部长陆定一作题为《百花齐放、百家争鸣》的报告，代表中央对"双百"方针进行详尽阐述，引起强烈反响，获得广泛称赞。

社会主义制度的确立，为进一步保护和发展生产力创造了更为有利的条件。1954 年 3 月 8 日，中共中央在对中国科学院党组报告的批示中明确指出："在国家有计划的经济建设已经开始的时候，必须大力发展自然科学，以促进生产技术的不断发展，并帮助全面了解和更有效地利用自然资源。"[②] 同年 9 月，周恩来在第一届全国人大会议上首次提出实现国

---

① 中共中央文献研究室编：《毛泽东年谱（一九四九—一九七六）》第二卷，中央文献出版社 2013 年版，第 574、575 页。

② 廖盖隆、庄浦明主编：《中华人民共和国编年史 1949—2009》，人民出版社 2010 年版，第 83 页。

民经济现代化的宏伟目标，是要建设起强大的现代化工业、现代化农业、现代化交通运输业和现代化国防。在"向现代科学进军"的指示精神感召下，广大科技人员的积极性被极大调动起来，在全国范围内开展了轰轰烈烈的科技革新运动。通过群众性的科技创新和技术革命，进行生产工具改革，推动生产过程中繁重落后的手工操作向机械化、半机械化转变，促进了全民技术文化素质提高，为科技长远规划的贯彻实施与社会生产力水平的提高打下了广阔的群众基础。

二、开始全面建设社会主义

刘少奇为准备中共八大报告做调查研究

中共八大路线的制定　1956 年 9 月 15 日至 27 日，中国共产党第八次全国代表大会在北京举行。毛泽东致开幕词，刘少奇作政治报告，周恩来作关于发展国民经济第二个五年计划建议的报告，邓小平作关于修改党章的报告。

八大正确分析了国内形势和主要矛盾的变化，明确提出新形势下党和人民的主要任务，大会宣布：社会主义制度在我国已经基本上建立起来，国内主要矛盾已经是人民对于经济文化迅速发展的需要同当前经济文化不能满足人民需要的状况之间的矛盾；全国人民的主要任务是集中力量发展社会生产力，实现国家工业化，逐步满足人民日益增长的物质和文化需要；还有阶级斗争，还要加强人民民主专政，但根本任务已经是在新的生产关系下面保护和发展生产力。

八大坚持党中央提出的既反保守又反冒进，即在综合平衡中稳步前进的经济建设方针。大会肯定"三个主体，三个补充"思想，即以国家经营和集体经营、计划生产、国家市场三者为主体，以个体经营、自由生产、自由市场三者为补充。这是在理论上突破苏联计划经济模式，探索经济体制改革的重要尝试。大会提出在三个五年计划或者再多一点的时间内，在我国建成一个基本完整的工业体系的战略设想，为全国人民描绘了社会主义发展的宏伟蓝图。在政治建设上，提出要扩大社会主义民主、健全社会主义法制，使党和政府的活动做到"有法可依"和"有法必依"。

八大通过的新党章是中国共产党在全国执政以后制定的第一部党章。新党章根据执政党的特点，提出了全面开展社会主义建设的任务，对贯彻党的民主集中制的根本原则作出了许多新规定，在党员义务方面增加"维护党的团结，巩固党的统一""对党忠诚老实"等内容。

中共八大的路线是正确的，提出的许多新方针和新设想是富于创造精神的。这次会议对中国建设社会主义道路的探索，站在比较高的历史起点上，取得了初步成果，对于党和国家事业发展具有长远的重要意义。

社会主义建设热情高涨　中共八大后，全国上下迅速掀起社会主义建设高潮，广大人民群众参与社会主义建设热情高涨。在城市工厂，技术革新、科技攻关蔚然成风。在全国农村，改造农田、兴修水利成效显著。到祖国最需要的地方去，到条件最艰苦的地方去，成为广大科技工作者和青年学生选择工作的第一志愿。"越过高山，越过平原，跨过奔腾的黄河长江，宽广美丽的土地，是我们亲爱的家乡，英雄的人民站起来了，我们团结友爱坚强如钢"，成为一个时代的精神写照。"每一秒钟都为创造社会主义社会而劳动"[1]，成为新中国建设者的生活节奏。"全国人民大团结，掀起了社会主义建设高潮"，成为响彻城乡的嘹亮歌声。在这种火热的劳动热情和崇高的创造精神激励下，新中国第一个五年计划提前完成，第二个五年计划顺利推进。

正确处理人民内部矛盾　苏共二十大后，国际共产主义运动出现大的波折。我国由于社会主义改造的迅速完成，加上未能完全消除经济建设中冒进的影响，领导工作中还存在官僚主义等问题，一些地方出现少数群众闹事等不稳定情况。面对这些复杂的新情况，中共中央和毛泽东

---

[1]　中共中央党史和文献研究院：《中国共产党的一百年（社会主义革命和建设时期）》，中共党史出版社 2022 年版，第 417 页。

深入思考社会主义社会的矛盾，提出了关于正确处理人民内部矛盾的理论。

1957年2月，毛泽东在最高国务会议上发表《如何处理人民内部的矛盾》（后改为《关于正确处理人民内部矛盾的问题》）的讲话。他指出：矛盾是普遍存在的，社会主义社会也充满着矛盾，正是这些矛盾推动着社会主义社会不断地向前发展。社会主义社会的基本矛盾仍然是生产力和生产关系、经济基础和上层建筑之间的矛盾，这些矛盾可以经过社会主义制度本身的自我调整和完善，不断得到解决。这一论断科学揭示了社会主义社会发展的动力，也为后来的社会主义改革奠定了理论基础。

毛泽东还指出：社会主义社会存在着敌我矛盾和人民内部矛盾两类性质根本不同的矛盾。前者需要用强制的、专政的方法去解决，后者只能用民主的、说服教育的、"团结—批评—团结"的方法去解决。他强调：革命时期大规模的急风暴雨式的群众阶级斗争基本结束，"我们的根本任务已经由解放生产力变为在新的生产关系下面保护和发展生产力"[1]。我们"提出正确处理人民内部矛盾的问题，以便团结全国各族人民进行一场新的战争——向自然界开战，发展我们的经济，发展我们的文化，使全体人民比较顺利地走过目前的过渡时期，巩固我们的新制度，建设我们的新国家"[2]。

为了帮助广大人民在我国的政治生活中判断人们言论和行动的是非、辨别香花和毒草，毛泽东提出了六条政治标准，即：有利于团结全国各族人民；有利于社会主义改造和社会主义建设；有利于巩固人民民主专政；有利于巩固民主集中制；有利于巩固共产党的领导；有利于社会主义的国际团结和全世界爱好和平人民的国际团结。毛泽东强调指出，这六条标准中最重要的是社会主义道路和党的领导两条。

---

[1] 《毛泽东文集》第七卷，人民出版社1999年版，第218页。
[2] 《毛泽东文集》第七卷，人民出版社1999年版，第216页。

《关于正确处理人民内部矛盾的问题》在马克思主义发展史上具有开创性意义。毛泽东深入研究社会主义社会的矛盾问题，形成一套系统的关于社会主义社会矛盾的学说，丰富和发展了科学社会主义理论，对党和社会主义建设事业具有长远的指导意义。

整风运动和反右派斗争　1957年4月27日，中共中央下发《关于整风运动的指示》，决定在全党进行一次反对官僚主义、宗派主义和主观主义的整风运动。根据设想，这次整风应当是一次既严肃认真又和风细雨的思想教育运动，是一次认真开展批评和自我批评的自我教育运动，通过发动群众向党员和党的各级组织提意见，帮助党来纠正官僚主义等问题。这场运动采取开门整风的形式。各级党组织纷纷召开座谈会和小组会，听取党内外群众的意见，迅速在全社会形成一个"鸣放"的高潮。毛泽东和中共中央真诚地希望通过这种方式，加强党外人士对共产党员特别是党员领导干部的批评、监督，进一步密切党同群众的联系。毛泽东在《一九五七年夏季的形势》一文中提出，要造成一个又有集中又有民主，又有纪律又有自由，又有统一意志、又有个人心情舒畅、生动活泼，那样一种政治局面。

在整风运动中人们提出的各种意见，绝大多数是诚恳的。然而，随着整风运动的开展，出现许多复杂情况。极少数人乘机向党和新生的社会主义制度发动进攻。他们把中国共产党在国家政治生活中的领导地位攻击为"党天下"，要求"轮流坐庄"；把人民民主专政制度说成是产生官僚主义、宗派主义和主观主义的根源。这种异常现象引起中共中央的警觉。6月，中共中央要求组织力量反击右派分子进攻。对极少数右派分子的进攻实行坚决反击，对反对党的领导、反对社会主义道路的思潮进行批判，是完全必要的，也是正确的。但是，由于对阶级斗争的形势作了过于严重的估计，把大量人民内部矛盾当作敌我矛盾，把大量思想认识问题当作政治问题，反右派斗争被严重地扩大化了，留下深刻的教训。

第五节　社会主义道路的艰辛探索和曲折发展

一、"大跃进"和初步纠正"左"的错误

"大跃进"和人民公社化运动　为尽快改变中国贫穷落后的面貌，中共中央力图在探索社会主义建设道路中打开一个崭新的局面。1957 年冬季，全国掀起以兴修水利、养猪积肥和改良土壤为中心的农业生产高潮，有效地提高了农业抗灾的能力。1957 年 11 月 13 日《人民日报》社论提出要在生产战线上来一个大的跃进，由此拉开"大跃进"的序幕。1958 年 5 月，党的八大二次会议通过"鼓足干劲、力争上游、多快好省地建设社会主义"的社会主义建设总路线，反映了广大人民群众迫切要求改变国家经济文化落后状况的普遍愿望，但忽视了客观的经济规律。会后，"大跃进"运动在全国范围内开展起来。农业方面提出"以粮为纲"口号，要求 5 年、3 年以至一两年达到规定的粮食产量指标，引发严重的浮夸风。工业方面提出"以钢为纲"口号，要求几年内提前实现 15 年钢产量赶超英国的目标，掀起大炼钢铁的群众运动。

在"大跃进"迅猛发展的同时，农村掀起人民公社化运动高潮。1958 年 8 月，中共中央作出《关于在农村建立人民公社问题的决议》，提出"应该积极地运用人民公社的形式，摸索出一条过渡到共产主义的具体途径"。从这年夏季开始，只经过几个月时间，全国 74 万个农业生产合作社合并成为 2.6 万多个人民公社。"大跃进"初期建立的人民公社实行"政社合一"的体制，其基本特点被概括为"一大二公"。所谓"大"，就是规模大，原来一二百户规模的农业生产合作社被合并成拥有四五千户甚至一两万户的人民公社；所谓"公"，就是公有化程度高，原来经济条件各不相同的农业生产合作社被合并以后，主要财产归人民公社所有，收入在全社范围内统一核算和分配。实际上，这是刮"一平二调"的"共产风"，搞

毛泽东在第一次郑州会议上的发言

平均主义，无偿调拨生产队包括社员个人的财物和劳动力，严重损害了农民的生产积极性。

初步纠正"左"倾错误的努力   毛泽东是中共中央领导集体中较早地觉察并实际纠正"左"倾错误的领导人。从 1958 年 11 月第一次郑州会议到 1959 年 7 月庐山会议前期，党中央领导整顿人民公社，调整高指标，作了初步纠正"左"倾错误的努力，使"共产风"、浮夸风、高指标和瞎指挥得到初步遏制，形势开始有所好转。这期间，党中央和毛泽东对社会主义建设规律有了一些新的认识。主要包括：生产关系一定要适合生产力的性质；价值法则是一个伟大的学校，必须利用价值规律为社会主义服务；要以"农、轻、重"为序进行社会主义建设；综合平衡是整个经济工作的根本问题，国民经济应当有计划按比例发展，等等。这些认识是纠"左"取得初步成效的重要原因，也是党探索中国社会主义建设道路的重要成果。但是，纠"左"是在肯定"大跃进"和人民公社的前提下和框架内进行的，初步好转的形势还很不巩固。在庐山召开的党的八届八中全会及随后开始的"反右倾"斗争中断了纠"左"的进程，加上自然灾害和苏联政府背信弃义撕毁合同，党和人民面临新中国成立以来前所未有的严重经济困难。

二、国民经济调整和"四个现代化"战略目标的制定

国民经济调整   国民经济出现的严重困难局面，给中国共产党以深刻的教训。中共中央和毛泽东决心认真进行调查研究，调整政策，纠正错误。1960 年 11 月，中共中央发出《关于农村人民公社当前政策问题的紧急指示信》，着手解决当时最为突出的农业和农村问题。1961 年 1 月，党的八届九中全会决定对国民经济实行"调整、巩固、充实、提高"的八字方针。以这两件事为标志，"大跃进"运动实际上已被停止，国民经济开始

"调整、巩固、充实、提高"八字方针的由来

转入调整的新轨道。

毛泽东在党的八届九中全会以及为准备这次全会而召开的中央工作会议上，号召全党大兴调查研究之风。随后，他领导的三个调查组分赴浙江、湖南、广东农村基层作调查。刘少奇、周恩来、朱德、陈云、邓小平等也深入基层进行调查研究。

1961 年 3 月，毛泽东在广州主持起草《农村人民公社工作条例（草案）》（即"农业六十条"），确定以生产队为基本核算单位，要求认真贯彻按劳分配的原则，废除供给制，停办公共食堂。"农业六十条"的贯彻执行，对于克服严重存在的平均主义，调动农民的生产积极性，推动恢复和发展农业生产，起到了十分重要的作用。同年 6 月，毛泽东指出，由于碰了钉子，我们"对于社会主义的认识，对于怎样建设社会主义的认识，大为深入了"[①]。在此基础上，在刘少奇、周恩来、陈云、邓小平等的主持下，中共中央陆续制定出有关工业、商业、教育、科学、文艺等方面的工作条例草案，总结历史经验，继续纠正"左"的错误，推动国民经济转入 1962 年至 1965 年的调整时期。

七千人大会　1962 年一二月间，扩大的中共中央工作会议（即七千人大会）在北京召开。刘少奇代表中央提出的书面报告草稿，总结了"大跃进"以来经济建设工作的经验教训，分析了产生缺点错误的原因。毛泽东着重阐述了民主集中制的极端重要性，并带头做了自我批评，特别强调在社会主义建设上，我们还有很大的盲目性，今后要下苦功夫调查研究，弄清楚社会主义经济的规律。要使中国赶上和超过世界上最先进的资本主义国家，没有一百多年的时间是不行的。这是党中央和毛泽东对社会主义建设长期性的进一步认识。邓小平、周恩来分别代表中央书记处和国务院在大会上作自我批评，并提出恢复党的优良传统和克服目前困难的主要办法。这次会议发扬了党内的民主和自我批评精神，

---

① 《毛泽东文集》第八卷，人民出版社 1999 年版，第 277 页。

统一了全党的认识，对动员全党团结奋斗战胜困难起了极其重要的作用。

经过七千人大会前后近两年的调整，从 1963 年夏开始，各项建设事业呈现明显的健康发展势头。到 1965 年底，调整国民经济的任务全面完成。工农业生产总值超过历史最高水平；农、轻、重的比例关系得到改善；积累与消费的比例关系基本恢复正常；财政收支平衡，市场稳定，人民生活水平有所提高。"大跃进"和人民公社化运动带来的严重困难局面终于得到改变。

"四个现代化"战略目标　当国民经济调整工作取得巨大成就的时候，党适时提出了新的奋斗目标。1964 年底，周恩来在三届全国人大一次会议上郑重提出实现"四个现代化"的历史任务，即"在不太长的历史时期内，把我国建设成为一个具有现代农业、现代工业、现代国防和现代科学技术的社会主义强国，赶上和超过世界先进水平"[①]。中央还确定分两步走实现现代化的战略构想，即从第三个五年计划开始，第一步，经过三个五年计划时期，建立一个独立的比较完整的工业体系和国民经济体系；第二步，全面实现农业、工业、国防和科学技术的现代化，使中国经济走在世界前列。"四个现代化"从此成为党和全国各族人民的共同奋斗目标，成为凝聚和团结全国各族人民不懈奋斗的强大精神力量。

三、"文化大革命"内乱及其历史教训

"文化大革命"的发动　1966 年，正当我国克服国民经济的严重困难、完成经济调整任务、开始执行发展国民经济第三个五年计划的时候，"文化大革命"运动发生了。

1966 年 5 月，中共中央政治局扩大会议通过《中国共产党中央委员会通知》（简称"五一六通知"），指出："混进党里、政府里、军队里和各

---

① 　中共中央文献研究室编：《建国以来重要文献选编》第十九册，中央文献出版社 2011 年版，第 423 页。

种文化界的资产阶级代表人物，是一批反革命的修正主义分子，一旦时机成熟，他们就会要夺取政权，由无产阶级专政变为资产阶级专政。"[①] 8月，党的八届十一中全会通过《中国共产党中央委员会关于无产阶级文化大革命的决定》（简称"十六条"），提出"这次运动的重点，是整党内那些走资本主义道路的当权派"[②]。这两次会议的召开，标志着"文化大革命"运动的全面发动。

"文化大革命"运动首先表现为红卫兵运动迅猛兴起。从 1967 年 1月起，"文化大革命"进入"全面夺权"阶段，很快发展为"打倒一切"以至"全面内战"的严重局面。2 月前后，谭震林、陈毅、叶剑英、李富春、李先念、徐向前、聂荣臻等老一辈革命家在不同的会议上对"文化大革命"的错误做法提出强烈批评，但被诬为"二月逆流"，受到压制和打击。到 1968 年 9 月，全国各地先后成立革命委员会，在一定程度上结束了"文化大革命"前期的无政府状态。

1969 年 4 月召开的中国共产党第九次全国代表大会，使"文化大革命"的理论和实践进一步系统化、合法化。1970 年至 1971 年间发生林彪反革命集团阴谋夺取最高权力、策动反革命武装政变的事件，客观上宣告"文化大革命"理论和实践的失败。1972 年，周恩来提出批判极"左"思潮，使得各方面工作有了明显起色。1973 年 8 月召开的中国共产党第十次全国代表大会，继续肯定九大的政治路线和组织路线。此后，江青与王洪文、张春桥、姚文元结成"四人帮"，企图全面篡夺党和国家最高权力。1975 年 1 月，四届全国人大一次会议重申实现四个现代化的奋斗目标，任命周恩来为总理、邓小平为第一副总理。这使身处反复动乱中的广大干部和群众又看到了党和国家的希望。会后，周恩来病重，

---

① 中共中央文献研究室编：《毛泽东年谱（一九四九—一九七六）》第五卷，中央文献出版社 2013 年版，第 579 页。

② 中共中央文献研究室编：《毛泽东年谱（一九四九—一九七六）》第五卷，中央文献出版社 2013 年版，第 610 页。

邓小平在毛泽东的支持下主持中共中央和国务院的日常工作。

"文化大革命"发生的原因　"文化大革命"运动的发生，有着复杂的国际国内的社会历史原因。新中国成立后，很长一段时间一直面临严峻的外部环境。帝国主义长期敌视、封锁，把"和平演变"的希望寄托在中国第三代、第四代人身上。苏联在中苏关系恶化后给中国施加巨大压力，对中共中央在科学判断国内政治形势、确定党和国家中心任务和方针政策时产生极大影响。中国共产党是经过长期残酷的战争后迅速进入社会主义历史阶段的，对于如何在一个经济文化落后的国家建设社会主义缺乏科学认识，也没有充分的思想准备，容易沿用和照搬革命战争时期积累下来的成功的阶级斗争经验，观察和处理社会主义建设的许多新矛盾，把只在一定范围存在的阶级斗争仍然看作社会的主要矛盾，并运用大规模群众性政治运动的方法来解决。

"文化大革命"运动的发动，主要是为了防止资本主义复辟、寻求中国自己的建设社会主义的道路。作为一个执政的无产阶级政党领袖，毛泽东不断观察和思考新兴的社会主义社会现实生活中的问题，极为关注艰难缔造的党和人民政权的巩固，高度警惕资本主义复辟的危险，为消除党和政府中的腐败和特权、官僚主义等现象进行不断探索和不懈斗争。但是，由于对社会主义社会的建设规律认识不清楚，由于"左"的错误在理论和实践上的累积发展，很多关于社会主义建设的正确思想没有得到贯彻落实，最终酿成内乱。

"文化大革命"时期的各方面工作　作为政治运动的"文化大革命"与"文化大革命"历史时期是有区别的。这一时期，我国国民经济出现较大起伏，但在党和人民的共同努力下，各项工作在艰难中仍然取得重要进展。"文化大革命"初期，动乱主要集中在文教部门和党政机关，大部分生产系统未被打乱，特别是五年调整给国民经济的发展打下较好的基础，所以1966年各项生产建设事业仍然取得比较好的成绩。1969年以后，随着国内局势稍趋安定，主持政府工作的周恩来等领导人抓住时机，着手恢复各主要工业部门和其他综合经济部门的工作，加强对经济的计划管理。1969 年的国民经济扭转了前两年连续下降的局面而有所回升。1970 年经济建设中，内地战略后方的建设（重点是国防工业建设）迅速全面铺开，地方"五小"工业（小钢铁、小机械、小化肥、小煤窑、小水泥）迅猛发展。到年底，当年经济指标以及"三五"计划主要指标大体完成。

1971 年，我国开始执行第四个五年计划。由于忽视经济工作中存在的矛盾，继续追求高指标，经济建设的冒进之风有增无已。1972 年至 1973 年，根据周恩来的指示，国务院采取各种措施对国民经济进行调整。1973 年下半年，经济形势明显好转，国民经济计划主要指标都完成或超额完成。在此期间，我国第一次把人口控制指标纳入国民经济发展计划，制定了第一部环境保护的综合性文件，陆续从国外进口一批技术先进的成套设备和单机，对我国此后经济发展和技术进步发挥了重要的促进作用。

1975 年初，四届全国人大一次会议闭幕后，重申四个现代化目标。邓小平在毛泽东、周恩来支持下，全面主持中共中央和国务院的日常工作，大刀阔斧地进行整顿。根据毛泽东提出的要安定团结、把国民经济搞上去的指示，邓小平强调：工业、农业、商业、财贸、文教、科技、军队都要整顿，核心是党的整顿，关键是领导班子。

经过全面整顿，形势明显好转。大部分地区社会秩序趋于稳定，国民经济迅速回升。1975 年的工农业总产值和大多数产品产量指标按照"四五"计划基本完成。邓小平后来说："拨乱反正在一九七五年就开始了。""说到改革，其实在一九七四年到一九七五年我们已经试验过一段。……那时的改革，用的名称是整顿，强调把经济搞上去，首先是恢复生产秩序。凡是这样做的地方都见效。"[1]

———————

[1] 《邓小平文选》第三卷，人民出版社 1993 年版，第 81、255 页。

　　"文化大革命"的结束　　1976年1月8日，周恩来逝世。7月6日，朱德逝世。9月9日，毛泽东逝世。在不到九个月的时间里，党和国家的三位杰出领导人相继逝世，全党全国人民陷入巨大的悲痛之中，也深深思虑着党和国家的前途命运。周恩来逝世后，"四人帮"发出种种禁令，竭力阻挠和诬蔑群众性的悼念活动，激起全国广大干部和群众的极大愤怒。自3月下旬起，各地群众冲破阻力，举行悼念周恩来的活动，锋芒直指"四人帮"，这是全国人民反对"四人帮"倒行逆施的集中表现。毛泽东逝世前后，"四人帮"加紧夺取党和国家最高领导权的活动，许多老一辈革命家和广大人民群众深感忧虑。10月6日晚，华国锋、叶剑英等代表中央政治局，执行党和人民的意志，对"四人帮"及其在北京的帮派骨干实行隔离审查。10月14日，党中央公布粉碎"四人帮"的消息，人们奔走相告，兴高采烈。粉碎"四人帮"，结束了"文化大革命"，中国社会正常秩序得以恢复，党和国家的工作开始重新走上健康发展的轨道。

　　"文化大革命"的历史教训　　"文化大革命"运动的发生，对于中国共产党、新中国和中国人民来说，是一场灾难。中共中央《关于建国以来党的若干历史问题的决议》指出："对于党和国家肌体中确实存在的某些阴暗面，当然需要作出恰当的估计并运用符合宪法、法律和党章的正确措施加以解决，但决不应该采取'文化大革命'的理论和方法。在社会主义条件下进行所谓'一个阶级推翻一个阶级'的政治大革命，既没有经济基础，也没有政治基础。它必然提不出任何建设性的纲领，而只能造成严重的混乱、破坏和倒退。"① 它使国民经济遭受严重损失，民主和法制遭到践踏，大批干部和群众遭受迫害，学术文化事业在许多方面遭到摧残，科技水平在一些领域同世界先进国家的差距进一步拉大，党风和社会风气遭到严重破坏。历史已经判明，"文化大革命"是一场由领导者错误发动，被反革命集团利用，给党、国家和各族人民带来严重灾难

――――――――――
①　中共中央文献研究室编：《十一届三中全会以来重要文献选读》上册，人民出版社1987年版，第317页。

的内乱。这种历史悲剧，决不允许重演。

"文化大革命"留下的历史教训是极其深刻的，需要从多方面加以总结。一是必须科学对待马克思列宁主义，准确把握中国基本国情，从实际出发认识"什么是社会主义"和"如何建设社会主义"的问题，探索中国自己的建设社会主义道路。二是必须正确认识社会主义社会的主要矛盾和党和国家的主要任务，集中力量发展生产力。三是必须改革和完善党和国家的领导制度，健全民主集中制和集体领导原则。四是必须发展社会主义民主，加强社会主义法制。五是必须制定正确的党的建设的方针和政策，不断加强执政党的建设。"文化大革命"是在探求中国自己的社会主义道路历程中遭到的严重挫折。中国共产党依靠自己的力量，最终纠正了这一严重错误。历史再一次证明，中国人民是伟大的人民，中国共产党有能力靠自己的力量纠正错误，中国共产党和社会主义制度具有强大的生命力。"文化大革命"持续十年，暴露出当时党和国家在体制、政策、工作等方面存在的严重缺陷。正如邓小平总结 1957 年以来历史经验时所指出的："二十年的经验尤其是'文化大革命'的教训告诉我们，不改革不行，不制定新的政治的、经济的、社会的政策不行。"①

四、全面建设社会主义的成就

独立的比较完整的工业体系和国民经济体系的建立　从 1952 年到 1978 年，我国工农业总产值平均年增长率为 8.2%，其中工业年均增长 11.4%。按照不变价格计算，1952 年国内生产总值为 679 亿元人民币，1976 年增加到 2 965 亿元。人均国内生产总值从 1952 年的 119 元增加到 1976 年的 319 元。

在"一五"计划的基础上，国家以苏联援建的 156 项重点工程、694

---

① 《邓小平文选》第三卷，人民出版社 1993 年版，第 266 页。

个大中型建设项目为中心，进行大规模投资，建成一批门类比较齐全的基础工业项目，涉及冶金、汽车、机械、煤炭、石油、电力、通讯、化学、国防等领域，为国民经济的进一步发展打下坚实的基础。国家基本建设投资，从"一五"时期起到"四五"时期，累计达 4 956.3 亿元。

主要工业品的生产能力有了飞跃发展。钢产量从 1949 年的 16 万吨发展到 1976 年的 2 046 万吨。发电量从 1949 年的 43 亿度发展到 1976 年的 2 031 亿度。原油从 1949 年的 12 万吨发展到 1976 年的 8 716 万吨。原煤从 1949 年的 3 200 万吨发展到 1976 年的 4.83 亿吨。汽车产量从 1955 年年产 100 辆发展到 1976 年的 13.52 万辆。

在铁路、交通运输等基础设施建设方面，一批交通运输线、输油管线设施相继建成。1968 年建成的南京长江大桥，是当时我国自行设计建造的最大的铁路、公路两用桥。经过改造的宝成铁路成为我国第一条电气化铁路。1974 年，我国建成大庆至秦皇岛的第一条长距离输油管道。旧中国在 73 年间仅修筑铁路 2.18 万公里、公路 8.07 万公里。到 1976 年，我国的铁路达到 4.63 万公里，公路达到 82.34 万公里，初步形成全国的路网骨架。全国货运总量从 1949 年的 1.609 7 亿吨增加到 1976 年的 20.175 7 亿吨。从 20 世纪 70 年代开始，我国具备了自主设计制造万吨级远洋轮船的能力。

从经济建设和国防建设的战略布局考虑，自 1964 年开始到 1980 年结束，国家共投资 2 052 亿元开展大规模的"三线"建设，在建和建成了贵州六盘水、四川宝鼎山等大型煤矿，甘肃刘家峡、湖北丹江口、葛洲坝等大中型水电站，四川攀枝花钢铁基地等大型企业；在人迹罕至的崇山峻岭相继建成成昆铁路、湘黔铁路、襄渝铁路，改变了西南地区长期交通梗阻的闭塞落后状况。"三线"建设不仅极大地增强了国防力量，而且在很大程度上改变了旧中国工业布局不平衡的状况，使一大批当时顶尖的军工企业、国有企业、科研院所来到西部，为西部地区提供了难得的发展机遇。

独立的、比较完整的工业体系和国民经济体系的建立，从根本上解决了工业化中"从无到有"的问题，使中国在赢得政治上的独立后赢得了经济上的独立，为中国以后的发展奠定了牢固的物质技术基础，而且为中国同包括西方发达国家在内的世界各国在平等互利的原则下发展对外贸易和经济往来创建了前提。

人民生活水平提高　中国共产党和人民政府始终把满足人民基本生活需要作为发展经济的根本目的。通过兴修水利、开展农田基本建设、培育推广良种、提倡科学种田，较大幅度地提高了粮食生产水平和抵御自然灾害的能力。粮食总产量从 1949 年的 2 263.6 亿市斤增加到 1976 年的 5 726.1 亿市斤，亩产量从 1949 年的 137 市斤提高到 1976 年的 316 市斤。棉花总产量从 1949 年的 888.8 万担增加到 1976 年的 4 110.9 万担，亩产量从 1949 年的 22 市斤增加到 1976 年的 56 市斤。全国总人口从 1949 年的 5.416 7 亿增长到 1976 年的 9.371 7 亿，同期粮食的人均占有量从 418 市斤增加到 615 市斤。全国居民的人均消费水平，农民从 1952 年的 62 元增加到 1976 年的 131 元，城市居民同期从 154 元增加到 365 元。在全国人民节衣缩食支援国家工业化基础建设的情况下，占世界 1/4 人口的基本生活需求初步得到满足，这在当时被世界公认是一个奇迹。

新中国不断加强社会基层组织建设，弘扬社会主义新风尚，彻底消除了旧社会匪盗横行现象，社会风气得到极大改善，人民生命财产安全得到极大提升。路不拾遗，夜不闭户，成为城乡社会普遍现象。

文化教育医疗体育和科学技术事业普遍发展　在文化建设方面，着力扫除文盲、大力推广普通话，并加大对基础教育和高等教育的投资。从 1949 年到 1976 年，小学校从 34.7 万所发展到 104.4 万所，在校生从 2 439 万人发展到 1.5 亿人；中学校从 4 045 所发展到 19.2 万所，在校生从 103.9 万人发展到 5 836.5 万人；高等学校从 205 所发展到 434 所，在校生从 11.7 万人发展到 67.4 万人。

在古为今用、洋为中用、百花齐放、推陈出新的文艺方针指引下，戏剧、电影、音乐、舞蹈、小说、散文和诗歌等都涌现出大批优秀作品。

郭沫若、茅盾、范文澜、翦伯赞、巴金、老舍、曹禺、赵树理、徐悲鸿、齐白石、梅兰芳等一批社会科学家和文学艺术家，为繁荣国家哲学社会科学研究事业和文化事业作出了重大贡献。

医疗事业也得到蓬勃发展。1949 年全国拥有医院 2 600 家，到 1976 年发展到 7 850 家。医院床位，从 1949 年的 8 万张发展到 1976 年的 168.7 万张。全国人口的死亡率从 1949 年的 20‰ 下降到 1976 年的 7.25‰。人均预期寿命，1949 年为 35 岁，1975 年提高到 63.8 岁。

借问瘟君欲何往，纸船明烛照天烧

高度重视发展体育事业，提出了"发展体育运动，增强人民体质"的指导方针。从 1956 年到 1976 年，中国运动员先后有 123 人次打破世界纪录。

新中国在核技术、人造卫星和运载火箭等尖端科学技术领域，取得一系列重要的成就。1964 年 10 月 16 日，我国成功地爆炸第一颗原子弹。1966 年 10 月，我国第一次成功进行发射导弹核武器的试验。1967 年 6 月成功爆炸第一颗氢弹。1970 年 4 月成功发射第一颗人造地球卫星"东方红一号"。我国第一颗返回式遥感人造地球卫星于 1975 年 11 月发射成功。在生物技术方面，1972 年，中国中医研究院成功提取出一种新型抗疟药青蒿素，在全球特别是发展中国家挽救了数百万人的生命。1973 年，我国在世界上首次培育成功强优势的籼型杂交水稻。科技战线上的这些重大成就，尤其是国防尖端技术方面取得的成就，不仅增强了中国的综合国力和国防战略防御能力，而且具有重大的政治意义。邓小平说过："如果六十年代以来中国没有原子弹、氢弹，没有发射卫星，中国就不能叫有重要影响的大国，就没有现在这样的国际地位。这些东西反映一个民族的能力，也是一个民族、一个国家兴旺发达的标志。"[1]

形成历久弥新的时代精神　在面对重重困难艰辛探索适合中国国情

---

[1]《邓小平文选》第三卷，人民出版社 1993 年版，第 279 页。

的社会主义建设道路过程中，涌现出大量先进典型和英雄模范人物，抒写了无数改天换地的壮丽诗篇，形成跨越时空、历久弥新的时代精神。以铁人王进喜为代表的大庆石油工人，为早日甩掉中国"贫油"的帽子，以"宁肯少活20年，拼命也要拿下大油田"的豪情，以"有条件要上，没有条件创造条件也要上"的决心，用三年多的时间，建设起我国最大的石油基地——大庆油田，铸就爱国、创业、求实、奉献的大庆精神、铁人精神。河南兰考县委书记焦裕禄，以"生也沙丘，死也沙丘，父老生死系"的赤诚，以"心中装着全体人民、唯独没有他自己"的公仆情怀，为改变兰考人民贫穷落后面貌，拖着患有慢性肝病的身体带领全县人民封沙、治水、改地，诠释着亲民爱民、艰苦奋斗、科学求实、迎难而上、无私奉献的焦裕禄精神。河南林县人民在县委领导下，以"林县人民多壮志，誓把河山重安排"的豪迈，用十年时间，在峰峦叠嶂的太行山上逢山凿洞、遇沟架桥，削平1 250座山头，凿通211个隧洞，架设152座渡槽，建成长达1 500公里的"人工天河"红旗渠，创造了一代中国农民改天换地的传奇。人民解放军战士雷锋，在平凡工作岗位上甘当螺丝钉，勇于奉献，乐于助人，表现出崇高的共产主义情操，成为那个年代最响亮的名字。1962年8月，他因公殉职时，年仅22岁。毛泽东题词："向雷锋同志学习"。雷锋精神，成了新中国社会风尚的一个标志。在新中国的发展历程中，"两弹一星"研制成功，是中华民族为之自豪的伟大成就。钱学森、钱三强、邓稼先等一大批科学家，带着"干惊天动地事，做隐姓埋名人"的决心，把热血洒在戈壁滩，把青春和生命奉献给新中国国防建设事业，将热爱祖国、无私奉献、自力更生、艰苦奋斗、大力协同、勇于登攀的"两弹一星"精神，永久镌刻在中国大地上，成为全国各族人民宝贵的精神财富和不竭的动力源泉。

　　像这样让后人景仰的英模和精神还有许多。为了建设繁荣富强的新中国，翻身做了主人的中国人民与时间赛跑，用生命和鲜血描绘了一幅幅最新最美的图画，用实际行动证明：同困难作斗争，是物质的角力，也是精神的对垒。精神是一个民族赖以长久生存的灵魂，唯有精神上达到一定的高度，这个民族才能在历史的洪流中屹立不倒、奋勇前进。

1971 年 11 月 15 日，新中国代表团首次出席联合国大会时，中国代表开怀大笑

国际地位提高与国际环境改善　新中国从建立之日起，就把捍卫民族独立、国家主权和维护世界和平、促进人类进步事业作为对外工作的目标，努力为国内和平建设创造良好的外部环境。

新中国在成立初期，一面奉行独立自主基础上的"一边倒"政策，积极争取苏联和其他社会主义国家对中国国内建设与外交工作的支持、援助；一面不失时机地发展同西方国家的民间外交，同这些国家进行贸易往来，以民（间）促官（方），以经（济）促政（治），并在 1964 年实现中法建交。

1950 年至 1953 年的抗美援朝战争，以及随后召开的日内瓦会议和万隆会议，极大地提高了新中国的国际地位。中国同印度、缅甸等国共同倡导的和平共处五项原则，成为处理国与国关系的公认的国际准则。

20 世纪 50 年代，亚洲、非洲、拉丁美洲的广大地区出现民族解放运动的高潮。中国在支持民族解放运动中同广大发展中国家建立友好关系。在广大发展中国家支持下，1971 年 10 月 25 日，第 26 届联大通过 2758 号决议，决定恢复中华人民共和国在联合国的一切合法权利。从此，中国在联合国中发挥日益重要的作用，成为维护世界和平、反对霸权主义的一支中坚力量。

同西方国家的关系出现重大转机。20 世纪 60 年代末，尼克松就任美国总统，开始检讨美国的对华政策，向中国领导人发出改善关系的信息。毛泽东、周恩来敏锐地觉察到美方的变化，抓住时机向美国发起"乒乓外交"，被国际舆论称为"小球转动了大球"。1972 年 2 月，美国总统尼克松访华，中美双方在上海发表联合公报，打开了中美关系正常化的大门。随着中美关系开始正常化，中日两国发表关于建交的联合声明，中国同英

改革开放前后两个历史时期的相互关系

国、荷兰、希腊、联邦德国等国先后建立大使级外交关系，为后来中国逐步实行对外开放政策创造了有利条件。同中国建交的国家，从 1965 年的 49 个增加到 1976 年的 111 个，仅 1970 年以后的新建交国就有 62 个。

在社会主义革命和建设时期，中国共产党领导人民在确立社会主义基本制度基础上，对适合中国国情的社会主义建设道路进行了艰辛探索，经历了曲折发展，所取得的独创性理论成果和伟大成就，为新的历史时期开创中国特色社会主义提供了宝贵经验、理论准备、物质基础。历史证明，中国人民不但善于破坏一个旧世界，也善于建设一个新世界，只有社会主义才能救中国，只有社会主义才能发展中国。

学习思考

1. 如何理解过渡时期总路线的历史必然性？

2. 请结合当代中国发展进步的事实，谈谈你是如何认识建立社会主义制度的重大意义的。

3. 中国社会主义建设道路经历了怎样的艰辛探索？你是如何认识其中的经验教训的？

4. 请结合当前中国面临的国际局势，谈谈我国建立独立的、比较完整的工业体系和国民经济体系的重大意义。

5. 作为新时代的青年，我们应当如何弘扬社会主义革命和建设时期形成的历久弥新的时代精神？

必读文献

1. 毛泽东:《中国人从此站立起来了》(1949 年 9 月 21 日)

这是毛泽东在中国人民政治协商会议第一届全体会议上所致的开幕词。在这一开幕词中，毛泽东论述了"全国人民大团结之所以成功"的原因和政治协商会议的历史过程。在回顾中国人民一百多年来奋斗历程的基础上，庄严宣告："占人类总数四分之一的中国人从此站立起来了。""中国人民的不屈不挠的努力必将稳步地达到自己的目的。"

2. 毛泽东:《论十大关系》(1956 年 4 月 25 日)

这是毛泽东在中央政治局扩大会议上的讲话。5 月 2 日，以这一讲话为基础，毛泽东在第七次最高国务会议上作了进一步阐述。讲话以苏联的经验为借鉴，总结我国的经验，提出了调动一切积极因素为社会主义事业服务的基本方针，对适合我国情况的社会主义建设道路进行了初步探索。《论十大关系》是毛泽东关于社会主义建设的代表作，标志着党探索中国社会主义道路的良好开端。

3. 毛泽东:《关于正确处理人民内部矛盾的问题》(1957 年 2 月 27 日)

这是毛泽东在最高国务会议第十一次(扩大)会议上的讲话，经修改和补充后，发表于 1957 年 6 月 19 日的《人民日报》。这篇讲话在我国生产资料私有制的社会主义改造已经基本完成的情况下，明确指出革命时期的大规模的急风暴雨式的群众阶级斗争基本结束，并把正确处理人民内部矛盾作为我国政治生活的主题提了出来，具有重大的理论和实践意义，是党的八大正确方针的继续和发展。

4. 习近平:《在纪念毛泽东同志诞辰 120 周年座谈会上的讲话》(2013 年 12 月 26 日)

在这篇重要讲话中，习近平回顾了毛泽东一生的丰功伟绩，总结了以毛泽东同志为主要代表的中国共产党人对中国革命和建设作出的卓越贡献，全面科学地评价了毛泽东和毛泽东思想的历史功绩和历史地位，系统论述了毛泽东思想活的灵魂的基本内涵和时代要求，强调必须始终坚持马克思主义的立场观点方法，坚持全面正确的历史观，坚持实事求是、群众路线、独立自主，毫不动摇走党和人民在长期实践探索中开辟出来的正确道路，把中国特色社会主义伟大事业继续推向前进。

📝 延伸阅读文献

1. 毛泽东：《在扩大的中央工作会议上的讲话》（1962 年 1 月 30 日）

这是毛泽东在中共中央扩大的工作会议上的讲话。讲话指出，解决人民内部矛盾，只能用讨论的方法、说理的方法、批评和自我批评的方法；中国的人口多、底子薄、经济落后，要使生产力很大地发展起来，要赶上和超过世界上最先进的资本主义国家，没有一百多年的时间是不行的；对于社会主义建设，我们应当积累经验，努力学习，在实践中间逐步地加深对它的认识，弄清楚它的规律，取得最后的胜利。这一讲话对于中国共产党继承发扬党内的民主和自我批评精神，统一全党的认识，动员全党团结奋斗战胜困难发挥了重要的作用。

2. 邓小平：《答意大利记者奥琳埃娜·法拉奇问》（1980 年 8 月 21 日）

在这篇谈话中，邓小平高度评价了毛泽东的历史地位，充分肯定了毛泽东的历史功绩，全面总结了历史的教训，特别强调毛泽东的功绩是第一位的，错误是第二位的；阐明了毛泽东思想的创建及其发展，指出，毛泽东思想永远是中国共产党的指导思想，是党和国家的宝贵财富，在新的历史条件下，必须继续坚持和不断发展毛泽东思想，只有这样才能将中国革命事业引向胜利。

3. 习近平：《在纪念中国人民志愿军抗美援朝出国作战 70 周年大会上的讲话》（2020 年 10 月 23 日）

在这篇重要讲话中，习近平全面回顾总结了抗美援朝战争的伟大胜利和巨大贡献，深刻阐述了抗美援朝精神的历史意义和时代价值，精辟概括了抗美援朝战争的历史启示，郑重宣示了捍卫国家领土主权和统一、维护地区和世界和平稳定、推动构建人类命运共同体的坚定立场和决心，强调要铭记伟大胜利，敢于斗争、善于斗争，把中国特色社会主义伟大事业不断推向前进。

第九章　改革开放与中国特色社会主义的开创和发展

粉碎"四人帮"后，人民群众强烈要求彻底扭转十年内乱造成的严重局面，使党和国家从危难中重新奋起。这个时期，世界经济快速发展，科技进步日新月异。国内外发展大势要求中国共产党尽快就关系党和国家前途命运的大政方针作出政治决断和战略抉择。1978 年 12 月，中国共产党第十一届中央委员会第三次全体会议召开。这次会议开启了改革开放和社会主义现代化建设新时期，实现了新中国成立以来党的历史上具有深远意义的伟大转折。在中国共产党的带领下，全国各族人民踏上了中国特色社会主义开创和接续发展的征程。

第一节　历史性的伟大转折和改革开放的起步

一、伟大转折和成功开创中国特色社会主义

在徘徊中前进和关于真理标准问题大讨论　粉碎"四人帮"后，党中央采取果断措施，清查清理"四人帮"帮派体系，开始纠正冤假错案，调整和配备各级领导班子，部署开展揭批"四人帮"的运动，恢复党和国家正常秩序，人民群众期盼已久的安定的政治局面开始形成。但是，要想短期内消除"文化大革命"在政治上思想上造成的严重混乱，并非一件容易的事情。这种混乱的发生，主要是由于林彪、江青两个反革命集团的兴风作浪，但也与党内较长时间存在的"左"的错误有关。纠正这种严重混乱最突出的阻碍，是当时提出和推行"两个凡是"，即"凡是

毛主席作出的决策，我们都坚决维护，凡是毛主席的指示，我们都始终不渝地遵循"。"两个凡是"在理论上违背了马克思主义基本原理和党的实事求是的思想路线，在实践上给坚持真理、修正错误造成了障碍。

"两个凡是"提出后不久，尚未恢复领导职务的邓小平于 1977 年 4 月 10 日致信党中央，指出："我们必须世世代代地用准确的完整的毛泽东思想来指导我们全党、全军和全国人民"①。此后，他在不同场合多次批评"两个凡是"。叶剑英、陈云、李先念、聂荣臻、徐向前等老一辈革命家也强调要发扬党的实事求是的优良传统，对"两个凡是"进行抵制。

1977 年 7 月，党的十届三中全会决定恢复邓小平在 1976 年被撤销的一切职务。邓小平复出后，主动要求分管科学教育工作，以此作为推动拨乱反正的突破口。他领导批判林彪、"四人帮"鼓吹的"文艺黑线专政论""教育黑线专政论"和"两个估计"，号召尊重知识、尊重人才，强调"科学技术是生产力"，指出为社会主义服务的脑力劳动者是劳动人民中的一部分。从此，党扭转了一度存在的对知识分子的"左"的政策。1977 年底，"文化大革命"期间中断的高等学校统一招生考试制度得到恢复。全国有 570 万人参加高考，27.3 万人被录取。1978 年 3 月，全国科学大会召开，科学的春天到来了。

1977 年 8 月 12 日至 18 日，中国共产党第十一次全国代表大会举行。大会宣告"文化大革命"结束，重申 20 世纪内把我国建设成为社会主义现代化强国的根本任务，但仍然肯定了"文化大革命"的错误理论和实践。随后召开的十一届一中全会选举华国锋为中央委员会主席，叶剑英、邓小平、李先念、汪东兴为副主席。1978 年 3 月，五届全国人大一次会议选举叶剑英为全国人大常委会委员长，决定华国锋为国务院总理；全国政协五届一次会议选举邓小平为政协第五届全国委员会主席。

在"文化大革命"结束后的两年间，党和国家工作有所前进，一些

---

① 《邓小平文选》第二卷，人民出版社 1994 年版，第 39 页。

领域的拨乱反正已经开始，经济建设、社会各项事业和外交工作有所恢复和发展。人们急切期待党和国家迅速摆脱困境，迈开大步前进。但是，由于"左"倾错误的长期影响和"两个凡是"的限制，党和国家工作出现了在徘徊中前进的局面。许多人开始思考：究竟应该用什么样的态度对待毛泽东的指示？判定历史实践的是非标准到底是什么？这就不可避免地产生了实事求是与"两个凡是"的争论。

1978年5月10日，中央党校内部刊物《理论动态》刊登《实践是检验真理的唯一标准》一文。第二天，《光明日报》以特约评论员名义公开发表这篇文章，新华社向全国转发。文章提出，社会实践不仅是检验真理的标准，而且是唯一的标准。对"四人帮"设置的禁区"要敢于去触及，敢于去弄清是非"。不能拿现成的公式去限制、宰割、剪裁无限丰富的飞速发展的革命实践，应该勇于研究新的实践中提出的新问题。文章发表后产生强烈反响，引发了关于真理标准问题的大讨论。

实践是检验真理的唯一标准，本来是马克思主义的常识。但由于它同"两个凡是"尖锐对立，并且触及盛行多年的思想僵化和个人崇拜，因此讨论一开始就受到一些人的指责。关键时刻，邓小平给予有力的支持。他发表讲话，批评有些人在对待毛泽东和毛泽东思想问题上的"两个凡是"的错误态度，号召"拨乱反正，打破精神枷锁，使我们的思想来个大解放"[1]。在邓小平和许多老一辈革命家的支持下，关于真理标准问题的大讨论迅速在全党全社会展开。这场深刻而广泛的马克思主义思想解放运动，成为正本清源、拨乱反正和改革开放的思想先导。

在关于真理标准问题的大讨论中，党内外思想日益活跃，开始出现酝酿对外开放和对各方面体制进行改革的新局面。1978年3月，邓小平指出：独立自主不是闭关自守，自力更生不是盲目排外。"任何一个民族、一个国家，都需要学习别的民族、别的国家的长处，学习人家的先

---

[1]　《邓小平文选》第二卷，人民出版社1994年版，第119页。

进科学技术。"① 在 7 月至 9 月召开的国务院务虚会上，许多部门负责人提出改革僵化的经济管理体制、引进国外先进技术和资金的建议。9 月下旬，全国计划会议提出经济工作必须实行三个转变。1978 年 9 月，邓小平视察东北三省。他强调，一定要根据现在的有利条件加速发展生产力，使人民的生活好一些。他还提出，揭批"四人帮"的群众运动要适时结束，转入正常工作，从而提出了把党和国家工作重点转移到现代化建设上来的重要主张。这为随后召开的中央工作会议和党的十一届三中全会奠定了思想基础。

党的十一届三中全会实现伟大转折　党的十一届三中全会召开前，1978 年 11 月 10 日至 12 月 15 日，中共中央在北京召开工作会议。会议原定议题主要是讨论经济工作，由于会前邓小平提出的工作重点转移的建议得到中央政治局常委的赞同，这次会议首先讨论工作重点转移的问题。与会者对于工作重点转移是一致赞成的，但又感到，如果不正确解决指导思想问题，不纠正"左"倾错误包括"文化大革命"的严重错误，不克服教条主义、本本主义和思想僵化，不解决检验真理的标准问题，是不可能真正实现工作重点转移的。东北组在讨论中率先提出解决历史遗留问题的意见，引起强烈反响。随后，会议对真理标准问题展开思想交锋，对经济问题、党的建设、民主法制建设进行了热烈讨论。根据大家的要求，11 月 25 日，中央政治局作出为天安门事件等重大错案平反的决定。

12 月 13 日，邓小平在中央工作会议闭幕会上作题为《解放思想，实事求是，团结一致向前看》的讲话。他指出，首先是解放思想，只有思想解放了，我们才能正确地以马列主义、毛泽东思想为指导，解决过去遗留的问题，解决新出现的一系列问题。一个党，一个国家，一个民族，如果一切从本本出发，思想僵化，迷信盛行，那它就不能前进，它的生

---

① 《邓小平文选》第二卷，人民出版社 1994 年版，第 91 页。

机就停止了，就要亡党亡国。他强调，民主是解放思想的重要条件，为了保障人民民主，必须加强法制，做到有法可依，有法必依，执法必严，违法必究。邓小平还提出改革经济体制的任务，指出："如果现在再不实行改革，我们的现代化事业和社会主义事业就会被葬送。"[1] 这个讲话是解放思想、开辟新时期新道路的宣言书，实际上成为随后召开的党的十一届三中全会的主题报告，为全会实现具有划时代意义的伟大转折奠定了重要基础。

1978 年 12 月 18 日至 22 日，党的十一届三中全会在北京召开。全会冲破长期"左"的错误的严重束缚，彻底否定"两个凡是"的错误方针，高度评价关于真理标准问题的讨论，果断停止使用"以阶级斗争为纲"的口号，决定从 1979 年 1 月起把全党的工作重心转移到社会主义现代化建设上来。全会提出了改革开放的任务，指出实现四个现代化是一场广泛、深刻的革命。要采取一系列新的重大的经济措施，对经济管理体制和经营管理方法进行认真的改革，在自力更生的基础上积极发展同世界各国平等互利的经济合作。

全会强调要充分发扬民主，提出要实现民主制度化、法律化，健全党的民主集中制，健全党规党法，严肃党纪。全会还特别强调要正确对待毛泽东的历史地位和毛泽东思想的科学体系，为坚持和发展毛泽东思想指明了方向。全会增选了中央领导机构成员，决定恢复成立并选举产生了以陈云为第一书记的中共中央纪律检查委员会。会后，从体现党的正确指导思想以及决定改革开放和社会主义现代化建设的重大方针政策来看，实际上邓小平同志已经成为党的中央领导集体的核心。

党的十一届三中全会的胜利召开，结束了粉碎"四人帮"后党和国家工作徘徊中前进的局面，标志着中国共产党重新确立了马克思主义的思想路线、政治路线、组织路线，开启了我国改革开放和社会主义现代

---

[1]　《邓小平文选》第二卷，人民出版社 1994 年版，第 150 页。

化建设新时期，实现了历史性的伟大转折。全会作出实行改革开放的历史性决策，是基于对党和国家前途命运的深刻把握，是基于对社会主义革命和建设实践的深刻总结，是基于对时代潮流的深刻洞察，是基于对人民群众期盼和需要的深刻体悟。改革开放是中国共产党的一次伟大觉醒，正是这个伟大觉醒，孕育了党从理论到实践的伟大创造。从这次全会开始，改革开放和开创中国特色社会主义的大幕拉开，邓小平理论也逐步形成和发展起来。党的十一届三中全会作为一个伟大转折点而载入光辉史册。

二、拨乱反正任务的基本完成

大规模平反冤假错案和调整社会关系　十一届三中全会后，党和国家按照实事求是、有错必纠的原则，加快了平反冤假错案的步伐。1980年2月，党的十一届五中全会决定为刘少奇彻底平反，恢复了刘少奇作为伟大的马克思主义者和无产阶级革命家、党和国家主要领导人之一的名誉。此后，又为遭到错误批判、处理的党和国家其他领导人、各族各界的代表人物恢复了名誉，复查和平反了大量冤假错案，落实了干部政策和知识分子政策。到1982年底，大规模的平反冤假错案工作基本结束。全国共纠正300多万名干部的冤假错案，47万多名共产党员恢复了党籍，他们心情舒畅地重新走上工作岗位或担任新的领导职务。

中共中央还采取措施调整社会关系，改正了错划右派分子的案件，摘掉地主、富农分子的帽子，为国民党投诚起义人员落实政策，将原为劳动者的小商小贩、手工业者同原工商业者区别开来，支持各民主党派恢复活动，认真落实民族政策和宗教政策，重申侨务政策。这就为有效地调动社会各阶层人员的积极性、实现改革开放和开创现代化建设的新局面，奠定了必不可少的社会基础和群众基础。

阐明必须坚持四项基本原则　在拨乱反正的过程中，广大干部群众从过去一个时期"左"倾思想的严重束缚中解脱出来，党内外呈现出研究新情况、解决新问题的生动局面，但同时也出现了一些值得注意和警觉的现象。有的人对十一届三中全会以来的新的路线方针政策表现出不理解甚至抵触情绪。有的人对解放思想加以曲解，肆意夸大中国共产党和毛泽东所犯的错误，企图否定中国共产党的领导，否定社会主义制度，否定毛泽东和毛泽东思想。

针对这些思想混乱状况，1979年3月30日，邓小平在党的理论工作务虚会上发表《坚持四项基本原则》的讲话。他指出：坚持社会主义道路，坚持人民民主专政，坚持共产党的领导，坚持马克思列宁主义、毛泽东思想这四项基本原则，"是实现四个现代化的根本前提"[①]。"如果动摇了这四项基本原则中的任何一项，那就动摇了整个社会主义事业，整个现代化建设事业。"[②]他还提出一个重要思想："现在搞建设，也要适合中国情况，走出一条中国式的现代化道路。"[③]这表明，中国共产党所领导的改革开放从一开始就具有明确的社会主义方向。邓小平的讲话不仅在当时，而且在以后的党和国家政治生活中，对排除来自"左"的和右的方面的干扰和影响，保证改革开放和现代化建设事业的顺利进行，提供了可靠的政治基础，指明了正确的方向。

制定《关于建国以来党的若干历史问题的决议》和明确新时期我国社会主要矛盾　全面拨乱反正，必然要求对新中国成立以来党的重大历史问题作出结论，以便统一全党和全国人民的思想，团结一致向前看。从1979年11月起，在邓小平主持下，中共中央着手起草《关于建国以来党的若干历史问题的决议》。邓小平对《决议》的起草提出三条指导原则：第一，确立毛泽东同志的历史地位，坚持和发展毛泽东思想，这是最核心的一条；第二，对建国30年来历史上的大事，要进行实事求是的

---

① 《邓小平文选》第二卷，人民出版社1994年版，第164页。

② 《邓小平文选》第二卷，人民出版社1994年版，第173页。

③ 《邓小平文选》第二卷，人民出版社1994年版，第163页。

分析，包括一些负责同志的功过是非，要作出公正的评价；第三，这个总结宜粗不宜细，总结过去是为了引导大家团结一致向前看。他还多次强调，对毛泽东的功过评价，要实事求是、恰如其分。毛泽东思想这个旗帜丢不得，丢掉了这个旗帜实际上就否定了我们党的光辉历史。他指出，毛泽东"多次从危机中把党和国家挽救过来。没有毛主席，至少我们中国人民还要在黑暗中摸索更长的时间"[①]。1981 年 6 月，党的十一届六中全会通过了这个《决议》。

《决议》指出，中国共产党在中华人民共和国成立以后的历史，总的说来，是我们党在马克思列宁主义、毛泽东思想指导下，领导全国各族人民进行社会主义革命和社会主义建设并取得巨大成就的历史。《决议》彻底否定"文化大革命"，对新中国成立以来的重大历史事件和重要历史人物作出了基本结论。

《决议》科学地评价了毛泽东和毛泽东思想的历史地位，指出：毛泽东同志是伟大的马克思主义者，是伟大的无产阶级革命家、战略家和理论家。他虽然在"文化大革命"中犯了严重错误，但是就他的一生来看，他对中国革命的功绩远远大于他的过失。他的功绩是第一位的，错误是第二位的。他为中国共产党和中国人民解放军的创立和发展，为中国各族人民解放事业的胜利，为中华人民共和国的缔造和中国社会主义事业的发展，建立了永远不可磨灭的功勋。毛泽东思想是马克思列宁主义在中国的运用和发展，是被实践证明了的关于中国革命和建设的正确的理论原则和经验总结，是中国共产党集体智慧的结晶。《决议》对毛泽东思想的科学体系和活的灵魂（即实事求是、群众路线、独立自主）作了概括，强调毛泽东思想是我们党的宝贵的精神财富，它将长期指导我们的行动。

《决议》对党的十一届三中全会以来逐步确立的适合中国情况的建设

---

① 《邓小平文选》第二卷，人民出版社 1994 年版，第 344—345 页。

社会主义现代化强国的道路，从十个方面作了概括。其中，第一个方面就是关于新时期我国社会主义矛盾的判断。《决议》指出：社会主义改造基本完成以后，我国所要解决的主要矛盾，是人民日益增长的物质文化需要同落后的社会生产之间的矛盾。为了解决这个主要矛盾，《决议》强调：党和国家工作的重点必须转移到以经济建设为中心的社会主义现代化建设上来，大大发展社会生产力，并在这个基础上逐步改善人民的物质文化生活。今后，除了发生大规模外敌入侵（那时仍然必须进行为战争所需要和容许的经济建设），决不能再离开这个重点。党的各项工作都必须服从和服务于经济建设这个中心。《决议》还提出：社会主义经济建设必须从我国国情出发，量力而行，积极奋斗，有步骤分阶段地实现现代化的目标，等等。这十个方面的概括，实质上初步提出了在中国建设什么样的社会主义和怎样建设社会主义的问题。《决议》正确解决了既科学评价毛泽东的历史地位和毛泽东思想的科学体系，又根据新的实际和发展要求实行改革开放、确立中国社会主义现代化建设正确道路这两个相互联系的重大历史课题，充分体现出以邓小平同志为核心的中共中央领导集体的远见卓识和政治上的成熟。党制定《决议》，标志着党在指导思想上的拨乱反正胜利完成。

《关于建国以来党的若干历史问题的决议》

　　全会还决定同意华国锋辞去中共中央委员会主席、中共中央军事委员会主席的职务，选举胡耀邦为中共中央委员会主席、邓小平为中共中央军事委员会主席。

三、改革开放的起步

　　国民经济的调整　针对 1977 年至 1978 年出现的国民经济比例失调的情况，1979 年 4 月召开的中共中央工作会议，提出对国民经济实行"调整、改革、整顿、提高"的方针，坚决纠正前两年经济工作中的失误，认真清理过去在这方面长期存在的"左"倾错误影响。会议强调，经济建设必须从国情出发，符合经济规律和自然规律；必须量力而行，循序渐进，经过论证，讲求实效，使发展生产同改善生活紧密结合；必须在独立自主、自力更生的基础上，积极开展对外经济合作和技术交流。

在讨论国民经济调整问题时，邓小平强调，要使中国实现四个现代化，至少有两个重要特点是必须看到的。一个是底子薄；一个是人口多，耕地少。陈云也指出，我国社会经济的主要特点是农村人口占80%，而且人口多，耕地少，要认清我们是在这种情况下搞四个现代化的。

经过两年的努力，经济形势较快好转，国民经济的主要比例关系渐趋合理，长期存在的积累率过高和农业、轻工业严重滞后的情况有了根本改变。1981年12月，五届全国人大四次会议通过的政府工作报告，提出要真正从我国实际情况出发，走出一条速度比较实在、经济效益比较好、人民可以得到更多实惠的新路子。报告肯定了调整工作取得的成绩，宣布1981年国民经济计划预计可以胜利完成，稳定经济的目标能够基本实现。国民经济调整任务胜利完成。

农村改革率先取得突破　党的十一届三中全会前，我国农村存在经营管理过于集中和分配中的平均主义等弊端，严重挫伤了农民的生产积极性，农业发展和农民生活改善比较缓慢。1978年，全国还有2.5亿人口的温饱问题没有解决。

1978年夏秋之际，安徽省遭遇严重旱灾，秋种遇到困难。省委决定把部分土地借给农民，谁种谁收。这一措施很快调动起群众的生产积极性。从"借地"中得到启发，安徽一些地方的基层干部和农民冲破旧体制的限制，开始包干到组、包产到户。凤阳县梨园公社小岗生产队18户农民还创造了包干到户，即"保证国家的，留足集体的，剩下都是自己的"。这个办法简便易行，成效显著，受到农民欢迎。四川、甘肃、云南、广东等省份的一些地方也采取了类似做法。这些大胆尝试，揭开了农村经济改革的序幕。

对于包产到户、包干到户等农业生产责任制形式，党内外一度出现不同意见。不少人心存疑虑，担心这样会影响农村集体经济，会偏离农村发展的社会主义方向。1980年5月，邓小平在一次谈话中肯定了包产到户这种形式。他指出，影响集体经济的担心是不必要的。只要生产发展了，农村的社会分工和商品经济发展了，低水平的集体化就会发展到高水平的集体化，集体经济不巩固的也会巩固起来。9月，中共中央印发《关于进一步加强和完善农业生产责任制的几个问题》，突破多年来把包产到户等同于分田单干和资本主义的观念，肯定了在生产队领导下实行的包产到户。1982年，中共中央发出"一号文件"，指出包产到户、包干到户等各种责任制，都是社会主义集体经济的生产责任制。在中央的支持和推动下，以包产到户、包干到户为主要形式的家庭联产承包责任制迅速推广开来。许多地方一年即见成效，粮食产量明显提高，几年就变了个大样。

在农村改革的过程中，也有部分地方没有实行以分散经营为主的家庭联产承包责任制，而是继续坚持统一经营的集体经济，改革原来的平均主义分配办法，逐渐向高水平的集体化前进。对此，党和政府也给予支持和鼓励。

改革开放初期党中央有关农村改革与农村工作的"一号文件"

农村改革是中国农民的伟大创造。改革首先在农村取得突破和成功不是偶然的，它是由我国基本国情和当时农村经济发展困境决定的。党的十一届三中全会为农村改革提供了重要的思想前提，创造了良好的政治环境，广大农村基层干部和亿万农民为改变农村面貌和自身命运，勇敢冲破不利于生产力发展的旧体制，掀起了波澜壮阔的改革大潮。建设中国特色社会主义的伟大实践，就这样在党和广大人民群众的创造中，开始一步一步坚定前行。

逐步转向城市经济体制改革　在借鉴农村改革经验的基础上，以扩大企业自主权为主要内容的城市经济体制改革逐步在全国推开。1979年5月，首都钢铁公司、天津自行车厂、上海柴油机厂等8家大型企业开始进行改革试点。到 1980 年 6 月，参与改革的企业增至 6 600 个。扩大企业自主权改革，在传统的计划经济体制上打开一个缺口，初步改变了过去只按国家指令性计划生产，不了解市场需要，不关心产品销路，不关心盈利亏损的状况，增强了企业的自主经营意识和市场意识。

在扩大企业自主权的基础上，城市改革逐步推向经济责任制方面，并于 1981 年春首先在山东省的企业中试行。实行经济责任制的改革，是要把企业和职工的经济利益同他们所承担的责任与实现的经济效益联系起来，使广大职工以主人翁的态度，用最少的人力物力，取得最大的经济效益。此后，经济责任制很快推行到全国 3.6 万个工业企业。

商业流通体制的改革也在展开。从 1979 年起，国家重新限定农副产品的统购和派购范围，放宽农副产品的购销政策，规定供销合作社基层社可以出县、出省购销，集体所有制商业、个体商贩和农民可以长途贩运。这为加快城乡商品流转创造了有利条件。

所有制结构的改革开始进行。1979 年，全国出现知青返城大潮。为了缓解与日俱增的就业压力，党中央、国务院采取支持城镇集体经济和个体经济发展的方针，开启了以公有制经济为主体、多种经济形式并存的改革。"个体户"由此应运而生。1981 年 10 月，党中央、国务院在《关于广开门路，搞活经济，解决城镇就业问题的若干决定》中指出：在社会主义公有制经济占优势的根本前提下，实行多种经济形式和多种经营方式长期并存，是我党的一项战略决策，绝不是一种权宜之计。在新的政策指引下，集体经济、个体经济有了新的发展，还出现全民、集体和个体联营共同发展的新经济形式。

对外开放和兴办经济特区　在改革推进的过程中，对外开放逐步展开，并取得重大突破。吸引和利用外资、兴办中外合资经营企业和中外合作经营企业（或项目），是对外开放的重要方式和步骤。1979 年，中国国际信托投资公司成立，开展国际信托、投资、租赁等业务。1980 年，我国恢复在世界银行、国际货币基金组织的代表权，并加入国际农业发展基金会，开始从这些国际金融机构中得到贷款。我国还同日、法、美等国公司共同开展海上石油勘探开发。随着 1979 年 7 月《中华人民共和国中外合资经营企业法》及此后一系列相关法律法规的出台，中外合资经营从无到有发展起来。旅游业异军突起，发展为一个新兴产业。

兴办经济特区，是党和国家推进改革开放和社会主义现代化建设的伟大创举。早在 1978 年 4 月，国家计委、外贸部派遣的经济贸易考察组赴香港、澳门考察后，向中央建议，把靠近港澳的广东宝安、珠海划为出口基地。1979 年 1 月，广东省和交通部联名向国务院递交报告，提出在蛇口一带设立工业区的设想，得到中央批准。不久后，在轰鸣的开山炮声中，蛇口工业区诞生了。

1979 年 4 月，中央召开工作会议。广东省委第一书记习仲勋在发言中提出，广东的对外开放应该先走一步，希望中央下放若干权力，让广东在对外经济活动中有必要的自主权。他说："麻雀虽小，五脏俱全"，[①] 广东作为一个省，是个大麻雀，等于人家一个或几个国家。但现在省的地方机动权力太小，我们要求在全国的集中统一领导下，放手一点，搞活一点。这样做，对地方有利，对国家也有利。他还提出，允许广东在深圳、珠海和汕头举办出口加工区。福建省委也提出类似的设想。中央对此表示支持。关于如何命名这几处实行特殊政策的地区，邓小平明确指出，还是叫特区好，陕甘宁开始就叫特区嘛！中央没有钱，可以给些政策，你们自己去搞，杀出一条血路来。同年 7 月，党中央、国务院批准广东、福建两省对外经济活动实行特殊政策和灵活措施，先走一步，把经济尽快搞上去，并决定在深圳、珠海划出部分地区试办出口特区。1980 年 5 月，党中央、国务院正式将"出口特区"定名为"经济特区"。8 月，五届全国人大常委会第十五次会议批准广东、福建两省在深圳、珠海、汕头、厦门设置经济特区。

在中央决策的推动下，来自四面八方的建设者艰苦创业，在几年时

---

① 《习仲勋传》下卷，中央文献出版社 2013 年版，第 452 页。

间里，将深圳、珠海这些昔日落后的渔村小镇建设成生机勃勃的崭新城市，创造了敢闯敢试、敢为人先、埋头苦干的特区精神。经济特区的创办，是党中央坚强领导、悉心指导的结果，是广大建设者开拓进取、奋勇拼搏的结果，是全国人民和四面八方倾力支持、广泛参与的结果。经济特区不辱使命，成为中国改革开放的重要窗口，向世界展示了中国改革开放的磅礴伟力。

政治体制改革的启动　从党的十一届三中全会起，党中央认真总结和汲取以往党和国家政治生活中的经验教训，以改革党和国家领导制度、使民主制度化、法律化为主要内容的政治体制改革开始起步。

1979 年 7 月，五届全国人大二次会议审议并通过地方各级人民代表大会和地方各级人民政府组织法、全国人民代表大会和地方各级人民代表大会选举法、刑法、刑事诉讼法、人民法院组织法、人民检察院组织法、中外合资经营企业法七部法律。我国社会主义民主制度化、法律化迈出重要一步。

中国共产党领导的多党合作和政治协商制度得到恢复和发展。1979 年 10 月，邓小平在全国政协、中央统战部举行的招待会上强调，在中国共产党的领导下，实行多党派的合作，这是由我国具体历史条件和现实条件所决定的，也是我国政治制度中的一个特点和优点。长期共存，互相监督，这是一项长期不变的方针。同月，中共中央还提出，各级党委要克服"清一色"思想，切实做好党外人士特别是具有业务和技术专长的党外人士的安排工作，同他们真诚合作，共同把国家的事情办好。

中共中央对改革党和国家领导制度采取了一系列举措。1980 年 2 月，党的十一届五中全会决定恢复设立中央书记处，作为中央政治局和它的常务委员会领导下的经常工作机构；选举胡耀邦为中央委员会总书记。

1980 年 8 月，中央政治局召开扩大会议，邓小平作《党和国家领导制度的改革》的讲话。他指出，领导制度、组织制度问题，更带有根本性、全局性、稳定性和长期性。改革党和国家的领导制度，不是要削弱党的领导，涣散党的纪律，而正是为了坚持和加强党的领导，坚持和加强党的纪律。这个讲话，为党和国家领导制度的改革明确了基本的指导思想。

在坚持党的领导的前提下，党和政府采取一系列重要措施，逐步解决效率不高、机构臃肿、人浮于事、作风拖拉等问题，增加地方权力，扩大基层民主权利，加强各级人民代表大会的工作，省、县两级人代会增设常设机构，县级和县级以下人民代表普遍实行由选民直接选举的制度，切实保障审判、检察机关依据宪法而享有的审判权和检察权，等等。

1982 年，机构改革提上日程。邓小平在这年 1 月召开的中央政治局会议上指出，精简机构是一场革命，最关键的问题是选比较年轻的、德才兼备的干部进领导班子。经过改革，党中央直属单位的局级机构减少11%，工作人员编制缩减 17.3%。国务院所属部委、直属机构和办公机构由 100 个裁并调整为 61 个，工作人员编制缩减 1/3 左右。在新组成的领导班子中，新选拔的中青年干部占 32%，平均年龄由 64 岁降到 58 岁。

在十一届三中全会后三年多的时间里，拨乱反正全面展开，社会主义民主法制建设逐步走上正轨，党和国家领导制度改革稳步推进，改革开放和国民经济调整取得积极成效，各项事业蓬勃发展。这为党的十二大召开奠定了重要基础。

第二节　改革开放和社会主义现代化建设新局面

一、改革开放的全面展开

"建设有中国特色的社会主义"重大命题的提出　1982 年 9 月 1 日至11 日，中国共产党第十二次全国代表大会在北京举行。邓小平在开幕词中响亮提出："把马克思主义的普遍真理同我国的具体实际结合起来，走自己的道路，建设有中国特色的社会主义"①。"建设有中国特色的社会主义"的重大崭新命题，回答了进入改革开放新时期后走什么样的道路这一全党和全国人民最为关心的重大问题，成为指引改革开放和社会主义现代化建设的伟大旗帜。

大会提出，党在新的历史时期的总任务是：团结全国各族人民，自力更生，艰苦奋斗，逐步实现工业、农业、国防和科学技术现代化，把我国建设成为高度文明、高度民主的社会主义国家。大会提出了从1981年到20世纪末我国经济建设总的奋斗目标：在不断提高经济效益的前提下，国内工农业年总产值在20世纪末翻两番，即由1980年的7 100亿元增加到2000年的2.8万亿元左右，人民生活达到小康水平。为了实现这个目标，在战略部署上，前十年主要是打好基础，积蓄力量，创造条件；后十年要进入一个新的经济振兴时期。大会把20世纪末的奋斗目标由先前的实现四个现代化改为实现小康，从战略指导上解决了长期存在的急于求成问题。这是党中央在总结历史经验基础上作出的一个历史性决策。

大会的另一个重要贡献，是明确提出努力建设高度的社会主义精神文明和高度的社会主义民主的战略方针。大会强调，社会主义精神文明是社会主义的重要特征，是社会主义制度优越性的重要表现。建设社会主义的物质文明和精神文明，都要靠发展社会主义民主来保证。社会主义民主建设必须同社会主义法制建设紧密地结合起来，使社会主义民主制度化、法律化。

大会通过了新的《中国共产党章程》。新党章规定，党中央不设主席只设总书记，由总书记负责召集中央政治局会议、政治局常委会议和主持中央书记处的工作；中央和省一级设顾问委员会作为新老干部交替的过渡性机构。

随后召开的党的十二届一中全会选举胡耀邦为中央委员会总书记，决定邓小平为中央军事委员会主席，批准陈云为中央纪律检查委员会第

---

① 《邓小平文选》第三卷，人民出版社1993年版，第3页。

一书记，批准邓小平为中央顾问委员会主任。

1982年11月至12月，五届全国人大五次会议审议了关于宪法修改草案的报告，通过新修改的《中华人民共和国宪法》。新宪法以1954年宪法为基础，纠正了1975年和1978年通过的宪法中存在的问题，充分体现了十一届三中全会以来党和国家在现代化建设和民主法制建设方面的新思想、新举措和新要求。

1983年6月，六届全国人大一次会议选举李先念为国家主席，彭真为全国人大常委会委员长，决定赵紫阳为国务院总理，选举邓小平为国家中央军事委员会主席；全国政协六届一次会议选举邓颖超为政协第六届全国委员会主席。

经济体制改革的全面展开　党的十二大以后，经济体制改革全面展开。1982年至1984年，党中央连续发出关于农村工作的"一号文件"，不断推出稳定和完善家庭联产承包责任制的措施。到1987年，全国98%的农户实行了家庭联产承包责任制，亿万农民的生产积极性得到极大提高，农业生产摆脱了停滞的困境。这从根本上动摇了"三级所有、队为基础"和"政社合一"的人民公社体制。1982年，新宪法作出改变农村人民公社政社合一体制，设立乡政府作为基层政权，普遍成立村民委员会作为群众性自治组织等规定。到1984年底，全国基本完成政社分开，实行了20多年的人民公社制度不复存在。这是农村经济和政治体制的重大改革。1985年的"一号文件"，决定对实施了30多年的农产品统购派购制度进行改革，实行合同收购和市场收购，从而把农村经济纳入了有计划的商品经济的轨道。随着农村经济的发展，大批富余劳动力逐渐从土地上转移出来，从事工业和加工业，乡镇企业异军突起。到1987年，全国乡镇企业发展到1 750多万个，从业人员8 805万人，产值达到4 764亿元，第一次超过农业总产值。这是农村经济的一个历史性变化。

城市改革进一步推进。1984年10月，党的十二届三中全会通过《中共中央关于经济体制改革的决定》。《决定》突破把计划经济同商品经济对立起来的观点,指出我国社会主义经济是在公有制基础上的有计划的商品经济;《决定》突破了把全民所有同国家机构直接经营企业混为一谈的传统观念,提出"所有权同经营权是可以适当分开的"。这是党中央在计划与市场关系问题上取得的新认识。会后,经济体制改革以城市为重点全面展开。改革的中心环节是增强全民所有制企业的活力,其中一项措施是推行承包经营责任制。到1987年,全国80%的国营企业实行了各种形式的承包经营责任制。有的企业还开始进行股份制改革尝试。1984年11月,上海飞乐音响公司公开发行股票,成为改革开放后上海第一家试行股份制经营的股份有限公司。

其他领域的体制改革加快步伐。1985年3月,中共中央作出《关于科学技术体制改革的决定》,提出经济建设必须依靠科学技术、科学技术工作必须面向经济建设的战略方针。1986年11月,我国决定实施发展高科技的"863"计划。1985年5月,中共中央作出《关于教育体制改革的决定》,提出教育体制改革的根本目的是提高民族素质,多出人才、出好人才,要求有计划分步骤地实施九年义务教育。适应现代化建设需要的各类人才在改革过程中不断涌现。1986年4月,第六届全国人民代表大会第四次会议通过《中华人民共和国义务教育法》。

1985年底,国民经济和社会发展第六个五年计划胜利完成。过去长期感到困扰的一些经济问题得到比较好的解决,工农业产品产量大幅度增长,为解决人民温饱问题提供了条件。日用消费品货源比较充足,过去许多定量分配和凭票供应的商品,除粮、油外,已基本取消票证,敞开供应。这些成就和变化,同新中国成立以来前几个五年计划时期的情况相比,是很突出的。

"六五"计划的一个鲜明特点,是在重视经济发展的同时,把社会发展摆到突出位置。以往的五年计划都称为国民经济发展计划,从"六五"计划开始,改称国民经济和社会发展计划。"六五"时期,党和政府对人口、劳动就业、居民收入和消费、城乡建设、社会福利、文化、卫生、体育、环境保护等社会发展方面作出安排。计划生育、环境保护被确定为基本国策。

1985 年 9 月，中国共产党全国代表会议通过《中共中央关于制定国民经济和社会发展第七个五年计划的建议》。根据中共中央的建议，国务院制定了"七五"计划草案。1986 年 4 月，这个计划经六届全国人大四次会议批准后实施。

对外开放确立为基本国策和形成新格局　1984 年初，邓小平视察深圳、珠海、厦门等地，对经济特区的发展给予充分肯定。他指出："我们建立经济特区，实行开放政策，有个指导思想要明确，就是不是收，而是放。""特区是个窗口，是技术的窗口，管理的窗口，知识的窗口，也是对外政策的窗口。"[①]5 月，中共中央、国务院决定进一步开放天津、上海、大连、秦皇岛、烟台、青岛、连云港、南通、宁波、温州、福州、广州、湛江、北海 14 个沿海港口城市。《中共中央关于经济体制改革的决定》明确指出："十一届三中全会以来，我们把对外开放作为长期的基本国策，作为加快社会主义现代化建设的战略措施，在实践中已经取得显著成效"，强调一定要充分利用国内和国外两种资源，开拓国内和国外两个市场，学会组织国内建设和发展对外经济关系两套本领。为了进一步扩大对外开放，1985 年 2 月，中央决定在长江三角洲、珠江三角洲、闽南厦（门）漳（州）泉（州）三角地区开辟沿海经济开放区。这样，就逐步形成了从经济特区到沿海开放城市再到沿海经济开放区这样一个多层次、有重点、点面结合的对外开放新格局，在沿海地区形成了包括 2 个直辖市、25 个省辖市、67 个县、约 1.5 亿人口的对外开放前沿地带。

二、加强和改善党的领导

《关于党内政治生活的若干准则》　十一届三中全会以后，中共中央

---

① 《邓小平文选》第三卷，人民出版社 1993 年版，第 51—52 页。

采取切实措施，健全党规党法，整顿党的作风。1980年2月，党的十一届五中全会通过《关于党内政治生活的若干准则》，把党章的有关规定和民主集中制的原则具体化，提出12个方面的要求。随后，中央纪律检查委员会在一年之内召开三次座谈会，推动《准则》的贯彻施行。陈云在1980年11月中央纪委召开座谈会期间尖锐地指出，"执政党的党风问题是有关党的生死存亡的问题"[①]，要求党的各级组织提高认识，努力加强党风建设。《准则》的施行，对于恢复和健全党内民主、维护党的集中统一、严肃党的纪律、促进党的团结，保证改革开放和现代化建设顺利进行，发挥了重要作用。1984年12月，党中央、国务院作出《关于严禁党政机关和党政干部经商、办企业的决定》。

干部队伍"四化"建设　改革开放和建设社会主义现代化，需要一大批年富力强的各级领导干部。邓小平、陈云等老一辈革命家敏锐地提醒全党同志，要注意培养、选拔合格的接班人，实现干部队伍革命化、年轻化、知识化、专业化，使党的事业能够后继有人。为了解决干部队伍老化问题，党中央于1982年2月作出《关于建立老干部退休制度的决定》。9月，党的十二大提出"把党建设成为领导社会主义现代化事业的坚强核心"，把实现干部的"四化"写入党章。按照"四化"标准，党中央加快了选拔中青年干部的步伐。一大批年富力强、有知识、懂业务、德才兼备的中青年干部脱颖而出，担负重任。1985年9月，中国共产党全国代表会议对中央领导层进行较大规模的调整，有力推动了干部新老交替和干部队伍结构的改善，保证了干部队伍接力不断和党的事业持续向前。

整党和社会主义精神文明建设　根据党的十二大的部署，1983年10月召开的党的十二届二中全会作出关于整党的决定。全面整党开始分期分批进行。整党的任务是：统一思想，纠正一切违反四项基本原则、违反十一届三中全会以来党的路线的"左"的和右的错误倾向；整顿作风，纠正各

---

① 《陈云文选》第三卷，人民出版社1995年版，第273页。

种利用职权谋取私利的行为；加强纪律，坚持民主集中制的组织原则，改变党组织的软弱涣散状况；纯洁组织，把坚持反对党、危害党的分子清理出去。到 1987 年 5 月，整党基本结束。全党在思想、作风、组织、纪律等方面都有了进步，并积累了在新时期正确处理党内矛盾和问题的经验。

随着改革开放的全面展开，加强社会主义精神文明建设的任务被进一步提上了日程。1986 年 9 月，党的十二届六中全会通过《关于社会主义精神文明建设指导方针的决议》，提出要以经济建设为中心，坚定不移地进行经济体制改革，坚定不移地进行政治体制改革，坚定不移地加强精神文明建设，并且使这几个方面互相配合、互相促进。社会主义精神文明建设的根本任务，是培养有理想、有道德、有文化、有纪律的社会主义公民，提高整个中华民族的思想道德素质和科学文化素质。邓小平在全会上强调，必须坚持反对资产阶级自由化。搞自由化，就会破坏我们安定团结的政治局面。没有一个安定团结的政治局面，就不可能搞建设。《决议》是党的第一个关于精神文明建设的纲领性文件，为我国精神文明建设的健康发展提供了基本指导方针。

然而，由于一些人包括有些高级领导干部对资产阶级自由化的实质和危害认识不够、反对不力，导致十二届六中全会决议所强调的加强马克思主义在精神文明建设中的指导地位和反对资产阶级自由化的内容，没有得到认真贯彻。1987 年 1 月，中央政治局扩大会议同意接受胡耀邦辞去中央委员会总书记职务的请求，继续保留他的中央政治局委员、政治局常委的职务。赵紫阳被推选为代理总书记。这次会议的决定后经同年 10 月召开的十二届七中全会确认。

三、改革开放和现代化建设的深入推进

社会主义初级阶段理论和党的基本路线的提出　1987 年 10 月 25 日至 11 月 1 日，中国共产党第十三次全国代表大会在北京举行。大会通过

的报告《沿着有中国特色的社会主义道路前进》，系统阐述了社会主义初级阶段理论，明确概括了党在社会主义初级阶段的基本路线。大会指出，我国正处在社会主义的初级阶段。这个论断，包括两层含义。第一，我国社会已经是社会主义社会。我们必须坚持而不能离开社会主义。第二，我国的社会主义社会还处在初级阶段。我们必须从这个实际出发，而不能超越这个阶段。党在社会主义初级阶段的基本路线是：领导和团结全国各族人民，以经济建设为中心，坚持四项基本原则，坚持改革开放，自力更生，艰苦创业，为把我国建设成为富强、民主、文明的社会主义现代化国家而奋斗。概括起来说，它的主要内容就是"一个中心、两个基本点"，即以经济建设为中心，坚持四项基本原则，坚持改革开放。实践证明，以经济建设为中心是兴国之要，四项基本原则是立国之本，改革开放是强国之路，这个基本路线是党和国家的生命线、人民的幸福线。

大会高度评价党的十一届三中全会以来开辟建设有中国特色的社会主义道路在马克思主义中国化历史进程中的伟大意义。大会对十一届三中全会以后开辟新道路的历史经验作了初步概括，并从我国社会主义建设的阶段、任务、动力、条件、布局和国际环境等方面，对改革开放和现代化建设实践中形成发展起来的一系列科学理论观点作了归纳，使建设有中国特色的社会主义理论有了更清晰的轮廓。

随后召开的党的十三届一中全会选举赵紫阳为中央委员会总书记，决定邓小平为中央军事委员会主席，批准陈云为中央顾问委员会主任，乔石为中央纪律检查委员会书记。1988 年 4 月，七届全国人大一次会议选举杨尚昆为国家主席，万里为全国人大常委会委员长，邓小平为国家中央军事委员会主席，决定李鹏为国务院总理；全国政协七届一次会议选举李先念为政协第七届全国委员会主席。

"三步走"发展战略的制定　随着改革开放的不断深入，邓小平对经济发展战略的思考不断趋于成熟。1979 年 12 月，邓小平在会见日本首相大平正芳时指出：我们要实现的四个现代化，是中国式的四个现代化。

我们的四个现代化的概念，不是像你们那样的现代化的概念，而是"小康之家"。此后，党的十二大确定了分两步走到 20 世纪末实现小康的战略目标。1987 年 4 月，邓小平在会见西班牙外宾时明确提出"三步走"现代化战略设想。这一战略设想在党的十三大上得到确认。党的十三大指出，党的十一届三中全会以后，我国经济建设的战略部署分三步走：第一步，实现国民生产总值比 1980 年翻一番，解决人民的温饱问题，这个任务已经基本实现；第二步，到 20 世纪末，使国民生产总值再增长一倍，人民生活达到小康水平；第三步，到 21 世纪中叶，人均国民生产总值达到中等发达国家水平，人民生活比较富裕，基本实现现代化。

"三步走"发展战略，对中华民族百年图强的宏伟目标作了积极而稳妥的规划，既体现了党和人民勇于进取的雄心壮志，又反映了从实际出发、遵循客观规律的科学精神，是中国共产党探索中国特色社会主义建设规律的重大成果，对中国未来几十年的发展具有深远影响。

改革开放的不断推进和治理整顿的开始　按照党的十三大的部署，1988 年经济体制改革以深化企业经营机制改革为重点。这年 2 月，国务院颁布《全民所有制工业企业承包经营责任制暂行条例》。4 月，七届全国人大一次会议通过《中华人民共和国全民所有制工业企业法》，对企业所有权和经营权"两权分离"的改革原则作了更为明确的规定。会议通过的宪法修正案规定："国家允许私营经济在法律规定的范围内存在和发展。私营经济是社会主义公有制经济的补充。"私营经济的法律地位得到确认。

对外开放的步伐进一步加大。1988 年 3 月，国务院决定适当扩大沿海经济开放区，新划入沿海经济开放区的有 140 个市、县，包括杭州、南京、沈阳 3 个省会城市。4 月，七届全国人大一次会议正式批准设立海南省和建立海南经济特区。

在全面改革的推动下，我国经济建设取得重大成就。1984 年至 1988 年，国内生产总值年均增长 12.1%，工业总产值达 6 万多亿元，国家经济实力和综合国力迈上了一个新台阶。但在经济运行中也出现了通货膨胀加剧、社会生产和消费总量不平衡、结构不合理等一系列不稳定、不协调的问题。1985 年初党和政府采取"软着陆"的方针，未能达到预期效果。1988 年夏季准备进行"价格闯关"，全面推进价格改革，放开价格。消息传开后，引发了人们的高通胀预期和恐慌心理，触发了全国性的挤提储蓄存款和抢购商品的风潮。面对严峻的经济形势，1988 年 9 月，党的十三届三中全会提出了治理经济环境、整顿经济秩序、全面深化改革的方针。经过一年左右的治理整顿，过旺的社会需求得到相当程度的控制，但国民经济发展的难关尚未渡过，一些深层次的结构和体制问题还有待于进一步解决。

四、国防战略的转变、"一国两制"方针的形成和外交方针政策的调整

国防战略的转变　党的十一届三中全会后，根据对国际国内形势变化的判断，军事战略方针由"积极防御、诱敌深入"改为"积极防御"。1981 年 9 月，邓小平在华北军事演习阅兵式上发表讲话，明确提出要建设强大的现代化、正规化革命军队的总目标。1985 年五六月间，中央军委召开扩大会议，提出对军队建设指导思想实行战略性重大转变，即把军队工作从立足于"早打、大打、打核战争"的临战准备状态真正转入和平时期建设轨道。会议作出减少军队员额 100 万的决策，通过《军队体制改革、精简整编方案》。1985 年下半年至 1987 年初，百万大裁军基本完成。1988 年，开始实行新的军衔制度，建立文职干部制度。人民解放军正规化建设迈出新步伐。

"一国两制"方针的形成　20 世纪 70 年代后期，台湾问题被提上党和国家重要议事日程。中共中央和邓小平在毛泽东、周恩来等老一辈革命家关于争取和平解放台湾思想的基础上，正视历史和现实，创造性地提出"一国两制"科学构想，开辟了以和平方式实现祖国统一的新途径。

1979 年元旦，全国人大常委会发表《告台湾同胞书》，宣示了争取祖国和平统一的大政方针。1980 年 1 月，邓小平提出 80 年代要做三件事：在国际事务中反对霸权主义、维护世界和平；台湾回归祖国，实现祖国统一；加紧经济建设。1981 年 9 月，全国人大常委会委员长叶剑英发表谈话，就台湾回归祖国、实现和平统一问题提出九条方针。1982 年 1 月，邓小平首次提出"一个国家，两种制度"的概念。此后他在 1983 年 6 月提出解决台湾问题的六条方针，进一步充实了"一国两制"的构想。

"一国两制"构想首先被运用于解决香港、澳门回归祖国问题。香港、澳门自古以来就是中国领土，后分别被英国和葡萄牙强占。1972 年 11 月，第二十七届联合国大会通过决议，接受中国政府立场，将香港、澳门从反殖民主义宣言适用的殖民地名单中删除，明确香港、澳门不属于通常意义上的殖民地。20 世纪 70 年代末，英国政府提出香港未来地位问题，试图向中国施加压力，取得管治香港的长期权力。1981 年 12 月，中共中央作出 1997 年 7 月 1 日收回香港的决定。中国政府就处理香港问题确定两条原则：一定要在 1997 年收回香港，恢复行使主权，不能再晚；在恢复行使主权的前提下，保持香港的稳定和繁荣。

1982 年 9 月，英国首相撒切尔夫人访问中国，中英两国开始就香港问题进行谈判。撒切尔夫人提出，香港的繁荣有赖于英国的统治。如果现在对英国的管理实行或宣布重大改变，将对香港产生灾难性影响，强烈表示不能单方面废除有关香港的三个条约。邓小平明确表示：主权问题不是一个可以讨论的问题。1997 年中国将收回香港。中国和英国就是在这个前提下来进行谈判的。如果说宣布要收回香港就会像夫人说的"带来灾难性的影响"[①]，那我们要勇敢地面对这个灾难，作出决策。通过这次会谈，中方掌握了收回香港的主动权，解决香港问题的基调就这样按照中国共产党和中国人民的意志定了下来。

---

① 《邓小平文选》第三卷，人民出版社 1993 年版，第 14 页。

1984 年 12 月，中英两国政府正式签署关于香港问题的联合声明，确认中国政府于 1997 年 7 月 1 日对香港恢复行使主权。1990 年 4 月，七届全国人大三次会议审议通过《中华人民共和国香港特别行政区基本法》。

1986 年 6 月，中葡两国政府开始就澳门问题举行谈判。1987 年 4 月，中葡两国政府正式签署关于澳门问题的联合声明，宣布中国政府将于 1999 年 12 月 20 日对澳门恢复行使主权。1993 年 3 月，八届全国人大一次会议审议通过《中华人民共和国澳门特别行政区基本法》。

解决香港、澳门问题的初步实践，证明"一国两制"构想既体现了实现祖国统一、维护国家主权的原则性，又充分考虑到香港、澳门等地的历史和现实，是推动祖国和平统一的创造性方针，在国际社会产生了巨大影响。

外交方针政策的调整　党的十一届三中全会前夕，中国外交采取了两个重大举措。一是 1978 年 8 月同日本签订和平友好条约，二是同年 12 月同美国发表正式建交的联合公报。随着国际形势的发展变化，中共中央对外交政策进行重大调整，实行两个重大转变。第一个转变是改变战争不可避免而且迫在眉睫的观点，对战争与和平问题作出新的科学判断。1985 年 3 月，邓小平明确提出"和平和发展是当代世界的两大问题"的重要论断，为新时期党和国家制定对外政策提供了重要依据。第二个转变是改变过去联美抗苏的"一条线"战略。

1982 年 9 月，党的十二大报告郑重申明中国坚持独立自主的对外政策，并提出按照独立自主、完全平等、互相尊重、互不干涉内部事务的原则处理党际关系。1986 年 4 月，六届全国人大四次会议批准的国务院《关于第七个五年计划的报告》，阐述了中国独立自主和平外交政策的主要内容和基本原则，对改革开放以来中国外交方针政策的调整作了总结。其中提到：中国主张世界上所有国家不论大小、富贫、强弱一律平等，各国的事应由各国人民自己去管，世界上的事应由各国协商解决，而不能由一两个超级大国说了算。中国决不称霸，也坚决反对来自任何方面和以任何形式出现的霸权主义。中国在任何时候和任何情况下都坚持独立自主，对一切国际问题都根据其本身的是非曲直决定自己的态度和对策。中国决不依附于任何一个超级大国，也决不同它们任何一方结盟。中国不以社会制度和意识形态的异同来决定亲疏、好恶，坚决反对任何国家以社会制度和意识形态的相同或不同作为占领别国领土、干涉别国内政的借口。

随着外交方针政策的调整，中国外交得到全方位发展。1989 年 5 月，破裂 20 多年的中苏关系实现正常化。到 1989 年，同中国建交的国家达 137 个。一个有利于中国改革开放和现代化建设的外部环境初步形成。

五、经受严重政治风波的考验

1989 年严重政治风波 1989 年春夏之交，北京和其他一些城市发生政治风波。中共中央政治局在邓小平和其他老一辈革命家坚决有力的支持下，依靠人民，旗帜鲜明地反对动乱，在 6 月 4 日采取果断措施，一举平息了北京地区的反革命暴乱。这场斗争的胜利，捍卫了社会主义国家政权，维护了社会正常秩序和人民根本利益。6 月 9 日，邓小平接见首都戒严部队军以上干部，对中国乃至世界都高度关注的中国向哪个方向发展、走哪条道路的根本问题作出明确回答。他指出："这场风波迟早要来。这是国际的大气候和中国自己的小气候所决定了的，是一定要来的，是不以人们的意志为转移的"[1]。极少数敌对势力反对共产党、反对社会主义的目的"是要建立一个完全西方附庸化的资产阶级共和国"[2]。他强调，党的十一届三中全会制定的路线方针政策没有错；党的十三大概括的"一个中心、两个基本点"的基本路线没有错。我们制定的基本路线方针政

① 《邓小平文选》第三卷，人民出版社 1993 年版，第 302 页。
② 《邓小平文选》第三卷，人民出版社 1993 年版，第 303 页。

策，照样干下去，坚定不移地干下去。邓小平的重要讲话，总结了改革开放十年来的经验教训，为中国的改革发展指明了正确方向。

党的十三届四中全会召开　1989年6月，党的十三届四中全会召开。全会分析国内发生政治风波的性质和原因，初步总结了经验教训，明确了当前和今后一个时期党的方针任务，对中央领导机构成员进行调整。鉴于赵紫阳在关系党和国家生死存亡的关键时刻犯了支持动乱和分裂党的严重错误，全会决定撤销他所担任的党内一切领导职务，选举江泽民为中共中央委员会总书记。

江泽民在全会上指出：党的十一届三中全会以来的路线和基本政策没有变，必须继续贯彻执行。在这个最基本的问题上，我要十分明确地讲两句话：一句是坚定不移，毫不动摇；一句是全面执行，一以贯之。这一鲜明的政治宣示，对于帮助广大党员干部全面理解、自觉执行党的十一届三中全会以来的路线方针政策，保证我国改革开放和现代化建设事业沿着中国特色社会主义道路健康发展，具有重大意义。党的十三届四中全会在党的历史发展上是一次非常重要的会议。它不仅对于进一步稳定全国局势具有重大作用，而且对于保证十一届三中全会以来的路线方针政策的延续性，产生了深远的影响。

党的十三届四中全会以后，党中央全面坚持党的基本路线，继续抓住经济建设这个中心，努力纠正"一手比较硬，一手比较软"的现象，加强思想政治工作和党的建设工作。在国际局势剧变的情况下，按照冷静观察、沉着应付的方针，坚持把注意力集中在办好我们自己的事情上，成功稳住了改革发展大局，捍卫了中国特色社会主义伟大事业，保证了改革开放和现代化建设的航船始终沿着正确的方向破浪前进。

六、邓小平南方谈话

随着苏联解体、东欧剧变，冷战结束。世界开始走向多极化，经济全球化进程加快，周边一些国家呈现强劲发展势头。我国经济在治理整顿后走出了低谷，但一些深层次问题尚未得到根本解决，社会主义事业发展仍面临巨大的困难和压力。世界社会主义运动的严重曲折对我国也产生了一定的负面影响。能否坚持党的基本路线不动摇，抓住机遇、加快发展，把改革开放和现代化建设继续推向前进，成为中国共产党人必须回答和解决的重大课题。

1992 年 1 月 18 日至 2 月 21 日，邓小平先后视察武昌、深圳、珠海、上海等地，发表重要谈话。

邓小平强调，革命是解放生产力，改革也是解放生产力。不坚持社会主义，不改革开放，不发展经济，不改善人民生活，只能是死路一条。他指出，改革开放胆子要大一些，敢于试验。看准了的，就大胆地试，大胆地闯。判断姓"社"姓"资"的标准，应该主要看是否有利于发展社会主义社会的生产力，是否有利于增强社会主义国家的综合国力，是否有利于提高人民的生活水平。

邓小平指出，计划多一点还是市场多一点，不是社会主义与资本主义的本质区别。计划经济不等于社会主义，资本主义也有计划；市场经济不等于资本主义，社会主义也有市场。计划和市场都是经济手段。社会主义的本质，是解放生产力，发展生产力，消灭剥削，消除两极分化，最终达到共同富裕。他强调，基本路线要管一百年，动摇不得。右可以葬送社会主义，"左"也可以葬送社会主义。中国要警惕右，但主要是防止"左"。

邓小平强调，发展才是硬道理。抓住时机，发展自己，关键是发展经济。科学技术是第一生产力。

邓小平指出，中国要出问题，还是出在共产党内部。对这个问题要清醒，要注意培养人。要坚持两手抓，一手抓改革开放，一手抓打击各种犯罪活动。这两只手都要硬。在整个改革开放过程中都要反对腐败。

面对世界社会主义出现的低潮，邓小平指出：我坚信，世界上赞成马克思主义的人会多起来的，因为马克思主义是科学。一些国家出现严重曲折，社会主义好像被削弱了，但人民经受锻炼，从中吸收教训，将促使社会主义向着更加健康的方向发展。不要惊慌失措，不要认为马克思主义就消失了，没用了，失败了。哪有这回事！他强调，我们搞社会主义才几十年，还处在初级阶段。巩固和发展社会主义制度，还需要一个很长的历史阶段，需要我们几代人、十几代人，甚至几十代人坚持不懈地努力奋斗，决不能掉以轻心。

邓小平的南方谈话，从理论上深刻回答了长期困扰和束缚人们思想的许多重大问题，是把改革开放和现代化建设推向新阶段的又一个解放思想、实事求是的宣言书，不仅对即将召开的党的十四大具有十分重要的指导作用，而且对中国整个社会主义现代化建设事业具有重大而深远的意义。

第三节　把中国特色社会主义推向 21 世纪

一、新的中央领导集体与捍卫中国特色社会主义

新的中央领导集体的形成　党的十三届四中全会前后，邓小平就多次表示：等新的领导班子一经建立威信，就要坚决退出中央领导岗位；希望大家能够以江泽民同志为核心，很好地团结。他明确指出，任何一个领导集体都要有一个核心，没有核心的领导是靠不住的。进入第三代的领导集体也必须有一个核心。新的常委会从开始工作的第一天起，就要注意树立和维护这个集体和这个集体中的核心。"只要有一个好的政治局，特别是有一个好的常委会，只要它是团结的，努力工作的，能够成为榜样的，就是在艰苦创业反对腐败方面成为榜样的，什么乱子出来都

挡得住。"①

　　在新的中央领导集体已卓有成效地开展工作的情况下，1989 年 9 月，邓小平向中央政治局正式提出辞去中共中央军事委员会主席职务的请求。11 月，党的十三届五中全会同意邓小平的请求，决定江泽民任中共中央军事委员会主席（1990 年 3 月，七届全国人大三次会议接受邓小平辞去中华人民共和国中央军事委员会主席职务的请求，选举江泽民为国家中央军事委员会主席）。

　　经过党的十三届四中、五中全会，形成了以江泽民同志为核心的党的第三代中央领导集体，中央领导集体顺利实现了新老交替。这对于保证党的政策的稳定性、连续性，实现党和国家的长治久安，具有极为重大的意义。

　　加强党的建设和思想政治工作　中国共产党在政治风波中经受住了考验，同时也深刻认识到自身存在的问题。邓小平指出，这次暴乱使我们头脑更加清醒起来。这个党该抓了，不抓不行了。1989 年 8 月，党中央发出关于加强党的建设的通知，要求各级党组织聚精会神地抓党的建设，下决心解决好党的建设中的迫切问题。1989 年秋冬和 1990 年春，各级党组织对在政治风波中的重点人和重点事认真进行清查、清理，以保证党的队伍的纯洁性。其后，在全党进行了做合格共产党员的教育和党员重新登记工作。同时，严格党员标准，培养吸收企业、农村生产一线的优秀分子入党。

　　在加强党的思想建设方面，着重对县处级以上党政干部进行马列主义、毛泽东思想基本理论的教育，并使之经常化、制度化。按照中央的规定，凡进入领导班子的成员，都要经过相应的党校学习，其他领导成员也要定期到党校接受轮训。

　　党中央强调要发扬党的优良传统，密切党群干群关系，开展反腐倡廉

────────────

① 《邓小平文选》第三卷，人民出版社 1993 年版，第 310 页。

建设，坚决同腐败作斗争。江泽民在党的十三届四中全会上指出："全国各族人民的眼睛盯着我们，看我们能不能拿出惩治腐败的实际行动来。"①1989年7月，党中央、国务院作出决定，要求从党中央、国务院的领导同志做起，在制止腐败和带头廉洁奉公、艰苦奋斗方面做群众关心的七件事。1990年3月，党的十三届六中全会通过《关于加强党同人民群众联系的决定》。会后，中央政治局常委带头，深入基层，深入群众，开展调查研究，对全党转变工作作风起了极大的推动作用。

党中央还加强对人民群众尤其是青年学生的思想政治工作。1990年至1991年，在广大党员干部中开展了马克思主义党建学说和中共党史的学习教育，在人民群众中开展了社会主义思想教育。中国近现代史及国情教育也越来越受到各方面重视。

党中央加强了对新闻舆论战线的领导。1989年11月，江泽民在中宣部举办的新闻工作研讨班上发表讲话，要求报纸、广播、电视做党、政府和人民的喉舌，坚持新闻工作的党性原则，反对绝对的新闻自由。会议提出，要坚持正面宣传为主的方针，发挥舆论的正确导向作用。

党的建设和思想政治工作的加强，促进了我国的政治稳定和社会安定，为治理整顿、深化改革创造了重要的思想政治条件。

应对国际风云变幻　1989年政治风波后，以美国为首的西方国家对华实施"制裁"。不久，国际形势接连发生重大变化，苏联解体、东欧剧变。面对一些西方国家掀起的反华浪潮和国际上不绝于耳的唱衰中国的论调，邓小平反复强调，要保持稳定和坚持改革开放，关键是要搞好自己的事情。他告诫说，西方国家向中国施压，根本点就是要中国放弃社会主义。对这股逆流要旗帜鲜明地坚决顶住。国际舆论压我们，要泰然处之，维护我们独立自主、不信邪、不怕鬼的形象。只要沿着自己选择的社会主义道路走到底，谁也压不垮我们。

----

① 《江泽民文选》第一卷，人民出版社2006年版，第63页。

1989 年 9 月，江泽民在庆祝中华人民共和国成立 40 周年大会上坚定地表示："企图排斥、孤立中国是很不明智的，也是根本不可能的。任何经济制裁，都丝毫不能动摇我们振兴中华、坚持社会主义道路的决心，丝毫不能动摇我们同世界各国人民友好相处的信念。"①

为了扭转局面、争取主动，党和政府确定 20 世纪 90 年代初期外交工作的两个重点：一是开展睦邻外交，稳定和积极发展同周边国家的关系，加强同发展中国家的团结与合作；二是打破西方国家的"制裁"，恢复和稳定同西方发达国家的关系。1990 年至 1992 年，中国同印度尼西亚恢复外交关系，中越关系实现正常化，中印关系有了很大改善，中国同沙特阿拉伯、新加坡、以色列、韩国建立外交关系，顺利实现中苏关系向中俄关系的过渡，并同苏联解体后新独立的国家和东欧国家建立或发展了正常关系。到 1992 年 8 月底，同中国建交的国家达 154 个。中国还成功争取到联合国第四次世界妇女大会 1995 年在北京召开。

对于以美国为首的一些西方国家的"制裁"，中国进行了有理有利有节的斗争。中国领导人审时度势，推动日本率先于 1990 年取消对华"制裁"。到 1991 年底，中国同大多数西方国家的关系基本回到正常轨道。美国带头"制裁"中国，但也逐渐意识到孤立中国未必符合自身利益。1989 年 7 月至 12 月，美国总统布什两次派总统国家安全事务助理斯考克罗夫特作为特使来华进行沟通。中方以着眼于大局的远见卓识，积极同美方进行沟通。1989 年 9 月至 1990 年，邓小平多次接见美国政要和学者，指出：第一，中国目前的局势是稳定的；第二，中国人吓不倒。在判断中国局势的时候，这两点必须看清楚。结束中美关系的严峻事态要由美国采取主动。1993 年 11 月，应美国总统克林顿邀请，中国国家主席江泽民出席在美国西雅图举行的亚太经合组织第一次领导人非正式会议。其间，两国最高领导人举行正式会晤。经过努力，中国有效应对了政治风波后

① 中共中央文献研究室编：《十三大以来重要文献选编》（中），人民出版社 1991 年版，第 633 页。

的种种外部挑战。中国外交坚定地朝着全方位方向发展。

继续开展国民经济的治理整顿工作　政治风波后，一度被延误的国民经济治理整顿工作重新提上日程。1989 年 11 月，党的十三届五中全会通过《关于进一步治理整顿和深化改革的决定》，明确了治理整顿的主要目标和必须抓好的重要环节。经过治理整顿，过热的经济明显降温，国民经济保持适合实际的一定增长速度，供求平衡矛盾明显缓解，通货膨胀得到有效控制，产业结构调整开始起步，流通领域的混乱现象初步缓解，市场秩序明显好转。1992 年 3 月，七届全国人大五次会议宣布，治理整顿的主要任务基本完成，作为经济发展的一个特定阶段可以如期结束。

在治理整顿的同时，改革开放进一步推进，并在一些领域取得重大突破。1990 年 4 月，党中央、国务院批准开发开放浦东。浦东新区的建设，不仅促进了上海的迅速发展，而且对长江三角洲、整个长江流域乃至全国的改革开放和经济发展产生了强大的辐射和带动作用。1990 年 12 月，上海证券交易所正式开业。这是改革开放以来在大陆开业的第一家证券交易所。1991 年 7 月，深圳证券交易所正式开业。1990 年 10 月，郑州粮食批发市场开业并引入期货交易机制，成为中国期货交易的开端。通过这些举措，中国向世界发出了将改革开放坚定不移地向前推进的强烈信号。

到 1990 年底，"七五"计划所规定的各项指标绝大部分完成或超额完成，提前实现了第一步战略目标。人民生活水平进一步提高，全国绝大多数地区解决了温饱问题，开始向小康社会迈进。1990 年 12 月，党的十三届七中全会通过《关于制定国民经济和社会发展十年规划和"八五"计划的建议》。1991 年 4 月，七届全国人大四次会议批准了十年规划和"八五"计划纲要。

二、社会主义市场经济体制改革目标和基本框架的确立

确立社会主义市场经济体制改革目标　1992 年下半年，中国共产党

将召开第十四次全国代表大会。邓小平南方谈话之后，中国的改革开放如何迈出新的步伐，国内外十分关注。在指导起草党的十四大报告过程中，江泽民在 1992 年 6 月提出，对高度集中的计划经济体制进行根本性的改革势在必行，不然就不可能实现我国的现代化。根据邓小平南方谈话精神，他明确提出使用"社会主义市场经济体制"这个提法，为中共十四大召开作了重要的思想理论准备。

1992 年 10 月 12 日至 18 日，中国共产党第十四次全国代表大会在北京举行。大会作出了三项具有深远意义的决策。一是抓住机遇，加快发展，集中精力把经济建设搞上去。大会指出，我国经济能不能加快发展，不仅是重大的经济问题，而且是重大的政治问题。现在国内条件具备，国际环境有利，既有挑战，更有机遇，是加快发展的好时机。大会对我国 20 世纪 90 年代的经济发展速度作出调整，把原定的国民生产总值平均每年增长 6% 调整为 8% 至 9%；提出到 20 世纪末，国民生产总值将超过原定比 1980 年翻两番的要求，人民生活由温饱进入小康。

二是确定我国经济体制改革的目标是建立社会主义市场经济体制。使市场在社会主义国家宏观调控下对资源配置起基础性作用，使经济活动遵循价值规律的要求，适应供求关系的变化。把社会主义基本制度与市场经济结合起来，建立社会主义市场经济体制，是中国共产党人对马克思主义的重大发展，也是社会主义发展史上的重大突破，对我国改革开放和经济社会发展具有极其重要的作用。

三是提出用邓小平建设有中国特色社会主义理论武装全党的任务。大会报告从发展道路、发展阶段、根本任务、发展动力、外部条件、政治保证、战略步骤、领导力量和依靠力量、祖国统一九个方面，对建设有中国特色社会主义理论的主要内容作了概括，指出这个理论第一次比较系统地初步回答了在中国这样的经济文化比较落后的国家如何建设社会主义、如何巩固和发展社会主义的一系列基本问题，用新的思想、观点继承和发展了马克思主义。

大会审议通过了报告和《中国共产党章程（修正案）》。党章修正案写入建设有中国特色社会主义理论和党在社会主义初级阶段的基本路线；明确提出党的建设必须紧密围绕党的基本路线，坚持从严治党，把党建设成为领导全国人民沿着有中国特色社会主义道路不断前进的坚强核心。

大会决定不再设立中央顾问委员会。随后召开的党的十四届一中全会选举江泽民为中央委员会总书记，决定江泽民为中央军事委员会主席，批准尉健行为中央纪律检查委员会书记。1993年3月，八届全国人大一次会议选举江泽民为国家主席、国家中央军事委员会主席，乔石为全国人大常委会委员长，决定李鹏为国务院总理；全国政协八届一次会议选举李瑞环为政协第八届全国委员会主席。

以邓小平南方谈话和党的十四大为标志，改革开放和现代化建设事业进入从计划经济体制向社会主义市场经济体制转变的新阶段，由此打开了中国经济、政治、文化发展的崭新局面。

1993年11月召开的党的十四届三中全会，通过了《中共中央关于建立社会主义市场经济体制若干问题的决定》，将党的十四大提出的社会主义市场经济体制改革的目标和基本原则具体化，进一步勾画了建立社会主义市场经济体制的基本框架：在坚持以公有制为主体、多种经济成分共同发展的基础上，建立现代企业制度、全国统一开放的市场体系、完善的宏观调控体系、合理的收入分配制度和多层次的社会保障制度。我国经济体制改革开始向着建立社会主义市场经济体制的目标整体推进。

进一步推进改革开放和现代化建设　按照党中央关于建立社会主义市场经济体制的要求，国务院先后作出一系列部署，加快推进财政、税收、金融、外贸、外汇、计划、投资、价格、流通等方面的体制改革步伐。

国有企业改革是建立社会主义市场经济体制的中心环节，也是难点所在。这一时期，国有企业改革开始从以往的放权让利、政策调整进入转换机制、制度创新阶段。从 1994 年起，按照建立现代企业制度的总体思路推进国有企业改革。国家经贸委、体改委会同有关部门选择 100 家国有大中型企业进行建立现代企业制度的试点。随后，全国各地先后选择 2 700 多家国有企业进行公司制、股份制改革的试点。国务院还选择 18 个城市进行"优化资本结构"的配套改革试点，采取多种政策，在减轻企业债务负担、分离社会服务功能、分流富余人员等方面实现了重点突破。

上述改革和调整，从实际步骤上加快了由计划经济体制向社会主义市场经济体制转轨的步伐，市场在资源配置中的基础性作用得到明显增强，全国呈现出改革开放全面推进、经济建设迅猛发展的景象。

在经济高速发展的过程中，也逐渐暴露出固定资产投资增加过猛、房地产热、开发区热、金融秩序混乱、物价上涨等新的问题。中共中央采取果断措施，大力加强宏观调控。中共中央、国务院 1993 年 6 月印发的《关于当前经济情况和加强宏观调控的意见》，提出了以紧缩银根、整顿金融秩序为重点的 16 条重要措施。经过 3 年努力，投资过热得到有效控制，金融秩序逐渐好转，物价涨幅明显回落，通货膨胀得到抑制，同时又保持了较高的经济发展速度，从而实现了从经济过热和通货膨胀到"高增长、低通胀"的"软着陆"，避免了经济发展的大起大落，为经济健康发展和后来成功抵御亚洲金融危机的冲击打下了基础。

这一时期，对外开放也迈出重大步伐。建立起一批经济技术开发区和保税区，开放了哈尔滨等 4 个边境、沿海省会城市和太原等 11 个内陆省会城市及一大批内陆市县，到 1997 年，逐步形成从沿海到沿江、从沿边到内陆，多层次、多渠道、多种形式的全方位对外开放的新格局。

1995 年，"八五"计划胜利完成，提前实现了"三步走"战略的第二步目标。同年 9 月，党的十四届五中全会通过《关于制定国民经济和社会发展"九五"计划和 2010 年远景目标的建议》。江泽民在全会闭幕式发表讲话，全面阐述社会主义现代化建设中 12 个重大关系，其中最重要的是正确处理改革、发展、稳定的关系。这是对我国改革开放和现代化建设历史经验的深刻总结。

1996年3月召开的八届全国人大四次会议批准了《中华人民共和国国民经济和社会发展"九五"计划和2010年远景目标纲要》。《纲要》阐述了国民经济和社会发展的重要方针，提出要实现从传统的计划经济体制向社会主义市场经济体制、从粗放型增长方式向集约型增长方式的两个根本转变，促进国民经济持续、快速、健康发展和社会全面进步。

精神文明建设与民主法制建设不断加强　20世纪90年代，党中央坚持"两手抓，两手都要硬"的方针，强调精神文明重在建设，动员全党全社会的力量，大力发展中国特色社会主义文化，取得新的进展和成就。

为进一步坚持"为人民服务、为社会主义服务"的"二为"方向，贯彻"百花齐放、百家争鸣"的"双百"方针，弘扬主旋律，繁荣社会主义文化，从1991年起，精神文明建设"五个一工程"奖评选活动开始实施。1996年3月，八届全国人大四次会议把精神文明建设列入国民经济和社会发展总体规划，推动物质文明建设和精神文明建设相互促进、协调发展。

1996年10月，党的十四届六中全会作出《关于加强社会主义精神文明建设若干重要问题的决议》，对新形势下的精神文明建设作出具体部署和规划，强调要以科学的理论武装人，以正确的舆论引导人，以高尚的精神塑造人，以优秀的作品鼓舞人，培养有理想、有道德、有文化、有纪律的社会主义公民。会后，以创建文明城市、文明村镇、文明行业等为主要内容的群众性精神文明创建活动在全国蓬勃开展，为继续深化改革、加快发展创造了良好氛围。

社会主义民主法制建设也取得重大进展。自1993年至1997年，全国人大及其常委会制定和出台了近百部法律及有关法律的决定，其中多数是社会主义市场经济方面的立法，为整个社会经济活动的正常运行提供了重要的法律保障。

三、改革开放和现代化建设的跨世纪发展

确立邓小平理论的指导地位和新的"三步走"发展战略　1997 年 2 月 19 日，中国社会主义改革开放和现代化建设的总设计师邓小平逝世。邓小平逝世后，中国能否继续沿着邓小平开辟的建设有中国特色社会主义道路走下去，举世瞩目。

同年 9 月 12 日至 18 日，中国共产党第十五次全国代表大会在北京举行。大会的主题是：高举邓小平理论伟大旗帜，把建设有中国特色社会主义事业全面推向 21 世纪。大会首次使用"邓小平理论"这个概念，把这一理论同马克思列宁主义、毛泽东思想一道确立为中国共产党的指导思想，并写入修改后的《中国共产党章程》。大会指出，邓小平理论围绕"什么是社会主义、怎样建设社会主义"这个根本问题，第一次比较系统地回答了建设有中国特色社会主义的一系列基本问题。大会对邓小平理论的历史地位和指导意义作了深刻阐述，指出这一理论的主要创立者是邓小平，我们党把它称为邓小平理论。实践证明，作为毛泽东思想的继承和发展的邓小平理论，是指导中国人民在改革开放中胜利实现社会主义现代化的正确理论。邓小平理论是当代中国的马克思主义，是马克思主义在中国发展的新阶段，是中国特色社会主义理论体系的开篇之作。大会强调，在改革开放和社会主义现代化建设的新时期，在跨越世纪的新征途上，一定要高举邓小平理论的伟大旗帜，用邓小平理论来指导我们整个事业和各项工作。

大会提出了党在社会主义初级阶段的基本纲领，阐明了建设有中国特色社会主义的经济、政治和文化的基本要求。大会明确了我国跨世纪发展的战略部署，并就社会主义初级阶段的所有制结构和公有制实现形式、依法治国、建设社会主义法治国家、有中国特色社会主义文化建设等重大问题提出了新论断。大会指出：公有制为主体、多种所有制经济共同发展，是我国社会主义初级阶段的一项基本经济制度。公有制经济

不仅包括国有经济和集体经济，还包括混合所有制经济中的国有成分和集体成分。国有经济对经济发展起主导作用，主要体现在控制力上。公有制的实现形式可以而且应当多样化。非公有制经济是我国社会主义市场经济的重要组成部分。要坚持按劳分配为主体、多种分配方式并存的制度，把按劳分配和按生产要素分配结合起来，坚持效率优先、兼顾公平。依法治国，是党领导人民治理国家的基本方略，是发展社会主义市场经济的客观需要，是社会文明进步的重要标志，是国家长治久安的重要保障。建设有中国特色社会主义文化，就是以马克思主义为指导，以培育有理想、有道德、有文化、有纪律的公民为目标，发展面向现代化、面向世界、面向未来的，民族的科学的大众的社会主义文化。这些论述，体现了党在探索回答什么是社会主义、怎样建设社会主义问题上的又一次思想理论认识的深化。

大会在我国经济发展"三步走"战略的第二步目标即将实现之际，对如何实现第三步目标作出进一步规划，提出了新的"三步走"发展战略，即 21 世纪第一个十年实现国民生产总值比 2000 年翻一番，使人民的小康生活更加宽裕，形成比较完善的社会主义市场经济体制；再经过十年的努力，到中国共产党成立一百年时，使国民经济更加发展，各项制度更加完善；到 21 世纪中叶中华人民共和国成立一百年时，基本实现现代化，建成富强民主文明的社会主义国家。

党的十五大在世纪之交的关键时刻，继承邓小平遗志，承前启后、继往开来，明确回答了中国的改革开放和现代化建设继续向前发展的一系列重大理论问题和实践问题，从思想上、政治上、组织上为中国特色社会主义事业的跨世纪发展提供了根本保证。

随后召开的党的十五届一中全会选举江泽民为中央委员会总书记，决定江泽民为中央军事委员会主席，批准尉健行为中央纪律检查委员会书记。1998 年 3 月，九届全国人大一次会议选举江泽民为国家主席、国家中央军事委员会主席，李鹏为全国人大常委会委员长，决定朱镕基为国务院总理；全国政协九届一次会议选举李瑞环为政协第九届全国委员会主席。

改革开放和现代化建设的不断推进　党的十五大以后，党中央采取一系列重要举措加快推进改革，并强调着重抓好两个大头：一是要加强农业基础地位；一是要搞好国有大中型企业。

对农村改革和发展问题，1995 年 3 月，江泽民在江西考察农业和农村工作时指出，要长期保持家庭联产承包责任制的稳定不变并不断加以完善，同时从长远趋势来说，逐步走上集约化、集体化道路，是农村发展的大方向。随着建立社会主义市场经济体制步伐的加快，我国农业管理体制和产业结构与市场经济不相适应的矛盾日益突出。为此，党中央及时提出对农业结构实施战略性调整的方针。1998 年 10 月召开的党的十五届三中全会，通过了《中共中央关于农业和农村工作若干重大问题的决定》，进一步推动解决"三农"（农业、农村、农民）问题。会议提出，到 2010 年，基本建立以家庭承包经营为基础，以农业社会化服务体系、农产品市场体系和国家对农业的支持保护体系为支撑，适应发展社会主义市场经济要求的农村经济体制。全会提出的坚定不移贯彻土地承包期再延长 30 年的政策，让亿万农民安心地在承包的土地上进行生产和经营，促进了农业的发展。

为解决贫困地区农民温饱和增收问题，党和政府采取多方面措施，加大扶贫攻坚力度。自 20 世纪 80 年代以来，党和政府在全国范围内开展了有组织有计划的大规模扶贫工作。1994 年制定实施的《国家八七扶贫攻坚计划》提出，力争用 7 年左右的时间，基本解决 8 000 万农村贫困人口的温饱问题。到 2000 年底，全国农村没有解决温饱的贫困人口减少到 3 209 万人，占农村人口的比重下降到 3.5% 左右。

党的十五大后，以建立现代企业制度为方向的国有企业改革攻坚全面展开。国务院按照鼓励兼并、规范破产、下岗分流、减员增效，实施再就业工程的改革思路，以纺织行业为突破口，通过债转股、国家技改专项资金、国企上市变现、政策性关闭破产等一系列举措，全面打响三年脱困攻坚战。1998 年，中国石油天然气集团、中国石油化工集团、上海宝钢集团等一批按照市场要求运作的特大型企业集团相继组建，向建立现代企业制度迈出重要一步。国有小企业发挥"船小好调头"的优势，采取改组、联合、兼并、租赁、承包经营、股份合作制、出售等形式，加快改革步伐。1999 年 9 月，党的十五届四中全会通过《中共中央关于国有企业改革和发展若干重大问题的决定》，提出了推进国有企业改革发展的一系列政策措施，强调从战略上调整国有经济布局，推进国有企业战略性改组，建立和完善现代企业制度。到 2000 年末，国有大中型企业改革和脱困三年目标基本实现，国有控股企业实现利润大幅增长，大多数国有大中型骨干企业初步建立了现代企业制度。

在加快经济结构调整和深化国企改革的过程中，为了解决大量职工下岗问题，党中央反复强调做好国有企业下岗职工基本生活保障和再就业工作。1996 年，上海率先创建再就业服务中心，大力推进再就业工程。这项"民心工程"推向全国后，为国企职工分流架起了从企业到市场的桥梁。1998 年 6 月，党中央、国务院发出通知，要求争取用五年左右时间，初步建立适应社会主义市场经济体制要求的社会保障体系和就业机制。各级政府按照中央部署，为下岗职工建立起基本生活保障、失业保险、城市居民最低生活保障三条保障线，启动以职工养老保险、医疗保险为重点的社会保障制度改革。许多地方还通过加强职业培训，引导职工转变择业观念，积极发展第三产业，拓宽就业渠道。这些措施保障了下岗职工的基本生活，在很大程度上消解了国有企业改革的困难和风险。

党的十五大以后，中国以更加积极的姿态走向世界，完善全方位、多层次、宽领域的对外开放格局，发展开放型经济，增强国际竞争力。基于实践经验的积累以及对 1997 年爆发的亚洲金融危机的教训的深刻总结，党中央深刻指出，经济全球化是一把"双刃剑"，对我国的发展有利也有弊，既要坚定不移地实行对外开放，又要坚持独立自主，增强风险意识，加强防范工作，切实维护我国经济安全，更好地发展壮大自己。根据这些重大决策，我国扩大开放沿海城市和内陆边境城市、沿江城市和省会城市，建立起一批经济技术开发区和保税区，同时明确了以上海浦东新区为龙头带动长江流域经济起飞的发展战略，确定要在 21 世纪初将上海建成国际经济、金融、贸易中心。

加入世界贸易组织是党为推进经济发展和改革开放而作出的重大战略决策。1986 年 7 月，中国政府申请恢复我国关贸总协定缔约国地位，并开始同缔约各方进行谈判。1995 年 1 月世界贸易组织成立后，中国开始与世贸组织成员国逐一进行拉锯式的双边谈判。党中央明确提出中国加入世界贸易组织的原则：第一，中国加入世界贸易组织是中国经济发展和改革开放的需要，同样世界贸易组织也需要中国，没有 12 亿多人口的中国参加，世界贸易组织是不完整的，也不利于世界经济的发展；第二，中国是一个发展中国家，社会生产力还不发达，只能以发展中国家的条件加入世界贸易组织；第三，中国加入世界贸易组织，其权利和义务一定要平衡，中国不会接受过高的、超出中国承受能力的要价。遵照这些指导原则，中国在加入世界贸易组织谈判过程中始终掌握主动权，于 2001 年 12 月正式成为世贸组织的第 143 名成员。实践证明，加入世界贸易组织，使中国经济在全球化进程中获得参与制定规则和竞争的有利位置，从而打开了对外开放的新天地，对推动经济体制改革和现代化建设产生了深刻影响。中国对外开放进入了一个新的阶段。

跨世纪发展战略的制定与实施　科教兴国战略。1995 年 5 月，党中央准确分析科技发展趋势和国内外形势，作出关于加速科学技术进步的决定，确定实施科教兴国战略。科教兴国，就是全面落实科学技术是第一生产力的思想，坚持教育为本，把科技和教育摆在经济、社会发展的重要位置，增强国家的科技实力及向现实生产力转化的能力，提高全民族的科技文化素质，把经济建设转移到依靠科技进步和提高劳动者素质的轨道上来，加速实现国家的繁荣强盛。党中央提出科教兴国战略后，在继续实施"863"计划的同时，1997 年组织实施《国家重点基础研究发展计划》（又称"973"计划），加强国家战略目标导向的基础研究工作。在教育方面，中共中央、国务院于 1993 年 2 月颁布《中国教育改革和发展纲要》，明确提出必须把教育摆在优先发展的战略地位，努力提高全民族的思想道德和科学文化水平。1995 年 9 月，《中华人民共和国教育法》正式实施。国家在 1995 年、1999 年先后启动"211 工程"和"985 工程"，以加强高校建设。特别是敏锐抓住信息化迅猛发展带来的机遇，在制定第十个五年计划时就作出了以信息化带动工业化，实现社会生产力跨越式发展的战略决策。

可持续发展战略。1992 年联合国环境与发展大会后，党中央、国务院明确提出将实施可持续发展战略。1994 年，我国发表《中国 21 世纪议程——中国 21 世纪人口、环境与发展白皮书》，提出可持续发展的总体战略、对策和行动方案。党的十五大和翌年九届全国人大一次会议，都将实施可持续发展战略作为我国跨世纪发展的重要任务，坚持计划生育和保护环境的基本国策，正确处理经济发展同人口、资源、环境的关系。在党和政府的积极推动下，可持续发展战略的实施在一些重要领域取得重大进展。1996 年，国务院发布关于环境保护若干问题的决定，大力推进控制主要污染物排放总量、工业污染源达标和重点城市环境质量达标工作，全面开展淮河、海河、辽河和太湖、滇池、巢湖水污染防治，酸雨污染控制区和二氧化硫污染控制区大气污染防治。党的十五大以后，国务院颁布《全国生态环境建设规划》和《中国自然保护区发展规划纲要》，开展水土流失的综合治理，启动天然林保护、退耕还林（还草）、京津风沙源治理等工程，实行资源有偿使用制度，逐年加大生态环境保护的力度。从 1978 年开始启动的三北（西北、华北、东北）防护林建设工程，到 2001 年顺利完成第一阶段建设任务，初步建立起阻止风沙南侵的绿色长城。

西部大开发战略。1999 年 9 月，党的十五届四中全会作出实施西部大开发战略的决定，要求通过优先安排基础设施建设、增加财政转移支付等措施，支持中西部地区和少数民族地区加快发展。2000 年 10 月，党的十五届五中全会对此作了进一步部署，西部大开发战略的实施全面启动。随后，国务院发出关于实施西部大开发若干政策措施的通知，明确西部开发的政策适用范围包括四川、云南、贵州、西藏、重庆、陕西、甘肃、青海、新疆、宁夏、内蒙古、广西 12 个省、自治区、直辖市。为支持西部大开发，国务院制定出台有关财税、金融、外资外贸、吸引人才和科技教育等方面的具体政策，加大对西部地区财政转移支付的力度，扩大西部地区公共投资规模；青藏铁路、西气东输、西电东送等一大批重点工程相继开工。实施西部大开发战略，是党中央总揽全局作出的一项重大战略决策，对于推动东西部地区协调发展和最终实现共同富裕，维护民族团结、社会稳定和国家安全，具有重大而深远的意义。

"引进来"和"走出去"相结合的开放战略。1997 年 12 月，江泽民在会见全国外资工作会议代表时明确提出"引进来"和"走出去"是我们对外开放基本国策两个紧密联系、相互促进的方面，缺一不可。这是一个大战略，既是对外开放的重要战略，也是经济发展的重要战略。2000 年 10 月，党的十五届五中全会提出"实施'走出去'战略，努力在利用国内外两种资源、两个市场方面有新的突破"。根据这一战略部署，我国的对外开放从过去侧重引进为主，发展为"引进来"和"走出去"相结合，以开放促改革促发展。一批有实力有优势的企业到非洲、中亚、中东、东欧、南美等地投资办厂，积极参与国际合作。到 2001 年底，我国累计参与境外资源合作项目 195 个，总投资 46 亿美元；累计设立各种境外企业 6 610 家，其中中方投资 84 亿美元。"引进来"和"走出去"相结合的开放战略促进了开放型经济的发展，加快了我国经济融入经济全球化进程，拓展了我国经济发展空间。

在把中国特色社会主义事业推向 21 世纪的进程中，党团结带领人民从容应对各种严峻风险挑战，成功抵御亚洲金融危机，战胜 1998 年特大洪涝灾害，改革开放和现代化建设取得新的成就。到 2000 年，我国成功实现由计划经济体制向社会主义市场经济体制的转变，社会主义市场经济体制基本框架初步建立。2000 年，"九五"计划胜利完成。我国实现了社会主义现代化建设第二步战略目标，人民生活总体上达到小康水平。2000 年 10 月，党的十五届五中全会通过了《中共中央关于制定国民经济和社会发展第十个五年计划的建议》。2001 年 3 月，九届全国人大四次会议批准了《中华人民共和国国民经济和社会发展第十个五年计划纲要》，为新世纪的改革开放和现代化建设明确了指导方针和奋斗目标。

积极推进中国特色军事变革　20 世纪 90 年代，面对世界新军事变革风起云涌，党中央和中央军委提出"政治合格、军事过硬、作风优良、纪律严明、保障有力"的新时期军队建设总要求，着眼于打得赢、不变质，对军队建设和军事斗争准备作出一系列战略规划和部署，推进中国特色军事变革。

1991 年初爆发的海湾战争，向世界展示了全新的作战图景，引发了世界性军事变革浪潮。中央军委对此高度关注，在战略指导上实行重大调整，1995 年 12 月，中央军委扩大会议通过《"九五"期间军队建设计划纲要》，明确提出科技强军战略和"两个根本性转变"的战略思想，即在军事斗争准备上，由准备应付一般条件下局部战争向准备打赢现代技术特别是高技术条件下局部战争转变；在军队建设上，由数量规模型向质量效能型、由人力密集型向科技密集型转变。为推进中国特色军事变革，在 20 世纪 80 年代裁减军队员额 100 万的基础上，再裁减军队员额 50 万，同时对军队后勤保障体制、军事院校体系、现役士兵服役制度特别是士官制度等，进行重大调整和改革；国家增加对国防和军队建设的投入，国防科技和武器装备因此取得重大进展、实现重要突破；坚持党对军队的绝对领导，加强思想政治工作，不断强化官兵的军魂意识，为完成以军事斗争准备为龙头的各项任务提供了坚强保证。

推动构建全方位多层次对外关系新格局　20 世纪 90 年代初，随着苏联解体、东欧剧变，国际格局和形势呈现错综复杂的局面。党中央始终把国家主权和安全放在第一位，积极应对国际关系的新变化及科技迅猛发展的影响和挑战，推动建立公正合理的国际政治经济新秩序。

这一时期，我国向国际社会提出发展以不结盟、不对抗、不针对第三方为主要特征的新型大国关系。根据这一原则，中国分别同俄罗斯、美国、法国、英国、日本及欧盟等建立了发展面向 21 世纪双边关系的基本框架。倡导并致力于发展新型大国关系，有利于打破以美国为首的西方国家对国际事务的垄断，展现了中国为推动世界走向多极化、国际关系走向民主化的诚意、智慧和力量。

这一时期，我国在发展睦邻合作友好关系上取得了重要进展。中国倡导并推动建立"中国—东盟自由贸易区"，签署中国与东盟全面经济合作框架协议。建立"上海合作组织"，这是第一个由中国参与推动建立并以中国城市命名的地区性合作组织。它所倡导的互信、互利、平等、协商、尊重多样文明、谋求共同发展的"上海精神"，在当代国际关系中产生了重要影响。2000 年 10 月，"中非合作论坛—北京 2000 年部长级会议"在北京召开，通过了《中非合作论坛北京宣言》和《中非经济和社会发展合作纲领》。

这一时期，中国以更加开放的姿态积极参加多边外交各个领域的活动。2000 年 9 月，在中国倡议下，出席联合国千年首脑会议的中、美、俄、英、法五个安理会常任理事国首脑举行联合国历史上的首次会晤。2001 年 2 月，博鳌亚洲论坛在海南博鳌成立。这是首个永久定址中国、非官方的国际性会议组织。10 月，我国在上海成功举办亚太经合组织第九次领导人非正式会议，为促进亚太地区经济的恢复和发展产生积极影响。

总的来看，世纪之交，我国建立起全方位多层次的对外关系新格局，在激烈的国际竞争和斗争中越来越主动，国际影响力显著提高。

四、香港、澳门回归祖国与两岸交流扩大

祖国统一大业的推进　　1997 年 6 月 30 日午夜至 7 月 1 日凌晨，中英

两国政府举行了香港政权交接仪式，宣告中国政府对香港恢复行使主权。中华人民共和国香港特别行政区正式成立。1999年12月20日，澳门回归祖国，中华人民共和国澳门特别行政区正式成立。香港、澳门的回归，使"一国两制"从科学构想变为现实，标志着祖国统一大业向前迈出了重要的一步。回归祖国后，香港、澳门作为直辖于中央政府的特别行政区，重新纳入国家治理体系。中央政府依照宪法和特别行政区基本法对香港、澳门实行管治，与之相应的特别行政区制度和体制得以确立。香港、澳门同祖国内地的联系越来越紧密。面对亚洲金融危机的严重冲击和国际经济环境变化的不利影响，在中央政府的有力支持下，特别行政区政府沉着应对，各界人士携手努力，妥善处理一系列经济和社会问题，保持了香港、澳门经济和社会的稳定与繁荣。事实充分表明，"一国两制"是解决历史遗留的香港、澳门问题的最佳解决方案，也是香港、澳门回归后保持长期繁荣稳定的最佳制度安排。

海峡两岸交流的扩大　进入20世纪90年代后，党和政府推进同台湾的经济技术合作与交流，促进双方人员往来。1992年3月，海峡两岸关系协会与台湾海峡交流基金会开始进行事务性商谈。11月，双方就如何表述坚持一个中国原则的问题，达成"海峡两岸同属一个中国，共同努力谋求国家统一"的共识，后被称为"九二共识"。1993年4月，海协会会长汪道涵同台湾海基会董事长辜振甫在新加坡成功举行会谈，签署《汪辜会谈共同协议》等四项协议，建立了两岸制度化联系与协商机制，两岸关系迈出了重要一步。1994年3月，八届全国人大常委会第六次会议通过《中华人民共和国台湾同胞投资保护法》，将保护台商投资纳入法制化轨道。1995年1月30日，江泽民发表《为促进祖国统一大业的完成而继续奋斗》的讲话，提出了发展两岸关系、推进祖国和平统一的八项主张。强调：坚持一个中国的原则，是实现和平统一的基础和前提。我们不承诺放弃使用武力，决不是针对台湾同胞，而是针对外国势力干涉中国统一和搞"台湾独立"的图谋的。讲话既体现中国政府完成祖国统一大业的坚定决心，又充分考虑到台湾同胞的愿望和台湾的实际情况，引起海内外高度关注和积极反响。

但是，在美国等外部反华势力的支持和纵容下，"台独"活动趋于猖獗。1995 年 6 月，台湾地区领导人李登辉以所谓私人名义访美，公然在国际社会制造"两个中国"，后又抛出所谓"两国论"。2000 年 3 月，台湾民进党领导人陈水扁上台后，拒不接受一个中国原则，否认"九二共识"。针对台湾岛内和外国敌对势力不断加剧的"台独"分裂活动，党中央采取果断措施，从政治、军事、外交、舆论等方面开展斗争。1995 年下半年到 1996 年上半年，人民解放军在台湾海峡和台湾附近海域进行了一系列大规模军事演习，显示了中国政府和中国人民维护国家主权和领土完整的坚强决心。

五、推进党的建设新的伟大工程

明确党的建设总目标与两大历史性课题　20 世纪 90 年代，党中央科学分析自身建设面临的新形势，积极探索在发展社会主义市场经济条件下加强党的建设的目标、任务和途径，采取一系列重大举措加强和改进党的建设。

1994 年 9 月，党的十四届四中全会作出《中共中央关于加强党的建设几个重大问题的决定》，把新时期党的建设提到"新的伟大工程"的高度。党的十五大把党的建设总目标概括为：要把党建设成为用邓小平理论武装起来、全心全意为人民服务、思想上政治上组织上完全巩固、能够经受住各种风险、始终走在时代前列、领导全国人民建设有中国特色社会主义的马克思主义政党。

2000 年 1 月，江泽民在十五届中央纪委第四次全会上强调，治国必先治党，治党务必从严，提出要解决好"提高领导水平和执政水平、增强拒腐防变和抵御风险的能力"两大历史性课题。

随着社会主义市场经济的发展，我国出现了新的社会阶层和新经济组织、新社会组织。为适应新情况，党中央及时提出"增强党的阶级基础、扩大党的群众基础"的要求，加快在新经济组织、新社会组织中组建党组织，不断扩大党的工作覆盖面。从 2001 年 8 月起，开始在新的社会阶层中进行发展党员的试点工作。

"三讲"教育的开展　加强领导班子建设、提高领导干部素质，是推进党的建设新的伟大工程的关键所在。1995 年 11 月，江泽民在北京考察工作时提出，必须把教育干部特别是教育领导干部摆在突出位置、作为关键的一环来抓，向各级领导干部提出了"讲学习、讲政治、讲正气"的要求。1998 年 11 月至 2000 年底，全党在领导班子和领导干部中分期分批开展以讲学习、讲政治、讲正气为主要内容的党性党风教育。广大干部在"三讲"教育中拿起批评与自我批评的武器，广泛听取群众意见，查找领导工作中及自身存在的问题，开展积极健康的思想斗争，普遍受到一次深刻的马克思主义教育，经受了一次党内政治生活的严格锻炼。

推进党风廉政建设　在改革开放和发展社会主义市场经济新条件下，党中央坚持把党风廉政建设和反腐败斗争作为关系党和国家生死存亡的大事来抓。1993 年 8 月，江泽民在十四届中央纪委第二次全会上提出要从三个方面着手做好反腐败工作：一是各级党政领导干部要带头廉洁自律；二是集中力量查办一批大案要案；三是紧紧抓住本地区本部门本单位的突出问题，刹住群众最不满意的几股不正之风。为了加强反腐倡廉工作，党中央、国务院进一步健全相关机构。1993 年 1 月，中央纪委、监察部合署办公。1995 年 11 月，最高人民检察院反贪污贿赂总局成立。这一时期，党中央还制定了党风廉政法规，逐步形成了党委统一领导、党政齐抓共管、纪委组织协调、部门各负其责、依靠群众支持和参与的反腐败领导体制和工作机制。为了进一步推进党风廉政建设，2001 年 9 月，中共十五届六中全会通过《中共中央关于加强和改进党的作风建设的决定》，对加强作风建设作出全面部署。

党中央还果断作出了军队、武警部队和政法机关不再从事经商活动，与所办经营性企业脱钩，实行收支两条线、工程招标、政府采购制度等决策，努力从源头上预防和遏制腐败。党风廉政建设和反腐败斗争取得阶段性成果。

"三个代表"重要思想的形成　在推进中国特色社会主义伟大事业和党的建设新的伟大工程进程中，以江泽民同志为主要代表的中国共产党人，科学分析国内外形势、党所处的历史方位和肩负的历史使命，深入思考面临的新情况新问题，进一步回答了什么是社会主义、怎样建设社会主义的问题，创造性回答了建设什么样的党、怎样建设党的问题，形成了"三个代表"重要思想，继承、丰富、发展了马克思列宁主义、毛泽东思想、邓小平理论。

2000年2月，江泽民在广东考察工作时明确提出"三个代表"要求。他指出："我们党所以赢得人民的拥护，是因为我们党在革命、建设、改革的各个历史时期，总是代表着中国先进生产力的发展要求，代表着中国先进文化的前进方向，代表着中国最广大人民的根本利益，并通过制定正确的路线方针政策，为实现国家和人民的根本利益而不懈奋斗。"[1]5月14日，江泽民在上海主持召开江苏、浙江、上海党建工作座谈会时进一步指出，始终做到"三个代表"，是我们党的立党之本、执政之基、力量之源。2001年7月1日，江泽民在庆祝中国共产党成立80周年大会上的讲话中，系统阐述了"三个代表"重要思想。"三个代表"重要思想的形成和贯彻，有力地推动了改革开放和现代化建设的跨世纪发展，也为党的十六大的召开奠定了思想基础。

---

[1]　《江泽民文选》第三卷，人民出版社2006年版，第2页。

第四节　在新形势下坚持和发展中国特色社会主义

一、全面建设小康社会宏伟目标的提出

新世纪头 20 年奋斗目标的确立　2002 年 11 月 8 日至 14 日，中国共产党第十六次全国代表大会在北京举行。江泽民作《全面建设小康社会，开创中国特色社会主义事业新局面》的报告。大会对党的十三届四中全会以来 13 年的奋斗历程和基本经验进行系统总结，指出：这些经验，联系党成立以来的历史经验，归结起来就是，我们党必须始终代表中国先进生产力的发展要求，代表中国先进文化的前进方向，代表中国最广大人民的根本利益。大会高度评价"三个代表"重要思想的历史地位和重要作用，把"三个代表"重要思想同马克思列宁主义、毛泽东思想、邓小平理论一道确立为中国共产党必须长期坚持的指导思想，并写入党章。

大会提出了全面建设小康社会的奋斗目标。大会认为，经过全党和全国各族人民的共同努力，人民生活总体上达到小康水平。但必须看到，现在达到的小康还是低水平的、不全面的、发展很不平衡的小康，还需要进行长时期的艰苦奋斗。大会提出，21 世纪头 20 年，对我国来说，是一个必须紧紧抓住并且可以大有作为的重要战略机遇期。我国要在本世纪头 20 年，集中力量，全面建设惠及十几亿人口的更高水平的小康社会。经过这个阶段的建设，再继续奋斗几十年，到本世纪中叶基本实现现代化，把我国建成富强民主文明的社会主义国家。大会还从经济、政治、文化等方面提出了全面建设小康社会的目标，国内生产总值到 2020 年力争比 2000 年翻两番。

党的十六大是党在新世纪召开的第一次全国代表大会，明确回答了新世纪新阶段中国共产党举什么旗、走什么路、实现什么样的发展目标等重大问题。从此，中国人民踏上了全面建设小康社会的新征程。

党的十六届一中全会选举胡锦涛为中央委员会总书记，决定江泽民为

中央军事委员会主席，批准吴官正为中央纪律检查委员会书记。2003 年 3 月，十届全国人大一次会议选举胡锦涛为国家主席，江泽民为国家中央军事委员会主席，吴邦国为全国人大常委会委员长，决定温家宝为国务院总理；全国政协十届一次会议选举贾庆林为政协第十届全国委员会主席。2004 年 9 月，党的十六届四中全会通过《关于同意江泽民同志辞去中共中央军事委员会主席职务的决定》，决定胡锦涛为中共中央军事委员会主席。

科学发展观的提出　2003 年春，我国遭遇一场过去从未出现过的非典型肺炎重大疫情。在党中央、国务院坚强领导下，举国上下紧急动员，坚持群防群控，全国各族人民大力弘扬万众一心、众志成城，团结互助、和衷共济，迎难而上、敢于胜利的抗击非典精神，携手共克时艰，有效控制了非典疫情，保持了经济较快增长。6 月，我国抗击非典取得阶段性重大胜利。

抗击非典的胜利，充分显示出我国社会主义制度的巨大优越性。同时，非典的发生和蔓延，也暴露出我国在经历了一个经济高速发展阶段之后，存在发展不够协调、公共卫生事业发展滞后、突发事件应急机制不健全等新矛盾新问题。这进一步引发了党中央对新形势下"实现什么样的发展、怎样发展"这一重大理论和实践问题的深入思考。2003 年 8 月底 9 月初，胡锦涛在江西考察时提出"科学发展观"概念，指出要牢固树立协调发展、全面发展、可持续发展的科学发展观。同年 10 月，党的十六届三中全会第一次在党的正式文件中完整地提出了科学发展观，强调"坚持以人为本，树立全面、协调、可持续的发展观，促进经济社会和人的全面发展"[1]。2004 年 3 月，胡锦涛在中央人口资源环境工作座谈会上对科学发展观的深刻内涵、基本要求和指导意义作了全面阐述。科学发展观，是党中央对 20 多年改革开放实践的经验总结，也是推进全面建设小康社会的迫切要求。

---

[1]　中共中央文献研究室编:《十六大以来重要文献选编》(上)，中央文献出版社 2005 年版，第 465 页。

　　科学发展观提出以后，经历了一个实践、认识、再实践、再认识的过程，理论内涵不断丰富，实践成效不断显现。2006年10月，党的十六届六中全会审议通过《中共中央关于构建社会主义和谐社会若干重大问题的决定》，提出按照民主法治、公平正义、诚信友爱、充满活力、安定有序、人与自然和谐相处的总要求，构建社会主义和谐社会。《决定》强调，必须坚持以人为本，始终把最广大人民的根本利益作为党和国家一切工作的出发点和落脚点，做到发展为了人民、发展依靠人民、发展成果由人民共享，促进人的全面发展。

　　完善社会主义市场经济体制和推动经济又好又快发展　经过改革开放以来特别是党的十四大以来的奋斗探索，我国初步建立起社会主义市场经济体制，极大地促进了社会生产力的发展。但是社会主义市场经济体制还有诸多不完善的地方，需要进一步改革。2003年10月，党的十六届三中全会通过了《中共中央关于完善社会主义市场经济体制若干问题的决定》，提出大力发展国有资本、集体资本和非公有资本等参股的混合所有制经济；放宽市场准入，允许非公有资本进入法律法规未禁入的基础设施、公用事业及其他行业和领域；建立归属清晰、权责明确、保护严格、流转顺畅的现代产权制度；建立有利于逐步改变城乡二元经济结构的体制等重大政策措施。

　　按照全会的部署，我国经济体制改革向重点领域和关键环节稳步推进。通过规范上市、中外合资、相互参股、兼并收购等多种途径，不断推进国有企业股份制改革，涌现出一批能够把握市场机遇、应对国际市场挑战的新型国有企业，国有经济活力、控制力和影响力明显增强。在国家政策的支持下，非公企业迅速发展。非公企业这一时期创造的产值超过了国内生产总值的一半，上缴国家的税收比重不断增加，在促进经济增长、扩大就业和活跃市场等方面发挥着越来越重要的作用。

　　在改革持续和深化的过程中，针对经济运行中出现的一些矛盾和问题，中央从2003年底作出加强宏观调控的决策和部署，要求严把土地、信贷两个闸门，将土地等资源政策作为宏观调控手段。由于措施及时，从 2004 年第二季度起经济缓慢降温，部分行业投资过快增长势头得到一定程度的遏制。

根据经济社会发展的新情况，2006 年 10 月召开的党的十六届六中全会提出了"促进经济又好又快发展"新的发展方针。又好又快发展，强调既要保持经济平稳较快增长，防止大起大落，又要坚持好中求快，注重优化结构，努力提高质量和效益。指导经济发展的方针，从持续使用多年的"又快又好"到"又好又快"，不只是"好"与"快"顺序的调整，还体现了科学发展的本质要求。

促进区域、城乡协调发展　区域、城乡发展不平衡，是制约我国经济社会发展的突出问题。根据科学发展观的要求，党中央对统筹区域、城乡发展作出一系列重大决策部署。

西部大开发战略在世纪之交实施后，党和政府着力加强西部基础设施建设，重点展开西电东送、西气东输、青藏铁路等标志性工程建设。2006 年 7 月 1 日，全长 1 956 公里的青藏铁路全线通车，结束了西藏不通铁路的历史，有力推动了雪域高原的跨越式发展和各族人民生活的改善。党中央还作出振兴东北地区等老工业基地，促进中部地区崛起，支持东部地区率先发展等重大决策，区域协调发展取得明显成效。东北地区通过实施工业结构调整重大项目，大庆油田、中国一汽等一批重点企业技术水平有了显著提高，自主创新和先进制造能力不断增强。中部地区实现崛起，一批具有竞争力的优势产业和产品不断涌现，城市群、城市带和城市圈加快形成，承东启西的区位优势进一步凸显。国家批准上海浦东新区和天津滨海新区为全国综合配套改革试验区，积极推动长江三角洲、台湾海峡西岸等重点地区的开发开放。东部地区抓住区位优势和先发优势，努力实现率先发展，长三角、珠三角和京津冀三大都市圈始终保持我国经济发展的"三大引擎"地位。

在统筹城乡发展方面，党中央加大解决"三农"问题的力度。党的十六届四中全会在分析总结一些国家工业化发展历程的基础上，提出了

"两个趋向"的重要论断，即：在工业化初始阶段，农业支持工业、为工业提供积累是带有普遍性的趋向；但在工业化达到相当程度以后，工业反哺农业、城市支持农村，实现工业与农业、城市与农村协调发展，也是带有普遍性的趋向。中央认为，经过几十年的发展，我国总体上已进入以工促农、以城带乡的发展阶段，必须统筹城乡经济社会发展，把解决好农业、农村和农民问题作为全党工作的重中之重，坚持"多予、少取、放活"的方针，努力增加农民收入。2005 年 10 月，党的十六届五中全会提出了建设社会主义新农村的重大战略任务。同年 12 月 29 日，十届全国人大常委会第十九次会议决定，自 2006 年 1 月 1 日起，废止《中华人民共和国农业税条例》，在我国存在 2 600 年的农业税成为历史。这根本性地扭转了农民负担过重的状况，给亿万农民带来了看得见、摸得着的实惠。随着社会主义新农村建设的扎实推进，农村经济和农村面貌发生新的深刻变化。

2005 年，"十五"计划确定的主要发展目标提前实现。2001 年至 2005 年，国内生产总值增长 57.3%，年均增长 9.5%。人民生活明显改善，老百姓住房条件大为改观，汽车迅速进入普通家庭，人们的旅游消费大大增加。我国人均国内生产总值突破 1 000 美元，经济社会发展进入一个关键时期。

2005 年 10 月，党的十六届五中全会通过《中共中央关于制定国民经济和社会发展第十一个五年规划的建议》。2006 年 3 月，十届全国人大四次会议审议通过《中华人民共和国国民经济和社会发展第十一个五年规划纲要》。"十一五"规划第一次将延续 50 多年的"计划"改为"规划"。这一字之差体现了社会主义市场经济条件下中长期规划的功能定位，反映了我国发展理念、经济体制、政府职能的重大变革。

二、全面建设小康社会新部署和改革开放的深化

全面建设小康社会的新部署　2007 年 10 月 15 日至 21 日，中国共产

党第十七次全国代表大会在北京举行。胡锦涛作《高举中国特色社会主义伟大旗帜，为夺取全面建设小康社会新胜利而奋斗》的报告。大会阐述了中国特色社会主义道路的基本内涵，首次提出中国特色社会主义理论体系的概念并作了概括。大会强调，改革开放以来我们取得一切成绩和进步的根本原因，归结起来就是：开辟了中国特色社会主义道路，形成了中国特色社会主义理论体系。中国特色社会主义理论体系，就是包括邓小平理论、"三个代表"重要思想以及科学发展观等重大战略思想在内的科学理论体系。大会全面阐述了科学发展观的科学内涵、精神实质和根本要求，明确科学发展观第一要义是发展，核心是以人为本，基本要求是全面协调可持续，根本方法是统筹兼顾。大会认为，科学发展观是中国特色社会主义理论体系重大创新成果，决定将这一成果写入党章。

大会对实现全面建设小康社会的宏伟目标作出全面部署，在经济、政治、文化、社会、生态文明五个方面提出新要求，使全面建设小康社会的目标更全面、内涵更丰富、要求更具体。特别是根据经济持续快速发展的实际，调整了十六大提出的到2020年力争实现国内生产总值比2000年翻两番的经济增长目标，提出实现人均国内生产总值到2020年比2000年翻两番的更高要求。

大会审议通过报告和《中国共产党章程（修正案）》。党章修正案增写了中国特色社会主义事业总体布局，全面推进经济建设、政治建设、文化建设、社会建设；党的中央和省、自治区、直辖市委员会实行巡视制度；党的干部要树立正确政绩观等内容。

随后召开的党的十七届一中全会选举胡锦涛为中央委员会总书记，决定胡锦涛为中央军事委员会主席，批准贺国强为中央纪律检查委员会书记。2008年3月，十一届全国人大一次会议选举胡锦涛为国家主席、国家中央军事委员会主席，选举吴邦国为全国人大常委会委员长，决定温家宝为国务院总理；全国政协十一届一次会议选举贾庆林为政协第十一届全国委员会主席。

应对国际金融危机和各种挑战　从2007年开始的美国次贷危机，到2008年演化成一场全球性的金融危机，并迅速由金融领域扩散到实体经济领域，由美国扩散到世界主要经济体。中共中央密切关注危机的发展态势，特别是可能对我国经济发展带来的风险和产生的冲击，强调要树立忧患意识，做好应对危机的预案。随着国际金融危机对我国的冲击加剧，2008年第四季度经济增速出现急剧下滑势头，对外贸易出口困难，就业压力迅速加大。党中央、国务院果断将宏观调控的着力点转到防止经济增速过快下滑上来，实施积极的财政政策和适度宽松的货币政策，着力扩大国内需求特别是消费需求，形成了包括大规模增加政府投资、实行结构性减税、大范围实施十个重点产业调整振兴规划等一揽子计划。

经过艰苦努力，我国在世界上率先实现经济回升向好。从2009年第二季度起，经济止跌回升，全年增长9.2%。我国应对国际金融危机冲击的方针、政策和举措总体上是有效的，但采取的一些经济刺激政策会有一个消化的过程，同时我国经济发展仍存在不少突出的矛盾和问题。从根本上解决经济平稳健康发展问题，必须坚定不移推进和深化改革。

2008年5月12日，四川汶川发生里氏8.0级特大地震。在党中央领导下，我国迅速开展了历史上救援速度最快、动员范围最广、投入力量最大的抗震救灾斗争，充分发挥一方有难、八方支援、集中力量办大事的制度优势，彰显出伟大的抗震救灾精神。在夺取抗震救灾斗争重大胜利后，党和政府迅速制定灾区灾后恢复重建计划，得到全国各族人民、港澳台同胞和海外侨胞的大力支持。到2010年9月底，重建任务提前一年基本完成。

汶川地震救援现场——为了一个鲜活的生命

2008年至2010年间，党和政府还带领人民取得抗击南方雨雪冰冻极端天气、青海玉树强烈地震和甘肃舟曲特大山洪泥石流等严重自然灾害以及恢复重建的胜利。依法坚决平息和妥善处理 2008 年 3 月 14 日拉萨等地打砸抢烧严重暴力犯罪事件和 2009 年 7 月 5 日乌鲁木齐打砸抢烧严重暴力犯罪事件，坚决打击暴力恐怖势力、民族分裂势力和宗教极端势力的破坏活动，维护了民族团结和社会稳定。

加快转变经济发展方式和深化重要领域改革　为了更好地解决经济长期积累的结构性矛盾和经济增长方式粗放问题，党的十七大提出加快转变经济发展方式的战略任务。国际金融危机爆发后，我国内需外需不平衡、投资消费不协调、产业结构不合理、发展方式不可持续的问题进一步凸显。2010 年 10 月，党的十七届五中全会对加快转变经济发展方式的基本要求作出新的概括，明确要求把经济结构战略性调整作为主攻方向，把科技进步和创新作为重要支撑，把保障和改善民生作为根本出发点和落脚点，把建设资源节约型、环境友好型社会作为重要着力点，把改革开放作为强大动力。随后，党和国家采取一系列措施，坚持实施扩大内需战略，坚持走中国特色新型工业化道路，扎实推进节能减排和生态环境保护，深入实施区域发展总体战略，积极稳妥推进城镇化，推动经济发展方式转变迈出了新步伐。

在所有制改革方面，国有经济战略性调整和国有大型企业改革加快推进。从 2006 年起，中央企业加大兼并重组力度。到 2011 年，国资委监管的中央企业从 2007 年的 159 家减少到 117 家，其中有超过 80% 的资产集中在石油石化、电力、国防和通信等关键领域以及运输、矿业、冶金等支柱行业，国有企业整体素质和竞争力大大增强。在国有企业做强做优的同时，党和政府坚持"两个毫不动摇"的方针，积极鼓励和引导非公有制经济健康发展。2010 年 5 月，国务院印发《关于鼓励和引导民间投资健康发展的若干意见》，非公有制经济发展的体制环境进一步得到改善。

在农村改革发展方面，中央在改革开放 30 周年之际明确宣示，现有土地承包关系要保持稳定并长久不变。2008 年 10 月，党的十七届三中全会作出《关于推进农村改革发展若干重大问题的决定》，强调农业是安天下、稳民心的战略产业，要求坚决守住 18 亿亩耕地红线，促进城乡经济社会发展一体化。中央还进一步加大对农业的财政投入，出台一系列强农惠农富农政策。从 2004 年起，我国粮食产量实现 8 年连续增长，2011 年达到 5.7 亿吨。农民人均纯收入也连年增长。

表 9-1　1978—2010 年全球国内生产总值（GDP）前 12 位国家排名变化情况

名次	1978 年	1982 年	1983 年	1996 年	2000 年	2005 年	2006 年	2007 年	2010 年
第 1 名	美国	美国	美国	美国	美国	美国	美国	美国	美国
第 2 名	苏联	苏联	苏联	日本	日本	日本	日本	日本	中国
第 3 名	日本	日本	日本	德国	德国	德国	德国	中国	日本
第 4 名	联邦德国	联邦德国	联邦德国	法国	英国	英国	中国	德国	德国
第 5 名	法国	法国	法国	英国	法国	中国	英国	英国	法国
第 6 名	英国	英国	英国	意大利	中国	法国	法国	法国	英国
第 7 名	意大利	意大利	意大利	中国	意大利	意大利	意大利	意大利	巴西
第 8 名	加拿大	加拿大	加拿大	巴西	加拿大	加拿大	加拿大	西班牙	意大利
第 9 名	巴西	巴西	中国	西班牙	墨西哥	西班牙	西班牙	加拿大	印度
第 10 名	西班牙	中国	印度	加拿大	巴西	韩国	巴西	巴西	加拿大
第 11 名	荷兰	印度	巴西	韩国	西班牙	巴西	韩国	俄罗斯	俄罗斯
第 12 名	中国	西班牙	澳大利亚	荷兰	韩国	墨西哥	俄罗斯	印度	西班牙

　　资料来源：除苏联外，数据采自世界银行官网。苏联数据来自《世界经济年鉴（1983—1984）》，中国社会科学出版社 1986 年版，第 907 页。

　　在扩大对外开放方面，开放型经济水平全面提升。国际金融危机爆发后，中国及时出台稳定外需的政策措施，实施市场多元化战略，在对外贸易、利用外资、对外投资等领域取得重要进展。2002 年至 2011 年加入世界贸易组织的 10 年间，中国货物贸易额的全球排名由第六位上升到第二位。中国实行的平等、互利、合作、共赢的对外开放政策，不仅惠及 13 亿中国人民，也使世界各国人民获益，给世界经济发展以有力推动。

"十一五"时期，国家面貌发生新的历史性变化。国内生产总值年均增长 11.3%。2010 年中国经济总量超过日本，成为世界第二大经济体。城镇居民人均可支配收入和农村居民人均纯收入年均分别增长 9.7% 和 8.9%，人民生活明显改善。

我国在重要学科前沿和战略必争领域取得一批重大自主创新成果，载人航天、探月工程、超级计算机等实现新的重大突破。继 2003 年"神舟五号"飞船首次实现载人航天飞行后，"神舟七号"飞船航天员成功进行中国人的第一次太空漫步。"嫦娥一号"首次完成绕月探测。中华民族的飞天梦想变成现实。2008 年 8 月，京津城际高速铁路开通运营，中国开始迈入高铁时代。这期间，我国还办好了许多大事。2008 年 8 月至 9 月，北京成功举办第二十九届夏季奥运会、第十三届残疾人奥运会。中国体育代表团在奥运会上居于金牌榜首位，在残奥会上居于金牌榜和奖牌榜首位。奥运会的成功举办，实现了中华民族的百年期盼，兑现了对国际社会的郑重承诺，进一步增进了同世界各国人民的相互了解和友谊。2010 年 5 月至 10 月，以"城市，让生活更美好"为主题的世界博览会在上海举行，这是第一次在发展中国家举办的注册类世博会，书写了中国人民同世界各国人民交流互鉴的新篇章。

北京奥运会在国家体育场"鸟巢"开幕

　　2010 年 10 月，党的十七届五中全会通过《中共中央关于制定国民经济和社会发展第十二个五年规划的建议》，明确提出"十二五"规划的主题是科学发展，主线是加快转变经济发展方式。2011 年 3 月，十一届全国人大四次会议批准了《中华人民共和国国民经济和社会发展第十二个五年规划纲要》。

　　党和国家各项事业向前推进　积极稳妥推进民主法治建设。2010 年 3 月，十一届全国人大三次会议通过新修改的全国人大和地方各级人大选举法，明确城乡按相同人口比例选举人大代表。2011 年上半年到 2012 年底，全国完成修改选举法后的首次县乡两级人大换届选举，实现了新中国历史上城乡"同票同权"。科学立法、民主立法的步伐进一步加快。到 2010 年底，由法律、行政法规、地方性法规等多个层次的法律规范构成的中国特色社会主义法律体系形成。基本政治制度得到进一步完善和发展。党的十七大首次把基层群众自治制度纳入中国特色社会主义政治制度的基本范畴，作为发展社会主义民主政治的基础性工程加以推进。至 2012 年底，全国 98% 以上的村委会实行了直接选举，村民平均参选率达到 95%。

　　社会主义文化大发展大繁荣。2011 年 10 月，党的十七届六中全会通过《中共中央关于深化文化体制改革，推动社会主义文化大发展大繁荣若干重大问题的决定》，提出了坚持中国特色社会主义文化发展道路、努力建设社会主义文化强国的战略任务。国家加大投入，改革机制，推动公共文化服务体系建设进入快车道。社会主义核心价值体系建设融入国民教育和精神文明建设全过程。文化产业在体制改革中迅速崛起。到 2012 年，全国文化产业总产值突破 4 万亿元，年出版图书品种、总量稳居世界第一位，我国成为世界第三大电影生产国和第一大电视剧生产国。

　　以改善民生为重点的社会建设加快推进。2008 年，城乡义务教育实现全部免除学杂费，惠及 1.6 亿学生，确保所有义务教育适龄儿童都能"不花钱，有学上"，当年全国学龄儿童入学率达到 99.5%。2012 年，高等教育毛入学率达到 30% 以上。新型农村合作医疗制度到 2008 年底覆盖全国，8.14 亿农村居民参与其中。城乡就业人数到 2011 年末达到 7.6 亿人，保持了就业形势总体稳定。到 2012 年，我国各项养老保险参保人数达到 7.9 亿人，城乡基本养老保险制度全面建立；各项医疗保险参保人数超过 13 亿人，全民医保基本实现；最低生活保障制度实现全覆盖，城乡社会救助体系基本建立。

环境保护力度加大。我国在发展中国家中第一个制定并实施应对气候变化国家方案。从中央到地方，对绿色 GDP 的追求开始取代以往单纯追求 GDP 的做法。党和政府高度重视节能减排，着力开展水污染治理。在生态恢复方面，到 2008 年，全国安排退耕还林任务超过 4 亿亩，相当于再造一个东北、内蒙古国有林区。环境污染和生态破坏加剧的趋势有所减缓。

人民解放军认真履行历史使命。2004 年，中央军委提出，要把军事斗争准备的基点放在打赢信息化条件下的局部战争上。为适应中国特色军事变革的要求，中央对军队体制编制进行调整改革，推动作战力量编成向精干、联合、多能、高效方向发展，着力提升国防科技和武器装备

我国第一艘航空母舰"辽宁舰"

自主创新能力。2012 年 9 月，我国第一艘航空母舰"辽宁舰"正式交付海军。全军和武警部队还出色完成一系列急难险重任务，以实际行动捍卫了"人民子弟兵"这一光荣称号，充分展示了过硬的军事素质和良好的威武之师、文明之师、和平之师形象。

中国始终不渝地走和平发展道路。根据"大国是关键、周边是首要、发展中国家是基础、多边是重要舞台"的外交工作总体布局，中国开展了富有成效的外交活动。大国关系总体上保持稳定和发展。中国积极同周边国家开展高层互访和交流，推进区域合作进程。2002 年 11 月，中国同东盟签署《南海各方行为宣言》。2010 年 1 月，"中国—东盟自由贸易区"正式启动。同发展中国家的团结合作加强，先后出台中国对非洲、拉丁美洲和加勒比的政策文件，2006 年 11 月在北京成功举办中非合作论坛。中国积极推动全球经济治理机制改革，参与安全反恐等国际合作，取得良好成效。

三、推进"一国两制"实践与祖国和平统一大业

推进"一国两制"实践　　中央政府继续坚定不移贯彻"一国两制"、"港人治港"、"澳人治澳"、高度自治的方针，严格按照宪法和特别行政区基本法办事，全力支持香港、澳门经济社会发展。

回归以后，香港特别行政区的民主政制依法推进。全国人大常委会行使宪法和香港基本法赋予的职权，先后于 1999 年、2004 年、2005 年、2011 年，对香港基本法及其附件有关条款作出解释。澳门特别行政区的民主政制也按照基本法的规定向前发展。2011 年 12 月，十一届全国人大常委会第二十四次会议对澳门基本法附件有关条款作出解释，明确了修改澳门特别行政区行政长官和立法会产生办法的程序。

新世纪以后，中央政府及时采取开放内地部分城市居民个人赴港澳游、扩大香港人民币业务、推动内地企业在港上市等措施，为香港的繁荣

稳定和经济增长注入强劲力量。从 2003 年开始，内地与香港、澳门分别签署关于建立更紧密经贸关系的安排（CEPA）及其补充协议，进一步实现了互利共赢。2008 年国际金融危机爆发后，中央政府出台一系列政策举措，成为香港应对国际金融危机的坚强后盾。中央政府还加大对澳门经济发展和适度多元化的支持力度，支持澳门建设世界旅游休闲中心，批准澳门大学在珠海横琴岛进行新校区建设，支持澳门特区发展与葡语国家间的经贸关系。在 2011 年，香港 GDP 较回归前的 1996 年增长 54%；澳门 GDP 较 2000 年翻了两番多。香港、澳门社会保持稳定，经济更加繁荣，显示了"一国两制"方针的强大生命力。

推进祖国和平统一大业　进入新世纪，"台独"分裂活动不断加剧，给海峡两岸关系和平稳定发展造成严重影响。中共中央将反对和遏制"台独"摆在对台工作更为突出的位置。2005 年 3 月 4 日，胡锦涛提出发展两岸关系的四点意见，强调坚持一个中国原则决不动摇，争取和平统一的努力决不放弃，贯彻寄希望于台湾人民的方针决不改变，反对"台独"分裂活动决不妥协。3 月 14 日，十届全国人大三次会议高票通过《反分裂国家法》。这充分表明全中国人民反对"台独"、维护国家统一和领土完整的共同意志和坚定决心。

中共中央积极推动两岸政党交流。2005 年 4 月 29 日，中共中央总书记胡锦涛在北京会见中国国民党主席连战，实现了 60 年来中国共产党和中国国民党主要领导人之间第一次历史性握手。会后发表《两岸和平发展共同愿景》，国共两党达成一系列共识。2008 年 12 月 31 日，胡锦涛在纪念《告台湾同胞书》发表 30 周年座谈会上发表讲话，提出了推动两岸关系和平发展的六点主张。

两岸双方本着"建立互信、搁置争议、求同存异、共创双赢"的精神，共同致力于两岸关系改善与发展。2008 年 6 月，海协会与台湾海基会在"九二共识"基础上恢复制度化协商。12 月，两岸海上直航、空中直航及直接通邮正式启动，两岸"三通"迈开历史性步伐。2010 年 6 月，

《海峡两岸经济合作框架协议》的签署，推进了两岸经济合作机制化、制度化进程。中国政府还妥善处理了台湾参加世界卫生大会、亚太经合组织领导人非正式会议等涉台外交问题，在协助处理台胞涉外纠纷等事务中切实维护台胞的合法权益，照顾台胞福祉。这些举措，既获得台湾岛内民众的欢迎和赞誉，又巩固了国际社会"一个中国"的格局，为两岸关系的和平发展增添了积极因素。

四、提高党的建设科学化水平

加强党的执政能力建设和先进性建设　在全面建设小康社会的进程中，中共中央坚持以执政能力建设和先进性建设为主线，紧密结合治国理政实践，继续全面推进党的建设新的伟大工程。

自党的十六大提出"加强党的执政能力建设"的命题后，2004 年 9 月，党的十六届四中全会通过《中共中央关于加强党的执政能力建设的决定》，就科学执政、民主执政、依法执政的目标及其内涵作了进一步阐述，明确提出要不断提高驾驭社会主义市场经济的能力、发展社会主义民主政治的能力、建设社会主义先进文化的能力、构建社会主义和谐社会的能力、应对国际局势和处理国际事务的能力。在贯彻落实党的十六大和十六届四中全会要求的过程中，党领导国家立法机关科学立法、民主立法，修订宪法和人民代表大会选举法、组织法，颁布各级人大常委会监督法。党中央还先后就深化行政管理体制和机构改革，加强人民政协及人民法院、人民检察院工作作出部署。

2004 年 11 月，党中央对在全党开展以实践"三个代表"重要思想为主要内容的保持共产党员先进性教育活动作出部署。2005 年 1 月，胡锦涛在新时期保持共产党员先进性专题报告会上提出"党的先进性建设"的重大命题，强调党的先进性建设是马克思主义政党自身建设的根本任务。先进性教育活动于 2005 年 1 月至 2006 年 6 月进行，着力解决党员和党组织在思想、组织、作风以及工作方面存在的突出问题，取得了丰硕成果。

党的十六大以后，围绕加强党的执政能力建设和先进性建设这条主线，党中央采取了一系列加强党的建设的重要举措。主要有：建立中央政治局集体学习制度；建立中央和地方各级党委常委会向全委会负责并报告工作和接受监督制度，以及党的代表大会代表提案制度、代表提议处理和回复机制；改革干部人事制度，实施公开选拔、竞争上岗；加大新经济组织、新社会组织党建工作力度，扩大基层党组织覆盖面。党中央还决定成立中国浦东干部学院、中国井冈山干部学院、中国延安干部学院，组织开展大规模多层次培训，提高党员干部的能力和素质。

提高党的建设科学化水平　党的十七大在把科学发展观写入党章的同时，作出在全党开展深入学习实践科学发展观活动的部署。2008 年 9 月至 2010 年 2 月底，全党开展深入学习实践科学发展观活动。这次学习实践活动，紧紧围绕党员干部受教育、科学发展上水平、人民群众得实惠的总要求，基本实现了提高思想认识、解决突出问题、创新体制机制、促进科学发展、加强基层组织的目标。

在学习实践活动中，中共中央根据世情、国情、党情变化，就加强党的建设作出新的决策部署。2009 年 9 月，党的十七届四中全会通过《关于加强和改进新形势下党的建设若干重大问题的决定》，提出了提高党的建设科学化水平的重大命题和重大任务。围绕提高党的建设科学化水平，党中央着力推进党内制度建设，修订和出台党和国家机关基层组织工作条例、实行党政领导干部问责的暂行规定等文件，有效解决了党的建设中遇到的一些新问题。

为了巩固和拓展全党深入学习实践科学发展观活动成果，党中央于2010 年 4 月决定在党的基层组织和党员中开展"创建先进基层党组织、争当优秀共产党员"活动，并以此作为党的建设的一项重要的经常性工作。各地区、各部门、各单位在推动科学发展、促进社会和谐、服务人民群众、加强基层组织中建功立业，充分发挥了基层党组织的战斗堡垒作用和共产党员的先锋模范作用。

扎实推进惩治和预防腐败体系建设　中共中央对党风廉政建设和反腐败斗争的长期性、复杂性、艰巨性始终保持着清醒的认识，着眼于保持党的先进性和纯洁性，把党风廉政建设和反腐败斗争放在突出位置。2003年10月，党的十六届三中全会提出建立健全与社会主义市场经济体制相适应的教育、制度、监督并重的惩治和预防腐败体系。

在反腐倡廉的领导体制和工作机制方面，形成了党委统一领导、党政齐抓共管、纪委组织协调、部门各负其责、依靠群众支持和参与的体制机制，建立健全了决策权、执行权、监督权既相互制约又相互协调的权力结构和运行机制。在制度建设方面，制定了《中国共产党党员领导干部廉洁从政若干准则》《中国共产党纪律处分条例》《关于领导干部报告个人有关事项的规定》《关于对配偶子女均已移居国（境）外的国家工作人员加强管理的暂行规定》等一系列规定。2006年2月，我国成为《联合国反腐败公约》缔约国。党中央对领导干部搞官商勾结、权钱交易、索贿受贿的案件，为黑恶势力充当"保护伞"的案件，严重侵害群众利益的案件，群体性事件和重大责任事故背后的腐败案件进行坚决查处。2007年11月至2012年6月，全国纪检监察机关共立案64.37万多件，结案63.9万多件，给予党纪政纪处分66.8万多人。涉嫌犯罪被移送司法机关处理2.4万多人。党的十六大后，坚决查处了陈良宇等一批重大违纪违法案件，彰显了党中央反腐败的坚强决心。

当然，也要看到，滋生腐败的土壤依然存在，反腐败形势依然严峻复杂。在一些地方和部门，腐败现象趋于严重化，出现了区域性腐败、系统性腐败、家族式腐败、塌方式腐败，严重损害党的肌体健康。坚定不移加强党的领导，坚持不懈加强党的建设，坚决遏制腐败蔓延势头，仍需要全党上下付出艰巨努力。

确立科学发展观为党的指导思想　科学发展观对新形势下实现什么样的发展、怎样发展等重大问题作出了新的科学回答，把党对中国特色社

会主义规律的认识提高到新的水平。2012 年，党的十八大通过的《中国
共产党章程（修正案）》，把科学发展观同马克思列宁主义、毛泽东思想、
邓小平理论、"三个代表"重要思想一道确立为党的指导思想并载入党章。

1978 年 12 月召开的党的十一届三中全会，开启了改革开放和社会
主义现代化建设的历史新时期，实现了历史性伟大转折。从此，中国共
产党带领全国各族人民踏上了中国特色社会主义开创和接续发展的征程。
以邓小平为主要代表的中国共产党人，成功开创中国特色社会主义。以
江泽民为主要代表的中国共产党人，成功把中国特色社会主义推向 21 世
纪。以胡锦涛为主要代表的中国共产党人，成功在新形势下坚持和发展了
中国特色社会主义。

❓ 学习思考

1. 为什么说党的十一届三中全会是新中国成立以来的伟大历史
转折？

2. 中国特色社会主义是怎样开创的？

3. 中国特色社会主义是怎样接续发展的？

🏛 必读文献

1. 邓小平：《解放思想，实事求是，团结一致向前看》（1978 年 12 月
13 日）

这是邓小平在中共中央工作会议闭幕会上的讲话。这次中央工作会
议为随即召开的党的十一届三中全会作了充分准备。这篇重要讲话是开辟
新时期新道路、开创有中国特色的社会主义新理论的宣言书，实际上成为
十一届三中全会的主题报告，为全会实现具有划时代意义的伟大转折奠定
了重要基础。

2. 江泽民：《在庆祝中国共产党成立八十周年大会上的讲话》（2001

年 7 月 1 日）

这篇重要讲话全面、精辟地总结了中国共产党 80 年的光辉业绩和基本经验，系统、深刻地阐述了"三个代表"重要思想，从根本上回答了新的历史条件下"建设一个什么样的党和怎样建设党"的问题，成为中国共产党进入新世纪的新的政治宣言和行动纲领。

3. 胡锦涛:《在纪念党的十一届三中全会召开 30 周年大会上的讲话》（2008 年 12 月 18 日）

这篇重要讲话全面回顾和总结中国改革开放 30 年来的伟大历程和辉煌成就，进一步阐述党的十七大概括的"十个结合"的宝贵经验，指出：30 年的历史经验归结到一点，就是把马克思主义基本原理同中国具体实际相结合，走自己的路，建设中国特色社会主义。

4. 习近平:《在庆祝改革开放 40 周年大会上的讲话》（2018 年 12 月 18 日）

这篇重要讲话深刻总结了改革开放 40 年来党和国家事业取得的伟大成就和宝贵经验，明确提出坚定不移全面深化改革、扩大对外开放、不断把新时代改革开放继续推向前进的目标要求。讲话具有很强的思想性、政治性、时代性，是一篇重要的马克思主义文献。

📑 延伸阅读文献

1. 邓小平:《在武昌、深圳、珠海、上海等地的谈话要点》（1992 年 1 月 18 日—2 月 21 日）

这篇重要谈话从理论上深刻回答了长期困扰和束缚人们思想的许多重大问题，是把改革开放和社会主义现代化建设推进到新阶段的又一个解放思想、实事求是的宣言书，不仅对即将召开的党的十四大具有十分重要的指导作用，而且对中国整个社会主义现代化建设事业具有重大而深远的意义。

2. 江泽民:《全面建设小康社会，开创中国特色社会主义事业新局

面——在中国共产党第十六次全国代表大会上的报告》（2002 年 11 月 8 日）

报告对党的十三届四中全会以来 13 年的奋斗历程和基本经验进行系统总结，高度评价"三个代表"重要思想的历史地位和重要作用，从经济、政治、文化、社会、生态环境等方面提出了全面建设小康社会的目标。

3. 胡锦涛：《坚定不移沿着中国特色社会主义道路前进，为全面建成小康社会而奋斗——在中国共产党第十八次全国代表大会上的报告》（一）（2012 年 11 月 8 日）

报告在这部分系统总结了党的十六大以来的 10 年工作和经验，指出："这十年，我们紧紧抓住和用好我国发展的重要战略机遇期，战胜一系列重大挑战，奋力把中国特色社会主义推进到新的发展阶段。"

第十章　中国特色社会主义进入新时代

经过长期努力，中国特色社会主义进入了新时代，这是我国发展新的历史方位。党的十八大以来，在以习近平同志为核心的党中央坚强领导下，在习近平新时代中国特色社会主义思想科学指导下，中国共产党以巨大的政治勇气和强烈的责任担当，自信自强、守正创新，统揽伟大斗争、伟大工程、伟大事业、伟大梦想，解决了许多长期想解决而没有解决的难题，办成了许多过去想办而没有办成的大事，推动党和国家事业取得历史性成就、发生历史性变革。实现中华民族伟大复兴进入了不可逆转的历史进程，我们比历史上任何时期都更接近、更有信心和能力实现中华民族伟大复兴的目标。

第一节　开拓中国特色社会主义更为广阔的发展前景

一、中国特色社会主义进入新时代

进入 21 世纪第二个十年，我国已成为世界第二大经济体，与世界的关系发生历史性深刻变化。同时，外部环境变化带来许多新的风险挑战，国内改革发展稳定面临一系列长期积累及新出现的突出矛盾和问题，党治国理政面临重大考验。面对国内外形势的深刻复杂变化，2012 年 11 月召开的党的十八大，对全面建成小康社会作出科学谋划，对夺取中国特色社会主义新胜利作出全面部署，从此中国特色社会主义进入新时代。

党的十八大的召开　2012 年 11 月 8 日至 14 日，中国共产党第十八次全国代表大会在北京举行。这是在我国进入全面建成小康社会决定性阶段召开的一次十分重要的大会。胡锦涛代表第十七届中央委员会作题为《坚定不移沿着中国特色社会主义道路前进，为全面建成小康社会而奋斗》的报告。大会确立了科学发展观的历史地位。

大会贯穿始终的一条主线，是坚持和发展中国特色社会主义。大会阐明中国特色社会主义道路、理论体系、制度的科学内涵及其相互关系；指出建设中国特色社会主义的总依据是社会主义初级阶段，总布局是经济、政治、文化、社会、生态文明建设"五位一体"，总任务是实现社会主义现代化和中华民族伟大复兴；提出夺取中国特色社会主义新胜利必须牢牢把握的八项基本要求，要求全党坚定道路自信、理论自信、制度自信。

大会在党的十六大、十七大确立的全面建设小康社会目标基础上，提出了全面建成小康社会要努力实现的新要求，即经济持续健康发展；人民民主不断扩大，依法治国基本方略全面落实；文化软实力显著增强；人民生活水平全面提高；资源节约型、环境友好型社会建设取得重大进展。这些新要求极大激励了全党全国各族人民为实现全面建成小康社会目标而努力奋斗。

大会明确了全面深化改革开放的目标，强调全面建成小康社会，必须不失时机深化重要领域改革，构建系统完备、科学规范、运行有效的制度体系，使各方面制度更加成熟更加定型。

大会根据中国特色社会主义事业"五位一体"总体布局和全面建成小康社会目标要求，对我国经济建设、政治建设、文化建设、社会建设、生态文明建设作出全面部署，强调要加快完善社会主义市场经济体制和加快转变经济发展方式，坚持走中国特色社会主义政治发展道路和推进政治体制改革，扎实推进社会主义文化强国建设，在改善民生和创新管理中加强社会建设，大力推进生态文明建设。大会还对加快推进国防和军队现代化，丰富"一国两制"实践和推进祖国统一，继续促进人类和平与发展的崇高事业作出重要部署。

大会对全面提高党的建设科学化水平提出明确要求，要求全党牢牢把握加强党的执政能力建设、先进性和纯洁性建设这条主线，全面加强党的思想建设、组织建设、作风建设、反腐倡廉建设、制度建设，增强自我净化、自我完善、自我革新、自我提高能力，建设学习型、服务型、创新型的马克思主义执政党。

选举产生新的中央领导集体 党的十八大选举产生了第十八届中央委员会和中央纪律检查委员会。11月15日，党的十八届一中全会选举产生了中央政治局，选举习近平为中央委员会总书记，决定习近平为中央军事委员会主席，批准王岐山为中央纪律检查委员会书记。一批经验丰富、年富力强、德才兼备、奋发有为的同志进入中央领导机构，实现了党的中央领导集体的新老交替。

2013年3月，十二届全国人大一次会议选举习近平为国家主席、国家中央军事委员会主席，选举张德江为全国人大常委会委员长，决定李克强为国务院总理；全国政协十二届一次会议选举俞正声为政协第十二届全国委员会主席。

中国特色社会主义新时代 党的十八大以来，新的中央领导集体以巨大的政治勇气和一往无前的进取精神，带领全党全国各族人民进行具有许多新的历史特点的伟大斗争，开创了中国特色社会主义新时代。党的十八大作为这一伟大进程的历史起点而载入光辉史册。

中国特色社会主义新时代是我国发展新的历史方位。以习近平同志为核心的党中央统筹把握中华民族伟大复兴战略全局和世界百年未有之大变局，强调中国特色社会主义新时代是承前启后、继往开来、在新的历史条件下继续夺取中国特色社会主义伟大胜利的时代，是决胜全面建成小康社会、进而全面建设社会主义现代化强国的时代，是全国各族人民团结奋斗、不断创造美好生活、逐步实现全体人民共同富裕的时代，是全体中华儿女勠力同心、奋力实现中华民族伟大复兴中国梦的时代，是我国不断为人类作出更大贡献的时代。

从党的十八大开始，围绕实现社会主义现代化和中华民族伟大复兴这个总任务，一系列理论和实践创新相继展开，中国特色社会主义新时代的大幕徐徐拉开。

中国特色社会主义进入新时代，是对党和人民事业具有重大现实意义和深远历史意义的大事，意味着近代以来久经磨难的中华民族迎来了从站起来、富起来到强起来的伟大飞跃，迎来了实现中华民族伟大复兴的光明前景；意味着科学社会主义在21世纪的中国焕发出强大生机活力，在世界上高高举起了中国特色社会主义伟大旗帜；意味着中国特色社会主义道路、理论、制度、文化不断发展，拓展了发展中国家走向现代化的途径，为解决人类问题贡献了中国智慧和中国方案。

二、习近平同志党中央的核心、全党的核心地位的确立

在新的历史条件下，习近平带领新的中央领导集体，迎难而上，开拓进取，推动党和国家事业取得历史性成就、发生历史性变革，赢得了全党全军全国各族人民的衷心拥护。

提出实现中华民族伟大复兴的中国梦　2012年11月29日，习近平在参观《复兴之路》展览时首次提出并阐释实现中华民族伟大复兴的中国梦，指出："现在，大家都在讨论中国梦，我以为，实现中华民族伟大复兴，就是中华民族近代以来最伟大的梦想。这个梦想，凝聚了几代中国人的夙愿，体现了中华民族和中国人民的整体利益，是每一个中华儿女的共同期盼。"[①] 中国梦视野宽广、意蕴深远，贯通了中华民族的历史、现实与未来，同时生动形象、简明凝练，一经提出立即引起全社会广泛热议和认同，也在港澳台同胞和海外侨胞中引起强烈反响。

中国梦提出以后，习近平持续地、多方面多角度地作了大量论述，

---

① 《习近平谈治国理政》第一卷，外文出版社2018年版，第36页。

使得中国梦的内涵不断丰富。

在十二届全国人大一次会议上，习近平阐明了实现中国梦的基本内涵、实践途径和依靠力量。习近平指出，实现中华民族伟大复兴的中国梦，就是要实现国家富强、民族振兴、人民幸福。习近平强调，实现中国梦必须走中国道路，这就是中国特色社会主义道路；必须弘扬中国精神，这就是以爱国主义为核心的民族精神和以改革创新为核心的时代精神；必须凝聚中国力量，这就是中国各族人民大团结的力量。习近平指出，中国梦归根到底是人民的梦，必须紧紧依靠人民来实现，必须不断为人民造福。

在当选国家主席后的首次出访中，习近平指出，中国梦不仅造福中国人民，而且造福各国人民；强调在努力实现各自梦想的同时，推动实现持久和平、共同繁荣的世界梦。此后，习近平反复强调，中国梦是和平、发展、合作、共赢的梦，实现中国梦将为世界带来极大的机遇。中国梦开始成为融通中外的新概念新范畴新表述，成为讲好中国故事、传播中国声音的重要话语体系，成为国际社会读懂中国的一把新钥匙。

坚持和发展中国特色社会主义的战略部署　2012 年 11 月 15 日，刚刚当选中共中央总书记的习近平在同中外记者见面时，强调"人民对美好生活的向往，就是我们的奋斗目标"。2013 年 1 月 5 日，习近平在新进中央委员会的委员、候补委员学习贯彻党的十八大精神研讨班开班式上强调，坚持和发展中国特色社会主义是一篇大文章，我们这一代共产党人的任务，就是继续把这篇大文章写下去。

党的十八大后的短短一个多月，新的中央领导集体肩负起对民族、对人民、对党的责任，以实现中华民族伟大复兴的中国梦为总目标引领新时代新征程，以作风建设为切入口推进党的建设新的伟大工程，以全面深化改革开放为根本动力推进中国特色社会主义伟大事业，党和国家事业很快打开新局面，展现新气象。

中国特色社会主义是全面发展的社会主义。党的十八大明确了中国特色社会主义经济建设、政治建设、文化建设、社会建设、生态文明建设

"五位一体"的总体布局。2012 年 11 月，习近平在十八届中央政治局第一次集体学习时强调，要按照这个总布局，促进现代化建设各方面相协调。

统筹推进"五位一体"总体布局，要求抓住战略重点，实现关键突破。从党的十八大到十九大，党中央召开七次全会，分别就政府机构改革和职能转变、全面深化改革、全面推进依法治国、全面建成小康社会、全面从严治党等重大问题作出决定和部署。在此过程中，逐步形成"四个全面"战略布局。

"五位一体"总体布局和"四个全面"战略布局统筹联动、相互促进，有力推动了理论创新和实践创新的步伐，引领推动中国特色社会主义各项事业不断取得新进展，开辟了中国特色社会主义新境界。

确立习近平同志党中央的核心、全党的核心地位　党的十八大以来，在治国理政新实践中，习近平作为党、国家和军队的最高领导人，展现出坚定信仰信念、鲜明人民立场、非凡政治智慧、顽强意志品质、强烈历史担当、高超政治艺术，赢得了全党全军全国各族人民衷心拥护，受到了国际社会高度赞誉。习近平把握时代大趋势，回答实践新要求，顺应人民新期待，提出一系列原创性的治国理政新理念新思想新战略，进一步丰富和发展了党的科学理论，为在新的历史起点上实现新的奋斗目标提供了根本遵循。在新的伟大斗争实践中，习近平事实上已经成为党中央的核心、全党的核心。

党的十八届六中全会召开之前，党内外已形成一种普遍共识和强烈呼声，这就是：党的十八大以来，党和国家事业之所以取得全方位、开创性历史成就，根本就在于有习近平领航掌舵，有党中央坚强领导，有一系列新理念新思想新战略科学指引。面对国际国内深刻变化的形势，面对改革发展稳定的繁重任务，必须维护党中央权威和集中统一领导，必须明确和维护习近平在党中央、全党的核心地位。这是全党全国各族人民的共同愿望，是推进全面从严治党、提高党的创造力凝聚力战斗力的迫切要求，是保持党和国家事业发展正确方向的根本保证。

经过充分酝酿，2016 年 10 月，党的十八届六中全会正式提出"以习近平同志为核心的党中央"并郑重写入全会文件，正式明确了习近平同志党中央的核心、全党的核心地位。2017 年 10 月，党的十九大把"坚定维护以习近平同志为核心的党中央权威和集中统一领导"写入党章。确立习近平的核心地位，是实践的选择、历史的选择，是全党的选择、人民的选择。习近平成为党中央的核心、全党的核心，是众望所归、名副其实。坚决维护习近平党中央的核心、全党的核心地位，坚决维护党中央权威和集中统一领导，是党的十八大后的重大政治成果和宝贵经验，是全党在革命性锻造中形成的共同意志，符合党、国家、军队、人民的根本利益，对于更好地凝聚党和人民的力量，推进中国特色社会主义伟大事业和民族复兴大业，具有决定性意义。

三、统筹推进"五位一体"总体布局

进入新时代，以习近平同志为核心的党中央深刻把握社会主义建设规律，统筹推进"五位一体"总体布局，推动中国特色社会主义事业全面发展、全面进步。党的十八大以后的五年，我国取得了改革开放和社会主义现代化建设的历史性成就。

经济建设取得重大成就 统筹推进"五位一体"总体布局，经济建设是根本。党的十八大以来，面对错综复杂的国内外经济形势，党中央审时度势，提出一系列关系我国经济发展全局的重大判断和论断，成功驾驭我国经济发展大局，经济建设取得重大成就。

能不能保持经济社会持续健康发展，根本上取决于党的领导核心作用发挥得好不好。2012 年 12 月，中央经济工作会议明确提出，必须切实加强党对经济工作的领导。此后，党中央不断加强对经济工作的统一领导和战略谋划，完善党领导经济工作的体制机制，确保党对经济工作的领导落到实处，为推动各方面共同做好经济工作提供了重要保证。

中国经济发展的一个重大变化是进入新常态。2013 年 12 月，习近平在中央经济工作会议上提出"新常态"。2014 年 12 月，中央经济工作会议总结出新常态下我国经济发展的四个主要特点：增长速度从高速转向中高速，发展方式从规模速度型粗放增长转向质量效率型集约增长，经济结构从增量扩能为主转向调整存量、做优增量并举的深度调整，发展动力从传统增长点转向新的增长点。这些变化，是我国经济向形态更高级、分工更优化、结构更合理的阶段演进的必经过程。认识新常态，适应新常态，引领新常态，是这一时期我国经济发展的大逻辑。

适应、把握、引领经济发展新常态，需要进一步明确主攻方向、总体思路和工作重点。2015 年 10 月，党的十八届五中全会审议通过《中共中央关于制定国民经济和社会发展第十三个五年规划的建议》，明确提出了以人民为中心的发展思想，提出了创新、协调、绿色、开放、共享的新发展理念。新发展理念集中体现了新时代我国的发展思路、发展方向、发展着力点，是管全局、管根本、管长远的导向，集中反映了党对经济社会发展规律认识的深化。

推进供给侧结构性改革，是适应和引领经济发展新常态的重大创新。2015 年 11 月，习近平在中央财经领导小组第十一次会议上首次提出推进"供给侧结构性改革"。12 月，中央经济工作会议对供给侧结构性改革从理论到实践作了全面阐述，从顶层设计、政策措施到重点任务作出全链条部署，强调要抓好去产能、去库存、去杠杆、降成本、补短板五大任务。此后，供给侧结构性改革全面深入展开，推动我国社会生产力水平整体改善。

党的十八大后，针对关系全局、事关长远的问题，党中央提出、实施了一系列重大发展战略，主要包括：创新驱动发展战略、京津冀协同发展战略、长江经济带建设、"一带一路"建设、新型城镇化战略、国家粮食安全战略、粤港澳大湾区建设、能源安全新战略等。

在新发展理念正确指引下，经济发展取得巨大成就。2013 年至 2017

年，GDP 年均增长超过 7%；2017 年，GDP 总量超过 83 万亿元，稳居世界第二，占世界经济比重达到 15% 左右，成为世界经济增长的主要动力源和稳定器。我国经济实力、经济结构、经济活力和韧性、对全球经济发展的影响力都迈上了一个新台阶。

民主政治建设迈出重大步伐　中国是一个发展中大国，坚持正确的政治发展道路是关系根本、关系全局的重大问题。2012 年 12 月 4 日，在首都各界纪念现行宪法公布施行 30 周年大会上，习近平概括了中国特色社会主义政治发展道路的核心内涵，强调坚持中国特色社会主义政治发展道路，关键是要坚持党的领导、人民当家作主、依法治国有机统一，以保证人民当家作主为根本，以增强党和国家活力、调动人民积极性为目标，扩大社会主义民主，发展社会主义政治文明。

党的十八大以来，党中央以增加和扩大我国社会主义民主政治的优势和特点为关键，坚持发挥中国共产党总揽全局、协调各方的领导核心作用；坚持国家一切权力属于人民；坚持和完善中国共产党领导的多党合作和政治协商制度；坚持和完善基层群众自治制度；坚持和完善民族区域自治制度；坚持和完善民主集中制的制度和原则，着力推进社会主义民主政治制度化、规范化、程序化，更好发挥中国特色社会主义政治制度的优越性，不断为党和国家长治久安提供更加完善的制度保障。

人民代表大会制度不断完善。紧扣全面依法治国，抓住提高立法质量这个关键，科学立法、民主立法、依法立法水平不断提高。2015 年 3 月，十二届全国人大三次会议对有"管法的法"之称的立法法作出重要修改，赋予设区的市地方立法权，立法体制进一步完善。全国各级人大坚持正确监督、有效监督，切实依法履行人大监督职责。认真做好人大讨论决定重大事项工作，更好发挥国家权力机关职能作用。代表工作不断深化和拓展，代表法和有关制度得到更加全面的贯彻落实，社情民意表达和反映渠道更加畅通。

社会主义协商民主广泛多层制度化发展。协商民主是中国社会主义民主政治的特有形式和独特优势，是切实保障人民当家作主的制度安排。2015 年 1 月，中共中央印发《关于加强社会主义协商民主建设的意见》，从顶层设计的高度系统谋划了协商民主的发展路径，对新形势下开展政党协商、人大协商、政府协商、政协协商、人民团体协商、基层协商、社会组织协商等作出全面部署，形成了中国特色协商民主体系，极大地丰富了民主形式，拓宽了民主渠道，加深了民主内涵。从党的十八大到十九大的五年间，党中央召开或委托有关部门召开的协商会、座谈会、情况通报会共计 113 次，其中习近平主持召开或出席的就有 21 次。在党中央的大力支持和推动下，社会主义协商民主呈现更加生动活泼的局面。

中国共产党领导的多党合作和政治协商制度实现新发展。2015 年 5 月，中共中央颁布《中国共产党统一战线工作条例（试行）》，首次将"参加中国共产党领导的政治协商"作为民主党派基本职能之一，将民主党派基本职能拓展为"参政议政、民主监督，参加中国共产党领导的政治协商"。人民政协坚持把协商民主贯穿履行职能全过程，坚持发扬民主和增进团结相互贯通、建言资政和凝聚共识双向发力，不断完善专门协商机构制度。

基层群众自治制度充满活力。通过村民委员会、居民委员会、职工代表大会等，人民群众广泛、直接参与社会事务管理。以城乡村（居）民自治为核心，民主选举、民主协商、民主决策、民主管理、民主监督为主要内容的基层群众自治制度基本建立并不断完善，人民群众从各层次各领域有序参与政治生活，我国基层民主日益发挥巨大作用。

民族区域自治制度得到切实贯彻落实。党中央高度重视民族地区经济社会发展，确保少数民族和民族地区同全国一道实现全面小康和现代化。高举民族团结旗帜，加强各民族交往交流交融，进一步铸牢中华民族共同体意识。民族区域自治法配套法规建设不断加强，民族工作法律法规体系不断健全，有力推进民族事务治理体系和治理能力现代化。

爱国统一战线不断巩固发展。党中央召开了中央统战工作会议、中央民族工作会议、全国宗教工作会议、第二次中央新疆工作座谈会、中央第六次西藏工作座谈会和全国新的社会阶层人士统战工作会议，颁布了党关于统一战线的第一部党内法规《中国共产党统一战线工作条例（试行）》，全面规范各领域各方面统战工作，统一战线不断创新发展、巩固壮大，在中国特色社会主义事业中发挥了重要的法宝作用。

思想文化建设取得重大进展　文化是一个国家、一个民族的灵魂。2016 年 6 月 28 日，习近平在十八届中央政治局第三十三次集体学习时提出坚定"四个自信"，即中国特色社会主义道路自信、理论自信、制度自信、文化自信，明确把文化自信纳入"四个自信"之中。党中央强调坚定文化自信，就是坚持中国特色社会主义文化发展道路，激发全民族文化创新创造活力。

党对意识形态工作的领导发生深刻变革。随着人们思想活动的独立性、选择性、多变性、差异性明显增强，舆论生态、媒体格局、传播方式发生深刻变化，意识形态工作面临的国内外环境更趋复杂。为加强和改进宣传思想工作，从 2013 年至 2016 年，党中央先后召开了全国宣传思想工作会议、文艺工作座谈会、党的新闻舆论工作座谈会、网络安全和信息化工作座谈会、哲学社会科学工作座谈会、全国党校工作会议和全国高校思想政治工作会议，习近平发表了一系列重要讲

全国高校思想政治工作会议、学校思想政治理论课教师座谈会

话，深刻回答了新的历史条件下宣传思想文化工作的重大理论和现实问题。党中央还作出了一系列重大工作部署，坚持和加强党对意识形态工作的全面领导，推动媒体融合发展，加强网络空间治理，建设具有强大凝聚力和引领力的社会主义意识形态。经过不懈努力，意识形态领域敢抓敢管、敢于亮剑，党牢牢掌握意识形态工作领导权、管理权、话语权，人心凝聚、团结向上的良好局面日益形成，我国意识形态领域形势发生了全局性、根本性转变。

培育和践行社会主义核心价值观。文化的影响力首先是价值观念的

影响力。党的十八大提出积极培育和践行社会主义核心价值观。2013 年 12 月，中共中央办公厅印发《关于培育和践行社会主义核心价值观的意见》，要求把培育和践行社会主义核心价值观融入国民教育全过程、落实到经济发展实践和社会治理中。各级党组织和政府部门积极加强社会主义核心价值观的教育引导、实践养成、制度保障，开展了一系列涵养社会主义核心价值观的活动，社会主义核心价值观逐渐成为凝心聚力的社会新风尚，日益成为全民族奋发向上、团结和睦的精神纽带。

推动中华优秀传统文化创造性转化、创新性发展。中华优秀传统文化是中国特色社会主义植根的文化沃土。2017 年 1 月，《关于实施中华优秀传统文化传承发展工程的意见》印发实施，这是党的历史上第一次以中央文件的形式专题阐述中华优秀传统文化的传承发展工作。在一系列方针政策的支持和引导下，各地采取多种方式传承发展中华优秀传统文化，并取得积极成效。

文化事业和文化产业蓬勃发展。坚持把社会效益放在首位、社会效益和经济效益相统一，文化体制改革取得一批开拓性、引领性、标志性的成果，激发了文化创新创造活力。2017 年 3 月，《中华人民共和国公共文化服务保障法》施行，实现了人民群众基本文化权益的法律保障。健全现代文化产业体系和市场体系，在经济下行压力较大的背景下，文化产业保持了较快增长速度。统筹对外文化交流、文化传播和文化贸易，加快推动中华文化走出去，中华文化国际影响力竞争力进一步提高。

人民生活不断改善　进入新时代，人民对美好生活的向往更加强烈。党中央坚持以人民为中心，以保障和改善民生、加强和创新社会治理为重点，大力推进社会建设。

提高保障和改善民生水平。党的十八大以来，党和政府在收入分配、就业、教育、社会保障、医疗卫生、住房保障等方面推出一系列重大举措，让改革发展成果更多更公平惠及全体人民。

收入是民生之源。党和政府坚持按劳分配原则，拓宽居民劳动收入和财产性收入渠道，完善按要素分配的体制机制，调节过高收入，取缔非法收入，增加低收入者收入，努力扩大中等收入群体，促进收入分配更合理、更有序。

就业是最基本的民生。党和政府深入实施就业优先战略和更加积极的就业政策，出台完善各项创业优惠政策，大力发展职业教育和职业培训，加大援企稳岗力度。2013年到2017年，每年城镇新增就业人数1 300万人以上，城镇登记失业率保持在较低水平。

百年大计，教育为本。紧扣立德树人的根本任务深化教育改革，构建德智体美劳全面培养的教育体系，中国特色社会主义教育制度体系的主体框架基本确立。深化考试招生制度改革，从2014年开始启动高考综合改革试点。完善全学段的学生资助政策体系，教育公平状况不断改善。空前规模的财政投入，为教育事业全面发展奠定了坚实基础。统筹推进世界一流大学和一流学科建设，我国高等教育的综合实力和国际竞争力不断提升。

社会保障是"安全网"和"稳定器"。坚持全覆盖、保基本、多层次、可持续的方针，不断深化社会保障制度改革，建成世界上规模最大的社会保障体系。全面建立统一的城乡居民基本养老、医疗保险制度，普遍实施机关事业单位养老保险制度改革，启动养老保险基金投资运营和基金中央调剂，全面实施大病保险制度，制度的公平性和可持续性显著增强。

健康中国战略全面深入实施。2016年8月，全国卫生与健康大会召开。习近平强调，要把人民健康放在优先发展的战略地位，加快推进健康中国建设，努力全方位、全周期保障人民健康。10月，中共中央、国务院印发的《"健康中国2030"规划纲要》，对健康中国建设作出全面部署。根据中国人口结构变化趋势，2016年起全面实施一对夫妇可生育两个孩子的政策。

发挥住房保障"补位"作用。党和政府坚持房子是用来住的、不是用来炒的定位，加快建立多主体供应、多渠道保障、租购并举的住房制度，加大保障房建设投入力度，显著改善了新市民群体、城镇中低收入家庭等困难群体的住房条件。

加强和创新社会治理。2013 年 11 月，党的十八届三中全会提出创新社会治理体制的要求，并从改进社会治理方式、激发社会组织活力、创新有效预防和化解社会矛盾体制、健全公共安全体系等四个方面进行了部署。

创新有效预防和化解社会矛盾体制。通过逐步健全重大决策社会稳定风险评估机制、建立调处化解矛盾纠纷综合机制、建立健全涉法涉诉信访依法终结制度等一系列政策部署和机制创新，及时化解社会矛盾。

激发社会组织活力。党中央积极部署，持续推进社会组织管理制度改革。2013 年起，逐步推进行业协会商会与行政机关脱钩。同时，强化监管要求，特别是加强党对社会组织的领导，要求在社会组织中设立党的组织、开展党的活动。

加快构建全方位、立体化的公共安全网。党中央要求强化和明确各级领导在社会治安综合治理方面的责任，全面推进平安中国建设。随着社会治安防控、安全生产、食品药品安全等方面的体制机制进一步健全，工作部署进一步落实，人民群众的安全感切实增强。

完善城乡社区治理。在党中央统一部署下，各地积极创新社区治理体制机制，推动形成基层党组织领导、基层政府主导的多方参与、共同治理的城乡社区治理体系。社会治理的重心整体向基层下移，城乡社区协商的新局面逐步形成，社会治理水平不断提高。

生态文明建设成效显著　党的十八大后，以习近平同志为核心的党中央高度重视生态文明建设，推动我国生态环境保护发生历史性、转折性、全局性变化。

坚持绿水青山就是金山银山理念，加强生态文明建设顶层设计。党的十八大以来，习近平反复强调，绿水青山就是金山银山。这一理念阐述了经济发展和生态环境保护的关系，指明了实现发展和保护协同共生的新路径。2015 年 4 月，中共中央、国务院印发《关于加快推进生态文明建设的意见》，明确了生态文明建设的总体要求、目标愿景、重点任务、制度体系，是推动我国生态文明建设的纲领性文件。9 月，中共中央、国务院印发《生态文明体制改革总体方案》，明确了生态文明体制改革的基础性框架。

推动形成绿色发展方式和生活方式。2017 年 5 月，习近平在十八届中央政治局第四十一次集体学习时强调，推动形成绿色发展方式和生活方式是发展观的一场深刻革命。党中央把推动形成绿色发展方式和生活方式摆在更加突出的位置，在优化国土空间开发布局、推进产业结构调整、推进能源资源全面节约、倡导绿色低碳生活方式等方面采取了一系列有力的政策行动。

全方位、全地域、全过程加强生态环境保护。以解决损害群众健康突出环境问题为重点，先后实施大气、水、土壤等污染防治行动计划，坚决向污染宣战。以生命共同体理念为统领，推进山水林田湖草沙一体化保护和修复，建立以国家公园为主体的自然保护地体系，构建生物多

塞罕坝林场百万亩森林似海

样性保护网络。党中央明确生态环境保护实行党政同责、一岗双责，严格落实领导干部生态文明建设责任制，一些严重破坏生态环境事件受到严肃查处。从 2015 年开始建立环境保护督察工作机制，对压实生态文明建设和生态环境保护责任发挥了关键作用。

积极参与全球环境与气候治理。2015 年底，在联合国气候变化巴黎大会上，我国积极推动达成《巴黎协定》这一历史性文件。2016 年 9 月，我国率先发布《中国落实 2030 年可持续发展议程国别方案》。中国关于生态文明建设的理念和战略，得到国际社会的广泛认可，成为全球生态文明建设的重要参与者、贡献者、引领者。

四、协调推进"四个全面"战略布局

党的十八大以来，针对实践中面临的突出矛盾和问题，以习近平同志为核心的党中央逐步形成并协调推进全面建成小康社会、全面深化改革、全面依法治国、全面从严治党的战略布局，确立了新的历史条件下党和国家各项工作的战略目标和战略举措，推动党和国家各项事业不断开创新的发展局面。

"四个全面"战略布局的提出　党的十八大提出全面建成小康社会的目标。2013 年 11 月，十八届三中全会对全面深化改革进行了战略部署。2014 年 10 月，十八届四中全会对全面依法治国进行了战略部署。2014 年 12 月，习近平在江苏调研时首次公开把全面从严治党同全面建成小康社会、全面深化改革、全面依法治国并列，完整提出了"四个全面"。

2015 年 2 月，习近平在省部级主要领导干部学习贯彻党的十八届四中全会精神全面推进依法治国专题研讨班开班式上的讲话，明确将"四个全面"定位为"战略布局"。随后，党的十八届五中、六中全会，就全面建成小康社会、全面从严治党进行专题研究，作出重要部署。

"四个全面"战略布局，每一个"全面"都具有重大战略意义，都是事关全局的战略重点。"四个全面"相辅相成、相互促进、相得益彰，具有紧密逻辑和内在联系，是战略目标与战略举措相统一的有机整体。"四个全面"战略布局抓住了党和国家事业发展中根本性、全局性、紧迫性的重大问题，擘画了推进改革开放和现代化建设的顶层设计，集中体现了党和国家事业长远发展的战略目标和举措，是党在新时代把握我国发展新特征确定的治国理政新方略。

　　全力推进全面建成小康社会进程　全面建成小康社会，在"四个全面"战略布局中居于引领地位。全面建成小康社会，强调的不仅是"小康"，更重要、更难做到的是"全面"。经济社会发展中的短板特别是主要短板，是影响这一目标实现的主要因素。这其中，农村特别是贫困地区，是全面小康最大的短板。改革开放以来，我国扶贫开发工作取得举世瞩目的成就，为全面建成小康社会打下了坚实基础。但是，贫困地区发展滞后问题没有根本改变，贫困人口生产生活仍然十分困难。到2012年底，全国仍有近一亿贫困人口，主要集中在民族地区、边疆地区、革命老区、集中连片特困地区，脱贫形势依然严峻。

　　小康不小康，关键看老乡。2012年12月，习近平来到位于太行山深处的河北省阜平县，深入考察扶贫开发工作。考察中，习近平指出，全面建成小康社会，最艰巨最繁重的任务在农村，特别是在贫困地区。扶贫开发要坚持因地制宜、科学规划、分类指导、因势利导，从实际出发，真正使老百姓得到实惠。此后，扶贫开发工作呈现新局面。2013年11月，习近平在湖南湘西州十八洞村考察时，创造性地提出"精准扶贫"的重要理念，强调要实事求是、因地制宜、分类指导、精准扶贫，标志着我国扶贫方式的重大转变。2015年6月，习近平在部分省区市扶贫攻坚与"十三五"时期经济社会发展座谈会上强调，扶贫开发要做到"六个精准"，即扶持对象精准、项目安排精准、资金使用精准、措施到户精准、因村派人（第一书记）精准、脱贫成效精准。

　　2015年10月，党的十八届五中全会审议通过"十三五"规划建议，把扶贫攻坚改成脱贫攻坚，并把农村贫困人口脱贫作为全面建成小康社会的基本标志。11 月，习近平在中央扶贫开发工作会议上对实施精准脱贫过程中"扶持谁""谁来扶""怎么扶""如何退"等关键性问题作了深入部署。会后，中共中央、国务院发布《关于打赢脱贫攻坚战的决定》，吹响了脱贫攻坚啃硬骨头、攻坚拔寨的冲锋号。

扩大中等收入群体，关系全面建成小康社会目标的实现。党的十六大首次明确了"扩大中等收入者比重"的目标，十七大强调"中等收入者占多数"，十八大提出"中等收入群体持续扩大"的任务。新时代，党和政府对收入分配问题作出专门部署，先后出台一系列重要举措，有力推动了中等收入群体的扩大。

党的十八届三中全会的召开与全面深化改革取得重大突破　全面深化改革是"四个全面"战略布局中具有突破性和先导性的关键环节。进入新时代，党中央推进全面深化改革，改革呈现全面发力、多点突破、蹄疾步稳、纵深推进的态势。

2013 年 11 月 9 日至 12 日，党的十八届三中全会在北京召开。全会审议通过《中共中央关于全面深化改革若干重大问题的决定》，对全面深化改革作出顶层设计和总体规划。全会明确全面深化改革的总目标是"完善和发展中国特色社会主义制度，推进国家治理体系和治理能力现代化"，适应了改革进程本身向前拓展提出的客观要求，体现了我们党对改革认识的深化和系统化。在总目标统领下，全会对经济体制、政治体制、文化体制、社会体制、生态文明体制、国防和军队改革和党的建设制度改革作出部署，确定了全面深化改革的路线图和时间表。

全会在重大理论和政策问题上取得一系列新突破，提出"使市场在资源配置中起决定性作用和更好发挥政府作用"等新观点新论断，出台包括经济、政治、文化、社会、生态文明和党的建设等领域 336 项改革举措。全面深化改革是一项复杂的系统工程，必须加强和改善党的领导。全会提出中央成立全面深化改革领导小组。2013 年 12 月，中央政治局会议决定成立中央全面深化改革领导小组，负责改革总体设计、统筹协调、整体推进、督促落实，习近平任组长。

党的十八届三中全会是继党的十一届三中全会之后，又一次具有划时代意义的重要会议，实现了改革由局部探索、破冰突围到系统集成、全面深化的转变，开创了我国改革开放新局面。

会后，以落实全会提出的各项改革举措为重点，全面深化改革迅速展开。党的十八大以后的五年，党中央先后召开38次中央全面深化改革领导小组会议，审议通过365个重要改革文件，确定357个重点改革任务，出台1 500多项改革举措，改革涉及范围之广、出台方案之多、触及利益之深、推进力度之大前所未有。

在改革实践中，党中央着力抓好基础性、长远性、系统性的制度设计，特别是抓住国有企业、财税金融、科技创新、土地制度、对外开放、文化教育、司法公正、环境保护、养老就业、医药卫生、党建纪检等领域具有牵引作用的改革，坚持抓重点和带整体相结合、治标和治本相促进、重点突破和渐进推动相衔接，精准发力、持续用力，推动重要领域和关键环节改革取得突破性进展。

全面推进依法治国迈出坚实步伐　全面依法治国在"四个全面"战略布局中具有基础性、保障性作用。2014年10月，党的十八届四中全会通过《中共中央关于全面推进依法治国若干重大问题的决定》，明确全面推进依法治国的总目标是建设中国特色社会主义法治体系，建设社会主义法治国家。围绕这一总目标，全会提出了180多项重要改革举措，涵盖了依法治国各个方面。2015年4月，中央全面深化改革领导小组第十一次会议审议通过《党的十八届四中全会重要举措实施规划（2015—2020年）》，为此后一个时期推进全面依法治国提供了总施工图和总台账。

党中央高度重视宪法在治国理政中的重要地位和作用，明确坚持依法治国首先要坚持依宪治国。2014年11月，十二届全国人大常委会以立法形式将12月4日设立为国家宪法日。2015年7月，又明确规定国家工作人员就职时应当公开进行宪法宣誓。

建立健全完备的法律规范体系，以良法保障善治，是全面依法治国的前提和基础。立法机关坚持从国情出发，出台一系列涉及国家安全的法律。同时，经济、社会、民生、文化、生态环境等重点领域立法工作不断推进。党的十八大后的五年，共制定或修改法律 48 部、行政法规 42 部、地方性法规 2 926 部、规章 3 162 部。以宪法为核心的中国特色社会主义法律体系不断完善。

推进全面依法治国，法治政府建设是重点任务和主体工程，对法治国家、法治社会建设具有示范带动作用。2015 年 12 月，中共中央、国务院印发《法治政府建设实施纲要（2015—2020 年）》。从依法全面履行职能的基本要求出发，12 月印发的《国务院部门权力和责任清单编制试点方案》，确定在国家发改委等七部门开展试点。至 2017 年，31 个省级政府公布了省市县三级政府部门权力清单和责任清单，为各级行政机关依法履行职责，做到法定职责必须为、法无授权不可为提供了重要基础。

公正司法是全面依法治国的重要保障，是维护社会公平正义的最后一道防线。全面落实司法责任制改革，实行法官、检察官员额制，让审理者裁判、由裁判者负责，落实"谁办案谁负责"机制，法官检察官依法对案件质量终身负责，不断健全权责清晰、权责统一司法权力运行机制。着眼提升司法公信力，推进以审判为中心的诉讼制度改革。为了逐步解决人民群众反映的打官司难问题，全面实施立案登记制改革。深化司法责任制综合配套改革，进一步健全侦查权、检察权、审判权、执行权相互配合、相互制约的体制机制，加快构建系统完备、规范高效的执法司法制约监督体系。

作为全面依法治国的固本之举，法治社会建设不断强化。2016 年 4 月，"七五"普法工作正式启动。2017 年 5 月印发的《关于实行国家机关"谁执法谁普法"普法责任制的意见》，首次将国家机关明确为法治宣传教育的责任主体。在此基础上，党委统一领导、部门分工负责、各司其职、齐抓共管的"大普法"格局逐步形成。

　　全面从严治党成效卓著　全面从严治党是"四个全面"战略布局的根本保证，是党的十八大以来党中央抓党的建设的鲜明主题。

　　全面从严治党，核心是加强党的领导。2016 年 7 月，习近平在庆祝中国共产党成立 95 周年大会上强调，中国特色社会主义最本质的特征是中国共产党领导，中国特色社会主义制度的最大优势是中国共产党领导。

　　坚持党的领导，首先是坚持党中央权威和集中统一领导。2014 年 1 月，习近平在十八届中央纪委第三次全会上指出：中央委员会，中央政治局，中央政治局常委会，这是党的领导决策核心。为体现这一要求，党中央将听取全国人大常委会、国务院、全国政协、最高人民法院、最高人民检察院党组工作汇报作为制度性安排加以确定。2016 年 10 月，党的十八届六中全会明确习近平同志为党中央的核心、全党的核心，号召全党同志紧密团结在以习近平同志为核心的党中央周围，牢固树立政治意识、大局意识、核心意识、看齐意识。

　　为加强党的全面领导，中央进一步健全完善相关制度机制。2015 年 1 月，中共中央印发《关于加强和改进党的群团工作的意见》，强调党的领导是做好群团工作的根本保证。6 月，中共中央印发《中国共产党党组工作条例（试行）》。这是中国共产党在党组工作方面第一部专门党内法规。12 月，中共中央印发《中国共产党地方委员会工作条例》，进一步健全了地方党委发挥领导作用的制度基础，完善了地方党委运行机制。2016 年 10 月，中央召开全国国有企业党的建设工作会议，强调要坚持党对国有企业的领导不动摇，开创国有企业党的建设新局面。12 月，中共中央、国务院印发《关于加强和改进新形势下高校思想政治工作的意见》，要求把党的建设贯穿始终，牢牢掌握党对高校的领导权。

　　坚持把纪律挺在前面，严明政治纪律和政治规矩。2012 年 11 月，习近平在十八届中央政治局第一次会议上强调：大家要带头遵守党的组织原则和党内政治生活准则，懂规矩，守纪律。2013 年 1 月，习近平在十八届中央纪委第二次全会上进一步指出，严明党的纪律，首要的就是严明政治纪律，政治纪律是最重要、最根本、最关键的纪律。党的十八大以后的五年，共立案审查违反政治纪律案件 1.5 万件，处分 1.5 万人，其中中管干部 112 人，有力维护了党的集中统一。针对一段时期纪法不分、错把法律当底线等突出问题，党中央坚持纪在法前、纪严于法，创造性提出并运用监督执纪"四种形态"，实现从"惩治极少数"向"管住大多数"拓展。

全面从严治党必须从人民群众反映强烈的作风问题抓起。党中央从制定和落实中央八项规定破题，坚持从中央政治局做起、从领导干部抓起，以上率下改进工作作风。习近平在十八届中央纪委第二次全会上指出，发布八项规定只是开端、只是破题，还需要下很大功夫，要以踏石留印、抓铁有痕的劲头抓下去。习近平以身作则、率先垂范，党中央发扬钉钉子精神，持之以恒纠治形式主义、官僚主义、享乐主义和奢靡之风，反对特权思想和特权现象，狠刹公款送礼、公款吃喝、公款旅游、奢侈浪费等不正之风，解决群众反映强烈、损害群众利益的突出问题，推进基层减负，倡导勤俭节约、反对铺张浪费，刹住了一些过去被认为不可能刹住的歪风，纠治了一些多年未除掉的顽瘴痼疾，党风政风和社会风气为之一新。在集中整治"四风"问题时，党中央坚持破立并举，《党政机关厉行节约反对浪费条例》等一系列党内法规和规范性文件相继出台，以转作风改作风为重点的制度体系更加完善。

坚持思想建党和制度治党紧密结合，注重解决思想问题、拧紧"总开关"。从 2013 年 6 月到 2014 年 9 月，全党开展以为民务实清廉为主要内容的党的群众路线教育实践活动。2015 年在县处级以上领导干部中开展"三严三实"专题教育，2016 年在全体党员中开展"两学一做"学习教育，2017 年对推进"两学一做"学习教育常态化制度化作出安排和部署，持续推动全面从严治党从"关键少数"向广大党员拓展、从集中性教育向经常性教育延伸。

　　党要管党，首先是管好干部；从严治党，关键是从严治吏。2013年6月，习近平在全国组织工作会议上提出"信念坚定、为民服务、勤政务实、敢于担当、清正廉洁"的好干部标准。《党政领导干部选拔任用工作条例》《推进领导干部能上能下若干规定（试行）》《关于防止干部"带病提拔"的意见》《领导干部报告个人有关事项规定》《领导干部个人有关事项报告查核结果处理办法》等一系列文件的修订和制定，进一步完善了干部的选拔任用与管理监督。

　　全方位扎紧制度的笼子，制度治党依规治党水平不断提升。2013年11月，中共中央发布《中央党内法规制定工作五年规划纲要（2013—2017年）》，对党内法规建设进行整体谋划和顶层设计。2016年12月，中共中央印发《关于加强党内法规制度建设的意见》，提出按照"规范主体、规范行为、规范监督"相统筹相协调原则，完善党内法规制度体系。

　　腐败是党长期执政的最大威胁，反腐败是一场输不起也决不能输的重大政治斗争。面对一段时间党内腐败问题比较严重的状况，以习近平同志为核心的党中央以雷霆之势、霹雳手段惩治腐败，持续形成强大威慑。党的十八大以后的五年，经党中央批准立案审查的省军级以上党员干部及其他中管干部440人。特别是坚决查处了周永康、薄熙来、孙政才、令计划等人严重违纪违法问题。以反腐败为重点突破口的全面从严治党取得重大战略性成果。不敢腐的目标初步实现，不能腐的笼子越扎越牢，不想腐的堤坝正在构筑，反腐败斗争压倒性态势已经形成并巩固发展。

　　不断完善党和国家监督体系。党的十八大以后的五年，党中央两次修订《中国共产党巡视工作条例》，首次实现一届任期内巡视全覆盖。修订党内监督条例，加强对党内政治生活状况、党的路线方针政策执行情况的监督检查。2015年12月，通过实行单独派驻和综合派驻相结合，实现了中央一级党和国家机关全面派驻纪检机构。

五、全面推进国防和军队现代化

党的十八大以来，面对国家安全环境的深刻变化，以习近平同志为核心的党中央全面推进国防和军队现代化，人民军队实现整体性革命性重塑，开创了强军兴军新局面。

确立新时代强军目标　2012 年 12 月，在会见驻广州部队师以上领导干部时，习近平首次提出"强军梦"，指出我们要实现中华民族伟大复兴，一定要坚持富国和强军相统一，建设巩固国防和强大军队。

2012 年底，习近平在中央军委扩大会议上提出，为建设一支听党指挥、能打胜仗、作风优良的人民军队而奋斗。2013 年 3 月，在参加十二届全国人大一次会议解放军代表团全体会议时，习近平明确指出，建设一支听党指挥、能打胜仗、作风优良的人民军队，是党在新形势下的强军目标。2016 年 2 月，习近平在中央军委扩大会议上进一步提出了实现强军目标、建设世界一流军队的要求。

强军目标中，听党指挥是灵魂，决定军队建设的政治方向；能打胜仗是核心，反映军队的根本职能和军队建设的根本指向；作风优良是保证，关系军队的性质、宗旨、本色。强军目标是从全局上对国防和军队建设作出的战略筹划和顶层设计，是党在新时代建军治军的总方略。

强国强军，战略先行。2014 年，中央军委制定新形势下军事战略方针。这一方针坚持积极防御，整体运筹备战与止战、维权与维稳、威慑与实战、战争行动与和平时期军事力量运用，将军事斗争准备基点放在打赢信息化局部战争上，以海上方向军事斗争为战略重心，增强了战略指导的积极性和主动性。

贯彻新时代政治建军方略　2014 年 10 月 30 日至 11 月 2 日，新世纪第一次全军政治工作会议在福建省上杭县古田镇召开。习近平在会上发表重要讲话，强调革命的政治工作是革命军队的生命线，明确提出了军队政治工作的时代主题，

全军政治工作会议

即紧紧围绕实现中华民族伟大复兴的中国梦，为实现党在新形势下的强军目标提供坚强政治保证。全军政治工作会议开启了思想建党、政治建军的新征程。习近平的重要讲话，深刻阐明了党从思想上政治上建设军队的一系列重大问题，确立了新时代政治建军方略，是引领新时代人民军队建设开创新局面的纲领性文献。

2014年12月，中共中央转发《关于新形势下军队政治工作若干问题的决定》。2015年2月，中央军委制定《贯彻落实全军政治工作会议精神总体部署方案》，向全军下达落实政治建军方略的总规划、任务书。

中央军委实行主席负责制，是坚持党对人民军队绝对领导的根本制度和根本实现形式。2012年11月，中央军委修订《中央军事委员会工作规则》，明确写入军委主席负责制。2014年4月，中央军委印发《关于贯彻落实军委主席负责制建立和完善相关工作机制的意见》，要求建立和完善请示报告、督促检查、信息服务"三项机制"，推动军委主席负责制各项要求机制化运行。

深化国防和军队改革   2015年7月，习近平分别主持召开中央军委常务会议和中央政治局常委会会议，审议和审定《深化国防和军队改革总体方案》。11月，中央军委改革工作会议召开，对深化国防和军队改革进行总体部署。会后，中央军委印发《关于深化国防和军队改革的意见》，明确改革的指导思想、基本原则和总体目标，绘制了改革的路线图和时间表，部署了改革主要任务。

从2015年底开始，领导指挥体制改革率先展开，长期实行的总部体制、大军区体制、大陆军体制被打破，实现了军队组织架构的历史性变革。从2016年底开始，规模结构和力量编成改革压茬推进，构建起中国特色现代军事力量体系，推动军队由数量规模型向质量效能型、人力密集型向科技密集型转变。至党的十九大前，国防和军队改革取得历史性突破，形成军委管总、战区主战、军种主建新格局，人民军队组织架构和力量体系实现革命性重塑。

科技是现代战争的核心战斗力。瞄准世界军事科技前沿，人民军队坚持向科技创新要战斗力，坚持自主创新战略基点，围绕发展新型作战力量、加快研发高新技术武器装备等作出一系列战略部署，加快推进重大工程建设，加速战略性前沿性颠覆性技术发展，取得了一系列显著成就。

强军之道，要在得人。2013 年 11 月，习近平在视察国防科学技术大学时首次提出实施人才强军战略。2014 年 10 月，习近平在全军政治工作会议上明确提出军队好干部标准。随后，《中国人民解放军文职人员条例》等制度规定相继出台，在选人用人关键环节立起切实管用的制度保障。

依法治军、从严治军是强军之基，是人民军队深化改革、推进现代化建设的重要内容。2014 年 12 月，习近平在中央军委扩大会议上强调，依法治军、从严治军是党建军治军的基本方略。2015 年 2 月，中央军委印发《关于新形势下深入推进依法治军从严治军的决定》，对加强军队法治建设作出全面部署。

贯彻军民融合发展战略，推进跨军地重大改革任务，加快构建一体化的国家战略体系和能力。2017 年 1 月，党中央设立由习近平任主任的中央军民融合发展委员会，加强对军民融合发展的统一领导。为保持人民军队性质和本色，中央军委改革工作会议作出了全面停止军队开展对外有偿服务活动的决策。

聚焦能打胜仗强化练兵备战　　2012 年 12 月，习近平在中央军委扩大会议上鲜明地提出牢固确立战斗力这个唯一的根本的标准，要求把战斗力标准贯穿到军队建设全过程和各方面，为新时代备战打仗指明了方向。2014 年 3 月，一场"战斗力标准大讨论"在全军展开，凝聚起练精兵、谋打赢的高度共识。

大抓实战化军事训练，坚持以战领训、以训促战、战训一致。2014 年 3 月，中央军委印发《关于提高军事训练实战化水平的意见》。同月，成立全军军事训练监察领导小组，对全军军事训练进行督导督查。2015年底，军委和战区、军兵种、武警部队两级机关设立训练监察部门，正式确立军事训练监察体制。2016年11月，中央军委印发《加强实战化军事训练暂行规定》，对落实实战化军事训练提出刚性措施、作出硬性规范。

深入推进联战联训，加速提升一体化联合作战能力。2015年1月，出台《中国人民解放军联合战役训练暂行规定》等一系列法规文件，系统规范各领域、各层次联合训练的组织与实施。2016年组建军委和战区两级联指机构，开启了以联为纲、联战联训新局面。

广泛开展各战略方向使命课题针对性训练和各军兵种演训。通过组织系列演习、训练，人民军队的军事斗争准备取得重大进展。人民军队有效执行海上维权、反恐维稳、抢险救灾、国际维和等重大军事行动，维护了国家主权、安全、发展利益，提振了国威军威。

六、全面加强国家安全

国家安全是安邦定国的重要基石。进入新时代，面对更为严峻的国家安全形势，以习近平同志为核心的党中央创造性提出总体国家安全观，着力推进国家安全体系和能力建设，把安全发展贯穿国家发展各领域全过程，牢牢掌握了维护国家安全的全局性主动。

总体国家安全观的提出　2014年4月，习近平在十八届中央国家安全委员会第一次会议上首次提出"总体国家安全观"，指出，必须坚持总体国家安全观，以人民安全为宗旨，以政治安全为根本，以经济安全为基础，以军事、文化、社会安全为保障，以促进国际安全为依托，走出一条中国特色国家安全道路。

习近平阐述了贯彻落实总体国家安全观必须把握的"五对关系"，即：必须既重视外部安全，又重视内部安全；既重视国土安全，又重视国民安全；既重视传统安全，又重视非传统安全；既重视发展问题，又重视安全问题；既重视自身安全，又重视共同安全。他还指出要构建集政治安全、国土安全、军事安全、经济安全、文化安全、社会安全、科技安全、信息安全、生态安全、资源安全、核安全等于一体的国家安全体系。

总体国家安全观关键在"总体"，强调大安全理念，涵盖政治、军事、国土、经济、金融、文化、社会、科技、网络、粮食、生态、资源、核、海外利益、太空、深海、极地、生物、人工智能、数据等诸多领域，强调做好国家安全工作的系统思维和方法，统筹发展和安全、统筹开放和安全、统筹传统安全和非传统安全、统筹自身安全和共同安全、统筹维护国家安全和塑造国家安全，强调国家安全要贯穿到党和国家工作全局各方面、各环节，强调打总体战，形成强大合力应对重大国家安全风险挑战。

总体国家安全观系统回答了中国特色社会主义进入新时代，如何既解决好大国发展进程中面临的共性安全问题，同时处理好中华民族伟大复兴关键阶段面临的特殊安全问题这个重大时代课题，是习近平新时代中国特色社会主义思想的重要组成部分，是新时代国家安全工作的根本遵循和行动指南。

推进国家安全体系和能力建设 2015 年 1 月，中共中央政治局审议通过《国家安全战略纲要》，强调必须坚持中国共产党对国家安全工作的绝对领导，坚持以总体国家安全观为指导，走中国特色国家安全道路。2016 年 12 月，中共中央政治局审议通过《关于加强国家安全工作的意见》，对坚持中国特色国家安全道路、健全中国特色国家安全体系作出顶层设计和总体部署。

加快国家安全法治建设。2015 年 7 月，十二届全国人大常委会第十五次会议通过《中华人民共和国国家安全法》。国家安全法以法律形式确立了总体国家安全观的指导地位，规定了维护国家安全的任务、职责、制度、保障以及公民、组织的义务和权利，是国家安全领域的综合性、全局性、基础性法律，在构建国家安全法律制度体系中起着统领作用。随后，反恐怖主义法、境外非政府组织境内活动管理法、国防交通法、网络安全法、国家情报法、核安全法等一批重要法律相继出台，为维护国家安全、核心利益和重大利益提供了有力法治保障。

实施国家安全战略。2016 年 3 月，十二届全国人大四次会议批准《中华人民共和国国民经济和社会发展第十三个五年规划纲要》。"十三五"规划纲要专门把建立国家安全体系纳入其中，对健全国家安全保障体制机制、保障国家政权主权安全、防范化解经济安全风险、加强国家安全法治建设等内容作出规划，提出从建立健全国家安全监测预警体系、建立外部风险冲击分类分等级预警制度、制定国家安全重大风险事件应急处置预案、健全国家安全审查制度和机制、建立重点领域维护国家安全工作协调机制等方面健全国家安全保障体制机制。

经过党的十八大以后五年多的努力，我国初步构建了国家安全体系主体框架，形成了国家安全理论体系，完善了国家安全战略体系，建立了国家安全工作协调机制，推动国家安全工作实现了分散到集中、迟缓到高效、被动到主动的历史性变革。

把安全发展贯穿国家发展各领域全过程　进入新时代，以习近平同志为核心的党中央把国家安全贯穿到党和国家工作各方面全过程，国家安全得到全面加强。

政治安全是根本。坚持把维护国家政治安全特别是政权安全、制度安全放在第一位。党中央着力巩固马克思主义在意识形态领域的指导地位，陆续召开意识形态领域的一系列会议，出台《党委（党组）意识形态工作责任制实施办法》等制度。针对反恐怖、反分裂的严峻斗争形势，严密防范和严厉打击境内外敌对势力进行的渗透、破坏、颠覆、分裂活动。

国土安全是立国之基。牢牢掌握宪法和基本法赋予的中央对香港、澳门全面管治权，打出一套止暴治乱"组合拳"，坚决防范和遏制外部势力干预香港事务。2016 年 5 月，主张"台独"的民进党再度上台，拒不承认体现一个中国原则的"九二共识"。党中央审时度势，采取一系列有力政策措施应对变局，牢牢把握两岸关系主导权、主动权。加强边防、海防、空防建设，开展钓鱼岛维权斗争，划设东海防空识别区，强化对南海重点岛礁和海域管控，坚决捍卫领土主权和海洋权益，有效遏制了侵害我国国土安全的各种图谋和行为。

经济安全是基础。党中央强调保证基本经济制度安全，保障关系国民经济命脉的重要行业和关键领域安全。把粮食安全作为治国理政的头等大事，提出"确保谷物基本自给、口粮绝对安全"的新粮食安全观，确立以我为主、立足国内、确保产能、适度进口、科技支撑的国家粮食安全战略，实施"藏粮于地、藏粮于技"战略，牢牢把住粮食安全主动权。建立现代金融监管框架，守住了不发生系统性、区域性风险的底线。推动能源消费、供给、技术、体制革命，加强国际合作，实现开放条件下的能源安全；大力节约集约利用资源，确保资源安全。

坚持以军事、科技、文化、社会安全为保障。国防和军队建设是国家安全的坚强后盾，党中央提出党在新时代的强军目标，坚持党对军队的绝对领导，贯彻军委主席负责制，深化国防和军队改革，全面提高新时代备战打仗能力。在维护科技安全方面，召开全国科技创新大会，出台《深化科技体制改革实施方案》《"十三五"国家科技创新规划》等，强化国家战略科技力量，强化重大科技任务的统筹组织，加大力度攻克一批"卡脖子"的关键核心技术。在维护文化安全方面，坚持以社会主义核心价值观引领文化建设，推动中华优秀传统文化创造性转化、创新性发展，形成同我国综合国力和国际地位相匹配的国际话语权。在维护社会安全方面，加强和创新基层社会治理，坚持和发展新时代"枫桥经验"，创新完善立体化、信息化社会治安防控体系，推进我国应急管理体系和能力现代化。

维护网络、生态、核、海外利益等领域安全。网络安全和信息化是事关国家安全的重大战略问题。2014年2月，在中央网络安全和信息化领导小组第一次会议上，习近平提出努力把我国建设成为网络强国，强调要把握好网上舆论引导的时、度、效，使网络空间清朗起来。此后，一系列网络安全立法、规划和政策文件相继出台，网络治理持续开展，网络安全防线进一步筑牢。党中央坚持不懈推动绿色低碳发展，推进生态保护修复，筑牢国家生态安全屏障。提出打造核安全命运共同体，坚持理性、协调、并进的核安全观，构建核安全能力建设网络，加强国际核安全体系，推进全球核安全治理。切实维护我国海外利益安全，形成强有力的海外利益安全保障体系。

维护太空、深海、极地、生物等新型领域安全。党中央强调秉持和平、主权、普惠、共治原则，把太空、深海、极地等领域打造成国际合作的新疆域，合理开发、利用空间资源。全面实施深地探测、深海探测、深空对地观测战略。加强国家生物安全风险防控和治理体系建设，提高国家生物安全治理能力，筑牢国家生物安全屏障。

坚持推进国际共同安全。中国高举合作、创新、法治、共赢的旗帜，推动树立共同、综合、合作、可持续的全球安全观，加强国际安全合作，完善全球安全治理体系，共同构建普遍安全的人类命运共同体。积极塑造外部安全环境，推动构建相互尊重、公平正义、合作共赢的新型国际关系，引导国际社会共同维护国际安全，走出一条共建、共享、共赢的安全新路。

第二节　把新时代中国特色社会主义不断推向前进

一、习近平新时代中国特色社会主义思想指导地位的确立

立足我国发展新的历史方位，面对"两个一百年"奋斗目标的历史

交汇期，党的十九大确立习近平新时代中国特色社会主义思想的指导地位，对决胜全面建成小康社会作出战略部署，描绘了全面建设社会主义现代化国家的宏伟蓝图，进一步指明了党和国家事业的前进方向。

党的十九大的召开　2017 年 10 月 18 日至 24 日，中国共产党第十九次全国代表大会在北京举行。大会的主题是：不忘初心，牢记使命，高举中国特色社会主义伟大旗帜，决胜全面建成小康社会，夺取新时代中国特色社会主义伟大胜利，为实现中华民族伟大复兴的中国梦不懈奋斗。这是在全面建成小康社会决胜阶段、中国特色社会主义进入新时代的关键时期召开的一次十分重要的大会。

习近平代表第十八届中央委员会作题为《决胜全面建成小康社会，夺取新时代中国特色社会主义伟大胜利》的报告。报告高度评价党的十八大以来党和国家事业取得的历史性成就、发生的历史性变革。

大会报告明确中国共产党人的初心和使命，就是为中国人民谋幸福，为中华民族谋复兴。这个初心和使命是激励中国共产党人不断前进的根本动力。报告围绕实现中华民族伟大复兴这一近代以来中华民族最伟大的梦想，回顾了中国共产党成立以来的奋斗历程，指出：中国共产党一经成立，就把实现共产主义作为党的最高理想和最终目标，义无反顾肩负起实现中华民族伟大复兴的历史使命，团结带领人民进行了艰苦卓绝的斗争，谱写了气吞山河的壮丽史诗。

大会结合"两个一百年"奋斗目标，对决胜全面建成小康社会、开启全面建设社会主义现代化国家新征程作出战略部署和安排。大会按照中国特色社会主义事业"五位一体"总体布局，对经济建设、政治建设、文化建设、社会建设、生态文明建设进行了全面部署。大会还对国防和军队建设、港澳台工作和外交工作作出重要部署。

大会明确提出新时代党的建设总要求，进一步明确党的建设总体布局。总体布局抓住了新时代党的建设的关键，把政治建设和纪律建设纳入其中，突出了政治建设的统领地位和纪律建设这个治本之策，丰富和发展了马克思主义建党学说，进一步回答了"建设什么样的党、怎样建设党"这一历史性课题，标志着党对执政党建设规律的认识达到新的高度。

大会审议并一致通过十八届中央委员会提出的《中国共产党章程（修正案）》。这次党章修改，把习近平新时代中国特色社会主义思想同马克思列宁主义、毛泽东思想、邓小平理论、"三个代表"重要思想、科学发展观一道确立为党的行动指南，这充分体现了党的十八大以后党的理论创新、实践创新、制度创新成果，充分体现了党的十九大报告确立的重大理论观点和重大战略思想。党章的修改，使党的建设目标更加清晰、布局更加完善、要求更加全面，有利于全党以更加科学的思路、更加有效的举措推进党的建设，不断提高党的建设质量，进一步深化全面从严治党。

2017 年 10 月 24 日，党的十九大选举产生了十九届中央委员会和中央纪律检查委员会。十九届一中全会选举习近平、李克强、栗战书、汪洋、王沪宁、赵乐际、韩正为中央政治局常委，习近平为中央委员会总书记；决定习近平为中央军事委员会主席；批准赵乐际为中央纪律检查委员会书记。

2018 年 3 月，十三届全国人大一次会议选举习近平为国家主席、国家中央军事委员会主席，栗战书为全国人大常委会委员长，决定李克强为国务院总理；全国政协十三届一次会议选举汪洋为政协第十三届全国委员会主席。

明确我国发展新的历史方位和新时代我国社会主要矛盾　党的十九大作出了中国特色社会主义进入新时代的重大政治判断。这是以习近平同志为核心的党中央统筹把握中华民族伟大复兴战略全局和世界百年未有之大变局，在科学把握时代趋势和国际局势重大变化、科学把握世情国情党情深刻变化、科学把握我国社会主要矛盾运动变化基础上，作出的一项关系全局的重大战略判断，体现了党把握历史规律和历史趋势的高度自觉和高度自信。大会指出，改革开放之初，我们党发出了走自己的路、建设中国特色社会主义的伟大号召。从那时以来，我们党团结带领全国各族人民不懈奋斗，推动我国经济实力、科技实力、国防实力、综合国力进入世界前列，推动我国国际地位实现前所未有的提升，党的面貌、国家的面貌、人民的面貌、军队的面貌、中华民族的面貌发生了前所未有的变化，中华民族正以崭新姿态屹立于世界的东方。经过长期努力，中国特色社会主义进入了新时代，这是我国发展新的历史方位。

党的十九大作出了我国社会主要矛盾已经发生转化的重大政治论断。党和人民事业能不能沿着正确方向前进，取决于我们能否准确认识和把握社会主要矛盾、确定中心任务。党的十一届三中全会以后，党提出"我国社会的主要矛盾是人民日益增长的物质文化需要同落后的社会生产之间的矛盾"，为部署党和国家工作全局提供了重要指引。随着改革开放的深入推进，我国稳定解决了十几亿人的温饱问题，总体上实现小康，即将全面建成小康社会，人民美好生活需要日益广泛，不仅对物质文化生活提出了更高要求，而且在民主、法治、公平、正义、安全、环境等方面的要求日益增长。同时，我国社会生产力水平总体上显著提高，社会生产能力在很多方面进入世界前列，更加突出的问题是发展不平衡不充分，这已经成为满足人民日益增长的美好生活需要的主要制约因素。根据这一变化，党的十九大报告明确指出，中国特色社会主义进入新时代，我国社会主要矛盾已经转化为人民日益增长的美好生活需要和不平衡不充分的发展之间的矛盾。

我国社会主要矛盾的变化，没有改变我们对我国社会主义所处历史阶段的判断，我国仍处于并将长期处于社会主义初级阶段的基本国情没有变，我国是世界最大发展中国家的国际地位没有变。我国社会主要矛盾的变化是关系全局的历史性变化，对党和国家工作提出了许多新要求。

确立习近平新时代中国特色社会主义思想的指导地位　党的十九大把习近平新时代中国特色社会主义思想确立为党必须长期坚持的指导思

想并庄严地写入党章。大会指出，党的十八大以来，国内外形势变化和我国各项事业发展都给我们提出了一个重大时代课题，这就是必须从理论和实践结合上系统回答新时代坚持和发展什么样的中国特色社会主义、怎样坚持和发展中国特色社会主义，包括新时代坚持和发展中国特色社会主义的总目标、总任务、总体布局、战略布局和发展方向、发展方式、发展动力、战略步骤、外部条件、政治保证等基本问题，并且要根据新的实践对经济、政治、法治、科技、文化、教育、民生、民族、宗教、社会、生态文明、国家安全、国防和军队、"一国两制"和祖国统一、统一战线、外交、党的建设等各方面作出理论分析和政策指导，以利于更好坚持和发展中国特色社会主义。围绕这个重大时代课题，以习近平同志为主要代表

"八个明确"
"十四个坚持"

的中国共产党人，坚持辩证唯物主义和历史唯物主义，紧密结合新的时代条件和实践要求，以全新的视野深化对共产党执政规律、社会主义建设规律、人类社会发展规律的认识，进行艰辛理论探索，取得重大理论创新成果，创立了习近平新时代中国特色社会主义思想。党的十九大用"八个明确"和"十四个坚持"全面阐述了习近平新时代中国特色社会主义思想的科学内涵和实践要求。

习近平是习近平新时代中国特色社会主义思想的主要创立者。在领导全党全国各族人民推进党和国家事业的实践中，习近平以马克思主义政治家、思想家、战略家的非凡理论勇气、卓越政治智慧、强烈使命担当，对关系新时代党和国家事业发展的一系列重大理论和实践问题进行了深邃思考和科学判断，提出一系列原创性的治国理政新理念新思想新战略，为习近平新时代中国特色社会主义思想的创立发挥了决定性作用、作出了决定性贡献。继党的十九大确立习近平新时代中国特色社会主义思想的指导地位之后，2018 年 3 月，十三届全国人大一次会议通过的宪法修正案，把习近平新时代中国特色社会主义思想载入宪法，实现了国家指导思想的与时俱进，反映了全国各族人民共同意志和全社会共同

意愿。

为了进一步用习近平新时代中国特色社会主义思想武装头脑、指导实践、推动工作，党的十九大以来，党中央把学懂弄通做实习近平新时代中国特色社会主义思想作为首要政治任务，采取一系列重大举措，推动学习贯彻习近平新时代中国特色社会主义思想往深里走，往实里走，往心里走，为落实党的十九大提出的各项战略决策和工作部署提供了坚强思想保证和强大精神动力。

习近平新时代中国特色社会主义思想，植根于坚持和发展中国特色社会主义新的伟大实践，坚持理论指导和实践探索相统一，在指导实践、推动实践中展现出强大真理力量和独特思想魅力。同时，习近平新时代中国特色社会主义思想是不断发展的开放的理论，在指导新时代伟大社会革命和伟大自我革命的历史进军中，随着中国特色社会主义伟大实践的深入推进而持续发展、不断丰富、更加完善。习近平经济思想、法治思想、生态文明思想、强军思想、外交思想是这一理论体系在相关领域的展开。

随着习近平新时代中国特色社会主义思想在新的实践中不断丰富发展，2021 年 11 月，党的十九届六中全会通过的《中共中央关于党的百年奋斗重大成就和历史经验的决议》，科学阐明了这一思想在马克思主义发展史、中华文化发展史上的重要历史地位。《决议》指出：习近平新时代中国特色社会主义思想是当代中国马克思主义、21 世纪马克思主义，是中华文化和中国精神的时代精华，实现了马克思主义中国化新的飞跃。

习近平新时代中国特色社会主义思想，在实现中华民族伟大复兴的历史进程中，得到了全党全国各族人民高度的政治认同、思想认同、情感认同，成为指引为中国人民谋幸福、为中华民族谋复兴的思想之旗，成为凝聚中国人民勠力同心、奋勇前进的精神之魂。在这一思想的指引下，中国特色社会主义不断展现出更加强大、更有说服力的真理力量，中国共产党以更加刚健的步伐从建党百年迈向执政百年、进而铸就千秋伟业。

《决议》还作出一个重大政治论断：党确立习近平同志党中央的核心、全党的核心地位，确立习近平新时代中国特色社会主义思想的指导地位，反映了全党全军全国各族人民共同心愿，对新时代党和国家事业发展、对推进中华民族伟大复兴历史进程具有决定性意义。"两个确立"是深刻总结党的百年奋斗历史经验特别是新时代伟大实践得出的重大历史结论，是体现全党共同意志、反映人民心声的重大政治判断，是党的十八大以来最重要的政治成果。

二、坚持党的全面领导与推进党的自我革命

深入推进党的自我革命永不停歇，全面从严治党永远在路上。党的十九大提出的新时代党的建设总要求，对推进党的建设新的伟大工程作出顶层设计和全面部署，对新时代党的建设目的、方针、主线、总体布局、目标作出明确规定，为坚持和加强党的全面领导和提高党的建设质量指明前进方向，提供基本遵循。

坚决维护党中央权威和集中统一领导　党的十九大将"中国特色社会主义最本质的特征是中国共产党领导，中国特色社会主义制度的最大优势是中国共产党领导，党是最高政治领导力量"确立为习近平新时代中国特色社会主义思想的重要内容，同时把"党是领导一切的"这一重大政治原则写入党章。这是中国共产党、中国人民在坚持和发展中国特色社会主义中最重要的认识成果、最根本的经验总结，是道路自信、理论自信、制度自信、文化自信的集中体现。

2018 年 3 月，十三届全国人大一次会议通过《中华人民共和国宪法修正案》，在宪法序言确定党的领导地位的基础上，又在总纲中明确规定中国共产党领导是中国特色社会主义最本质的特征，强化了党总揽全局、协调各方的领导地位。

党的十九大后，党中央对坚决维护习近平同志党中央的核心、全党的核心地位，坚决维护党中央权威和集中统一领导，提出一系列具体要求。中央政治局会议审议《中共中央政治局关于加强和维护党中央集中统一领导的若干规定》，指出中央政治局要带头树立"四个意识"，严格遵守党章和党内政治生活准则，全面落实党的十九大关于加强和维护党中央集中统一领导的各项要求，自觉在以习近平同志为核心的党中央集中统一领导下履行职责、开展工作，坚决维护习近平同志作为党中央的核心、全党的核心地位。

2018 年 8 月，中共中央印发修订后的《中国共产党纪律处分条例》，增加了"两个维护""四个意识"等内容，并对在重大原则问题上不同党中央保持一致，搞山头主义、落实党中央决策部署打折扣、搞变通，搞两面派、做"两面人"等行为的处理作出具体规定，为各级党组织和党员、干部始终在政治立场、政治方向、政治原则、政治道路上同党中央保持高度一致，确保全党令行禁止提供了坚强纪律保证。

2019 年 1 月，《中国共产党重大事项请示报告条例》印发施行，《条例》强调涉及党和国家工作全局的重大方针政策，经济、政治、文化、社会、生态文明建设和党的建设中的重大原则和问题，国家安全、港澳台侨、外交、国防、军队等党中央集中统一管理的事项，以及其他只能由党中央领导和决策的重大事项，必须向党中央请示报告。

2021 年 11 月，党的十九届六中全会全面总结党的百年奋斗重大成就和历史经验，强调中国共产党是领导我们事业的核心力量。中国人民和中华民族之所以能够扭转近代以后的历史命运、取得今天的伟大成就，最根本的是有中国共产党的坚强领导。历史和现实都证明，没有中国共产党，就没有新中国，就没有中华民族伟大复兴。

把党的政治建设摆在首位　加强党的政治建设是马克思主义政党的鲜明特征和政治优势。党的政治建设决定党的建设方向和效果，是党的建设的"灵魂"和"根基"。党的十九大以来，党中央坚持以政治建设为统领，坚守自我革命根本政治方向，把讲政治的要求贯穿全面从严治党全过程。

作为贯彻党的十九大精神的重大举措，中共中央印发《关于加强党的政治建设的意见》。《意见》通篇贯彻和体现"两个维护"这一根本要求，将其作为加强党的政治建设的首要任务，强调坚持和加强党的全面领导，最重要的是坚决维护党中央权威和集中统一领导，最关键的是坚决维护习近平同志党中央的核心、全党的核心地位，着力提高党的政治建设的政治性、时代性、针对性。

中央和国家机关在党和国家治理体系中处于特殊重要位置，离党中央最近，服务党中央最直接，对机关党建乃至其他领域党建具有重要风向标作用。2019 年 7 月，中央和国家机关党的建设工作会议召开，对推进新时代机关党建高质量发展提出明确要求，强调中央和国家机关要以党的政治建设为统领，全面提高机关党的建设质量。此前，中共中央印发《关于加强和改进中央和国家机关党的建设的意见》，对加强这项重要工作作出部署。

党的十九大以来，党中央聚焦党的政治属性、政治使命、政治目标、政治追求持续发力，坚持把党的政治建设融入党和国家重大决策部署的制定和落实全过程，不断健全贯彻落实党中央重大决策部署和习近平重要指示批示督查问责机制，严肃查处违背党的政治路线、破坏党的集中统一问题，以政治上的加强推动全面从严治党向纵深发展。各级党组织着力加强日常管理监督，整体把握地区、部门、单位政治生态状况，自觉抵制商品交换原则对党内生活的侵蚀，破除关系学、厚黑学、官场术等封建糟粕；突出政治标准选人用人，对政治不合格的干部实行"一票否决"，不断营造风清气正的政治生态。

党的领导制度体系不断完善　中国特色社会主义制度是一个严密完整的科学制度体系，其中具有统领地位的是党的领导制度。

为了从机构职能上解决党对一切工作领导的体制机制问题，解决党长期执政条件下我国国家治理体系中党政军群的机构职能关系问题，2018

年 2 月，党的十九届三中全会把加强党对各领域各方面工作领导作为深化党和国家机构改革的首要任务，统筹考虑党和国家各类机构设置，协调好并发挥出各类机构职能作用，着力完善科学领导和决策、有效管理和执行的体制机制，对优化党的组织机构、完善坚持党的全面领导的制度作出全面部署和战略安排。

党的领导制度是我国的根本领导制度。2019 年 10 月，党的十九届四中全会对健全总揽全局、协调各方的党的领导制度体系作出全面部署，明确了六个方面的制度安排：建立不忘初心、牢记使命的制度，完善坚定维护党中央权威和集中统一领导的各项制度，健全党的全面领导制度，健全为人民执政、靠人民执政各项制度，健全提高党的执政能力和领导水平制度，完善全面从严治党制度。全会要求健全党中央对重大工作的领导体制，强化党中央决策议事协调机构职能作用，完善推动党中央重大决策落实机制，严格执行向党中央请示报告制度，确保令行禁止。

党的领导是全面的、系统的、整体的。这一时期，中共中央印发《中国共产党政法工作条例》，将"坚持党的绝对领导"作为政法工作的最高原则，以党内基本法规的形式，对党领导新时代政法工作进行了全面的制度擘画；印发修订后的《中国共产党党组工作条例》，根据党章有关规定，紧紧围绕党组工作坚持和加强党的全面领导、履行全面从严治党责任，将党组讨论和决定的重大问题由原来的 7 项调整为 12 项，新增了贯彻落实党中央以及上级党组织决策部署的重大举措等内容；印发《中国共产党宣传工作条例》，提出各级党委对宣传工作负主体责任，要加强对宣传领域重大战略性任务的统筹指导和重大问题的分析研判；印发《中国共产党农村工作条例》，把坚持党对农村工作的全面领导作为首要原则，对党领导农村工作体制机制作出全面规定；印发修订后的《中国共产党统一战线工作条例》，明确提出要加强党对统一战线工作的集中统一领导，确保党在统一战线工作中总揽全局、协调各方；印发《中国共产党组织工作条例》，系统阐明党的组织工作的地位作用、指导原则、职责任务，对党的组织工作作出全面规范。

党的十九大以来，中国共产党坚持制度治党、依规治党，以党章为根本，以民主集中制为核心，完善党内法规制度体系，增强党内法规权威性和执行力，形成了坚持真理、修正错误，发现问题、纠正偏差的机制。健全党统一领导、全面覆盖、权威高效的监督体系，完善权力监督制约机制，以党内监督为主导，促进各类监督贯通协调，让权力在阳光下运行。推进政治监督具体化、精准化、常态化，增强对"一把手"和领导班子监督实效。发挥政治巡视利剑作用，加强巡视整改和成果运用。

深入推进党的自我革命　中国共产党能够带领人民进行伟大的社会革命，也能够进行伟大的自我革命。勇于自我革命是党区别于其他政党的显著标志，是党跳出治乱兴衰历史周期率、历经百年沧桑更加充满活力的成功秘诀。全面从严治党是新时代党的自我革命的伟大实践，开辟了百年大党自我革命的新境界。党以前所未有的勇气和定力全面从严治党，打了一套自我革命的"组合拳"，形成了一整套党自我净化、自我完善、自我革新、自我提高的制度规范体系。

思想建设是党的基础性建设。2019 年 5 月开始的"不忘初心、牢记使命"主题教育，自上而下分两批在全党开展。这是新时代深化党的自我革命、推动全面从严治党向纵深发展的生动实践。2021 年 2 月，在全党开展党史学习教育，是党中央立足百年党史新起点、着眼开创事业发展新局面作出的一项重大战略决策。整个党史学习教育求实、务实、扎实，广大党员、干部受到了一次全面深刻的政治教育、思想淬炼、精神洗礼，全党历史自觉、历史自信大大增强，党的创造力、凝聚力、战斗力大大提升。

党的力量来自组织，组织能使力量倍增。2018 年 7 月，习近平在全国组织工作会议上提出并阐述新时代党的组织路线，其核心内容是：全面贯彻习近平新时代中国特色社会主义思想，以组织体系建设为重点，着力培养忠诚干净担当的高素质干部，着力集聚爱国奉献的各方面优秀人才，坚持德才兼备、以德为先、任人唯贤，为坚持和加强党的全面领导、坚持和发展中国特色社会主义提供坚强组织保证。新时代党的组织路线，紧扣加强党的长期执政能力建设、先进性和纯洁性建设这条主线，从理论和实践结合上科学回答了党的组织建设中的一系列重大问题，彰显了把党的伟大自我革命进行到底的坚定决心。以新时代党的组织路线为引领，持续整顿软弱涣散基层党组织，推动基层党组织全面进步、全面过硬，党的组织体系建设不断增强，一批批优秀共产党员不断涌现，一个个全国先进基层党组织积极发挥战斗堡垒作用。

党的作风是党的形象，是观察党群干群关系、人心向背的晴雨表。党的十九大后，中央政治局首次会议就把作风建设摆上议程，审议《中共中央政治局贯彻落实中央八项规定实施细则》，根据过去几年中央八项规定实施过程中遇到的新情况新问题，着重对相关内容作了进一步规范、细化和完善，更加切合工作实际，增强了指导性和操作性。

纪律真正成为带电的高压线。党坚持纪严于法、执纪执法贯通，用好监督执纪"四种形态"，强化政治纪律和组织纪律，带动各项纪律全面严起来。2018年7月，中央政治局会议强调，要巩固和发展执纪必严、违纪必究常态化成果，下大气力建制度、立规矩、抓落实、重执行，让制度"长牙"、纪律"带电"，充分发挥纪律建设标本兼治的利器作用，使铁的纪律真正转化为党员干部的日常习惯和自觉遵循，推动全面从严治党向纵深发展。

开展了史无前例的反腐败斗争。以"得罪千百人、不负十四亿"的使命担当袪疴治乱，不敢腐、不能腐、不想腐一体推进，"打虎""拍蝇""猎狐"多管齐下，反腐败斗争取得压倒性胜利并全面巩固，消除了党、国家、军队内部存在的严重隐患，确保党和人民赋予的权力始终用来为人民谋幸福。

经过不懈努力，党找到了自我革命这一跳出治乱兴衰历史周期率的第二个答案，自我净化、自我完善、自我革新、自我提高能力显著增强，管党治党宽松软状况得到根本扭转，风清气正的党内政治生态不断形成和发展，确保党永远不变质、不变色、不变味。

三、国家制度和治理体系建设迈出新步伐

党的十九大以来，党中央以坚持和完善中国特色社会主义制度、推进国家治理体系和治理能力现代化为主轴，继续深化各领域各方面体制机制改革，不断在制度建设和治理能力建设上迈出新的重大步伐。随着全面深化改革不断向广度和深度进军，中国特色社会主义制度更加成熟更加定型，国家治理体系和治理能力现代化水平不断提高，党和国家事业焕发出新的生机活力。

党和国家机构职能的系统性、整体性重构　党和国家机构职能体系是中国特色社会主义制度的重要组成部分，是党治国理政的重要保障。进入新时代，党中央积极推进党的领导体制改革、纪律检查制度改革、政治体制改革、法律制度改革、司法体制改革、社会治理体制改革、生态文明体制改革等，在加强党的领导、推进依法治国、理顺政府和市场关系、健全国家治理体系、提高治理能力等方面及若干重要领域和关键环节取得重大突破。同时，党和国家机构职能中存在的一些深层次体制难题还没有解决；一些问题反映比较强烈、看得也比较准，但由于方方面面因素难以下决断；还有一些问题，由于以往主要是调整政府机构，受改革范围限制还没有涉及。随着全面深化改革不断推进，又出现一些新情况新问题，各方面对深化党和国家机构改革呼声很高。

2018 年 2 月，党的十九届三中全会专门研究深化党和国家机构改革问题，通过《中共中央关于深化党和国家机构改革的决定》和《深化党和国家机构改革方案》，以加强党的全面领导为统领，以国家治理体系和治理能力现代化为导向，以推进党和国家机构职能优化协同高效为着力点，从完善坚持党的全面领导的制度、优化政府机构设置和职能配置、统筹党政军群机构改革、合理设置地方机构、推进机构编制法定化等方

面对改革进行了部署。党的十九届三中全会后，从中央到地方，上下同心、扎实推进，各项改革部署迅速落实到位。

加强党的全面领导得到有效落实，维护党的集中统一领导的机构职能体系更加健全。从机构职能上把加强党的领导落实到各个领域、各个方面、各个环节，是这次机构改革的标志性成果。这次机构改革加强了党对深化改革、依法治国、经济、国家安全、网络信息、外交、机构编制、军民融合、审计、教育、农业农村等重大工作的领导，充实了党的组织、宣传、统战、政法、机关党建、教育培训等部门职责配置，强化了归口协调本系统本领域重大工作职能。通过改革，党把方向、谋大局、定政策、促改革的能力得到提高，党总揽全局、协调各方的地位得到巩固。

深化国家监察体制改革，加强党对反腐败工作的统一领导，是这次机构改革的重要内容。党的十九大要求，深化国家监察体制改革，将监察体制改革工作在全国推开。到 2018 年 2 月，全国省、市、县三级监察委员会全部完成组建。党的十九届三中全会把组建国家监察委员会列为深化党中央机构改革第一项任务。2018 年 3 月，十三届全国人大一次会议通过宪法修正案，确立监察委员会作为国家机构的宪法地位，通过《中华人民共和国监察法》，随后，中华人民共和国国家监察委员会在北京揭牌。国家监察体制改革是事关全局的重大政治体制改革，是国家监察制度的顶层设计，加强了党对反腐败工作的统一领导，构建了党统一领导、全面覆盖、权威高效的监督体系。

这次深化党和国家机构改革，还专门对深化群团组织改革作出部署，进一步健全了党委统一领导群团工作的制度，增强了群团组织政治性、先进性、群众性，有力促进了党政机构同群团组织功能有机衔接，更好发挥了群团组织作为党和政府联系人民群众的桥梁和纽带作用。

经此改革，党和国家机构职能实现整体性重构，机构履职更加顺畅高效；省市县主要机构设置和职能配置同中央保持基本对应，构建起从中央到地方运行顺畅、充满活力的工作体系；跨军地改革顺利推进，党对军队、武警、公安的绝对领导更加坚强有力；相关各类机构改革同步推进，改革整体效应进一步增强。

深化党和国家机构改革，是对党和国家组织结构和管理体制的一次系统性、整体性重构，是推进国家治理体系和治理能力现代化的一场深刻变革，是党中央打的一次全面深化改革的战略性战役。2019 年 7 月，党中央召开深化党和国家机构改革总结会议，系统总结党和国家机构改革取得的重大成效和宝贵经验，对继续巩固机构改革成果，继续完善党和国家机构职能体系，推进国家治理体系和治理能力现代化作出部署。各地区各部门在党中央集中统一领导下，积极用好机构改革创造的有利条件，探索更多原创性、差异化改革，不断推动全面深化改革向纵深发展。

国家机构改革后，除国务院办公厅外，国务院设置的组成部门

坚持和完善中国特色社会主义制度，推进国家治理体系和治理能力现代化   宪法是国家的根本法，是治国安邦的总章程。为更好发挥宪法在新时代坚持和发展中国特色社会主义中的重要作用，把党和人民在实践中取得的重大理论创新、实践创新、制度创新成果上升为宪法规定，2018 年 1 月，党的十九届二中全会专门讨论宪法修改问题，审议通过《关于修改宪法部分内容的建议》，这是推进全面依法治国、推进国家治理体系和治理能力现代化的重大举措。通过宪法法律确认和巩固国家根本制度、基本制度、重要制度，并运用国家强制力保证实施，是国家治理体系的系统性、规范性、协调性、稳定性的重要保障。3 月，十三届全国人大一次会议通过《中华人民共和国宪法修正案》。

2019 年 10 月，党的十九届四中全会召开，专门研究国家制度和国家治理问题，这在党的历史上还是第一次。全会全面回答了在我国国家制度和国家治理体系上应该坚持和巩固什么、完善和发展什么这个重大政治问题，审议通过《中共中央关于坚持和完善中国特色社会主义制度、推进国家治理体系和治理能力现代化若干重大问题的决定》。全会准确把握我国国家制度和国家治理体系的演进方向和规律，既阐明了必须牢牢坚持的重大制度和原则，又部署了推进制度建设的重大任务和举措，为坚持和完善中国特色社会主义制度、推进国家治理体系和治理能力现代化指明了努力方向，为推动各方面制度更加成熟更加定型明确了时间表、路线图。

全会明确提出了坚持和完善中国特色社会主义制度、推进国家治理体系和治理能力现代化的总体目标：到我们党成立 100 年时，在各方面制度更加成熟更加定型上取得明显成效；到 2035 年，各方面制度更加完善，基本实现国家治理体系和治理能力现代化；到新中国成立 100 年时，全面实现国家治理体系和治理能力现代化，使中国特色社会主义制度更加巩固、优越性充分展现。

2020 年 5 月，十三届全国人大三次会议通过《中华人民共和国民法典》，这是新中国成立以来第一部以"法典"命名的法律，是新时代中国特色社会主义制度建设、法治建设的一个重大标志性成果。民法典既对现行民事法律进行系统

中华人民共和国民法典

整合，又针对新情况新问题作出修改完善，体现了对生命健康、财产安全、交易便利、生活幸福、人格尊严等各方面权利的平等保护，对推进全面依法治国、发展社会主义市场经济、坚持以人民为中心的发展思想、推进国家治理体系和治理能力现代化，都具有重大意义。

2020 年 11 月，习近平在中央全面依法治国工作会议上强调，要坚定不移走中国特色社会主义法治道路，在法治轨道上推进国家治理体系和治理能力现代化。在全面建设社会主义现代化国家新征程上，要更好发挥法治固根本、稳预期、利长远的重要作用。12 月，党中央印发《法治中国建设规划（2020—2025 年）》，这是新中国成立以来第一个关于法治中国建设的专门规划，是新时代推进全面依法治国的纲领性文件，是"十四五"时期统筹推进法治中国建设的总蓝图、路线图、施工图。

在党中央的坚强领导下，各地区各部门把握全面深化改革的阶段性特点和要求，一体推进坚持和巩固制度、完善和发展制度、遵守和执行制度，坚持和完善中国特色社会主义制度、推进国家治理体系和治理能力现代化不断开辟理论和实践发展的新境界。

全面深化改革向纵深发展　坚持和完善中国特色社会主义制度、推进国家治理体系和治理能力现代化，必须坚定不移全面深化改革。党的十九大以来，党中央强调新时代坚持和发展中国特色社会主义，根本动力仍然是全面深化改革。2018年12月，党中央举行庆祝改革开放40周年大会，大会回顾了改革开放40年的光辉历程，总结了改革开放的伟大成就和宝贵经验，宣示了在新时代继续把改革开放推向前进的信心和决心。习近平强调："我们现在所处的，是一个船到中流浪更急、人到半山路更陡的时候，是一个愈进愈难、愈进愈险而又不进则退、非进不可的时候。改革开放已走过千山万水，但仍需跋山涉水，摆在全党全国各族人民面前的使命更光荣、任务更艰巨、挑战更严峻、工作更伟大。"[1]

随着全面深化改革的深入推进，一系列重大体制改革举措相继出台，一批结构性矛盾得到有效解决。经过不懈努力，2018年和2019年，中央全面深化改革委员会部署的124个重点改革任务和其他141个改革任务基本完成，中央和国家机关有关部门还完成349个改革任务，各方面共出台614个改革方案。各个关键领域改革扎实推进，不断补齐重大制度短板，巩固拓展了改革成果，提升了人民群众获得感，用行动宣示了在新时代将改革开放进行到底的坚定决心。

加快构建推动经济高质量发展的体制机制。党中央把推动高质量发展作为确定发展思路、制定经济政策、实施宏观调控的根本要求。不断创新和完善宏观调控，并将就业优先政策置于宏观政策层面。加快推进国资国企改革，搭建以《关于深化国有企业改革的指导意见》为统领的

---

[1]　中共中央党史和文献研究院编：《十九大以来重要文献选编》（上），中央文献出版社2019年版，第738—739页。

深化国企改革"1＋N"政策体系，发布改革国有资本授权经营体制方案，国资监管机构在由"管企业"转向"管资本"的过程中迈出了重要步伐。加大支持民营经济发展力度，2018年11月，习近平主持召开民营企业座谈会，帮助民营经济解决发展中的困难，支持民营企业改革发展，为民营经济营造了更好发展环境。面对2020年突如其来的新冠肺炎疫情，在做好疫情防控工作的同时，党中央强调，发展环境越是严峻复杂，越要依靠改革应对变局、开拓新局。党中央进一步解决事关经济高质量发展的体制机制问题，相继印发了《关于构建更加完善的要素市场化配置体制机制的意见》《关于新时代加快完善社会主义市场经济体制的意见》，不断在经济体制关键性基础性重大改革上突破创新。

深入推进行政审批制度改革。2018年9月，国务院发出《关于在全国推开"证照分离"改革的通知》，破解"准入不准营"问题，真正实现市场主体"一照一码走天下"，进一步营造了稳定、公平、透明、可预期的市场准入环境。2019年初，在市场监管领域全面推行部门联合"双随机、一公开"监管，健全以"双随机、一公开"监管为基本手段、以重点监管为补充、以信用监管为基础的新型监管机制，对违法者"利剑高悬"、对守法者"无事不扰"。近年来通过推进商事制度等改革，市场主体不断培育壮大，社会发展活力和创新活力不断增强，登记在册的市场主体总数由2012年的近5 500万户增加到2021年底的1.54亿户，增长1.8倍。

围绕推动高质量发展，党中央深入实施创新驱动发展战略、乡村振兴战略、区域重大战略等一系列重大战略举措。设立科创板并试点注册制，为掌握核心技术、潜力巨大的科技创新型企业打开了新的融资大门；印发《乡村振兴战略规划（2018—2022年）》《关于实现巩固拓展脱贫攻坚成果同乡村振兴有效衔接的意见》《关于全面推进乡村振兴加快农业农村现代化的意见》《中华人民共和国乡村振兴促进法》等重要文件；推进京津冀协同发展、长江经济带发展、长三角一体化发展，推动黄河流域生态保护和高质量发展，高标准、高质量建设雄安新区，推动成渝地区双城经济圈建设，支持深圳建设中国特色社会主义先行示范区。

坚持以高水平开放促进高质量发展。共建"一带一路"大幅提升了我国贸易投资自由化便利化水平，推动我国开放空间从沿海、沿江向内陆、沿边延伸，形成陆海内外联动、东西双向互济的开放新格局。2019年4月，习近平在第二届"一带一路"国际合作高峰论坛上指出，要秉持共商共建共享原则，坚持开放、绿色、廉洁理念，努力实现高标准、惠民生、可持续目标。从2013年提出"一带一路"倡议到2020年，我国同"一带一路"沿线国家货物贸易总额约9.2万亿美元，对"一带一路"沿线国家直接投资约1 360亿美元，"六廊六路多国多港"的互联互通架构基本形成。

2018年11月，首届中国国际进口博览会在上海举行，这是世界上第一个以进口为主题的国家级展会，是我国着眼于推动新一轮高水平对外开放作出的重大决策。2019年3月，十三届全国人大二次会议通过《中华人民共和国外商投资法》，确立了新时代外商投资法律制度基本框架。10月，国务院公布《优化营商环境条例》，确立对内外资企业等各类市场主体一视同仁的营商环境基本制度规范。2020年6月，中共中央、国务院印发《海南自由贸易港建设总体方案》。11月，中国与东盟十国及日本、韩国、澳大利亚、新西兰共同签署《区域全面经济伙伴关系协定》，标志着世界上人口最多、经贸规模最大、最具发展潜力的自由贸易区正式启航。这些重大举措发挥了改革开放的突破和先导作用，进一步拓展了我国对外开放的范围和层次，不断增强了我国国际经济合作和竞争新优势。

围绕人民对美好生活新期待，推出一系列更有针对性、开创性的改革举措。全面提高义务教育质量，规范校外培训机构发展，规范学前教育，实施国家职业教育改革，开展国家产教融合建设试点，完善教育督导体制机制。实施职业技能提升行动方案和新生代农民工职业技能提升计划；实施个人所得税专项附加扣除政策，减轻了劳动者税收负担；促进劳动力和人才社会性流动体制机制改革。深化医药卫生体制改革，推进"三医"联动改革和分级诊疗制度建设；完善国家基本药物制度，推动一批抗癌药降价并进入医保目录，开展药品集中采购和使用试点，推进治理高值医用耗材改革；开展区域医疗中心建设试点；出台国家积极应对人口老龄化中长期规划。发出做好证明事项清理工作的通知，做到没有法律法规规定的证明事项一律取消，切实解决人民群众反映强烈的办事难、办事慢、办事繁等问题。开展农村人居环境整治三年行动等，解决了民生领域许多操心事烦心事，增强了人民群众获得感、幸福感、安全感。

全面深化改革是一场思想理论、改革组织方式、国家制度和治理体系、人民广泛参与的深刻变革。2020 年 12 月，中央全面深化改革委员会第十七次会议审议了党的十八届三中全会以来全面深化改革总结评估报告，回顾了几年来气势如虹、波澜壮阔的改革进程，强调我们已经啃下了不少硬骨头但还有许多硬骨头要啃，我们攻克了不少难关但还有许多难关要攻克。要把接续推进改革同服务党和国家工作大局结合起来、把深化改革攻坚同促进制度集成结合起来、把推进改革同防范化解重大风险结合起来、把激发创新活力同凝聚奋进力量结合起来，推动改革在新发展阶段打开新局面。

四、在应对风险挑战中推进各项事业

党的十九大以来，面对国内外风险挑战明显增多的复杂局面，党坚持统筹国内国际两个大局、统筹发展和安全两件大事，团结带领全国各族人民攻坚克难，向着党的十九大确定的宏伟目标砥砺前行。

统筹国内国际两个大局，统筹发展和安全两件大事　2017 年 12 月，习近平在接见回国参加 2017 年度驻外使节工作会议的全体使节时明确指出："放眼世界，我们面对的是百年未有之大变局。"此后，他在不同场合反复强调，领导干部要胸怀两个大局，一个是中华民族伟大复兴的战略全

局，一个是世界百年未有之大变局，这是我们谋划工作的基本出发点。在提出两个大局的同时，习近平也多次强调统筹发展和安全两件大事。2018年1月，党中央举办新进中央委员会的委员、候补委员和省部级主要领导干部学习贯彻习近平新时代中国特色社会主义思想和党的十九大精神研讨班。习近平在开班式上发表讲话提出，增强忧患意识、防范风险挑战要一以贯之。2019年1月，党中央举办省部级主要领导干部专题研讨班，习近平在开班式上发表讲话，就防范化解政治、意识形态、经济、科技、社会、外部环境、党的建设等领域重大风险作出深刻分析、提出明确要求。

伴随着国内外形势的发展变化，党对统筹国内国际两个大局、统筹发展和安全两件大事的认识不断深化。2019年10月，党的十九届四中全会就完善国家安全体系、更好运用制度优势应对风险挑战冲击，作出具体部署。2020年10月，党的十九届五中全会审议通过的《中共中央关于制定国民经济和社会发展第十四个五年规划和二〇三五年远景目标的建议》中，设置专章对"统筹发展和安全，建设更高水平的平安中国"作出战略部署，突出了国家安全在党和国家工作全局中的重要地位。2021年11月，党的十九届六中全会系统总结新时代维护国家安全取得的重大成就和宝贵经验。同月，中央政治局会议审议《国家安全战略（2021—2025年）》，强调新形势下维护国家安全，必须牢固树立总体国家安全观，加快构建新安全格局。党中央的这些分析判断和战略部署，为稳妥应对各种风险挑战，提供了根本遵循。

稳妥应对各种风险挑战　进入2018年后，我国外部形势发生深刻复杂变化。美国单方面执意挑起的中美经贸摩擦，给我国经济运行带来不利影响。党中央密切关注、稳妥应对，2018年3月后，我国采取有力反制措施，坚决捍卫国家和人民利益；同时始终坚持通过对话协商解决争议的基本立场，努力稳定双边经贸关系。我国向世界申明了我们不愿打、不怕打、必要时不得不打这场贸易战的原则立场，采取反制措施是为了捍卫国家正当利益、捍卫自由贸易规则和多边贸易体制、捍卫各国人民共同利益，我国的立场得到了全国人民广泛支持和国际社会普遍认同。经过十几轮中美经贸高级别磋商，2020 年 1 月，中美双方签署第一阶段经贸协议。

由于中美贸易摩擦的升级加剧和国内经济转型阵痛凸显的严峻挑战，我国经济下行压力加大。党中央坚持稳中求进工作总基调，采取强有力的针对性措施加以解决。2018 年 7 月，中央政治局会议提出做好"六稳"工作的要求，即做好稳就业、稳金融、稳外贸、稳外资、稳投资、稳预期工作，以稳定宏观经济大局，增强应对复杂局面和各种挑战的底气。12月，中央经济工作会议进一步提出"巩固、增强、提升、畅通"八字方针，为进一步坚持以供给侧结构性改革为主线不动摇、推动高质量发展指明了方向。

以美国为首的西方国家在挑起经贸摩擦的同时，还对我国进行全方位遏制打压，我国的政治安全、意识形态安全、科技安全等皆受到挑战。西方一些政客持续炮制攻击抹黑中国的言论，肆意诋毁攻击中国共产党和中国的政治制度，妄图挑动拼凑国际反华联盟，遏制中国发展；境外一些势力经常在我国高校开展活动，一些境外宗教组织以高校为重点开展渗透活动，还有宗教极端势力对一些高校少数民族学生渗透；在涉疆、涉藏和台湾、香港问题上一再挑衅，粗暴干涉我国内政；以所谓"国家安全"为借口，滥用国家力量频频打压中国特定科技企业；对中国媒体驻美机构和人员的正常新闻报道活动无端设限；严重违反国际法和国际关系基本准则及中美领事条约有关规定，蛮横关闭中国驻休斯敦总领馆；为掩盖自身抗疫不力，对中国搞"甩锅""追责"操作，等等。面对这种复杂局面，我国多次表示愿与美国等西方国家开展坦率有效的沟通，促进各国间求同存异、合作共赢，同时坚定捍卫自身主权、安全、发展利益。我们坚持国家利益为重、国内政治优先，保持战略定力，发扬斗争精神，展示不畏强权的坚定意志，在斗争中维护国家尊严和核心利益，牢牢掌握了我国发展和安全主动权。

推进各项事业迈出新步伐   在有效应对各种风险挑战基础上，党中央统筹推进"五位一体"总体布局，协调推进"四个全面"战略布局，各方面事业迈出新步伐、展现新气象，取得新的重大进展和重大成果。

经济实力大幅跃升，高质量发展不断取得新成效。党中央强调，贯彻新发展理念是关系我国发展全局的一场深刻变革。在正确的方针政策指引下，党中央深入推进供给侧结构性改革，创新和完善宏观调控，经济结构不断优化，实体经济活力不断释放；深入实施创新驱动发展战略，把科技自立自强作为国家发展的战略支撑；改革开放实现重要突破，纵深推进"放管服"改革，全面实行市场准入负面清单制度；增设自由贸易试验区，探索建设中国特色自由贸易港；有力实施乡村振兴战略，扎实推进新型城镇化；增强城乡区域发展协调性，加快形成城乡区域良性互动格局。

社会主义民主政治不断发展，全面依法治国实践取得重大进展。党中央提出全过程人民民主的重大理念，深刻阐明了中国式民主的鲜明特色和显著优势，为新时代发展社会主义民主政治、建设社会主义政治文明提供了指引和遵循。在此指引下，党中央制定关于加强和改进全国人大代表工作的具体措施，首次召开中央人大工作会议；深化人民政协履行职能制度化、规范化、程序化建设，首次召开中央政协工作会议；修订《中国共产党统一战线工作条例》，着力提高统一战线工作科学化、规范化、制度化水平；成立中央全面依法治国委员会，加强对法治中国建设的统一领导。

社会主义文化强国建设取得重大进展。召开全国宣传思想工作会议，明确新形势下宣传思想工作必须承担的举旗帜、聚民心、育新人、兴文化、展形象的使命任务；组织深入学习《习近平谈治国理政》等著作，推动习近平新时代中国特色社会主义思想深入人心；召开学校思想政治理论课教师座谈会，对办好思想政治理论课进行全面部署；着力推动宣传工作科学化规范化制度化建设迈上新台阶；把"坚持马克思主义在意识形态领域指导地位"作为中国特色社会主义的一项根本制度明确提出；印发《新时代公民道德建设实施纲要》等文件，大力培育和践行社会主义核心价值观。

人民生活水平显著提高，社会保持和谐稳定。召开全国教育大会，印发实施《中国教育现代化 2035》，高等教育进入普及化阶段，城乡义务教育进一步均衡一体化发展；深入实施健康中国战略，加快推进健康中国建设，努力全方位、全周期保障人民健康；出台《关于优化生育政策促进人口长期均衡发展的决定》，提出实施一对夫妻可以生育三个子女及配套支持措施；针对应对新冠肺炎疫情中暴露出的短板和不足，大力改革疾病预防控制体系；开展扫黑除恶专项斗争，坚决惩治放纵、包庇黑恶势力甚至充当保护伞的党员干部。

生态文明建设取得显著成效，生态环境质量明显改善，美丽中国建设迈出重大步伐。将生态文明写入宪法，改革自然资源和生态环境管理体制，以经济社会发展全面绿色转型为引领，不断加强战略部署；坚持全国统筹、节约优先、双轮驱动、内外畅通、防范风险的原则，加速"双碳"工作政策体系构建；积极推动产业结构调整，培育壮大新兴产业、改造提升传统产业、淘汰落后产能，全面整治"散乱污"企业及集群；印发实施《关于全面加强生态环境保护坚决打好污染防治攻坚战的意见》，不断加大污染治理力度，坚决打好蓝天、碧水、净土保卫战。

国防和军队现代化建设加速推进。党确立新时代军事战略方针，制定国防和军队现代化新"三步走"战略，坚持走中国特色强军之路；推进新时代政治建军，把"贯彻习近平强军思想"和"中央军事委员会实行主席负责制"写入党章；全面实施科技强军战略，建设创新型人民军队；围绕抓好练兵备战，加快构建新型军事训练体系；坚决履行新时代使命任务，人民军队为巩固中国共产党领导和社会主义制度，捍卫国家主权、统一、领土完整，维护国家海外利益，促进世界和平与发展提供了有效的战略支撑。

国家安全得到全面加强。党中央坚持把政治安全摆在首位，坚决捍卫党的领导和中国特色社会主义制度，坚决打赢意识形态斗争；强调粮食安全是"国之大者"，推动粮食安全责任落实，制定《关于防止耕地"非粮化"稳定粮食生产的意见》等法律文件，牢牢守住国家粮食安全的生命线；加大地方政府债务清理和规范力度，防范化解重大金融风险攻坚战取得阶段性成果；加快推进规则标准等制度型开放，在扩大对外开放中切实保障国家经济安全；施行《中华人民共和国生物安全法》，加强国家生物安全风险防控和治理体系建设。

抗击新冠肺炎疫情和铸就伟大抗疫精神　2020年伊始，新冠肺炎疫情突如其来。这次疫情是新中国成立以来我国遭遇的传播速度最快、感染范围最广、防控难度最大的一次重大突发公共卫生事件，也是百年来全球发生的最严重的传染病大流行。

新冠肺炎疫情发生后，党中央将疫情防控作为头等大事来抓。习近平亲自指挥、亲自部署，坚持把人民生命安全和身体健康放在第一位，提出坚定信心、同舟共济、科学防治、精准施策的总要求。从2020年大年初一起，习近平先后主持召开14次中央政治局常委会会议、4次中央政治局会议以及多次党的重要会议，敏锐洞察、果敢决策、科学指引、沉着应对，周密部署武汉保卫战、湖北保卫战，因时因势制定重大战略策略，带领全党全军全国各族人民迅速打响疫情防控的人民战争、总体战、阻击战。

在党中央坚强领导下，中国人民风雨同舟、众志成城，发扬一方有难、八方支援精神，构筑起疫情防控的坚固防线。广大医务人员白衣为甲、逆行出征，舍生忘死挽救生命。身患渐冻症的张定宇说："我必须跑得更快，才能从病毒手里抢回更多病人。"54万名湖北省医务人员同病毒短兵相接，346支国家医疗队、4万多名医务人员毅然奔赴前线；各行各业扛起责任，国有企业、公立医院勇挑重担，460多万个基层党组织冲锋陷阵，400多万名社区工作者日夜值守，各类民营企业、民办医院、慈善机构、养老院、福利院等积极出力，广大党员、干部带头拼搏，人民解放军指战员、武警部队官兵、公安民警奋勇当先，广大科研人员奋力攻关，数百万快递员冒疫奔忙，180 万名环卫工人起早贪黑，新闻工作者深入一线，千千万万志愿者和普通人默默奉献。"武汉必胜！湖北必胜！中国必胜！"的强音响彻中华大地。经过艰苦卓绝的努力，我国用 1 个多月的时间初步遏制疫情蔓延势头，用 2 个月左右的时间将本土每日新增病例控制在个位数以内，用 3 个月左右的时间取得武汉保卫战、湖北保卫战的决定性成果，进而又接连打了几场局部地区聚集性疫情歼灭战，疫情防控取得重大战略成果。

党中央及时将全国总体防控策略调整为"外防输入、内防反弹"，推动防控工作由应急性超常规防控向常态化防控转变。应香港特别行政区政府请求，在中央统筹部署和指挥下，国家卫生健康委组建内地核酸检测支援队，协助香港抗击疫情；在澳门疫情受控后，广东和澳门特别行政区政府建立"健康码"及核酸检测结果互认互通机制，澳门与内地人员正常往来逐步恢复。我国第一时间研发出核酸检测试剂盒，加强疫苗研发科技攻关，分批为全民接种，截至 2022 年 12 月底，我国全人群的疫苗接种率，3—17 岁已经达到 97.5%，18—59 岁已经超过了 95%，规模和速度超过全世界其他任何国家。三年抗疫，集中收治的新冠患者治疗费用由国家承担，全民免费接种疫苗，新冠治疗药物纳入医保，国家先后印发十版防控方案和十版诊疗方案，随着条件的逐步具备又相继出台二十条优化措施，推出新十条优化措施，制定将新冠病毒感染从"乙类甲管"调整为"乙类乙管"方案……一切从实际出发，实事求是，秉持科学精神、科学态度，因时因势优化调整疫情防控措施，是符合中国国情的务实之举，也是牢牢掌握抗疫战略主动权的前提和基础，而人民至上、生命至上，则是一以贯之、贯穿始终的价值理念。

在自身疫情防控面临巨大压力情况下，中国尽己所能为国际社会提供援助。我国始终秉持人类命运共同体理念，积极开展抗疫国际和地区合作，倡导构建人类卫生健康共同体。中国坚持守望相助、和衷共济。

我们发起了新中国成立以来援助时间最集中、涉及范围最广的紧急人道主义行动，为全球合作抗疫作出重大贡献。2020年5月18日，习近平出席第73届世界卫生大会视频会议开幕式并发表重要讲话，宣布中国为推进全球抗疫合作的五大举措，呼吁各国携起手来，共同构建人类卫生健康共同体。截至2022年12月底，中国与180个国家、10多个国际和地区组织分享疫情防控和诊疗方案，向34个国家派出38支医疗专家组，向150多个国家和15个国际组织提供大量抗疫物资，向120多个国家和国际组织提供超过22亿剂次新冠疫苗……中国以实际行动帮助挽救了全球成千上万人的生命，以实际行动彰显了推动构建人类命运共同体的真诚愿望。

针对疫情带来的冲击，党中央统筹推进疫情防控和经济社会发展，加大宏观政策应对力度。2020年2月23日，统筹推进新冠肺炎疫情防控和经济社会发展工作部署会议召开。习近平在会上指出，要用全面、辩证、长远的眼光看待我国发展，增强信心、坚定信心。要变压力为动力、善于化危为机，加大政策调节力度，把我国发展的巨大潜力和强大动能充分释放出来。3月6日，习近平在决战决胜脱贫攻坚座谈会上强调，统筹推进疫情防控和脱贫攻坚，以更大决心、更强力度推进脱贫攻坚，支持扶贫产业恢复生产，优先支持贫困劳动力务工就业，做好对因疫致贫返贫人口的帮扶。4月17日，中央政治局会议提出，在加大"六稳"工作力度的同时，全面落实"六保"任务，即保居民就业、保基本民生、保市场主体、保粮食能源安全、保产业链供应链稳定、保基层运转。做好"六稳"工作、落实"六保"任务，稳住了经济基本盘，为渡过难关赢得了时间、创造了条件，为应对各种风险挑战提供了重要保证。党中央、国务院还制定一系列纾困惠企政策，出台强化就业优先、促进投资消费、稳定外贸外资、稳定产业链供应链等措施，促进新业态发展，推动交通运输、餐饮商超、文化旅游等各行各业有序恢复，实施支持湖北发展一揽子政策，分批分次复学复课。在一系列政策作用下，2020年，中国率先控制住疫情，率先复工复产，率先实现经济增长由负转正，成为全球唯一实现正增长的主要经济体；2021年，中国经济总量达114.4万亿元，占全球经济总量比重超过18%；2022年，国民经济总体延续恢复态势，经济社会发展大局继续保持稳定。抗疫三年来，以习近平同志为核心的党中央始终坚持人民生命至上、人民利益至上，统筹疫情防控和经济社会发展取得重大积极成果，最大程度保护了人民生命安全和身体健康，最大限度减少了对经济社会发展的影响。

2020年9月8日，全国抗击新冠肺炎疫情表彰大会隆重举行。习近平为"共和国勋章"获得者钟南山，"人民英雄"国家荣誉称号获得者张伯礼、张定宇、陈薇，一一颁授勋章奖章。大会还表彰了全国抗击新冠肺炎疫情先进个人和先进集体、全国优秀共产党员和全国先进基层党组织。习近平在大会上深刻阐述生命至上、举国同心、舍生忘死、尊重科学、命运与共的伟大抗疫精神。生命至上，集中体现了中国人民深厚的仁爱传统和中国共产党人以人民为中心的价值追求。举国同心，集中体现了中国人民万众一心、同甘共苦的团结伟力。舍生忘死，集中体现了中国人民敢于压倒一切困难而不被任何困难所压倒的顽强意志。尊重科学，集中体现了中国人民求真务实、开拓创新的实践品格。命运与共，集中体现了中国人民和衷共济、爱好和平的道义担当。习近平指出："伟大抗疫精神，同中华民族长期形成的特质禀赋和文化基因一脉相承，是爱国主义、集体主义、社会主义精神的传承和发展，是中国精神的生动诠释，丰富了民族精神和时代精神的内涵。"①

新冠肺炎疫情加速了世界格局演变，世界不稳定性不确定性明显增加。面对错综复杂的国际环境带来的新矛盾新挑战，面对我国社会主要矛盾变化带来的新特征新要求，党中央统筹中华民族伟大复兴战略全局和世界百年未有之大变局，带领全党全国人民，以"踏平坎坷成大道，斗罢艰险又出发"的顽强意志，努力在危机中育先机、于变局中开新局，

---

① 《习近平谈治国理政》第四卷，外文出版社2022年版，第101页。

向着中华民族伟大复兴的目标继续前进。

五、坚持"一国两制"和推进祖国统一

香港、澳门回归祖国后，重新被纳入国家治理体系，走上了同祖国内地优势互补、共同发展的宽广道路，"一国两制"实践在乘风破浪中取得新进展。与此同时，党中央坚持一个中国原则和"九二共识"，推进两岸关系和平发展，加强两岸经济文化交流合作，妥善应对台湾局势变化，坚决反对"台独"分裂行径和外部势力干涉，牢牢把握两岸关系主导权和主动权，有力维护台海和平稳定，坚定推进祖国统一大业。

保持香港、澳门长期繁荣稳定　"一国两制"是中国特色社会主义的伟大创举，是香港、澳门回归后保持长期繁荣稳定的最佳制度安排，必须长期坚持。习近平在多个场合围绕"一国两制"问题作出重要论述。他指出，中央贯彻"一国两制"方针坚持两点：一是坚定不移，不会变、不动摇；二是全面准确，确保"一国两制"在香港的实践不走样、不变形，始终沿着正确方向前进。"一国"是根，根深才能叶茂；"一国"是本，本固才能枝荣。必须牢固树立"一国"意识，坚守"一国"原则，正确处理特别行政区和中央的关系。继续推进"一国两制"事业，必须牢牢把握"一国两制"的根本宗旨，共同维护国家主权、安全和发展利益，保持香港、澳门长期繁荣稳定。

伴随着国际形势的深刻复杂变化，2014年香港爆发的"占领中环"事件以及2019年的"修例风波"，都对"一国两制"的实践提出过新挑战，但没有动摇党中央继续推进"一国两制"实践的信心决心。

一方面，中央政府高度重视依法治港治澳，依法遏制和打击"港独"势力，坚决维护国家核心利益和香港、澳门特别行政区根本利益。在中央政府的支持下，香港特别行政区政府依法推进选举制度改革。2014年8月，十二届全国人大常委会第十次会议通过《关于香港特别行政区行政

长官普选问题和 2016 年立法会产生办法的决定》，确定香港特别行政区行政长官普选制度的核心要素和制度框架。2020 年 5 月，十三届全国人大三次会议通过《关于建立健全香港特别行政区维护国家安全的法律制度和执行机制的决定》；6 月，十三届全国人大常委会第二十次会议通过《中华人民共和国香港特别行政区维护国家安全法》；2021 年 3 月，十三届全国人大四次会议以高票表决通过《全国人民代表大会关于完善香港特别行政区选举制度的决定》。这一系列举措，以对香港特别行政区选举委员会重新构建和增加赋权为核心进行总体制度设计，坚持和完善"一国两制"制度体系，全面贯彻、体现和落实"爱国者治港"的原则，确保管治权牢牢掌握在爱国爱港力量手中，确保香港长治久安和长期繁荣稳定。

另一方面，中央政府大力支持港澳对接国家整体发展战略，谋划港澳经济社会发展和民生改善，促进港澳与内地优势互补、合作共赢、共同发展。坚守"一国"之本，应善用"两制"之利。发展是永恒的主题，也是解决各类深层次矛盾的金钥匙。从"21 世纪海上丝绸之路"到国家"十三五""十四五"规划纲要，再到粤港澳大湾区建设，中央政府稳步推进深圳前海、珠海横琴等粤港澳合作平台建设，丰富了新时代"一国两制"实践的内涵，为谱写"一国两制"新篇章提供了重要机遇和强大动力。港珠澳大桥、广深港高铁、新横琴口岸、莲塘 / 香园围口岸、粤澳新通道（青茂口岸）等大型跨境基础设施的建设，加强了粤港澳之间的联系，为香港、澳门更好地融入国家发展大局提供了有利条件。

一系列标本兼治的举措，推动香港局势实现由乱到治的重大转折，为推进依法治港治澳、促进"一国两制"实践行稳致远打下了坚实基础。正如 2019 年 12 月习近平在出席庆祝澳门回归祖国 20 周年大会时指出的，"一国两制"的成功实践可归结为四条经验，即始终坚定"一国两制"制度自信，始终准确把握"一国两制"正确方向，始终强化"一国两制"使命担当，始终筑牢"一国两制"社会政治基础。在中央政府关心支持和各方共同努力下，香港、澳门与祖国内地同发展、共繁荣的道路必将越走越宽广。

推进两岸关系和平发展　国家统一是大势所趋、大义所在、民心所向。解决台湾问题，实现祖国完全统一，是全体中华儿女的共同愿望。2013 年 2 月，习近平在会见中国国民党荣誉主席连战及随访的台湾各界人士时强调，继续推动两岸关系和平发展、促进两岸和平统一，是新一届中共中央领导集体的责任，"两岸一家人，共圆中国梦"应成为两岸关系和平发展的主题。

增进两岸政治互信，夯实共同政治基础，是确保两岸关系和平发展的关键。2014 年 2 月，经两岸双方协商，国务院台湾事务办公室与台湾方面大陆委员会在坚持"九二共识"共同政治基础上建立起常态化联系沟通机制。在此基础上，海协会和台湾海基会多次商谈，签署《海峡两岸服务贸易协议》《海峡两岸气象合作协议》《海峡两岸地震监测合作协议》《海峡两岸避免双重课税及加强税务合作协议》《海峡两岸民航飞行安全与适航合作协议》等多项协议，为推动两岸关系和平发展和增进两岸同胞利益福祉发挥了重要作用。

由于历史和现实原因，两岸关系存在的很多问题一时不易解决。习近平多次会见台湾有关人士，强调只要两岸双方都从"两岸一家亲"的理念出发，将心比心，以诚相待，就没有什么心结不能化解，没有什么困难不能克服。为此，大陆持续办好海峡论坛、两岸企业家峰会、海峡青年节、双城论坛、中山论坛等主题广泛的互动合作、汇聚民意的平台，促进两岸教育交流合作取得新进展，文化交流合作形式更加丰富，两岸工会、青年、妇女、体育、卫生、宗教、宗亲和民间信仰等各领域、各界别交流持续热络，基层民众交流更加频繁。2015 年 6 月，国务院修改《中国公民往来台湾地区管理办法》，对台湾居民往来大陆免签注手续，随后实行卡式台胞证。

随着两岸政治互信水平提升和两岸关系和平发展的不断深入，两岸领导人实现历史性会晤，使两岸政治互动达到新高度。2015 年 11 月 7 日，习近平同台湾地区领导人马英九在新加坡会晤，就进一步推进两岸关系和平发展交换意见。这是 1949 年以来两岸领导人的首次会晤，开创了两岸领导人直接对话沟通的先河，为两岸关系未来发展开辟了新的空间。

2016 年民进党上台后，台湾岛内政局发生重大变化，两岸关系和平发展的势头受到严重冲击。3 月，在参加十二届全国人大四次会议上海代表团审议时，习近平强调，我们对台大政方针是明确的、一贯的，不会因台湾政局变化而改变。11 月，习近平会见中国国民党主席洪秀柱，强调只要是有利于增进两岸同胞亲情和福祉的事，只要是有利于推动两岸关系和平发展的事，只要是有利于维护中华民族整体利益的事，国共两党都应该尽最大努力去做，并把好事办好。同月，在纪念孙中山先生诞辰 150 周年大会上，习近平指出，台湾任何党派、团体、个人，无论过去主张过什么，只要承认"九二共识"，认同大陆和台湾同属一个中国，我们都愿意同其交往。这些讲话谈话表明了继续推进两岸关系和平发展、造福两岸同胞的真诚态度，回答了两岸同胞普遍关心的问题，为破解两岸关系政治僵局指明了方向。

坚决反对"台独"分裂行径和外部势力干涉 对两岸关系和平发展的最大现实威胁是"台独"势力及其分裂活动。党的十八大以来，党中央深刻洞悉台湾局势重大变化，始终着眼于中华民族整体利益和长远利益，坚定维护国家主权和领土完整，坚决反对和遏制任何形式的"台独"分裂行径，坚决反对外部势力干涉，保持台海局势总体稳定。

2014 年后，台海形势发生了一些变化。同年 3 月，台湾岛内发生反服贸事件，实质上是"台独"及外部势力在背后煽动、支持的一次"反中"事件，两岸关系和平发展进程和节奏受到了相当程度的影响。2016 年 5 月，主张"台独"的民进党再度上台，民进党当局拒不承认体现一个中国原则的"九二共识"，单方面破坏两岸关系和平发展的政治基础，导致两岸关系陷入政治僵局，纵容支持各种形式的"去中国化""渐进台独"分裂活动，企图削弱、切割台湾同大陆的政治、经济和历史文化联系，煽动两岸民意对立，阻挠破坏两岸各领域交流合作，并企图挟洋自重，对两岸关系和平发展构成了严峻挑战。

"台独"分裂是祖国统一的最大障碍，是民族复兴的严重隐患。党中央高度警惕形形色色的"台独"活动，坚决反对"法理台独"分裂行径，坚决遏制"渐进台独"侵蚀和平统一的基础，绝不为各种形式的"台独"分裂活动留下任何空间。在台湾政局生变前后，习近平多次发表讲话谈话，强调我们将坚决遏制任何形式的"台独"分裂行径，维护国家主权和领土完整，绝不让国家分裂的历史悲剧重演。这向台湾当局和"台独"势力表明鲜明态度，划出清晰底线，形成强大震慑。

与此同时，党中央也在不断推动两岸经济文化交流合作，增进两岸人民福祉，贯彻新时代党解决台湾问题的总体方略。2019年1月，在《告台湾同胞书》发表40周年之际，习近平发表《为实现民族伟大复兴、推进祖国和平统一而共同奋斗》的重要讲话，阐述了立足新时代、在民族复兴伟大征程中推进祖国和平统一的五项重大政策主张：携手推动民族复兴，实现和平统一目标；探索"两制"台湾方案，丰富和平统一实践；坚持一个中国原则，维护和平统一前景；深化两岸融合发展，夯实和平统一基础；实现同胞心灵契合，增进和平统一认同。随后，持续完善保障台湾同胞福祉的制度安排和政策措施，先后出台了《关于促进两岸经济文化交流合作的若干措施》《港澳台居民居住证申领发放办法》《关于进一步促进两岸经济文化交流合作的若干措施》《关于应对疫情统筹做好支持台资企业发展和推进台资项目有关工作的通知》等，修改《中华人民共和国台湾同胞投资保护法》，为台湾同胞在大陆学习、创业、就业、生活创造更加便利的环境。

为了坚决反对"台独"分裂，坚定推进祖国大陆与台湾的和平统一进程，2020年5月29日，《反分裂国家法》实施15周年座谈会在北京举行。会议强调，如果"台独"分裂势力一意孤行甚至铤而走险，将按照《反分裂国家法》有关规定，采取一切必要手段，坚决粉碎"台独"分裂图谋，坚决捍卫国家主权和领土完整。8 月，针对个别大国在涉台问题上的消极动向及向"台独"势力发出的严重错误信号，中国人民解放军东部战区多军种多方向成体系出动兵力，在台湾海峡及南北两端连续组织实战化演练。在实践斗争中，党和国家始终坚持一个中国原则和"九二共识"，坚决反对"台独"分裂行径，坚决反对外部势力干涉，牢牢把握了两岸关系主导权和主动权。

台湾问题是中国的内政。解决台湾问题是中国人自己的事，应由中国人来决定。中国政府坚决反对外部势力打"台湾牌"在台海兴风作浪，与有关国家的涉台消极动向进行坚决斗争，使越来越多国家和人民理解并支持中国维护国家统一的正义事业。

六、全面推进中国特色大国外交和推动构建人类命运共同体

面对风云变幻的国际形势，以习近平同志为核心的党中央统筹国内国际两个大局，牢牢把握服务民族复兴、促进人类进步这条主线，推动建设新型国际关系，推动构建人类命运共同体，坚定维护国家主权、安全、发展利益，积极参与引领全球治理体系改革和建设，打造更加完善的全球伙伴关系网络，开创性推进中国特色大国外交，为全面建成小康社会、进而全面建设社会主义现代化国家创造了有利条件。

中国特色大国外交的提出　当前，世界之变、时代之变、历史之变正以前所未有的方式展开。一方面，和平、发展、合作、共赢的历史潮流不可阻挡，人心所向、大势所趋决定了人类前途终归光明；另一方面，恃强凌弱、巧取豪夺、零和博弈等霸权霸道霸凌行径危害深重，和平赤字、发展赤字、安全赤字、治理赤字加重，人类社会面临前所未有的挑战。

2012 年 12 月，习近平明确提出"大变局"的概念，并强调，这个大变局是前所未有的。2014 年 11 月，中央外事工作会议召开，习近平在会上明确提出，中国必须有自己特色的大国外交。这是从我国社会主义初级

阶段和发展中大国的国情出发提出的一个重大命题。习近平强调，要在总结实践经验的基础上，丰富和发展对外工作理念，使我国对外工作有鲜明的中国特色、中国风格、中国气派。要坚持中国共产党领导和中国特色社会主义，坚持我国的发展道路、社会制度、文化传统、价值观念。要坚持独立自主的和平外交方针，坚持把国家和民族发展放在自己力量的基点上，坚定不移走自己的路，走和平发展道路，同时决不能放弃我们的正当权益，决不能牺牲国家核心利益。要坚持国际关系民主化，坚持和平共处五项原则，坚持国家不分大小、强弱、贫富都是国际社会平等成员，坚持世界的命运必须由各国人民共同掌握，维护国际公平正义，特别是要为广大发展中国家说话。以这次会议为标志，中国特色大国外交迈出新的步伐。

随后，党中央全面推进中国特色大国外交，全方位外交布局深入展开。实施共建"一带一路"，发起创办亚洲基础设施投资银行，设立丝路基金，举办"一带一路"国际合作高峰论坛、亚太经合组织第二十二次领导人非正式会议、二十国集团领导人杭州峰会、金砖国家领导人厦门会晤、亚信上海峰会、首届亚洲与文明对话大会等。倡导构建人类命运共同体，促进全球治理体系改革和建设。我国国际影响力、感召力、塑造力进一步提高，塑造了中国外交独特风范，走出了一条中国特色大国外交新路，为实现中华民族伟大复兴的中国梦营造了良好外部环境，为世界和平与发展作出了新的重大贡献。

推动构建人类命运共同体　在世界百年未有之大变局的演化过程中，人类面临许多共同挑战，没有哪个国家能置身事外，也没有哪个国家能单独应对。但随着中国快速发展，国际上有些人担心中国会走"国强必霸"的路子，一些人提出了所谓的"中国威胁论"。"中国如何发展？中国发展起来了将是一个什么样的国家？"成为我们民族复兴道路上必须回答的问题。

观点辨析：为什么说根本不存在"修昔底德陷阱"

2013年3月，习近平在莫斯科国际关系学院发表题为《顺应时代前进潮流，促进世界和平发展》的演讲，提出当今世界"越来越成为你中有我、我中有你的命运共同体"。此后，习近平在不同场合创造性地提出了一系列相关具体理念。从 2015 年在纽约联合国总部阐述构建人类命运共同体"五位一体"的总体路径，到 2017 年在联合国日内瓦总部进一步提出建设"五个世界"的总体布局，2020 年倡导打造人类卫生健康共同体倡议，再到 2021 年在第七十六届联合国大会一般性辩论上首次提出构建全球发展命运共同体……人类命运共同体理念的丰富内涵与实践版图与时俱进，不断拓展，为动荡变革世界廓清迷雾，为全球发展指明前行方向。

推动构建人类命运共同体，鲜明体现了当代中国共产党人的全球视野，体现了中国将自身发展与世界发展相统一的世界胸怀，为人类社会实现共同发展、持续繁荣、长治久安绘制了蓝图，弘扬和平、发展、公平、正义、民主、自由的全人类共同价值，引领人类进步潮流，得到国际社会的广泛认同。2017 年 3 月，"构建人类命运共同体"首次被写入联合国安理会第 2344 号决议文件，此后连续 5 年联大决议均提及这一重要理念。

打造全球伙伴关系　党中央通盘谋划，高举和平、发展、合作、共赢的旗帜，整体推进大国、周边、发展中国家外交和多边合作，推进和完善全方位、多层次、立体化的外交布局，积极发展全球伙伴关系。

大国关系事关全球战略稳定。党中央不断深化中俄政治互信，共同宣布《中俄睦邻友好合作条约》延期并赋予其新的时代内涵，提升战略性务实合作和人文交流水平，中俄全面战略协作伙伴关系进入新时代；稳妥应对中美关系复杂局面，明确提出新时期中美相处应该坚持相互尊重、和平共处、合作共赢三点原则，积极推动构建以协调、合作、稳定为基调的中美关系；稳步推进中欧和平、增长、改革、文明四大伙伴关系建设，如期完成中欧投资协定谈判，共同捍卫多边主义和自由贸易，共同推动完善全球治理。

周边在中国发展大局和外交全局中具有重要地位，周边外交是新时代中国外交的优先方向。2013 年 10 月，党中央专门召开新中国成立以来的首次周边外交工作座谈会，明确我国周边外交的基本方针是坚持与邻为善、以邻为伴，坚持睦邻、安邻、富邻，突出体现亲诚惠容的理念；外交工作要坚持正确义利观，多向发展中国家提供力所能及的帮助。十年间，引领中日关系重回正轨并持续改善；推动维护朝鲜半岛和平稳定；同越南、老挝等社会主义邻国建设具有战略意义的命运共同体；推动中国—东盟合作稳步发展，中国东盟关系提升为全面战略伙伴关系，包括东盟在内的区域全面经济伙伴关系协定成功签署并正式生效；开创中印领导人年度非正式会晤的双边交往新模式，引领两国深化战略互信、妥善管控分歧、稳定发展双边关系；成功举办中国同中亚五国建交 30 周年视频峰会，以高层往来为引领，以务实合作为纽带，推动同中亚地区关系提质升级，携手构建更加紧密的中国—中亚命运共同体。

广大发展中国家是我国在国际事务中的天然同盟军。在真实亲诚的政策理念下，中非共同制订《中非合作 2035 年愿景》，推动构建新时代中非命运共同体，中非友好合作换挡提速，发展战略加快对接；中阿建立全面合作、共同发展、面向未来的战略伙伴关系，合作机制日臻成熟；中拉政治互信不断夯实，互利合作提质升级；同太平洋岛国的关系定位提升为全面战略伙伴关系；同发展中国家集体对话机制实现全覆盖，各方向合作实现全覆盖。

中国以发展全球伙伴关系为着力点，构建共同而非排他的"朋友圈"，走出了一条结伴而不结盟、对话而不对抗的国与国交往新路。

积极参与全球治理体系改革和建设　随着国际力量对比消长变化和全球性挑战日益增多，加强全球治理、推动全球治理体系改革和建设是大势所趋。中国是世界和平的建设者、全球发展的贡献者、国际秩序的维护者，也是全球治理变革进程的参与者、推动者、引领者，积极参与全球治理体系改革和建设。

中国主动发挥负责任大国的作用，努力为全球治理贡献中国智慧和力量。2014 年 3 月 24 日，习近平出席在荷兰海牙举行的第三届核安全峰会，在会上首次提出理性、协调、并进的核安全观。2014 年 11 月，在北京举行的亚太经合组织第二十二次领导人非正式会议启动亚太自贸区进程，批准《亚太经合组织互联互通蓝图（2015—2025）》，在近 30 个领域共取得 100 多项合作成果。中方把 2016 年 9 月二十国集团领导人杭州峰会主题确定为"构建创新、活力、联动、包容的世界经济"，就推动世界经济强劲、可持续、平衡和包容增长的一揽子政策和措施形成"杭州共识"，引导协调各方在创新增长、结构性改革、多边投资、气候变化、可持续发展等重要问题上制定出一系列指导原则和指标体系，有力推动二十国集团从危机应对向长效治理机制转型。

中国积极推动变革全球治理体系中不公正不合理的安排，推动国际秩序朝着更加公正合理的方向发展。2014 年 12 月，中国为支持"一带一路"建设而专门设立的丝路基金开始运行，为推进与相关国家和地区的基础设施、资源开发、产能合作和金融合作等发挥了重要作用。2015 年 7 月，中国推动成立的金砖国家新开发银行开业，总部设在上海，为金砖国家以及其他发展中国家的基础设施建设提供融资。中国还积极推动国际货币基金组织开展份额和治理机制改革，经过努力，人民币被纳入国际货币基金组织特别提款权货币篮子，中国在国际货币基金组织中的份额和投票权从第六位跃居第三位，在经济金融领域的国际话语权和影响力显著增强。2021 年 1 月，习近平出席世界经济论坛"达沃斯议程"对话会并发表特别致辞，提出我们要解决好这个时代面临的四大课题：加强宏观经济政策协调，共同推动世界经济强劲、可持续、平衡、包容增长；摒弃意识形态偏见，共同走和平共处、互利共赢之路；克服发达国家和发展中国家发展鸿沟，共同推动各国发展繁荣；携手应对全球性挑战，共同缔造人类美好未来。2021 年 9 月，习近平出席第七十六届联合国大会一般性辩论并发表讲话，提出全球发展倡议：坚持发展优先；坚持以人民为中心；坚持普惠包容；坚持创新驱动；坚持人与自然和谐共生；坚持行动导向。2022 年 4 月，习近平出席博鳌亚洲论坛年会开幕式并发表主旨演讲，提出全球安全倡议：坚持共同、综合、合作、可持续的安全观；坚持尊重各国主权、领土完整；坚持遵守联合国宪章宗旨和原则；坚持重视各国合理安全关切；坚持通过对话协商以和平方式解决国家间的分歧和争端；坚持统筹维护传统领域和非传统领域安全。这些重要论述为"后疫情时代"促进世界和平与发展提供了重要指引。

中国积极参与新兴领域治理，推动完善相关治理规则，确保各国权利共享、责任共担。中国自2014年起发起主办世界互联网大会，致力于与国际社会一道打造网络安全新格局，构建网络空间命运共同体。中国主张坚持共同但有区别的责任原则、公平原则、各自能力原则，推进气候变化《巴黎协定》生效落实，协调一致行动，共同应对气候变化，推动构建合作共赢、公正合理的全球气候治理体系。

此外，中国还积极参与全球安全规则制定，加强国家安全合作，积极参与联合国维和行动，为维护世界和平和地区稳定发挥了建设性作用。十年来，中国承担的联合国会费数额稳步增长，已成为第二大联合国会费国和维和摊款国。中国积极全面履行入世承诺，大幅放宽市场准入，持续推进高水平对外开放，进口关税总水平由15.3%降至7.4%，开放了世贸组织服贸分类160个分部门中的近120个，清理法律法规近20万件。中国还积极参与并推动世贸组织第12届部长级会议取得积极成果，展现出加强团结协作、维护多边贸易体制的决心。

第三节　开启全面建设社会主义现代化国家新征程

一、完成脱贫攻坚、全面建成小康社会的历史任务，实现第一个百年奋斗目标

脱贫攻坚战取得全面胜利　小康是中华民族的千年梦想和夙愿。100

年来，中国共产党团结带领中国人民顽强拼搏，几代人一以贯之、接续奋斗，从"小康之家"到"小康社会"，从"总体小康"到"全面小康"，从"全面建设"到"全面建成"，小康目标不断实现，小康梦想成为现实。

打赢脱贫攻坚战，是全面建成小康社会的底线任务。越到冲刺阶段，越要全力以赴啃硬骨头、持续用力攻坚拔寨。以习近平同志为核心的党中央，坚持以人民为中心的发展思想，把脱贫攻坚摆到治国理政重要位置，提升到事关全面建成小康社会、实现第一个百年奋斗目标的政治高度，充分发挥党的领导和中国社会主义制度的政治优势，采取了许多具有原创性、独特性的重大举措，组织实施了人类历史上规模最大、力度最强的脱贫攻坚战。

2018年2月，习近平在四川成都主持召开打好精准脱贫攻坚战座谈会，强调要清醒认识和把握打赢脱贫攻坚战面临任务的艰巨性，清醒认识把握实践中存在的突出问题和解决这些问题的紧迫性，不放松、不停顿、不懈怠，把提高脱贫质量放在首位，聚焦深度贫困地区，扎实推进各项工作。6月，党中央、国务院印发《关于打赢脱贫攻坚战三年行动的指导意见》，要求以更有力的行动、更扎实的工作，集中力量攻克贫困的难中之难、坚中之坚，确保如期完成全面脱贫任务。2019年4月，习近平又在重庆主持召开解决"两不愁三保障"突出问题座谈会，强调脱贫攻坚战进入决胜的关键阶段，打法要同初期的全面部署、中期的全面推进有所区别，最要紧的是防止松懈、防止滑坡，要求不获全胜决不收兵。

脱贫攻坚涉及面广、要素繁多、极其复杂，需要强有力的组织领导和贯彻执行。以习近平同志为核心的党中央充分发挥党的政治优势、组织优势，建立中央统筹、省负总责、市县抓落实的脱贫攻坚管理体制和片为重点、工作到村、扶贫到户的工作机制，构建起横向到边、纵向到底的工作体系。全国累计选派25.5万个驻村工作队、300多万名第一书记和驻村干部，同近 200 万名乡镇干部和数百万村干部一道奋战在扶贫一线，鲜红的党旗始终在脱贫攻坚主战场上高高飘扬。在脱贫攻坚斗争中，1 800 多名同志将生命定格在了脱贫攻坚征程上，生动诠释了共产党人的初心使命。

脱贫攻坚最关键的是加大投入、强化资金支持。我国通过发挥政府主体和主导作用，增加金融资金对脱贫攻坚的投放，发挥资本市场支持贫困地区发展作用，吸引社会资金广泛参与脱贫攻坚，形成了脱贫攻坚资金多渠道、多样化投入。2013 年到 2020 年，中央、省、市县财政专项扶贫资金累计投入近 1.6 万亿元，其中中央财政累计投入 6 601 亿元，发挥了资金主渠道作用。针对"三区三州"等深度贫困地区，2018 年至 2020 年，共安排支持增量资金 2 800 多亿元，为这些地方顺利脱贫提供了有力支撑。在此基础上党和政府坚持实施精准扶贫方略，把扶贫和扶志、扶智结合起来，努力激发贫困地区发展内生动力。为确保脱贫过程扎实、脱贫结果真实，使脱贫攻坚成效经得起实践和历史检验，党和政府建立起多渠道全方位的监督体系和最严格的考核评估体系。

新冠肺炎疫情暴发后，脱贫攻坚工作一度受到影响。党和政府及时对统筹推进疫情防控和脱贫攻坚作出部署。2020 年 3 月 6 日，在国内疫情蔓延势头得到初步遏制后，党中央迅即以电视电话会议形式召开决战决胜脱贫攻坚座谈会，所有省区市主要负责同志都参加，中西部 22 个向中央签了脱贫攻坚责任书的省份一直开到县级。这是党的十八大以来脱贫攻坚方面最大规模的会议。各地各部门迅速贯彻这次会议精神，努力克服疫情影响，采取多种方式重点解决贫困劳动力外出务工受阻、扶贫农畜产品滞销、扶贫项目停工等问题，及时做好对因疫致贫返贫人口的帮扶，确保了脱贫攻坚目标任务如期完成。

习近平:《在全国脱贫攻坚总结表彰大会上的讲话》

2020 年 11 月，随着新疆、云南、宁夏、四川、广西、甘肃、贵州的最后 52 个贫困县宣布退出贫困县序列，全国

832 个贫困县全部实现脱贫摘帽，12.8 万个贫困村全部出列，现行标准下 9 899 万农村贫困人口全部脱贫，所有深度贫困地区的最后堡垒被全部攻克，区域性整体贫困得到解决。

2021 年 2 月 25 日，党中央、国务院隆重举行全国脱贫攻坚总结表彰大会。习近平在会上庄严宣告：我国脱贫攻坚战取得了全面胜利。这是中国人民的伟大光荣，是中国共产党的伟大光荣，是中华民族的伟大光荣！

农村贫困人口全部脱贫，为实现全面建成小康社会目标任务作出了关键性贡献。党的十八大以来，平均每年 1 000 多万人脱贫，相当于一个中等国家的人口脱贫。贫困人口收入水平显著提高，全部实现"两不愁三保障"，脱贫群众不愁吃、不愁穿，义务教育、基本医疗、住房安全有保障，饮水安全也有了保障。2 000 多万贫困患者得到分类救治，曾经被病魔困扰的家庭挺起了生活的脊梁。近 2 000 万贫困群众享受低保和特困救助供养，2 400 多万困难和重度残疾人拿到了生活和护理补贴。110 多万贫困群众当上护林员，守护绿水青山，换来了金山银山。无论是雪域高原、戈壁沙漠，还是悬崖绝壁、大石山区，脱贫攻坚的阳光照耀到了每一个角落，无数人的命运因此而改变，无数人的梦想因此而实现，无数人的幸福因此而成就。

脱贫地区经济社会发展大踏步赶上来，整体面貌发生历史性巨变。贫困地区发展步伐显著加快，经济实力不断增强，基础设施建设突飞猛进，社会事业长足进步，行路难、吃水难、用电难、通信难、上学难、就医难等问题得到历史性解决。义务教育阶段建档立卡贫困家庭辍学学生实现动态清零。具备条件的乡镇和建制村全部通硬化路、通客车、通邮路。新改建农村公路 110 万公里，新增铁路里程 3.5 万公里。贫困地区农网供电可靠率达到 99%，大电网覆盖范围内贫困村通动力电比例达到 100%，贫困村通光纤和 4G 比例均超过 98%。790 万户、2 568 万贫困群众的危房得到改造，累计建成集中安置区 3.5 万个、安置住房 266 万套，

960 多万人"挪穷窝",摆脱了闭塞和落后,搬入了新家园。许多乡亲告别溜索桥、天堑变成了通途,告别苦咸水、喝上了清洁水,告别四面漏风的泥草屋、住上了宽敞明亮的砖瓦房。千百万贫困家庭的孩子享受到更公平的教育机会,孩子们告别了天天跋山涉水上学,实现了住学校、吃食堂。28 个人口较少民族全部整族脱贫,一些新中国成立后"一步跨千年"进入社会主义社会的"直过民族",又实现了从贫穷落后到全面小康的第二次历史性跨越。所有深度贫困地区的最后堡垒被全部攻克。脱贫地区处处呈现山乡巨变、山河锦绣的时代画卷。

脱贫群众精神风貌焕然一新,增添了自立自强的信心勇气。脱贫攻坚,取得了物质上的累累硕果,也取得了精神上的累累硕果。广大脱贫群众激发了奋发向上的精气神,社会主义核心价值观得到广泛传播,文明新风得到广泛弘扬,艰苦奋斗、苦干实干、用自己的双手创造幸福生活的精神在广大贫困地区蔚然成风。贫困群众的精神世界在脱贫攻坚中得到充实和升华,信心更坚、脑子更活、心气更足,发生了从内而外的深刻改变。

党群干群关系明显改善,党在农村的执政基础更加牢固。各级党组织和广大共产党员坚决响应党中央号召,以热血赴使命、以行动践诺言,在脱贫攻坚这个没有硝烟的战场上呕心沥血、建功立业。广大扶贫干部舍小家为大家,同贫困群众结对子、认亲戚,常年加班加点、任劳任怨,困难面前豁得出,关键时候顶得上,把心血和汗水洒遍千山万水、千家万户。他们爬过最高的山,走过最险的路,去过最偏远的村寨,住过最穷的人家,哪里有需要,他们就战斗在哪里。基层党组织充分发挥战斗堡垒作用,在抓党建促脱贫中得到锻造,凝聚力、战斗力不断增强,基层治理能力明显提升。贫困地区广大群众听党话、感党恩、跟党走,党群关系、干群关系得到极大巩固和发展。

创造了减贫治理的中国样本,为全球减贫事业作出了重大贡献。摆脱贫困一直是困扰全球发展和治理的突出难题。改革开放以来,按照现行贫困标准计算，中国7.7亿农村贫困人口摆脱贫困；按照世界银行国际贫困标准，中国减贫人口占同期全球减贫人口70%以上。特别是在全球贫困状况依然严峻、一些国家贫富分化加剧的背景下，我国提前10年实现《联合国2030年可持续发展议程》的减贫目标，赢得国际社会广泛赞誉。纵览古今、环顾全球，没有哪一个国家能在这么短的时间内实现几亿人脱贫。作为世界上最大的发展中国家，中国如期全面完成脱贫攻坚目标任务，大大加快了全球减贫进程，谱写了人类反贫困历史新篇章，为推动构建人类命运共同体贡献了中国力量。中国在减贫实践中探索形成的宝贵经验，既属于中国也属于世界，拓展了人类反贫困思路，为人类减贫探索了新的路径。

脱贫攻坚取得举世瞩目的成就，靠的是党的坚强领导，靠的是中华民族自力更生、艰苦奋斗的精神品质，靠的是新中国成立以来特别是改革开放以来积累的坚实物质基础，靠的是一任接着一任干的坚守执着，靠的是全党全国各族人民的团结奋斗。在脱贫攻坚中，党和国家立足我国国情，把握减贫规律，出台一系列超常规政策举措，构建了一整套行之有效的政策体系、工作体系、制度体系，走出了一条中国特色减贫道路，形成了中国特色反贫困理论。脱贫攻坚伟大斗争，锻造形成了"上下同心、尽锐出战、精准务实、开拓创新、攻坚克难、不负人民"的脱贫攻坚精神。这一精神是中国共产党性质宗旨、中国人民意志品质、中华民族精神的生动写照，是爱国主义、集体主义、社会主义思想的集中体现，是中国精神、中国价值、中国力量的充分彰显，赓续传承了伟大民族精神和时代精神。

脱贫摘帽不是终点，而是新生活、新奋斗的起点。2020年12月，党中央、国务院印发《关于实现巩固拓展脱贫攻坚成果同乡村振兴有效衔接的意见》，强调要在巩固拓展脱贫攻坚成果的基础上，做好乡村振兴这篇大文章，接续推进脱贫地区发展和群众生活改善。《意见》指出，脱贫攻坚目标任务完成后，设立5年过渡期。脱贫地区要根据形势变化，从解决建档立卡贫困人口"两不愁三保障"为重点转向实现乡村产业兴旺、生态宜居、乡风文明、治理有效、生活富裕，从集中资源支持脱贫攻坚转向巩固拓展脱贫攻坚成果和全面推进乡村振兴。各地方各部门陆续出台后续政策，推动减贫战略和工作体系平稳转型，扎实推进巩固拓展脱贫攻坚成果同乡村振兴战略的有效衔接。

全面建成小康社会宏伟目标如期实现 党的十八大以来特别是"十三五"期间，面对错综复杂的国际形势、艰巨繁重的国内改革发展稳定任务特别是新冠肺炎疫情严重冲击，以习近平同志为核心的党中央不忘初心、牢记使命，团结带领全党全国各族人民砥砺前行、开拓创新，奋发有为推进党和国家各项事业，中国经济实力、科技实力、综合国力和人民生活水平跃上了新的大台阶，在中华大地上全面建成了小康社会。

2021年7月1日，习近平在庆祝中国共产党成立100周年大会上庄严宣告：经过全党全国各族人民持续奋斗，我们实现了第一个百年奋斗目标，在中华大地上全面建成了小康社会，历史性地解决了绝对贫困问题，正在意气风发向着全面建成社会主义现代化强国的第二个百年奋斗目标迈进。

中国的全面小康，体现发展的平衡性、协调性和可持续性，是物质文明、政治文明、精神文明、社会文明、生态文明协调发展的小康；是不断满足人民日益增长的多样化多层次多方面需求，不断促进人的全面发展的小康；是国家富强、民族振兴、人民幸福，多维度、全方位的小康。

经济实力大幅提升。2020年，我国国内生产总值跃升至101.4万亿元，经济总量占全球经济比重超过17%，稳居世界第二大经济体。人均国内生产总值超过1万美元，实现从低收入国家到中等偏上收入国家的历史性跨越。不断迈向共同富裕的14亿多人口，其中有超过4亿并不断扩大的中等收入群体，是全球最具成长性的超大规模市场，我国经济充满活力，具有巨大潜力和充足后劲。

科技实力跨越式发展。在科技前沿方向上取得一系列重大原创成果，一大批战略高技术领域取得重大突破，我国跻身创新型国家行列，正在从科技大国迈向科技强国。科技广泛应用于生产领域，创新驱动发展成效显著，科技进步贡献率超过 60%。科技显著提升治理水平、深刻改变人们的生活，带来的不仅是更多的便利，还有更充分的自由、更全面的发展。

产业结构优化升级。我国已建成世界上最完整的产业体系，产业发展持续向中高端迈进。经济从依赖单一产业为主转向依靠三次产业共同带动。农业现代化成效显著，农村生产力极大解放；粮食生产能力稳步提升，中国人把饭碗牢牢端在自己手中。我国建成门类齐全、独立完整的现代工业体系，工业化和信息化融合发展的广度和深度不断拓展，产业链供应链现代化水平进一步提升。战略性新兴产业成为引领高质量发展的重要引擎。生产性服务业向专业化和高端化发展，生活性服务业向精细化和高品质转变。人们个性化品质化多样化需求不断得到满足。

现代基础设施网络持续完善。"五纵五横"综合运输大通道基本贯通，我国加快向交通强国迈进。四通八达的交通网络深刻影响了城市格局、人口布局和经济版图，深刻改变了人们的生活圈、工作圈。能源供给保障能力和能源开发技术水平持续提升，基本形成煤、油、气、核和可再生能源多轮驱动高质量发展的能源生产体系。水利基础设施不断完善，互联网基础设施建设加速推进，信息高速路畅通了人民幸福路。

人民民主不断扩大。人民依法实行民主选举、民主协商、民主决策、民主管理、民主监督，而且各个环节环环相扣、彼此贯通，实现过程民主和结果民主、形式民主和实质民主、直接民主和间接民主相统一，保障了人民的知情权、参与权、表达权、监督权。人民的民主生活丰富多彩，民主恳谈会、听证会、网络议政、远程协商、"立法直通车"、"小院议事厅"、"板凳民主"等，一个个火热的基层民主实践、一个个别具特色的基层民主形式不断涌现，民事民议、民事民定、民事民办渐成风气。

以人民代表大会制度这一根本政治制度，中国共产党领导的多党合作和政治协商制度、民族区域自治制度、基层群众自治制度等基本政治制度为主要内容的人民当家作主制度体系，为维护人民利益奠定了坚实制度基础。以宪法为核心的中国特色社会主义法律体系不断完善，为人民当家作主提供了坚实的法律制度保障。社会公平正义不断彰显，依法治国基本方略全面落实。

文化更加繁荣发展。全体人民共同奋斗的思想基础更加牢固，道路自信、理论自信、制度自信、文化自信显著增强。社会主义核心价值观传播践行，爱国主义精神、改革创新精神、新时代奋斗精神广泛弘扬，积极进取、开放包容、理性平和的国民心态更加成熟，全社会日益形成见贤思齐、崇尚英雄、争做先锋的良好氛围。革命文化大力弘扬，红色故事广为传诵。坚持正确舆论导向，全社会充满向上向善向美的正能量。构筑中华民族共有精神家园，中华民族共同体意识不断铸牢。人民精神文化生活日益丰富，公共文化服务的丰富性、便利性、均等性显著增强。文化产业持续健康发展，人们享受越来越多的高品质文化盛宴。文化娱乐领域乱象有效整治。文化与旅游融合发展。全民健身热悄然兴起，我国正在从体育大国迈向体育强国。中华优秀传统文化创造性转化、创新性发展，焕发新的生机活力。中华文化走出去步伐不断加大，在国际上的亲和力感召力不断提升。

民生福祉显著提升。人民生活水平显著提高，居民收入持续增加，2020 年全国居民人均年可支配收入增加到 32 189 元。城乡居民恩格尔系数分别下降到 29.2%、32.7%。就业局势长期稳定，就业质量显著提升。教育事业蓬勃发展，已建成包括学前教育、初等教育、中等教育、高等教育等在内的当代世界规模最大的教育体系，教育现代化发展总体水平跨入世界中上国家行列。社会保障惠及全民，基本建成包括社会保险、社会救助、社会福利、社会优抚在内的世界上规模最大的社会保障体系，正向全覆盖、保基本、多层次、可持续的目标迈进。我国医疗卫生体系逐步健全，医疗资源配置进一步优化，服务能力不断提升，城乡基本医疗公共服务均等化不断推进，农村医疗卫生服务体系持续改善，医疗保障制度不断健全。健康中国行动加快推进，人民健康水平不断提升。人民群众安全感不断提升，社会治理的社会化、法治化、智能化、专业化水平不断提升，建设更高水平的平安中国成效显著。长期保持社会和谐稳定、人民安居乐业，我国成为国际社会公认的最有安全感的国家之一。

生态环境发生历史性变化。制定实施严格的生态文明制度，基本形成生态环境法律法规框架体系，基本实现各环境要素监管主要领域全覆盖。污染防治攻坚战取得显著成效，持续打好蓝天、碧水、净土保卫战，人们切实感受到环境变化带来的幸福和美好，对蓝天白云、清水绿岸的满意度和获得感进一步提升，2020年，我国民众对生态环境质量的满意度达89.5%。生态系统质量和稳定性不断提升。坚持系统观念，坚持节约优先、保护优先、自然恢复为主，统筹山水林田湖草沙一体化保护和系统治理，增强生态系统整体性，完善自然保护地、生态保护红线监管制度，筑牢国家生态安全屏障，促进生态环境持续改善，让中华民族在绿水青山中永续发展。绿色发展方式和生活方式逐步形成，"绿水青山就是金山银山"理念日益深入人心，生态优先、绿色低碳逐渐成为普遍遵循的发展路径，节约资源和保护环境的空间格局、产业结构、生产方式、生活方式加快形成。

全面建成小康社会，实现了中华民族千百年来的夙愿。无论在落后的农耕文明时代，还是在积贫积弱的近代，小康对百姓来说，都只能是遥不可及的奢望。只有在中国共产党领导下，这一梦想才能实现。中国共产党自成立之日起，就坚定扛起为人民谋

港珠澳大桥

幸福、为民族谋复兴的大旗，经过一代一代的接续奋斗，全面小康终于梦想成真。

全面建成小康社会，是迈向中华民族伟大复兴的关键一步。"小康梦"是中国梦的阶段性目标，没有全面小康的实现，民族复兴就无从谈起。如期全面建成小康社会，标志着第一个百年奋斗目标圆满完成，为实现第二个百年奋斗目标奠定了坚实基础，在中华民族文明史上具有重大意义，实现了从大幅落后于时代到大踏步赶上时代的新跨越。

全面建成小康社会，是对人类社会的伟大贡献。全面建成小康社会，大大提升了人类社会整体发展水平，社会主义中国以更加雄伟的身姿屹立于世界东方。中国全面建成小康社会，使得世界上人均国内生产总值超过 1 万美元的人口数量翻了将近一番，充分彰显了中国特色社会主义制度的强大生命力和巨大优越性。全面建成小康社会的理论和实践，深化了对社会主义本质的认识和理解，开拓了社会主义发展新境界，使科学社会主义在 21 世纪的中国焕发出强大生机活力。中国全面建成小康社会，还为世界上那些既希望加快发展又希望保持自身独立性的国家和民族提供了全新选择，为各国发展提供了机遇。

二、把握新发展阶段、贯彻新发展理念、构建新发展格局、推动高质量发展

把握新发展阶段、贯彻新发展理念、构建新发展格局　实现现代化，是近代以来中华民族孜孜以求的梦想。建设社会主义现代化国家，一直是党和国家的奋斗目标。全面建成小康社会第一个百年奋斗目标实现后，我国将乘势而上开启全面建设社会主义现代化国家新征程，这是中华民族伟大复兴历史进程的大跨越，标志着我国进入了一个新的发展阶段。在这一新的历史起点上，如何准确把握时代方位，科学研判国内外环境，阐明未来发展思路，以引导全社会凝聚起推动经济社会发展的共识和力

量，成为摆在党和人民面前新的重大课题。

2020 年 10 月，党的十九届五中全会召开。全会锚定 2035 年基本实现社会主义现代化的远景目标，综合考虑未来一个时期国内外发展趋势和我国发展条件，对"十四五"时期把握新发展阶段、贯彻新发展理念、构建新发展格局、推动高质量发展作出了系统谋划和战略部署。

习近平:《把握新发展阶段，贯彻新发展理念，构建新发展格局》

2021 年 1 月 11 日，习近平在省部级主要领导干部学习贯彻党的十九届五中全会精神专题研讨班开班式上发表重要讲话，对"十四五"乃至更长时期内我国经济社会发展的一系列重大问题进行了深入阐述。讲话从理论和实际、历史和现实、国内和国际相结合的高度，分析了进入新发展阶段的理论依据、历史依据、现实依据，阐释了深入贯彻新发展理念的新要求，阐明了加快构建新发展格局的主攻方向。

习近平指出，经过新中国成立以来特别是改革开放 40 多年的不懈奋斗，我们已经拥有开启新征程、实现新的更高目标的雄厚物质基础。我们的任务是全面建设社会主义现代化国家，实现人口规模巨大、全体人民共同富裕、物质文明和精神文明相协调、人与自然和谐共生、走和平发展道路的现代化，这既是社会主义初级阶段我国发展的要求，也是我国社会主义从初级阶段向更高阶段迈进的要求。新发展阶段是社会主义初级阶段中的一个阶段，同时是其中经过几十年积累、站到了新的起点上的一个阶段。在这个阶段，我们党将带领人民迎来从站起来、富起来到强起来的历史性跨越，实现第二个百年奋斗目标。

进入新发展阶段，我国发展环境面临深刻复杂变化，不稳定性不确定性明显增加，同时国内发展不平衡不充分问题仍较突出，更加需要新发展理念的科学指引。创新、协调、绿色、开放、共享的新发展理念是一个系统的理论体系，回答了关于发展的目的、动力、方式、路径等一系列理论和实践问题，阐明了中国共产党关于发展的政治立场、价值导向、发展模式、发展道路等重大政治问题。必须完整、准确、全面贯彻新发展理念，把新发展理念贯穿发展全过程和各领域，切实转变发展方式，推动质量变革、效率变革、动力变革，实现更高质量、更有效率、更加公平、更可持续、更为安全的发展。

构建新发展格局，顺应了我国发展阶段、环境、条件的变化，是把握未来发展主动权的战略性布局和先手棋，是新发展阶段要着力推动完成的重大历史任务，也是贯彻新发展理念的重大举措。构建新发展格局是开放的国内国际双循环，不是封闭的国内单循环，要通过发挥内需潜力，使国内市场和国际市场更好联通，以国内大循环吸引全球资源要素，更好利用国内国际两个市场、两种资源，提高在全球资源配置能力，更好争取开放发展中的战略主动，形成参与国际经济合作和竞争新优势。构建新发展格局是以全国统一大市场基础上的国内大循环为主体，不是各地都搞自我小循环。要全面畅通国民经济循环，深化供给侧结构性改革，坚持创新驱动发展，实现高水平的自立自强，形成更高效率和更高质量的投入产出关系，实现经济在高水平上的动态平衡。

进入新发展阶段、贯彻新发展理念、构建新发展格局，是由我国经济社会发展的理论逻辑、历史逻辑、现实逻辑决定的，三者紧密关联。进入新发展阶段明确了我国发展的历史方位，贯彻新发展理念明确了我国现代化建设的指导原则，构建新发展格局明确了我国经济现代化的路径选择。把握新发展阶段是贯彻新发展理念、构建新发展格局的现实依据，贯彻新发展理念为把握新发展阶段、构建新发展格局提供了行动指南，构建新发展格局则是应对新发展阶段机遇和挑战、贯彻新发展理念的战略选择。

推动"十四五"时期高质量发展　"十四五"时期是进入新发展阶段后的第一个五年，是我国开启全面建设社会主义现代化国家新征程、向第二个百年奋斗目标进军的关键时期。

党的十九届五中全会审议通过《中共中央关于制定国民经济和社会

发展第十四个五年规划和二〇三五年远景目标的建议》，在确立基本实现现代化远景目标的同时，谋划了"十四五"时期经济社会发展的指导方针、基本原则和主要目标。

《建议》从九个方面展望了到 2035 年基本实现社会主义现代化的远景目标，这就是：我国经济实力、科技实力、综合国力将大幅跃升，经济总量和城乡居民人均收入将再迈上新的大台阶，关键核心技术实现重大突破，进入创新型国家前列；基本实现新型工业化、信息化、城镇化、农业现代化，建成现代化经济体系；基本实现国家治理体系和治理能力现代化，人民平等参与、平等发展权利得到充分保障，基本建成法治国家、法治政府、法治社会；建成文化强国、教育强国、人才强国、体育强国、健康中国，国民素质和社会文明程度达到新高度，国家文化软实力显著增强；广泛形成绿色生产生活方式，碳排放达峰后稳中有降，生态环境根本好转，美丽中国建设目标基本实现；形成对外开放新格局，参与国际经济合作和竞争新优势明显增强；人均国内生产总值达到中等发达国家水平，中等收入群体显著扩大，基本公共服务实现均等化，城乡区域发展差距和居民生活水平差距显著缩小；平安中国建设达到更高水平，基本实现国防和军队现代化；人民生活更加美好，人的全面发展、全体人民共同富裕取得更为明显的实质性进展。

《建议》阐明了"十四五"时期经济社会发展的指导思想和必须遵循的基本原则。强调要高举中国特色社会主义伟大旗帜，深入贯彻党的十九大和十九届二中、三中、四中、五中全会精神，坚持以马克思列宁主义、毛泽东思想、邓小平理论、"三个代表"重要思想、科学发展观、习近平新时代中国特色社会主义思想为指导，全面贯彻党的基本理论、基本路线、基本方略，统筹推进经济建设、政治建设、文化建设、社会建设、生态文明建设的总体布局，协调推进全面建设社会主义现代化国家、全面深化改革、全面依法治国、全面从严治党的战略布局，坚定不移贯彻创新、协调、绿色、开放、共享的新发展理念，坚持稳中求进工作总基调，以推动高质量发展为主题，以深化供给侧结构性改革为主线，以改革创新为根本动力，以满足人民日益增长的美好生活需要为根本目的，统筹发展和安全，加快建设现代化经济体系，加快构建以国内大循环为主体、国内国际双循环相互促进的新发展格局，推进国家治理体系和治理能力现代化，实现经济行稳致远、社会安定和谐，为全面建设社会主义现代化国家开好局、起好步。"十四五"时期经济社会发展必须遵循五个方面的原则，即坚持党的全面领导，坚持以人民为中心，坚持新发展理念，坚持深化改革开放，坚持系统观念。

《建议》明确了"十四五"时期经济社会发展主要目标，这就是：经济发展取得新成效，在质量效益明显提升的基础上实现经济持续健康发展，增长潜力充分发挥，国内市场更加强大，经济结构更加优化，创新能力显著提升，产业基础高级化、产业链现代化水平明显提高，农业基础更加稳固，城乡区域发展协调性明显增强，现代化经济体系建设取得重大进展；改革开放迈出新步伐，社会主义市场经济体制更加完善，高标准市场体系基本建成，市场主体更加充满活力，产权制度改革和要素市场化配置改革取得重大进展，公平竞争制度更加健全，更高水平开放型经济新体制基本形成；社会文明程度得到新提高，社会主义核心价值观深入人心，人民思想道德素质、科学文化素质和身心健康素质明显提高，公共文化服务体系和文化产业体系更加健全，人民精神文化生活日益丰富，中华文化影响力进一步提升，中华民族凝聚力进一步增强；生态文明建设实现新进步，国土空间开发保护格局得到优化，生产生活方式绿色转型成效显著，能源资源配置更加合理、利用效率大幅提高，主要污染物排放总量持续减少，生态环境持续改善，生态安全屏障更加牢固，城乡人居环境明显改善；民生福祉达到新水平，实现更加充分更高质量就业，居民收入增长和经济增长基本同步，分配结构明显改善，基本公共服务均等化水平明显提高，全民受教育程度不断提升，多层次社会保障体系更加健全，卫生健康体系更加完善，脱贫攻坚成果巩固拓展，乡村振兴战略全面推进；国家治理效能得到新提升，社会主义民主法治更加健全，社会公平正义进一步彰显，国家行政体系更加完善，政府作用更好发挥，行政效率和公信力显著提升，社会治理特别是基层治理水平明显提高，防范化解重大风险体制机制不断健全，突发公共事件应急能力显著增强，自然灾害防御水平明显提升，发展安全保障更加有力，国防和军队现代化迈出重大步伐。

围绕上述目标，《建议》从科技创新、产业发展、国内市场、深化改革、乡村振兴、区域发展、文化建设、绿色发展、对外开放、社会建设、安全发展、国防建设等12个方面作了具体部署。

2021年3月，十三届全国人大四次会议表决通过《中华人民共和国国民经济和社会发展第十四个五年规划和二〇三五年远景目标纲要》，"十四五"规划开始实施。

三、隆重庆祝中国共产党成立一百周年

开展党史学习教育　　隆重庆祝中国共产党成立100周年，是党中央从全局和战略高度作出的重大部署，是党和国家政治生活中的大事。

在迎接党百年华诞的重大时刻，在"两个一百年"奋斗目标历史交汇的关键节点，党中央决定在全党开展党史学习教育。这是立足党的百年历史新起点、统筹中华民族伟大复兴战略全局和世界百年未有之大变局、为动员全党全国满怀信心投身全面建设社会主义现代化国家而作出的重大决策。

2021年2月20日，党史学习教育动员大会召开。习近平指出，全党同志要做到学史明理、学史增信、学史崇德、学史力行，学党史、悟思想、办实事、开新局。同月，党中央印发《关于在全党开展党史学习教育的通知》，就党史学习教育作出安排。

党史学习教育一经启动，便在全党上下迅速展开。党史学习教育从

动员大会开始到庆祝中国共产党成立100周年大会，以全面学习党史为重点，深入了解党的百年奋斗史，深化对马克思主义中国化成果特别是习近平新时代中国特色社会主义思想的理解。从庆祝大会到党史学习教育总结会议，广大党员重点学习习近平在庆祝中国共产党成立100周年大会上的重要讲话精神，并以此为指导不断深化对党的历史的系统把握，明确继承传统、立足当前、开创未来的实践要求。广大党员干部把学习党史同总结经验、观照现实、推动工作相结合，立足行业实际和主责主业，扎实开展"我为群众办实事"实践活动，让群众切实感受到党史学习教育带来的变化和实效。2021年12月，党史学习教育总结会议在北京举行。

举办系列庆祝活动　4月，按照党中央统一部署，"永远跟党走"群众性主题宣传教育活动在全国城乡广泛开展起来。主题突出、特色鲜明、形式多样、内容丰富的群众性主题宣传教育活动，营造了"党的盛典、人民的节日"的浓厚社会氛围。

在庆祝活动的热烈氛围中，在社会各界的期盼中，中国共产党历史展览馆正式开馆，党拥有了一座永久性、综合性的党史展览馆。6月18日，在中国共产党历史展览馆开馆之际，习近平前往中国共产党历史展览馆，参观"'不忘初心、牢记使命'中国共产党历史展览"，并带领党员领导同志重温入党誓词。

作为庆祝活动的重要组成部分，6月28日晚，庆祝中国共产党成立100周年文艺演出《伟大征程》在国家体育场盛大举行。演出以大型情景史诗形式呈现，分为"浴火前行""风雨无阻""激流勇进""锦绣前程"4个篇章，综合运用多种艺术手段，生动展现中国共产党波澜壮阔的百年历史。

"七一"前夕，全国"两优一先"表彰大会、"七一勋章"颁授仪式先后在北京人民大会堂举行。党中央还首次向截至2021年7月1日党龄达到50年、一贯表现良好的710多万名党员颁发了"光荣在党50年"纪念章。

隆重召开庆祝大会　7月1日，庆祝中国共产党成立100周年大会在北京天安门广场隆重举行，各界代表7万余人以盛大仪式欢庆中国共产党百年华诞。

习近平：《在庆祝中国共产党成立100周年大会上的讲话》

庆祝大会开始前，全场高唱昂扬奋进的经典歌曲，抒发对党的热爱和祝福。中国人民解放军战机飞过天安门广场，向党致敬，向祖国致敬，向人民致敬。庆祝大会开始后，全体肃立，100响礼炮响彻云霄，在中华人民共和国国歌声中，五星红旗冉冉升起。各民主党派、工商联和无党派人士联合致贺词，民革中央主席宣读贺词，向中国革命、建设、改革事业的坚强领导核心——伟大的中国共产党，致以最崇高敬意和最诚挚祝贺，表示将更加紧密地团结在以习近平同志为核心的中共中央周围，为夺取全面建设社会主义现代化国家新胜利、实现中华民族伟大复兴的中国梦作出新的更大贡献。共青团员和少先队员代表集体致献词，向党致以青春的礼赞，发出"请党放心、强国有我"的铮铮誓言。

庆祝大会上，习近平发表重要讲话。讲话立足中国共产党百年华诞的重大时刻和"两个一百年"历史交汇的关键节点，系统回顾了中国共产党成立100年来，团结带领全国各族人民开辟的伟大道路、创造的伟大事业、取得的伟大成就；庄严宣告实现了第一个百年奋斗目标、全面建成了小康社会，郑重宣示坚持和发展新时代中国特色社会主义、向全面建成社会主义现代化强国的第二个百年奋斗目标迈进的坚定决心，精辟概括"坚持真理、坚守理想，践行初心、担当使命，不怕牺牲、英勇斗争，对党忠诚、不负人民"的伟大建党精神，深刻阐述以史为鉴、开创未来的根本要求，向全体党员发出了为党和人民争取更大光荣的伟大号召。讲话贯通历史、现实、未来，贯通伟大斗争、伟大工程、伟大事业、伟大梦想，高屋建瓴、思想深邃、内涵丰富，把党对共产党执政规律、社会主义建设规律、人类社会发展规律的认识提升到了新高度，为奋进新时代、走好新征程进一步指明了前进方向、提供了根本遵循。

在党中央坚强领导和各级各方面共同努力下，中国共产党成立100周年庆祝活动盛大庄严、气势恢宏，礼序乾坤、乐和天地，充分体现了仪式感、参与感、现代感，办出了中国风格、中国气派、中国风采，起到了统一思想、凝聚力量、振奋人心、鼓舞士气的作用，完全达到了预期目的。

庆祝大会后，各地区各部门迅速兴起学习贯彻"七一"重要讲话精神的热潮。中央宣传部、中央组织部、中央党校（国家行政学院）、中央党史和文献研究院、教育部、中国社会科学院、中央军委政治工作部召开庆祝中国共产党成立100周年理论研讨会。全国优秀共产党员、优秀党务工作者、先进基层党组织代表庆祝中国共产党成立100周年座谈会，各界人士庆祝中国共产党成立100周年座谈会等也先后召开。这些会议对于深刻领会和把握"七一"重要讲话的重大意义、丰富内涵、核心要义、实践要求，切实把广大党员、干部、群众思想行动统一到重要讲话精神上来发挥了重要作用。

四、全面总结党的百年奋斗重大成就和历史经验

通过《关于党的百年奋斗重大成就和历史经验的决议》　中国共产党历来高度注重总结历史经验。在党成立一百周年的重要历史时刻，党中央决定起草新的历史决议，全面总结党的百年奋斗重大成就和历史经验特别是改革开放40多年来的重大成就和历史经验。2021年11月，党的十九届六中全会召开，审议通过了《中共中央关于党的百年奋斗重大成就和历史经验的决议》。《决议》回顾总结党走过的百年奋斗历程，总结党的百年奋斗重大成就和历史经验，着重阐释党的十八大以来党和国家事业取得的历史性成就、发生的历史性变革，对实现第二个百年奋斗目标提出明确要求。

　　总结党的百年奋斗重大成就和历史经验，是在建党百年历史条件下开启全面建设社会主义现代化国家新征程、在新时代坚持和发展中国特色社会主义的需要；是增强政治意识、大局意识、核心意识、看齐意识，坚定道路自信、理论自信、制度自信、文化自信，做到坚决维护习近平同志党中央的核心、全党的核心地位，坚决维护党中央权威和集中统一领导，确保全党步调一致向前进的需要；是推进党的自我革命、提高全党斗争本领和应对风险挑战能力、永葆党的生机活力、团结带领全国各族人民为实现中华民族伟大复兴的中国梦而继续奋斗的需要。

　　回顾党的百年奋斗的历史进程　《决议》指出，新民主主义革命时期，党面临的主要任务是，反对帝国主义、封建主义、官僚资本主义，争取民族独立、人民解放，为实现中华民族伟大复兴创造根本社会条件。《决议》分析党产生的历史背景，总结党领导人民在建党之初和大革命时期、土地革命战争时期、抗日战争时期、解放战争时期进行革命斗争的历史进程和创造的伟大成就，以及创立毛泽东思想、实施和推进党的建设伟大工程的重大成就。强调成立中华人民共和国，实现民族独立、人民解放，实现了中国从几千年封建专制政治向人民民主的伟大飞跃；中国共产党和中国人民以英勇顽强的奋斗向世界庄严宣告，中国人民从此站起来了，中华民族任人宰割、饱受欺凌的时代一去不复返了，中国发展从此开启了新纪元。

　　社会主义革命和建设时期，党面临的主要任务是，实现从新民主主义到社会主义的转变，进行社会主义革命，推进社会主义建设，为实现中华民族伟大复兴奠定根本政治前提和制度基础。《决议》总结新中国成立后党领导人民战胜一系列严峻挑战、巩固新生政权，成功完成社会主义改造、建立社会主义制度，开展全面的大规模的社会主义建设，打开对外工作新局面的历史进程和创造的伟大成就。总结党加强执政党建设所作的努力和积累的初步经验，在阐述这一时期党取得的独创性理论成果的基础上，对毛泽东思想进行科学评价。强调这一时期党领导人民创造的伟大成就，实现了一穷二白、人口众多的东方大国大步迈进社会主义社会的伟大飞跃；中国共产党和中国人民以英勇顽强的奋斗向世界庄严宣告，中国人民不但善于破坏一个旧世界、也善于建设一个新世界，只有社会主义才能救中国，只有社会主义才能发展中国。

改革开放和社会主义现代化建设新时期，党面临的主要任务是，继续探索中国建设社会主义的正确道路，解放和发展社会生产力，使人民摆脱贫困、尽快富裕起来，为实现中华民族伟大复兴提供充满新的活力的体制保证和快速发展的物质条件。《决议》强调党的十一届三中全会的历史意义，总结以邓小平同志为主要代表的中国共产党人、以江泽民同志为主要代表的中国共产党人、以胡锦涛同志为主要代表的中国共产党人作出的历史贡献，从党领导全面开展拨乱反正、形成中国特色社会主义理论体系、推进改革开放和社会主义现代化建设、从容应对关系我国改革发展稳定全局的一系列风险考验、推进祖国统一大业、维护世界和平与促进共同发展、开创和推进党的建设新的伟大工程等方面，展现新时期波澜壮阔的历史画卷和举世瞩目的伟大成就。强调这一时期党领导人民创造的伟大成就，推进了中华民族从站起来到富起来的伟大飞跃；中国共产党和中国人民以英勇顽强的奋斗向世界庄严宣告，改革开放是决定当代中国前途命运的关键一招，中国特色社会主义道路是指引中国发展繁荣的正确道路，中国大踏步赶上了时代。

中国特色社会主义新时代，党面临的主要任务是，实现全面建成小康社会的第一个百年奋斗目标，开启全面建成社会主义现代化强国的第二个百年奋斗目标新征程，朝着实现中华民族伟大复兴的宏伟目标继续前进。《决议》阐述中国特色社会主义新时代这一我国发展新的历史方位，概括党的十八大以来党的理论创新成果，深入分析新时代党面临的形势、面对的风险挑战，从坚持党的全面领导、全面从严治党、经济建设、全面深化改革开放、政治建设、全面依法治国、文化建设、社会建设、生态文明建设、国防和军队建设、维护国家安全、坚持"一国两制"

和推进祖国统一、外交工作等 13 个方面，分领域总结新时代党和国家事业取得的历史性成就、发生的历史性变革，重点总结九年来的原创性思想、变革性实践、突破性进展、标志性成果。

党的十八大以来，在坚持党的全面领导上，党中央权威和集中统一领导得到有力保证，党的领导制度体系不断完善，党的领导方式更加科学，全党思想上更加统一、政治上更加团结、行动上更加一致，党的政治领导力、思想引领力、群众组织力、社会号召力显著增强。在全面从严治党上，党的自我净化、自我完善、自我革新、自我提高能力显著增强，管党治党宽松软状况得到根本扭转，反腐败斗争取得压倒性胜利并全面巩固，党在革命性锻造中更加坚强。在经济建设上，我国经济发展平衡性、协调性、可持续性明显增强，国家经济实力、科技实力、综合国力跃上新台阶，我国经济迈上更高质量、更有效率、更加公平、更可持续、更为安全的发展之路。在全面深化改革开放上，党不断推动全面深化改革向广度和深度进军，中国特色社会主义制度更加成熟更加定型，国家治理体系和治理能力现代化水平不断提高，党和国家事业焕发出新的生机活力。在政治建设上，积极发展全过程人民民主，我国社会主义民主政治制度化、规范化、程序化全面推进，中国特色社会主义政治制度优越性得到更好发挥，生动活泼、安定团结的政治局面得到巩固和发展。在全面依法治国上，中国特色社会主义法治体系不断健全，法治中国建设迈出坚实步伐，党运用法治方式领导和治理国家的能力显著增强。在文化建设上，我国意识形态领域形势发生全局性、根本性转变，全党全国各族人民文化自信明显增强，全社会凝聚力和向心力极大提升，为新时代开创党和国家事业新局面提供了坚强思想保证和强大精神力量。在社会建设上，人民生活全方位改善，社会治理社会化、法治化、智能化、专业化水平大幅度提升，发展了人民安居乐业、社会安定有序的良好局面，续写了社会长期稳定奇迹。在生态文明建设上，党中央以前所未有的力度抓生态文明建设，美丽中国建设迈出重大步伐，我国生态环境保护发生历史性、转折性、全局性变化。在国防和军队建设上，人民军队实现整体性革命性重塑、重整行装再出发，国防实力和经济实力同步提升，人民军队坚决履行新时代使命任务，以顽强斗争精神和实际行动捍卫了国家主权、安全、发展利益。在维护国家安全上，国家安全得到全面加强，经受住了来自政治、经济、意识形态、自然界等方面的风险挑战考验，为党和国家兴旺发达、长治久安提供了有力保证。在坚持"一国两制"和推进祖国统一上，党中央采取一系列标本兼治的举措，坚定落实"爱国者治港""爱国者治澳"，推动香港局势实现由乱到治的重大转折，为推进依法治港治澳、促进"一国两制"实践行稳致远打下了坚实基础；坚持一个中国原则和"九二共识"，坚决反对"台独"分裂行径，坚决反对外部势力干涉，牢牢把握两岸关系主导权和主动权。在外交工作上，中国特色大国外交全面推进，构建人类命运共同体成为引领时代潮流和人类前进方向的鲜明旗帜，我国外交在世界大变局中开创新局、在世界乱局中化危为机，我国国际影响力、感召力、塑造力显著提升。

《决议》强调，这一时期党领导人民创造的伟大成就，为实现中华民族伟大复兴提供了更为完善的制度保证、更为坚实的物质基础、更为主动的精神力量；中国共产党和中国人民以英勇顽强的奋斗向世界庄严宣告，中华民族迎来了从站起来、富起来到强起来的伟大飞跃。

总结党的百年奋斗历史意义和历史经验　《决议》在全面回顾总结党的百年奋斗历程和重大成就基础上，以更宏阔的视角，总结党的百年奋斗的历史意义，即党的百年奋斗从根本上改变了中国人民的前途命运、开辟了实现中华民族伟大复兴的正确道路、展示了马克思主义的强大生命力、深刻影响了世界历史进程、锻造了走在时代前列的中国共产党，阐述党对中国人民、对中华民族、对马克思主义、对人类进步事业、对马克思主义政党建设所作的历史性贡献。《决议》对党的百年奋斗历史意义的总结，既立足中华大地，又放眼人类未来，体现了中国共产党和中国人民、中华民族的关系，体现了中国共产党和马克思主义、世界社会主义、人类社会发展的关系，贯通了中国共产党百年奋斗的历史逻辑、理论逻辑、实践逻辑。

《决议》系统全面地概括了党的百年奋斗所积累的具有根本性和长远指导意义的十条历史经验，这就是坚持党的领导、坚持人民至上、坚持理论创新、坚持独立自主、坚持中国道路、坚持胸怀天下、坚持开拓创新、坚持敢于斗争、坚持统一战线、坚持自我革命。强调这十条历史经验是经过长期实践积累的宝贵经验，是党和人民共同创造的精神财富，必须倍加珍惜、长期坚持，并在新时代实践中不断丰富和发展。这十条历史经验是系统完整、相互贯通的有机整体，揭示了党和人民事业不断成功的根本保证，揭示了党始终立于不败之地的力量源泉，揭示了党始终掌握历史主动的根本原因，揭示了党永葆先进性和纯洁性、始终走在时代前列的根本途径。

《决议》是一篇马克思主义的纲领性文献，是新时代中国共产党人牢记初心使命、坚持和发展中国特色社会主义的政治宣言，是以史为鉴、开创未来、实现中华民族伟大复兴的行动指南，对推动全党进一步统一思想、统一意志、统一行动，团结带领全国各族人民夺取新时代中国特色社会主义新的伟大胜利，具有重大现实意义和深远历史意义。

五、党的二十大的召开和以中国式现代化全面推进中华民族伟大复兴

党的二十大的召开　按照党中央统一部署，党的二十大代表选举工作从 2021 年 11 月启动，到 2022 年 7 月全部完成。全国 38 个选举单位分别召开党代表大会或党代表会议，选举产生了 2 296 名出席党的二十大代表。

中共中央高度重视二十大代表选举工作。习近平亲自谋划部署，主

持召开中央政治局常委会会议和中央政治局会议专门进行研究，审议通过《中共中央关于党的二十大代表选举工作的通知》，明确了代表选举工作的总体要求和政策规定。代表选举过程中，习近平多次听取汇报，作出重要指示，就加强党的领导、严格人选资格条件、严把政治关和廉洁关、进一步优化代表结构、严肃纪律等提出明确要求。各选举单位在代表选举过程中，以实现代表结构比例特别是保证生产和工作第一线党员代表比例为重点，统筹考虑、多措并举，确保代表结构合理、分布广泛。

起草好大会的文件是开好党的代表大会的关键。党的十九届六中全会作出《关于召开党的第二十次全国代表大会的决议》之后，中共中央成立了二十大文件起草组，习近平担任组长，起草组在中央政治局、中央政治局常委会直接领导下开展工作。

为起草好党的二十大报告，中共中央组织开展了深入的调查研究，部署了26个重点课题，由中央和国家机关54家单位开展专题调研，形成80份调研报告。中央有关部门还开展了党的二十大相关工作网络征求意见活动，收到留言854.2万多条。这些调研成果为报告起草打下了坚实基础。

2022年7月26日，习近平在省部级主要领导干部专题研讨班上发表重要讲话，就党的二十大报告涉及的重大问题作了深刻阐述，强调科学谋划未来5年乃至更长时期党和国家事业发展的目标任务和大政方针，事关党和国家事业继往开来，事关中国特色社会主义前途命运，事关中华民族伟大复兴。强调要牢牢把握新时代新征程党的中心任务，提出新的思路、新的战略、新的举措，继续统筹推进"五位一体"总体布局、协调推进"四个全面"战略布局，踔厉奋发、勇毅前行、团结奋斗，奋力谱写全面建设社会主义现代化国家崭新篇章。

报告征求意见稿形成后，广泛征求了各方面意见，征求意见人数共4 700余人。习近平亲自主持召开5场座谈会，直接听取多方面的意见和建议。起草组还听取了党内部分老同志意见。8月31日，习近平又主持召开座谈会，当面听取各民主党派中央、全国工商联负责人和无党派人士代表的意见。党内外各方面的许多意见都得到了采纳。

2022年10月9日至12日，党的十九届七中全会在北京举行。全会讨论并通过了党的十九届中央委员会向中国共产党第二十次全国代表大会的报告，讨论并通过了党的十九届中央纪律检查委员会向中国共产党第二十次全国代表大会的工作报告，讨论并通过了《中国共产党章程（修正案）》，决定将这3份文件提请中国共产党第二十次全国代表大会审查和审议。全会决定，中国共产党第二十次全国代表大会于2022年10月16日在北京召开。

经过认真周密的筹备，中国共产党第二十次全国代表大会于2022年10月16日在北京隆重开幕。习近平代表第十九届中央委员会向大会作题为《高举中国特色社会主义伟大旗帜，为全面建设社会主义现代化国家而团结奋斗》的报告。大会的主题是：高举中国特色社会主义伟大旗帜，全面贯彻习近平新时代中国特色社会主义思想，弘扬伟大建党精神，自信自强、守正创新，踔厉奋发、勇毅前行，为全面建设社会主义现代化国家、全面推进中华民族伟大复兴而团结奋斗。

总结过去五年的工作和新时代十年的伟大变革　党的二十大充分肯定了党的十九大以来所取得的成就，强调：五年来，以习近平同志为核心的党中央审时度势、守正创新，敢于斗争、善于斗争，团结带领全党全军全国各族人民有效应对严峻复杂的国际形势和接踵而至的巨大风险挑战，以奋发有为的精神把新时代中国特色社会主义不断推向前进，攻克了许多长期没有解决的难题，办成了许多事关长远的大事要事，推动党和国家事业取得举世瞩目的重大成就。

党的二十大高度评价了新时代十年的伟大变革。大会指出，党的十八大召开十年来，我们经历了对党和人民事业具有重大现实意义和深远历史意义的三件大事：一是迎来中国共产党成立一百周年，二是中国特色社会主义进入新时代，三是完成脱贫攻坚、全面建成小康社会的历史任务，实现第一个百年奋斗目标。这是中国共产党和中国人民团结奋斗赢得的历史性胜利，是彪炳中华民族发展史册的历史性胜利，也是对世界具有深远影响的历史性胜利。十年来，我们全面贯彻党的基本理论、基本路线、基本方略，采取一系列战略性举措，推进一系列变革性实践，实现一系列突破性进展，取得一系列标志性成果，经受住了来自政治、经济、意识形态、自然界等方面的风险挑战考验，党和国家事业取得历史性成就、发生历史性变革，推动我国迈上全面建设社会主义现代化国家新征程。

新时代十年的伟大变革，在党史、新中国史、改革开放史、社会主义发展史、中华民族发展史上具有里程碑意义。中国共产党在革命性锻造中更加坚强有力，中国人民焕发出更为强烈的历史自觉和主动精神，实现中华民族伟大复兴进入了不可逆转的历史进程，科学社会主义在21世纪的中国焕发出新的蓬勃生机。

新时代十年的伟大变革，是在以习近平同志为核心的党中央坚强领导下、在习近平新时代中国特色社会主义思想指引下全党全国各族人民团结奋斗取得的。新时代十年伟大变革充分证明，确立习近平同志党中央的核心、全党的核心地位，确立习近平新时代中国特色社会主义思想的指导地位，反映了全党全军全国各族人民共同心愿，对新时代党和国家事业发展、对推进中华民族伟大复兴历史进程具有决定性意义。新时代新征程上把中国特色社会主义事业推向前进，最紧要的是深刻领悟"两个确立"的决定性意义，增强"四个意识"、坚定"四个自信"、做到"两个维护"，自觉在思想上政治上行动上同以习近平同志为核心的党中央保持高度一致。

提出开辟马克思主义中国化时代化新境界　党的二十大强调，马克思主义是我们立党立国、兴党兴国的根本指导思想。中国共产党为什么能，中国特色社会主义为什么好，归根到底是马克思主义行，是中国化时代化的马克思主义行。党的十八大以来，中国共产党勇于进行理论探索和创新，以全新的视野深化对共产党执政规律、社会主义建设规律、人类社会发展规律的认识，取得重大理论创新成果，集中体现为习近平新时代中国特色社会主义思想。党的十九大、十九届六中全会提出的"十个明确""十四个坚持""十三个方面成就"概括了这一思想的主要内容，必须长期坚持并不断丰富发展。

党的二十大指出，只有把马克思主义基本原理同中国具体实际相结合、同中华优秀传统文化相结合，坚持运用辩证唯物主义和历史唯物主义，才能正确回答时代和实践提出的重大问题，才能始终保持马克思主义的蓬勃生机和旺盛活力。坚持和发展马克思主义，必须同中国具体实际相结合，必须同中华优秀传统文化相结合。

党的二十大提出，不断谱写马克思主义中国化时代化新篇章，是当代中国共产党人的庄严历史责任。继续推进实践基础上的理论创新，首先要把握好习近平新时代中国特色社会主义思想的世界观和方法论，坚持好、运用好贯穿其中的立场观点方法，坚持人民至上、坚持自信自立、坚持守正创新、坚持问题导向、坚持系统观念、坚持胸怀天下。

明确新时代新征程中国共产党的使命任务　随着如期全面建成小康社会，实现第一个百年奋斗目标，中国共产党人踏上了全面建设社会主义现代化国家新征程。党的二十大强调，新时代新征程中国共产党的中心任务就是团结带领全国各族人民全面建成社会主义现代化强国、实现第二个百年奋斗目标，以中国式现代化全面推进中华民族伟大复兴。

党的二十大指出，在新中国成立特别是改革开放以来长期探索和实践基础上，经过十八大以来在理论和实践上的创新突破，中国共产党成功推进和拓展了中国式现代化。中国式现代化，是中国共产党领导的社会主义现代化，既有各国现代化的共同特征，更有基于自己国情的中国特色。中国式现代化是人口规模巨大的现代化、全体人民共同富裕的现代化、物质文明和精神文明相协调的现代化、人与自然和谐共生的现代化、走和平发展道路的现代化。中国式现代化的本质要求是：坚持中国共产党领导，坚持中国特色社会主义，实现高质量发展，发展全过程人民民主，丰富人民精神世界，实现全体人民共同富裕，促进人与自然和谐共生，推动构建人类命运共同体，创造人类文明新形态。

党的二十大重申了党的十九大提出的全面建成社会主义现代化强国分两步走的战略安排，即从 2020 年到 2035 年基本实现社会主义现代化；从 2035 年到本世纪中叶把我国建成富强民主文明和谐美丽的社会主义现代化强国。今后五年是全面建设社会主义现代化国家开局起步的关键时期，主要目标任务是：经济高质量发展取得新突破，科技自立自强能力显著提升，构建新发展格局和建设现代化经济体系取得重大进展；改革开放迈出新步伐，国家治理体系和治理能力现代化深入推进，社会主义市场经济体制更加完善，更高水平开放型经济新体制基本形成；全过程人民民主制度化、规范化、程序化水平进一步提高，中国特色社会主义法治体系更加完善；人民精神文化生活更加丰富，中华民族凝聚力和中华文化影响力不断增强；居民收入增长和经济增长基本同步，劳动报酬提高与劳动生产率提高基本同步，基本公共服务均等化水平明显提升，多层次社会保障体系更加健全；城乡人居环境明显改善，美丽中国建设成效显著；国家安全更为巩固，建军一百年奋斗目标如期实现，平安中国建设扎实推进；中国国际地位和影响进一步提高，在全球治理中发挥更大作用。

党的二十大强调，全面建设社会主义现代化国家，是一项伟大而艰巨的事业，前途光明，任重道远。前进道路上，必须牢牢把握以下重大原则：坚持和加强党的全面领导，坚持中国特色社会主义道路，坚持以人民为中心的发展思想，坚持深化改革开放，坚持发扬斗争精神。全党必须坚定信心、锐意进取，主动识变应变求变，主动防范化解风险，不断夺取全面建设社会主义现代化国家新胜利。

全面部署新时代新征程党和国家各项事业　党的二十大对未来一个时期党和国家事业发展作出战略部署，强调必须加快构建新发展格局，着力推动高质量发展；实施科教兴国战略，强化现代化建设人才支撑；发展全过程人民民主，保障人民当家作主；坚持全面依法治国，推进法治中国建设；推进文化自信自强，铸造社会主义文化新辉煌；增进民生福祉，提高人民生活品质；推动绿色发展，促进人与自然和谐共生。

党的二十大在党和国家事业发展布局中突出教育科技人才支撑、法治保障、国家安全工作，并对相关工作作出重大部署。强调科技是第一生产力、人才是第一资源、创新是第一动力，要实施科教兴国战略，强化现代化建设人才支撑；坚持全面依法治国，推进法治中国建设；推进国家安全体系和能力现代化，坚决维护国家安全和社会稳定；实现建军一百年奋斗目标，开创国防和军队现代化新局面；坚持和完善"一国两制"，推进祖国统一；促进世界和平与发展，推动构建人类命运共同体。

全面建设社会主义现代化国家、全面推进中华民族伟大复兴，关键在党。中国共产党作为世界上最大的马克思主义执政党，要始终赢得人民拥护、巩固长期执政地位，必须时刻保持解决大党独有难题的清醒和坚定。党的二十大强调，必须持之以恒推进全面从严治党，深入推进新时代党的建设新的伟大工程，以党的自我革命引领社会革命，落实新时代党的建设总要求，健全全面从严治党体系，全面推进党的自我净化、自我完善、自我革新、自我提高，坚持和加强党中央集中统一领导，坚持不懈用习近平新时代中国特色社会主义思想凝心铸魂，完善党的自我革命制度规范体系，建设堪当民族复兴重任的高素质干部队伍，增强党组织政治功能和组织功能，坚持以严的基调强化正风肃纪，坚决打赢反腐败斗争攻坚战持久战。

党的二十大强调，坚持党的全面领导是坚持和发展中国特色社会主义的必由之路，中国特色社会主义是实现中华民族伟大复兴的必由之路，团结奋斗是中国人民创造历史伟业的必由之路，贯彻新发展理念是新时代我国发展壮大的必由之路，全面从严治党是党永葆生机活力、走好新的赶考之路的必由之路。这是我们在长期实践中得出的至关紧要的规律性认识，必须倍加珍惜、始终坚持，咬定青山不放松，引领和保障中国特色社会主义巍巍巨轮乘风破浪、行稳致远。大会指出，全党同志务必不忘初心、牢记使命，务必谦虚谨慎、艰苦奋斗，务必敢于斗争、善于斗争，坚定历史自信，增强历史主动，谱写新时代中国特色社会主义更加绚丽的华章。

党的二十大批准了习近平代表十九届中央委员会所作的报告和十九届中央纪律检查委员会的工作报告，审议通过了《中国共产党章程（修正案）》。新修订的党章充分体现了马克思主义中国化时代化最新成果，党的十九大以来党中央提出的治国理政新理念新思想新战略，以及党的工作和党的建设的新鲜经验。

10月22日，党的二十大选举出由205名委员、171名候补委员组成的二十届中央委员会，选举出二十届中央纪律检查委员会委员133名。10月23日，党的二十届一中全会选举习近平、李强、赵乐际、王沪宁、蔡奇、丁薛祥、李希为中央政治局常委，选举习近平为中央委员会总书记，决定习近平为中央军事委员会主席，批准李希为中央纪律检查委员会书记。

党的二十大是在全党全国各族人民迈上全面建设社会主义现代化国家新征程、向第二个百年奋斗目标进军的关键时刻召开的一次十分重要的大会。大会高举中国特色社会主义伟大旗帜，全面贯彻习近平新时代中国特色社会主义思想，回顾总结了过去五年的工作和新时代十年的伟大变革，阐述了开辟马克思主义中国化时代化新境界、中国式现代化的中国特色和本质要求等重大问题，对全面建设社会主义现代化国家、全面推进中华民族伟大复兴进行了战略谋划，对统筹推进"五位一体"总体布局、协调推进"四个全面"战略布局作出了全面部署，为新时代新征程党和国家事业发展、实现第二个百年奋斗目标指明了前进方向、确立了行动指南。

180多年来，中国人民为实现中华民族伟大复兴而接续奋斗。太平天国运动、洋务运动、戊戌变法、义和团运动接连而起，但都以失败告终。

辛亥革命推翻了统治中国几千年的君主专制制度，但却未能改变中国半殖民地半封建的社会性质和中国人民的悲惨境遇。十月革命一声炮响，给中国送来了马克思列宁主义。在马克思列宁主义同中国工人运动的紧密结合中，中国共产党应运而生，从此深刻改变了中华民族发展的方向和进程。

100多年来，中国共产党团结带领中国人民，以"为有牺牲多壮志，敢教日月换新天"的气概，书写了中华民族几千年历史上最恢宏的史诗，从根本上改变了中华民族的面貌，向人民、向历史交出了一份优异的答卷。百年前，中华民族呈现在世界面前的是一派衰败凋零的景象。百年后，中华民族向世界展现的是一派欣欣向荣的气象，正以不可阻挡的步伐迈向伟大复兴。

10年来，以习近平同志为核心的党中央带领中国人民进行具有许多新的历史特点的伟大斗争，解决了许多长期想解决而没有解决的难题，办成了许多过去想办而没有办成的大事，推动党和国家事业取得历史性成就、发生历史性变革，为实现中华民族伟大复兴提供了更为完善的制度保证、更为坚实的物质基础、更为主动的精神力量。

今天，站在实现全面建成小康社会第一个百年奋斗目标的基础上，中国共产党团结带领中国人民又踏上了实现第二个百年奋斗目标新的赶考之路。回首过去，展望未来，党用伟大奋斗创造了历史伟业，也一定能用新的伟大奋斗在全面建设社会主义现代化国家、全面推进中华民族伟大复兴的伟大实践中创造新的伟业。

❓ 学习思考

1. 联系我国社会主要矛盾的新变化，如何正确理解中国特色社会主义进入新时代的内涵和意义？

2. 联系实际，谈谈党的十八大以来，党和国家事业发生了怎样的历史性变革，其意义是什么。

3. 习近平在庆祝中国共产党成立 100 周年大会上的讲话中指出，在中华大地上全面建成了小康社会是中华民族的伟大光荣、中国人民的伟大光荣、中国共产党的伟大光荣。联系历史和现实，谈谈全面建成小康社会的历史意义。

4. 党的二十大强调，"两个确立"对新时代党和国家事业发展、对推进中华民族伟大复兴历史进程具有决定性意义。联系历史和现实，谈谈如何理解"两个确立"的决定性意义。

🏛 必读文献

1.《中共中央关于党的百年奋斗重大成就和历史经验的决议》（2021 年 11 月）

该决议由中国共产党第十九届中央委员会第六次全体会议审议通过，全面回顾了党的百年奋斗历程，总结了党的百年奋斗重大成就和历史经验，着重阐释了新时代党和国家事业取得的历史性成就、发生的历史性变革，对实现第二个百年奋斗目标提出明确要求。

2. 习近平:《高举中国特色社会主义伟大旗帜，为全面建设社会主义现代化国家而团结奋斗》（2022 年 10 月）

该报告描绘了全面建设社会主义现代化国家、全面推进中华民族伟大复兴的宏伟蓝图，为新时代新征程党和国家事业发展、实现第二个百年奋斗目标指明了前进方向、确立了行动指南，是党团结带领全国各族人民夺取中国特色社会主义新胜利的政治宣言和行动纲领，是马克思主义的纲领性文献。

3.《中国共产党章程》（2022 年 10 月）

该章程由中国共产党第二十次全国代表大会审议通过，体现了十九大以来党的理论创新、实践创新、制度创新成果，体现了党的二十大报告确定的重要思想、重要观点、重大战略、重大举措，对坚持和加强党的全面领导、坚定不移推进全面从严治党、坚持和完善党的建设、推进党的自我革命提出了明确要求。

✒ 延伸阅读文献

1. 中共中央宣传部:《习近平新时代中国特色社会主义思想学习问答》(学习出版社、人民出版社 2021 年版)

本书紧跟时代发展步伐,聚焦理论热点难点,回应干部群众关切,以问答体的形式全面展现了习近平新时代中国特色社会主义思想的重大意义、科学体系、丰富内涵和实践要求,内容通俗易懂、形式新颖活泼,是学习习近平新时代中国特色社会主义思想的重要辅助读物。

2. 本书编写组:《党的二十大报告辅导读本》(人民出版社 2022 年版)、《党的二十大报告学习辅导百问》(党建读物出版社、学习出版社 2022 年版)和《二十大党章修正案学习问答》(党建读物出版社 2022 年版)

上述三本书对党的二十大报告和《中国共产党章程(修正案)》进行了全面阐释,是学习理解党的二十大精神的权威辅导材料。

后 记

本教材在高校思想政治理论课教材编写领导小组领导下组织编写。在编写过程中，得到了马克思主义理论研究和建设工程咨询委员会的指导，得到了中央有关部门和有关专家学者的帮助和支持。同时，广泛听取了高校思想政治理论课教师和大学生的意见和建议。

本教材 2007 年出版，由首席专家沙健孙主持编写，首席专家马敏、张建国、龚书铎、李捷，主要成员王晓秋、王顺生、仝华、刘伟、李申文、安建设、邱捷、邵云瑞、鲜于浩参加编写。参加统稿和修改工作的还有：朱佳木、李文海、张西明、周爱兵、黄修荣、张树军、徐维凡、王心富、邵文辉、杨章裕、葛海彦、田园、侯军、蒋旭东、刘贵芹、陈矛、陈睿等。

本教材自 2007 年出版以来，为了更及时、更充分地反映党的理论创新和实践创新成果，中宣部、教育部组织课题组在广泛调研的基础上，分别于 2008 年 1 月、2009 年 5 月、2010 年 5 月、2013 年 7 月、2015 年 8 月、2018 年 3 月、2021 年 8 月组织了 7 次修订。2008 年，由首席专家沙健孙主持修订，首席专家马敏、张建国、龚书铎、李捷、李景田，主要成员王晓秋、王顺生、邵云瑞、仝华参加修订。2009 年、2010 年，课题组又分别对教材进行了修订。2013 年，由沙健孙主持修订，李捷、王顺生、王晓秋、仝华分工执笔，马敏、张建国、刘伟、李申文、安建设、邱捷、邵云瑞、鲜于浩分别提出修订意见，沙健孙、李捷负责统改。参加审看并提出修改意见的还有：邵维正、张全新、王炳林、纪亚光、宋学勤、沈传亮等。2015 年，由沙健孙主持修订，李捷、王顺生、王晓秋、仝华、曹守亮参加修订；参加审看并提出修改意见的有：闫志民、朱景文、常光民、张新、秦宣、颜晓峰、于沛、姜辉、宋学勤、王新华、梁星亮、黄延敏、唐棣宣、徐光寿等。2018 年，由沙健孙主持修订，王顺生、仝华、纪亚光、龚云参加修订。参加审看的专家有：韩震、闫建琪、王宪明、于沛等。2021 年，由欧阳淞主持修订，张树军、金民卿、仝华、丁俊萍、武力、龚云、杨凤城、陈金龙、齐卫平、傅颐、杜艳华、纪亚光、周家彬、周祖文、刘洪森、李朝阳、赵付科参加修订。参加审看的专家有：沙健孙、丁开杰、曹子洋等。

马克思主义理论研究和建设工程办公室具体组织实施了本教材编写和历次审阅修订工作。其中，2013 年，张磊主持了工程办公室组织的审阅修改工作，邵文辉、宋凌云、田岩、王昆、冯静、范为、李军、魏学江、宋义栋、潘顺照、吴伟珍参加了具体审改工作。2015 年，夏伟东、邵文辉主持了工程办公室组织的审改定稿工作，田岩、冯静、宋凌云、王昆、邢国忠、陈硕、杨荣、沈永福、冯潇然、陈培永、严文波参加了具体审改工作。2018 年，夏伟东、邵文辉主持工程办公室组织的审改定稿工作，田岩、冯静、曹守亮、宋凌云、王昆、王勇、汤荣光、蒋岩桦、卢江、马文武、刘小丰、薛向军、陈瑞来等参加了具体审改工作。2021 年，徐李孙、陈启清主持工程办公室组织的审改定稿工作，田岩、冯静、王昆、王勇、吴学锐、石文磊、刘儒鹏、余立、刘志刚、张明、贾鹏飞等参加了具体审改工作。

2022 年 10 月，为进一步推动习近平新时代中国特色社会主义思想进教材、进课堂、进头脑，贯彻落实党的二十大和十九届六中全会精神，中宣部、教育部组织对教材进行修订。欧阳淞主持修订，张树军、金民卿、仝华、罗平汉、徐建刚、傅颐、朱鸿召、周家彬、李蕉、张洪松、李朝阳参加修订。徐李孙、陈启清主持工程办公室组织的审改定稿工作，王勇、王昆、吴学锐、石文磊、曾庆桃、史泽源、胡晓宇、刘水静、黄刚等参加了具体审改工作。

2023 年 1 月

郑重声明

高等教育出版社依法对本书享有专有出版权。任何未经许可的复制、销售行为均违反《中华人民共和国著作权法》，其行为人将承担相应的民事责任和行政责任；构成犯罪的，将被依法追究刑事责任。为了维护市场秩序，保护读者的合法权益，避免读者误用盗版书造成不良后果，我社将配合行政执法部门和司法机关对违法犯罪的单位和个人进行严厉打击。社会各界人士如发现上述侵权行为，希望及时举报，我社将奖励举报有功人员。

反盗版举报电话　（010）58581999　58582371
反盗版举报邮箱　dd@hep.com.cn
通信地址　北京市西城区德外大街4号　高等教育出版社法律事务部
邮政编码　100120

读者意见反馈

为收集对教材的意见建议，进一步完善教材编写并做好服务工作，读者可将对本教材的意见建议通过如下渠道反馈至我社。

咨询电话　400-810-0598
反馈邮箱　gjdzfwb@pub.hep.cn
通信地址　北京市朝阳区惠新东街4号富盛大厦1座
　　　　　高等教育出版社总编辑办公室
邮政编码　100029

防伪查询说明

用户购书后刮开封底防伪涂层，使用手机微信等软件扫描二维码，会跳转至防伪查询网页，获得所购图书详细信息。

防伪客服电话　（010）58582300

图书在版编目（CIP）数据

中国近现代史纲要：2023年版 /《中国近现代史纲
要（2023年版）》编写组编 . -- 9 版 . -- 北京：高等教
育出版社，2023.2（2024.12重印）

　ISBN 978-7-04-059901-5

　Ⅰ．①中⋯　Ⅱ．①中⋯　Ⅲ．①中国历史-近现代-高
等学校-教材　Ⅳ．①K25

中国国家版本馆 CIP 数据核字（2023）第 012589 号

Zhongguo Jinxiandaishi Gangyao

策划编辑	王　杨　张新峰　刘柏才		出版发行	高等教育出版社	
责任编辑	王　杨　张新峰		社　　址	北京市西城区德外大街4号	
			邮政编码	100120	
封面设计	王凌波　杨立新		购书热线	010-58581118	
			咨询电话	400-810-0598	
			网　　址	http://www.hep.edu.cn	
版式设计	王凌波　王　琰			http://www.hep.com.cn	
			网上订购	http://www.hepmall.com.cn	
责任校对	王　雨			http://www.hepmall.com	
				http://www.hepmall.cn	
责任印制	刘思涵		印　　刷	武汉市新华印刷有限责任公司	
			开　　本	787mm×960mm　1/16	
			印　　张	27	
			字　　数	360 千字	
			版　　次	2007年2月第1版	
				2023年2月第9版	
			印　　次	2024年12月第7次印刷	
			定　　价	26.00元	

本书如有缺页、倒页、脱页等质量问题，
请到所购图书销售部门联系调换。